高等职业教育经管类专业平台课系列教材

财务管理

主 编 于 君 杨 虹
副主编 马晓龙 张国忱 许 珺

中国轻工业出版社

图书在版编目（CIP）数据

财务管理/于君，杨虹主编.—北京：中国轻工业出版社，2021.12

高职高专“十二五”规划教材

ISBN 978-7-5019-8274-5

Ⅰ.①财… Ⅱ.①于… ②杨… Ⅲ.①财务管理-高等职业教育-教材 Ⅳ.①F275

中国版本图书馆CIP数据核字（2011）第101741号

责任编辑：张文佳　　责任终审：劳国强　　封面设计：锋尚设计
版式设计：王超男　　责任校对：燕　杰　　责任监印：张　可

出版发行：中国轻工业出版社（北京东长安街6号，邮编：100740）
印　　刷：三河市万龙印装有限公司
经　　销：各地新华书店
版　　次：2021年12月第1版第11次印刷
开　　本：720×1000　1/16　印张：20.5
字　　数：420千字
书　　号：ISBN 978-7-5019-8274-5　　定价：38.00元
邮购电话：010-65241695
发行电话：010-85119835　传真：85113293
网　　址：http://www.chlip.com.cn
Email：club@chlip.com.cn
如发现图书残缺请与我社邮购联系调换
211558J2C111ZBW

前言
PREFACE

财务管理是当代经济管理学科中年轻而蓬勃发展的学科之一，它已经为我们用经济的观点理解世界做出了巨大贡献。财务管理理论正在指导实践，解释现实，被世界诸多财务管理者用来创造和管理巨额财富。实践已经证明：不掌握财务管理知识就不能成为优秀的企业家。

教材是教师授课取材之源，是学生求知学习之本。没有高质量的教材，很难提高教学质量。我们依据全国高职高专教育培养目标的要求，本着务实、求新、继承与开拓的精神，在总结、研究、提炼的基础上，经全体编者的共同努力，完成了本书的编写工作。作为高职高专财务管理教材，本书具有如下特点：

1. 前瞻性。本书及时吸纳了最新理论研究成果，并结合实践发展，增加了相关理论与方法，如股指期货投资等内容。

2. 系统性。本书强化了理论的系统性，理论结构合理，概念与构成要素完整。明确了财务管理的对象、职能和财务管理体制。

3. 实用性。本书强调理论对实践的指导意义，增强其实用性和可操作性，注重能力的培养，如增加了租赁决策、风险决策、内部控制、企业税务管理等内容。

本书可作为高职高专财务管理专业、会计专业、工商管理专业、市场营销专业以及财政、金融、保险、税务专业的财务管理教材，也可作为财经类中专、在职干部培训的参考书。

本书由吉林工商学院于君、杨虹担任主编，负责大纲设计、修改与总纂，由马晓龙、张国忱（长春职业技术学院）、许珺担任副主编。具体分工是：于君编写第一章、第二章第一节、第三章第二节、第六章第二节，第三节；杨虹编写第二章第二节，第三节、第八章、第十章、第十一章第二节；马晓龙编写第七章；许珺编写第五章第三节、第四节；张国忱编写第三章第一节，第三节；高艳编写第六章第一节，第四节，第五节；王维东编写第九章；王惠慧编写第五章第一节，第二节；闫晓慧编写第四章第一节，第二节；孙羡编写第四章第三节，第四节；宗声编写第十一章第一节，第三节。

在编写过程中，我们参考了许多其他教材和文献的观点，在此向作者表示感谢。

尽管我们尽心尽力、尽职尽责，但仍然难免存在错误或不足，欢迎批评指正。

编 者

2011 年 4 月

目 录
CONTENTS

第一章 财务管理总论

学习目标

本章主要讲授了财务管理的对象、内容、职能、特点以及财务管理目标等基本理论问题。通过本章学习，应掌握如下主要内容：

1. 理解财务管理概念，掌握财务管理的对象、内容、特点、职能和财务管理体制
2. 理解财务管理目标的含义，掌握各种财务管理目标理论的优缺点、影响财务管理目标实现的因素以及相关者之间的利益冲突与协调办法
3. 理解财务管理环境的概念，掌握金融环境，熟悉经济环境和法律环境

第一节　财务管理概述

一、财务管理的产生与发展

财务管理工作是近代社会化大生产的产物。在作坊、工场手工业生产方式下，财务活动比较简单，财务管理工作与会计工作是结合在一起进行的。产业革命后，特别是19世纪末企业规模急剧扩大，企业的财务活动随之复杂化，制定投资方案、筹集经营资金、对外提供财务信息，并对利润进行分配等，这就构成了企业经营管理中一项独立的职能：筹措、使用和分配资金。单独履行这一职能的工作即为财务管理工作。

企业财务管理作为一门学科于19世纪末20世纪初开始逐步形成。1897年，美国财务学者格林（Green）出版了最早的财务管理著作《公司财务》。之后，米德（Meade）于1910年出版了《公司财务》，戴维和利昂（Lyon）于1938年分别出版了《公司财务政策》和《公司及其财务问题》，这些著作的出版标志着企业财务管理学科初步形成。

20世纪20年代，随着西方国家工业化程度的提高，企业普遍陷入发展资本不足的困境。由于资本市场不完善，一些人乘机控制证券的发行和买卖，造成证券价格大起大落，投资者因此而不愿意购买证券，企业难以获取所需资金，企业财务管理不得不将重点放到证券发行和买卖的法律条文的管理上，显然，这时的

财务管理内容主要是筹资管理。20 世纪 30 年代，资本主义国家发生了空前的经济危机，大批企业对资本运用不加控制，生产消耗上升，导致经营失败而相继破产倒闭。残酷的现实使得财务管理的重点转向维持生存、加强政府的管制上来，如要求企业公布财务信息、注重企业倒闭和重建的法律条文管理等举措，从而使企业财务状况分析得以发展起来。到 20 世纪 50 年代，财务管理的研究重心已经转为分析、预测和控制企业的现金流量，研究方法以定性分析为主。到 20 世纪 50 年代中期则逐步转向资本预算。随着市场竞争日益激烈，企业要想生存和发展，不仅要以低成本筹集资金，更要注重资金的合理使用。于是，一些内部管理程序都运用了定量分析方法，各种计量模型逐步被应用于库存、现金和固定资产等问题的分析方面。财务决策开始被视为企业财务管理的重要内容，有关法律条文也开始用作财务决策时的参考。这一时期的代表著作有洛夫（W. H. Lough）的《公司财务》，罗斯（T. G. Rose）的《公司内部财务论》及乔尔·迪安（Joel Dean）于 1951 年出版的《资本预算》。他们分别从对资金周转进行有效管理、内部控制及如何利用这些现金流量来确定最佳投资决策等角度，拓展了财务管理的理论和实践。

进入 20 世纪 60 年代，财务管理飞速发展，对资本市场与证券的研究逐步深入，逐渐形成了以估价为核心的现代财务管理理论。如马克维茨通过研究证券组合，首次提出了风险与报酬之间关系的理论，即投资组合理论。夏普等人进一步研究提出了著名的资本资产定价模型，罗斯以珐玛（Fama）提出的有效资本市场假设理论为前提扩展了资本资产定价模型，提出了套利定价理论。莫迪格里尼和米勒以投资者行为理论为基础，建立起一套被称为“MM 模型”的现代资本结构理论。布莱克（Black）与斯科尔斯（Scholes）提出了期权定价理论。此外，金融中介理论、代理理论、市场微观结构理论、现代公司控制理论先后被提出，所有这些理论构成了现代财务管理的核心内容，形成了以决策为核心的现代财务管理。

二、财务管理的对象

财务管理主要是资本管理，其对象是资本及其流转。资本流转的起点和终点是现金，其他资产都是现金在流转中的转化形式，因此，财务管理对象也被称为现金及其流转。

（一）现金流转

在生产经营中，现金变为非现金资产，非现金资产又变为现金，这种流转过程称为现金流转。这种流转无始无终，不断循环，称为现金循环或资本循环。

现金转变为非现金资产，又转回现金所需时间不足一年的流转，称为现金的短期循环，短期循环中的非现金资产是短期资产，包括交易性金融资产、应收账款、存货等。现金转变为非现金资产，又转回现金所需时间超过一年的流转，称为长期现金循环，长期现金循环中的非现金资产是长期资产，包括固定资产、长期投资、无形资产等。

现金是长期循环和短期循环的共同起点，在换取非现金资产时分开，分别转化为各种长期资产和短期资产。它们被使用时，分别记入“在产品”和各种费用账户，又汇集在一起，同步形成“产成品”，产品经出售又同步转化为现金。转化为现金以后，不管它们原来是短期循环还是长期循环，企业可以视需要重新分配。折旧形成的现金可以买材料，原来用于短期循环的现金收回后也可以投资于固定资产。

（二）现金流转不平衡

现金流转经常处于不平衡状态，即现金流入与现金流出不能同步同量。现金流转不平衡既有企业内部的原因，如盈利、亏损或扩充等；也有企业外部的原因，如市场变化、经济兴衰、企业间竞争等。

1. 影响企业现金流转的内部原因

（1）盈利企业的现金流转。盈利企业，如不打算扩充规模，其现金流转一般比较顺畅。当然，盈利企业也可能由于抽出过多现金而发生临时流转困难。例如，付出股利、偿还借款、更新设备等。

（2）亏损企业的现金流转。从长期的观点看，亏损企业的现金流转是不可能维持的。从短期来看，又分为两类：一类是亏损额小于折旧额的企业，在固定资产重置以前可以维持下去；另一类是亏损额大于折旧额的企业，不从外部补充现金将很快破产。

（3）扩充企业的现金流转。任何要迅速扩大经营规模的企业，都会遇到相当严重的现金短缺情况。固定资产扩充、存货增加、应收账款增加、营业费用增加等，都会使现金流出扩大。

财务主管的任务不仅是维持当前经营的现金收支平衡，而且要设法满足企业扩大的现金需要，并且力求使企业扩充的现金需求不超过扩充后新的现金流入。

首先，应从企业内部寻找扩充项目所需现金，如出售短期证券、减少股利分配、加速收回应收账款等。其次，内部筹集的现金不能满足扩充需要时，可以从外部筹集。从外部筹集的现金，要承担资本成本，将来要还本付息、支付股利等，引起未来的现金流出。企业在借款时就要注意到，将来的还本付息的现金流出不要超过将来的现金流入。如果不是这样，就要借新债还旧债，利息负担会耗费掉扩建形成的现金流入，使项目在经济上失败。

2. 影响企业现金流转的外部原因

（1）市场的季节性变化。通常来讲，企业的生产部门力求全年均衡生产，以充分利用设备和人工，但销售总会有季节性变化。因此，企业往往在销售淡季现金不足，销售旺季过后积存过剩现金。财务主管要对这些变化事先有所准备，并留有适当余地。

（2）经济的波动。任何国家的经济发展都会有波动，时快时慢。经济收缩时，现金过剩；经济过热时，现金不足。

（3）通货膨胀。通货膨胀会使企业遭遇现金短缺的困难。由于物价上涨，货币购买力下降，现金被逐步蚕食掉。通货膨胀造成的现金流转不平衡，不能靠短期借款解决，因其不是季节性临时现金短缺而是现金购买力被永久地“蚕食”了。

（4）竞争。竞争会对企业的现金流转产生不利影响。但是，竞争往往是被迫的，企业经营者不得不采取他们本来不想采取的方针。

三、财务管理的内容

现金流转活动被称为财务活动，包括筹资活动、投资活动、营运活动和收益分配活动。财务管理的具体内容是对财务活动的管理。

（一）筹资管理

筹资即筹集资金，是指企业为了满足投资和用资的需要，筹措和集中所需资金的行为。例如，企业发行股票、发行债券、取得借款、租赁等使现金流入企业，经过一定时期或一定时期的运营，企业要支付利息、股利、租金，偿还借款而发生现金流出，这种因筹资引起的现金流转活动称为筹资活动。

任何企业从事生产经营活动，都必须首先筹集到其经营规模所需要的一定数量的资金。企业所筹集到的资金既要能满足正常经营和特定投资计划的需求，也要能满足归还各项到期债务和支付利息及股利方面的要求。筹资是企业生产经营的前提。

筹资管理要解决的问题是如何取得企业所需要的资金，包括向谁、在什么时候、筹集多少资金。不同的筹资渠道和筹资方式，筹资成本不同，资金使用的时间、条件不同，给企业带来的风险大小也不同。筹资管理的目标就是正确权衡成本与风险之间的关系，采用最适当的筹资方式筹集资金，使风险适度的情况下，资金成本最低。

筹资决策和投资、股利分配有密切关系，筹资的数量多少要考虑投资需要，在利润分配时加大保留盈余可减少从外部筹资。筹资决策的关键是决定各种资金来源在总资金中所占的比重，即确定资本结构，以使筹资风险和筹资成本相配合。

（二）投资管理

投资是指以收回现金并取得收益为目的而发生的现金流出行为。例如，购买政府公债、购买企业股票和债券、购置设备、建造厂房、开办商店等，企业都要发生现金流出。经过一定时期或一定时期的运营，企业获得利息、股利、债券本金、营业收入等，这便是企业的现金流入。这种因投资引起的现金流转活动称为投资活动。

财务管理目标是企业价值最大化。投资是企业创造价值的基础，要增加企业价值就必须进行投资。投资决定了购置的资产类别，不同的生产经营活动需要不同的资产，因此投资决定了日常经营活动的特点和方式。

投资管理要解决的问题是如何进行投资，包括投资方向、投资对象、投资方式、投资规模、投资结构的选择，目的是获取最大的投资效率和效益。因此，企业在投资过程中，必须考虑投资规模即为确保获取最佳投资效益，企业应投入资金的数额；同时还必须通过投资方向和投资方式的选择，来确定合适的投资结构，提高投资效益，降低投资风险。

（三）资金营运管理

资金营运是指企业在日常生产经营活动中，组织、调配、运用资金的行为。如购买材料、商品，支付工资和其他营业费用，构成了经营性现金流出；企业销售商品取得收入便形成了经营性现金流入。这种因企业日常经营引起的现金流转活动称为资金营运活动。

企业为满足日常经营活动的需要而垫支的资金，称为营运资金。在一定时期内，营运资金周转速度越快，资金的利用效率就越高，企业就可能生产出更多的产品，取得更多的收入，获取更多的利润。

资金营运管理要解决的问题是如何合理配置资金，加速资金周转，提高资金利用效果。因此，必须合理确定营运资金持有与融资战略及营运资金管理策略，包括现金和交易性金融资产持有计划的确定；应收账款的信用标准、信用条件和收账政策的确定；存货周期、存货数量、订货计划的制订；短期借款计划、商业信用筹资计划的确定等。

（四）收益分配管理

收益分配是指对企业净利润的分配。

收益分配管理要解决的问题是将企业净利润中的多少作为股利发放给股东，多少留在企业进行再投资。过高的利润分配比率，影响企业再投资能力，会使未来收益减少，减少企业价值，过低的利润分配比率，可能引起投资者不满，不利于企业价值增加。

收益分配决策受多种因素的影响，包括税法对股利和出售股票收益的不同处理、未来企业的投资机会、各种资金来源及其成本、股东对当期收入和未来收入的相对偏好等。企业根据具体情况确定最佳的收益分配政策，是财务决策的一项重要内容。

收益分配决策，从另一个角度看也是保留盈余决策，是企业内部筹资问题。因此，有人认为收益分配决策属筹资的范畴，而并非一项独立的财务管理内容。

（五）财务关系管理

企业在对财务活动进行管理过程中，不可避免地要与利益相关者发生经济利益关系，这种经济利益关系被称为财务关系。企业必须正确合理地处理各种财务关系。企业财务关系主要包括：

（1）企业与所有者之间的体现所有权性质的经营权与所有权的关系；

（2）企业与债权人之间的债务与债权的关系；

（3）企业与债务人之间的债权与债务的关系；

（4）企业与被投资企业之间的体现所有权性质的投资与受资的关系；

（5）企业与政府之间的反映依法纳税同依法征税的权利义务关系；

（6）企业与供应商之间的购销关系；

（7）企业与客户之间的供求关系；

（8）企业与职工之间的体现按劳分配的利益关系；

（9）企业内部各单位之间的体现经济责任的计价结算关系。

四、财务管理的特点

财务管理是有关资本的筹集、运用与分配的管理。

财务管理与其他管理的本质区别是：财务管理是价值管理，具有综合性强、涉及面广、灵敏度高等特点。

（一）综合性强

企业管理在实行分工、分权的过程中形成了一系列专业管理，有的侧重于使用价值的管理，有的侧重于价值的管理，有的侧重于劳动要素的管理，有的侧重于信息的管理。社会经济的发展，要求财务管理主要是运用价值形式对经营活动实施管理。通过价值形式，把企业的一切物质条件、经营过程和经营成果都合理地加以规划和控制，达到企业效益不断提高、财富不断增加的目的。因此，财务管理既是企业管理的一个独立方面，又是一项综合性的管理工作。

（二）涉及面广

企业财务管理的对象是资本及其流转或现金及其流转。而企业内部任何部门的任何活动几乎都与资本或现金流转有关。因此，财务管理工作涉及企业经营的各个方面。企业各部门必须在财务制度约束下合理有效地使用资金，财务管理部门对企业内部各单位的资金使用进行规划和控制，从而确保企业经济效益的提高。

（三）灵敏度高

在企业管理中，决策是否正确，经营是否合理，技术是否先进，产销是否顺畅，都可迅速在财务指标中得到反映。例如，产品质量下降，销路不畅，在财务指标上的反映是：销售收入下降，资金周转速度缓慢。财务管理部门应及时反馈财务指标变化的信息，以便采取措施，提高产品质量，扩大销售提高经济效益，努力实现财务管理目标。

五、财务管理的职能

财务管理的职能是指财务管理本身具有的功能，包括决策、计划和控制。

（一）财务决策

财务决策是指有关资金筹集和使用的决策。

1．财务决策的过程

（1）情报活动。情报活动即探查环境，寻找作决策的条件或依据。

（2）设计活动。设计活动即创造、制定和分析可能采取的方案。

（3）抉择活动。抉择活动即在备选方案中进行抉择。

（4）审查活动。审查活动即对过去的决策进行评价。

2．财务决策系统的构成要素

（1）决策者。决策者是决策的主体。它可以是一个人，也可以是一个集团。

（2）决策对象。决策对象是决策的客体，即决策想要解决的问题。

（3）信息。信息包括企业内部功能的信息以及企业外部环境的状态和发展变化的信息。决策时，保持信息的真实性和正确性是至关重要的。大部分决策错误都与信息失真有关。

（4）决策的理论和方法。决策的理论和方法包括决策的一般模式、预测方法、定量分析和定性分析技术、决策方法论、数学和计算机应用等。

（5）决策结果。决策结果是指通过决策过程形成的、指导人的行为的行动方案。企业决策的结果通常要采用语言、文字、图表等明显的形式来表达。

决策的五个要素相互联系、相互作用，组成了一个决策系统。

3．决策的价值标准

决策的价值标准是指评价方案优劣的尺度，或者说是衡量目标实现程度的尺度，它用于评价方案价值的大小。

历史上，先后出现三种价值标准：（1）单一价值标准，如最大利润、最高产量、最低成本等；（2）多经济目标综合的价值标准，如投入与产出的比较；（3）经济与非经济目标综合，如决策时除了考虑经济因素外，还要考虑社会的、心理的、美学的等非经济目标。

4．决策的准则

决策的准则是指指导人们选择行动方案的一般原则。

传统的决策理论认为，决策者是“理性人”或“经济人”，在决策时他们受“最优化”的行为准则支配，应当选择“最优”方案。

现代决策理论认为，由于决策者在认识能力和时间、成本、情报来源等方面的限制，不能坚持要求最理想的解答，常常只能满足于“令人满意的”或“足够好的”决策。因此，实际上人们在决策时并不考虑一切可能的情况，而只考虑与问题有关的特定情况，使多重目标都能达到令人满意的、足够好的水平，以此作为行动方案。

5．决策的分类

企业决策有多种分类方法，每一种分类方法分别用来研究和解决不同的问题。

（1）按决策能否程序化，可以将其分为程序化决策和非程序化决策。程序化决策是关于例行活动的决策。程序化决策一般按既定程序决策，而不经过收集情报、设计方案、抉择和审查的过程来决策。

非程序化决策是关于非例行活动的决策。非例行活动具有独特性，不重复出现，具有创新的性质，因此需按照收集情报、设计方案、抉择和审查的过程来决策。

（2）按决策影响所及的时间长短，可以将其分为长期决策和短期决策。长期决策是影响所及时间超过一年的决策。包括改变生产能力的投资决策、长期资金的筹集决策等。

短期决策是影响所及时间不超过一年的决策。包括如何利用生产能力的决策、短期资金的筹集决策等。

（3）按决策涉及的管理领域，可以将其分为销售决策、生产决策和财务决策。企业的活动分为销售、生产和财务三大领域，企业管理也据此分为销售管理、生产管理和财务管理，有关的决策分别称为销售决策、生产决策和财务决策。本书要讨论的是财务决策。

（二）财务计划

计划是指预先决定做什么、何时做、怎样做和谁去做。广义的财务计划工作包括很多方面，通常有确定财务目标、制定财务战略和财务政策、规定财务工作程序和针对某一具体问题的财务规则以及制定财务规划和编制财务预算。狭义的财务计划工作，是指针对特定期间的财务规划和财务预算。

财务规划是个过程，它通过调整经营活动的规模和水平，使企业的资金、可能取得的收益、未来发生的成本费用相互协调，以保证实现财务目标。财务规划受财务目标、战略、政策、程序和规划等决策的指导和限制，为编制财务预算提供基础。财务规划的主要工具是财务预测和本量利分析。规划工作主要强调各部分活动的协调，因为规划的好坏是由其最薄弱的环节决定的。

预算是以货币表示的预期结果，它是计划工作的终点，也是控制工作的起点，它把计划和控制联系起来。各企业预算的精密程度、实施范围和编制方式有很大差异。预算工作的主要好处是促使各级主管人员对自己的工作进行详细、确切的计划。

（三）财务控制

财务控制和财务计划有密切联系，计划是控制的重要依据，控制是执行计划的手段，它们组成了企业财务管理循环。

财务管理循环的主要环节包括：

1. 财务预测

即根据企业财务活动的历史资料，考虑现实的要求和条件，对企业未来的财务活动作出较为具体的预计和测算的过程。

2. 财务计划

即根据企业整体战略目标和规划，结合财务预测的结果，对财务活动进行规划，并以指标形式落实到每一计划期间的过程。

3. 财务预算

即根据财务战略、财务计划和各种预测信息，确定预算期内各种预算指标的过程。它是财务战略的具体化，是财务计划的分解和落实。

4. 财务决策

即根据财务战略目标的总体要求，利用专门方法对各种备选方案进行比较和分析，从中选出最佳方案的过程。财务决策是财务管理的核心，决策的成功与否直接关系到企业的兴衰成败。

5. 财务控制

即利用有关信息和特定手段，对企业财务活动施加影响或调节，以便实现计划所规定的财务目标的过程。

6. 财务分析

即根据企业财务报表等信息资料，采用专门方法，系统分析和评价企业财务状况、经营成果及未来趋势的过程。

7. 财务考核

即将报告期实际完成数与规定的考核指标进行对比，评价业绩，确定有关责任单位和个人完成任务的过程。财务考核与奖惩紧密联系，是贯彻责任制原则的要求，也是构建激励与约束机制的关键环节。

六、企业财务管理体制

企业财务管理体制是明确企业各财务层级财务权限、责任和利益的制度，其核心问题是如何配置财务管理权限，企业财务管理体制决定着企业财务管理的运行机制和实施模式。

（一）企业财务管理体制的一般模式

企业财务管理体制概括地说，可分为三种类型。

1. 集权型财务管理体制

集权型财务管理体制是指企业对各所属单位的所有财务管理决策都进行集中统一，各所属单位没有财务决策权，企业总部财务部门不但参与决策和执行决策，在特定情况下还直接参与各所属单位的执行过程。

集权型财务管理体制的优点是：有利于决策的统一化、制度化，有利于企业内部优化配置资源，有利于实行内部调拨价格，有利于内部采取避税措施及防范汇率风险等。缺点是：集权过度会使各所属单位缺乏主动性、积极性，丧失活力，也可能因为决策程序相对复杂而失去适应市场的弹性，丧失市场机会。

2. 分权型财务管理体制

分权型财务管理体制是指企业将财务决策权与管理权完全下放到各所属单位，各所属单位只需对一些决策结果报请企业总部备案即可。

分权型财务管理体制的优点是：有利于针对本单位存在的问题及时作出有效决策，因地制宜地搞好各项业务，也有利于分散经营风险，促进所属单位管理人员及财务人员的成长。缺点是：各所属单位大都从本位利益出发安排财务活动，缺乏全局观念和整体意识，从而可能导致资金管理分散、资金成本增大、费用失控、利润分配无序。

3. 集权与分权相结合型财务管理体制

集权与分权相结合型财务管理体制，其实质就是集权下的分权，企业对各所属单位在所有重大问题的决策与处理上实行高度集权，各所属单位则对日常经营活动具有较大的自主权。

集权与分权相结合型财务管理体制意在以企业发展战略和经营目标为核心，将企业内重大决策权集中于企业总部，而赋予各所属单位自主经营权。其主要特点是：

（1）在制度上，企业内应制定统一的内部管理制度，明确财务权限及收益分配方法，各所属单位应遵照执行，并根据自身的特点加以补充。

（2）在管理上，利用企业的各项优势，对部分权限集中管理。

（3）在经营上，充分调动各所属单位的生产经营积极性。

正因为具有以上特点，因此集权与分权相结合的财务管理体制，吸收了集权型和分权型财务管理体制各自的优点，避免了二者各自的缺点，从而具有较大的优越性。

（二）集权与分权的选择

企业的财务特征决定了分权的必然性，而企业的规模效益、风险防范又要求集权。集权和分权各有特点，各有利弊。财务决策权的集中与分散没有固定的模式，同时选择的模式也不是一成不变的。财务管理体制的集权和分权，需要考虑企业与各所属单位之间的资本关系和业务关系的具体特征以及集权与分权的“成本”和“利益”。作为实体的企业，各所属单位之间往往具有某种业务上的联系，特别是那些实施纵向一体化战略的企业，要求各所属单位保持密切的业务联系。各所属单位之间业务联系越密切，就越有必要采用相对集中的财务管理体制。反之，则相反。如果说各所属单位之间业务联系的必要程度是企业有无必要实施相对集中的财务管理体制的一个基本因素，那么，企业与各所属单位之间的资本关系特征则是企业能否采取相对集中的财务管理体制的一个基本条件。只有当企业掌握了各所属单位一定比例有表决权的股份（如50%以上）之后，企业才有可能通过指派较多董事去有效地影响各所属单位的财务决策，也只有这样，各所属单位的财务决策才有可能相对“集中”于企业总部。

事实上，考虑财务管理体制的集中与分散，除了受制于以上两点外，还取决于集中与分散的“成本”和“利益”差异。集中的“成本”主要是各所属单位积极性的损失和财务决策效率的下降，分散的“成本”主要是可能发生的各所属单位财务决策目标及财务行为与企业整体财务目标的背离以及财务资源利用效率的下降。集中的“利益”主要是容易使企业财务目标协调和提高财务资源的利用效率，分散的“利益”主要是提高财务决策效率和调动各所属单位的积极性。

此外，集权和分权应该考虑的因素还包括环境、规模和管理者的管理水平。由管理者的素质、管理方法和管理手段等因素所决定的企业及各所属单位的管理水平，对财权的集中和分散也具有重要影响。较高的管理水平，有助于企业更多地集中财权，否则，财权过于集中只会导致决策效率的低下。

（三）企业财务管理体制的设计原则

一个企业如何选择适应自身需要的财务管理体制，如何在不同的发展阶段更新财务管理模式，在企业管理中占据重要地位。从企业的角度出发，其财务管理体制的设定或变更应当遵循如下四项原则。

1. 与现代企业制度的要求相适应的原则

现代企业制度是一种产权制度，它是以产权为依托，对各种经济主体在产权关系中的权利、责任、义务进行合理有效的组织、调节的制度安排，它具有“产权清晰、责任明确、政企分开、管理科学”的特征。

企业内部相互间关系的处理应以产权制度安排为基本依据。企业与各所属单位之间的产权关系确认了两个不同主体的存在，这是现代企业特别是现代企业产权制度的根本要求。因此，企业财务管理体制必须以产权管理为核心，以财务管理为主线，以财务制度为依据，体现现代企业制度特别是现代企业产权制度管理的思想。

2. 明确企业对各所属单位管理中的决策权、执行权与监督权三者分立原则

坚持这一原则的作用就是加强决策的科学性与民主性，强化决策执行的刚性和可考核性，强化监督的独立性和公正性，从而形成良性循环。

3. 明确财务综合管理和分层管理思想的原则

坚持这一原则就是要求：（1）从企业整体角度对企业的财务战略进行定位；（2）对企业财务管理行为进行统一规范，做到高层的决策结果能被低层战略经营单位完全执行；（3）以制度管理代替个人的行为管理，从而保证企业管理的连续性；（4）以现代企业财务分层管理思想指导具体的管理实践。

（四）集权与分权相结合型财务管理体制的一般内容

总结中国企业的实践，集权与分权相结合型财务管理体制的核心内容是企业总部应做到制度统一、资金集中、信息集成和人员委派。具体应集中制度制定权，筹资、融资权，投资权，用资、担保权，固定资产购置权，财务机构设置

权，收益分配权；分散经营自主权、人员管理权、业务定价权、费用开支审批权。

第二节　财务管理目标

一、财务管理目标的含义

目标是系统所要达到的目的。不同的系统所研究和解决的问题不同，所要达到的目的不同，即不同的系统有不同的目标。财务管理的目标是企业财务管理活动所要达到的目的，是财务管理工作所希望实现的结果，是评价财务管理行为是否合理的基本标准。

财务管理目标是财务管理理论的基本构成要素，它决定财务管理的内容、职能、使用的概念和方法，是财务管理实践中进行财务决策的出发点和归宿。财务管理目标制约着财务运行的基本特征和发展方向，是财务运行的驱动力。研究设置财务管理目标，既是建立科学的财务管理理论结构的需要，也是优化财务管理行为的需要。

财务管理目标具有相对稳定性和层次性特征。相对稳定性是指财务管理目标在一定时期内，应保持相对稳定。尽管随着一定的政治、经济环境的变化，财务管理目标可能会发生变化，人们对财务管理目标的认识也会不断深化。但是财务管理目标是财务管理的根本目的，必须与企业整体发展战略相一致，符合企业长期发展战略的需要，体现企业发展战略的意图，因此在一定时期内应保持稳定。层次性是指总目标分解到企业的各个部门甚至班组岗位，形成企业、部门、班组岗位等多层次目标，财务管理目标的分解应该与企业战略目标的分解同时进行，以保证财务管理目标的落实与企业战略目标的落实相一致。

二、财务管理目标理论

企业财务管理目标有如下几种具有代表性的理论。

（一）利润最大化目标

利润最大化目标是指企业财务管理活动以实现最大的利润为目标。

以利润最大化作为财务管理目标，是因为利润可以衡量创造财富的多少，企业从事生产经营活动的目的就是创造更多的财富，而财富的多少可用利润衡量。利润是企业补充资本、扩大经营规模的源泉，只有每个企业都最大限度地获得利润，整个社会的财富才可能实现最大化，从而带来社会的进步和发展。

利润最大化目标的缺陷主要有：（1）没有考虑利润实现时间和时间价值。例如：今年获利 100 万元和三年后获利 100 万元，其实际价值是不同的。如果不考虑利润实现时间和时间价值，很难做出正确判断。（2）没有考虑所获利润与投入资本额的关系。例如：同样获利100万元的两个方案，一个投入资本500万元，一个投入资本300万元，两个方案的投资效率是不同的。如果不考虑所获利润与投入资本的关系，很难做出正确的选择。（3）没有考虑获取利润和所承担风险的关系。例如：两个方案投放的资本额相同，所获利润也相同，只是利润的存在形态不同，一个是现金，一个是应收账款，且存在坏账的可能。这两个方案利润的期望值是不同的，如果不考虑风险因素，很难做出正确的判断。（4）容易产生短期化行为。

（二）每股盈余最大化目标

每股盈余最大化目标是指企业财务管理活动以实现每股盈余最大或权益资本利润率最大为目标。

所有者作为企业的投资者，其投资目标是取得资本收益，具体表现为净利润与出资额或普通股数的对比关系，这种关系可以用每股盈余反映。这种观点认为，应该把企业所获利润与所有者投入的资本联系起来，即用每股盈余来概括财务管理目标，以克服“利润最大化”目标的缺陷。

每股盈余最大化目标存在以下缺陷：（1）仍然没有考虑每股盈余取得的时间和时间价值。（2）仍然没有考虑每股盈余的风险性。（3）可能产生短期化行为。

（三）股东财富最大化目标

股东财富最大化目标是指企业财务管理活动以实现股东财富最大为目标。

在股份公司中，股东财富是由其所拥有的股票数量和股票市场价格决定的。在股票数量一定时，当股票价格达到最高时，股东财富也达到最大。所以，股东财富最大化，又演变为股票价格最大化。股东财富最大化目标可以理解为最大限度地提高现在的股票价格。股价的升降，代表了投资大众对公司股权价值的客观评价。它以每股的价格表示，反映了资本和获利之间的关系；它受预期每股盈余的影响，反映了每股盈余大小和取得的时间；它受企业风险大小的影响，可以反映每股盈余的风险。

股东财富最大化目标的优点：（1）股东财富最大化目标考虑了风险和时间价值因素，反映了资本和获利之间的关系；（2）股东财富最大化在一定程度上能够克服企业在追求利润上的短期行为；（3）股东财富最大化目标比较容易量化，便于考核和奖惩。

股东财富最大化目标的缺点：（1）它只适用于上市公司，对非上市公司则很难适用；（2）它只强调股东的利益，而对企业其他关系人的利益重视不够；（3）股票价格受多种因素影响，并非都是公司所能控制的，把不可控因素引入理财目标是不合理的。尽管股东财富最大化存在上述缺点，但如果证券市场高度发达，市场效率高，上市公司可以把股东财富最大化作为财务管理的目标。

（四）企业价值最大化目标

企业价值最大化目标是指企业财务管理活动以实现企业价值最大为目标。

企业价值是指企业整体的经济价值，企业整体的经济价值是指企业作为一个整体的公平市场价值。通常用企业所产生的未来现金流量的现值来计量。

企业价值最大化目标的优点：（1）企业价值最大化目标考虑了取得报酬的时间和时间价值；（2）企业价值最大化目标考虑了风险与报酬的联系；（3）企业价值最大化目标考虑了获得的报酬与投入资本额之间的关系；（4）企业价值最大化目标能克服短期行为。

企业价值最大化目标的缺点是计量困难。

（五）相关者利益最大化目标

相关者利益最大化目标是指企业财务管理活动以实现企业相关者的利益最大为目标。

现代企业是多边契约关系的总和。股东作为企业所有者，在企业中承担着最大的权利、义务、风险和报酬。但在市场经济中，债权人、员工、企业经营者、客户、供应商和政府也为企业承担着风险。在确定企业财务管理目标时，不能忽视这些相关利益群体的利益。

相关者利益最大化目标的优点：（1）有利于企业长期限稳定发展。（2）体现了合作共赢的价值理念。（3）较好地兼顾了各利益主体的利益。（4）体现了前瞻性和现实性的统一。

本书认为，企业价值最大化是目前企业财务管理最理想的目标。

三、影响财务管理目标实现的因素

企业价值是根据其资本成本计算的企业未来现金流量现值之和。其基本计量公式为：

$$企业价值 = \sum_{t=1}^{\infty} \frac{现金流量_t}{(1+资本成本)^t} \quad （公式1-1）$$

企业价值计量公式显示，决定企业价值的因素是企业未来的现金流量和资本成本。企业财务管理目标是企业价值最大化，因此，影响财务管理目标实现的因素是现金流量和资本成本。提高现金流量，降低资本成本正是企业价值创造的有效途径。

（一）现金流量

现金流量是指各期的预期现金流量，是企业全部现金流入扣除成本费用和必要的投资后的剩余部分，它是企业一定期间可以提供给所有投资人（包括股权投资人和债权投资人）的税后现金流量。可按下式计算：

$$现金流量_t = 息税前利润_t \times (1-所得税税率) - 净投资_t \quad （公式1-2）$$

现金流量计量公式显示，决定企业现金流量的因素是企业的经营活动和投资活动。

1. 经营活动

经营活动产生的现金对于价值创造有决定意义，从长远来看经营活动产生的现金是企业盈利的基础。经营活动产生的现金取决于销售收入和成本费用两个因素，收入是增加企业价值的因素，成本费用是减少企业价值的因素，两者的差额是利润。增加企业价值的利润因素，不仅是当前的利润，还包括预期增长率。销售和利润的增长率取决于企业的外部环境、内部条件和竞争战略。

2. 投资活动

投资活动包括资本资产投资和营运资产投资。资本投资的目的大多是为了增加产量、提高产品性能、降低成本，或者减少流动资产占用。投资支出是一项重要的现金流出，除非它有助于增加收入、降低成本或减少营运资金，否则会减少企业价值。对投资项目得失的评价，要在投资项目实施前完成。营运资本投资是周转使用的，以尽可能少的营运资本支持同样的经营现金流，节约资本成本支出，有利于增加企业价值。

投资提供了经营活动赚取利润的条件，投资与利润有投入和产出的关系。利润与投资的比率称为投资资本回报率，反映企业的盈利能力。只有投资资本回报率大于资本成本的投资，才能为企业创造价值，反之，将减损企业价值。因此，投资资本回报率是决定企业价值的关键因素。

（二）资本成本

资本成本是企业筹集和使用资本所付出的代价。决定资本成本的企业内部因素是筹资活动和风险。

1. 筹资活动

资本的筹集包括债务资本筹集和权益资本筹集。由于债务利息可以税前扣除，债务成本比权益成本低，利用债务筹资可以增加企业价值。与此同时，债务增加会提高企业的破产风险，不利于企业价值的增加。因此，企业必须对它们进行权衡，合理确定资本结构，降低平均资本成本，增加企业价值。

广义的筹资活动还包括股利分配，股利分配决策同时也是内部筹资决策。

2. 风险

风险是预期结果的不确定性。企业风险是企业预期现金流量的不确定性。资本成本是计算企业价值使用的折现率。折现率是现金流量风险的函数，风险越大，折现率越大、企业价值越低。

四、所有者、经营者和债权人利益的冲突与协调

所有者、经营者和债权人是企业最重要的利益相关者。他们在企业中的地位不同，目标也不同。他们都为实现自己的目标而努力，从而导致利益冲突。企业必须协调这三方面的利益冲突，才能实现“企业价值最大化”目标。

（一）所有者与经营者利益冲突与协调

1. 所有者与经营者的利益冲突

企业是所有者的企业。所有者的目标是所有者财富最大化。经营者受所有者

的委托管理企业。经营者的目标是增加报酬，增加闲暇时间，并希望付出一份劳动便得到一份报酬。经营者有可能为了自身的目标而背离所有者的目标，伤害所有者的利益。这种背离表现在两个方面：

（1）“道德风险”。经营者为了自己的目标，不是尽最大努力去实现企业财务管理的目标。他们没有必要为增加所有者财富而冒险。他们不做什么错事，只是不十分卖力，以增加自己的闲暇时间。这样做，不构成法律和行政责任问题，只是道德问题，所有者很难追究他们的责任。

（2）“逆向选择”。经营者为了自己的目标而背离股东的目标。例如，装修豪华的办公室，购置高档汽车等；借口工作需要乱花股东的钱；或者蓄意压低股票价格，以自己的名义借款买回，导致股东财富受损。

2. 所有者与经营者利益冲突的协调

为了防止经营者背离股东的目标，一般有两种方式：

（1）监督。经营者背离股东的目标，其条件是双方的信息不对称，主要是经营者了解的信息比股东多。避免“道德风险”和“逆向选择”的出路是股东获取更多的信息，对经营者进行监督，在经营者背离股东目标时，减少其各种形式的报酬，甚至解雇他们。

所有者对经营者的监督是必要的，但受到监督成本的限制，不可能事事都监督。监督可以减少经营者违背所有者意愿的行为，但不能解决全部问题。

（2）激励。防止经营者背离股东目标的另一种方式是采用激励计划，使经营者分享企业增加的财富，鼓励他们采取符合股东最大利益的行动，主要有“股票期权”和“绩效股”两种方式。“股票期权”是允许经营者在未来某一时间以约定的价格购买一定数量本企业股票的权利。股票未来的市场价格高于约定价格的部分就是经营者所得的报酬，经营者为了获得更大的股票涨价益处，就必然主动采取能够提高股价的行动，从而增加所有者财富。“绩效股”是企业运用每股收益、资产收益率等指标来评价经营者绩效，并根据其绩效大小给予经营者数量不等的股票作为报酬。这种方式使经营者为了多得绩效股而不断采取措施提高经营绩效，从而增加所有者财富。

无论是股票期权还是绩效股，都存在一个给予经营者股票数量多少即报酬高低的问题，报酬过低，不足以激励经营者，股东不能获得最大利益；报酬过高，股东付出的激励成本过大，也不能实现自己的最大利益。因此，激励可以减少经营者违背股东意愿的行为，但也不能解决全部问题。

通常，股东同时采取监督和激励两种方式来协调自己和经营者的目标。其最佳的协调办法是能够使监督成本、激励成本和偏离股东目标的损失之和最小的办法。

（二）所有者与债权人利益冲突与协调

1. 所有者与债权人的利益冲突

当公司向债权人借入资金后，两者也形成一种委托代理关系。债权人把资金借给企业，其目标是到期时收回本金，并获得约定的利息收入；公司借款的目的是用它扩大经营，投入有风险的生产经营项目，两者的目标并不一致。

借款合同一旦成为事实，资金划到企业，债权人就失去了控制权，股东可以通过经营者为了自身利益而伤害债权人的利益，其常用方式是：

（1）股东不经债权人的同意，投资于比债权人预期风险更高的新项目。如果高风险的计划侥幸成功，超额的利润归股东独享；如果计划不幸失败，公司无力偿债，债权人与股东将共同承担由此造成的损失。

（2）股东为了提高公司的利润，不征得债权人的同意而指使管理当局发行新债，致使旧债券的价值下降，使旧债权人蒙受损失。旧债券价值下降的原因是发新债后公司负债比率加大，公司破产的可能性增加，如果企业破产，旧债权人和新债权人要共同分配破产后的财产，使旧债券的风险增加、价值下降。

2. 所有者与债权人利益冲突的协调

债权人为了防止其利益被伤害，除了寻求立法保护，如破产时优先接管、优先于股东分配剩余财产等外，通常采取以下措施：

（1）契约限制。在借款合同中加入限制性条款，如规定资金的用途、规定不得发行新债或限制发行新债的数额等。

（2）终止合作。发现公司有损害其债权意图时，拒绝进一步合作，不再提供新的借款或提前收回借款。

（三）企业目标与社会责任

企业的目标和社会的目标在许多方面是一致的。企业在追求自己的目标时，自然会使社会受益。企业的目标和社会的目标也有不一致的地方。例如，企业为了获利，可能生产伪劣产品、可能不顾工人的健康和利益、可能造成环境污染、可能损害其他企业的利益等。

股东只是社会的一部分人，他们在谋求自己利益的时候，不应当损害他人的利益。为此，国家颁布了一系列保护公众利益的法律来调节股东和社会公众的利益。

一般说来，企业只要依法经营，在谋求自己利益的同时就会使公众受益。但是，法律不可能解决所有问题，企业有可能在合法的情况下从事不利于社会的事情。因此，企业还要受到商业道德的约束，要接受政府有关部门的行政监督以及社会公众的舆论监督，进一步协调企业和社会的矛盾，促进构建和谐社会。

第三节　财务管理环境

企业的财务管理环境又称理财环境，是指对企业财务活动产生影响作用的企业内外部条件。外部约束条件是企业财务决策难以改变的，企业财务决策更多的是适应它们的要求和变化。财务管理的环境涉及的范围很广，其中最重要的是企业外部的经济环境、金融环境和法律环境。

一、经济环境

这里所说的经济环境是指企业进行财务活动的宏观经济状况，包括经济发展、通货膨胀、利息率波动、政府的经济政策、竞争等因素。

（一）经济发展

经济发展的速度，对企业理财有重大影响。近几年，我国经济增长比较快。企业为了跟上这种发展并在其行业中维持它的地位，至少要有同样的增长速度。企业要相应增加厂房、机器、存货、工人、专业人员等。这种增长，需要大规模地筹集资金，需要借入巨额款项或增发股票。

经济发展的波动，即有时繁荣有时衰退，对企业理财有极大影响。这种波动，最先影响的是企业销售额。销售额下降会阻碍企业现金的流转，例如，产成品积压不能变现，需要筹资以维持运营。销售增加会引起企业经营失调，例如存货枯竭，需筹资以扩大经营规模。财务人员对这种波动要有所准备，筹措并分配足够的资金，用以调整生产经营。

（二）通货膨胀

通货膨胀对企业财务活动的影响是多方面的。主要表现在：

（1）引起资金占用的大量增加，从而增加企业的资金需求。

（2）引起企业利润虚增，造成企业资金由于利润分配而流失，加大企业的权益资金成本。

（3）引起有价证券价格下降，资金供应紧张，增加企业的筹资难度。

为了减轻通货膨胀对企业造成的不利影响，企业应当采取措施予以防范。在通货膨胀初期，货币面临着贬值的风险，这时企业进行投资可以避免风险，实现资本保值；与客户应签订长期购货合同，以减少物价上涨造成的损失；取得长期负债，保持资本成本的稳定。在通货膨胀持续期，企业可以采用比较严格的信用条件，减少企业债权；调整财务政策，防止和减少企业资本流失等。企业面对通货膨胀，为了实现期望的报酬率，必须加强收入和成本管理。同时，使用套期保值等办法减少损失，如提前购买设备和存货、买进现货卖出期货等。

（三）利息率波动

银行贷款利率的波动以及与此相关的股票和债券价格的波动，既给企业以机会，也是对企业的挑战。

在为过剩资金选择投资方案时，利用这种机会可以获得营业以外的额外收益。例如，在购入长期债券后，由于市场利率下降，按固定利率计息的债券价格上涨，企业可以出售债券获得较预期更多的现金流入。当然，如果出现相反的情况，企业会蒙受损失。

在选择筹资来源时，情况与此类似。在预期利率将持续上升时，以当前较低的利率发行长期债券，可以节省资本成本。当然，如果后来事实上利率下降了，企业要承担比市场利率更高的资本成本。

（四）政府的经济政策

我国政府具有较强的调控宏观经济的职能，国民经济的发展规划、国家的产业政策、经济体制改革的措施、政府的行政法规等对企业的财务活动都有重大影响。

国家对某些地区、行业、经济行为的优惠、鼓励和倾斜构成政府政策的主要内容。从反面来看，政府政策也是对另外一些地区、行业和经济行为的限制。企业在财务决策时，要认真研究政府政策，按照政策导向行事，才能扬长避短。

问题的复杂性在于政府政策会因经济状况的变化而调整。企业在财务决策时为这种变化留有余地，甚至预见其变化的趋势，对企业理财大有好处。

（五）竞争

竞争广泛存在于市场经济之中，任何企业都不可回避。企业之间、各产品之间、现有产品和新产品之间的竞争，涉及设备、技术、人才、营销、管理等各个方面。竞争能促使企业用更好的方法来生产更好的产品，对经济发展起推动作用。但对企业来说，竞争既是机会，也是威胁。为了改善竞争地位，企业往往需要大规模投资，成功之后企业盈利增加，但若投资失败则竞争地位更为不利。

竞争是“商业战争”，检验了企业的综合实力，经济增长、通货膨胀和利率波动带来的财务问题以及企业的相应对策都会在竞争中体现出来。

二、金融环境

（一）金融市场

金融市场是指资金供应者和资金需求者双方通过一定的金融工具进行交易而融通资金的场所。金融市场的构成要素包括资金供应者和资金需求者、金融工具、交易价格、组织方式等。金融市场为企业融资和投资提供了场所，可以帮助企业实现长短期资金转换、引导资本流向和流量，提高资本效率。

1. 货币市场和资本市场

以期限为标准，金融市场可分为货币市场和资本市场。

货币市场又称短期金融市场，是指以期限在1年以内的金融工具为媒介，进行短期资金融通的市场，包括同业拆借市场、票据市场、大额定期存单市场和短期债券市场；货币市场的主要功能是调节短期资金融通。其主要特点是：（1）期限短。一般为3~6个月，最长不超过1年。（2）交易目的是解决短期资金周转。它的资金来源主要是资金所有者暂时闲置的资金，融通资金的用途一般是弥补短期资金的不足。（3）金融工具有较强的“货币性”，具有流动性强、价格平稳、风险较小等特性。

资本市场又称长期金融市场，是指以期限在1年以上的金融工具为媒介，进行长期资金交易活动的市场，包括股票市场和债券市场。资本市场的主要功能是实现长期资本融通。其主要特点是：（1）融资期限长。至少1年以上，最长可达10年甚至10年以上。（2）融资目的是解决长期投资性资本的需要，用于补充长期资本，扩大生产能力。（3）资本借贷量大。（4）收益较高但风险也较大。

2. 发行市场和流通市场

以功能为标准，金融市场可分为发行市场和流通市场。

发行市场又称为一级市场，它主要处理金融工具的发行与最初购买者之间的交易。

流通市场又称为二级市场，它主要处理现有金融工具转让和变现的交易。

3. 资本市场、外汇市场和黄金市场

以融资对象为标准，金融市场可分为资本市场、外汇市场和黄金市场。

资本市场以货币和资本为交易对象；外汇市场以各种外汇金融工具为交易对象；黄金市场则是集中进行黄金买卖和金币兑换的交易市场。

4. 基础性金融市场和金融衍生品市场

按所交易金融工具的属性，金融市场可分为基础性金融市场与金融衍生品市场。基础性金融市场是指以基础性金融产品为交易对象的金融市场，如商业票据、企业债券、企业股票的交易市场；金融衍生品交易市场是指以金融衍生产品为交易对象的金融市场，如远期、期货、掉期（互换）、期权以及具有远期、期货、掉期（互换）、期权中一种或多种特征的结构化金融工具的交易市场。

5. 地方性金融市场、全国性金融市场和国际性金融市场

以地理范围为标准，金融市场可分为地方性金融市场、全国性金融市场和国际性金融市场。

（二）金融机构

金融机构主要是指银行和非银行金融机构。银行是指经营存款、放款、汇兑、储蓄等金融业务，承担信用中介的金融机构，包括各种商业银行和政策性银行，如中国工商银行、中国农业银行、中国银行、中国建设银行、国家开发银行、中国农业发展银行。非银行金融机构主要包括保险公司、信托投资公司、证券公司、财务公司、金融资产管理公司、金融租赁公司等机构。

（三）金融工具

金融工具是指融通资金双方在金融市场上进行资金交易、转让的工具，借助金融工具，资金从供给方转移到需求方。金融工具分为基本金融工具和衍生金融工具两大类。常见的基本金融工具有货币、票据、债券、股票等；具有流动性、收益性、风险性等特点。

衍生金融工具又称派生金融工具，是在基本金融工具的基础上通过特定技术设计形成的新的融资工具，如各种远期合约、互换合约、掉期合约、期货合约、期权合约等，种类复杂、繁多，具有高风险、高杠杆效应等特点。

(四) 利率

在金融市场上，利率是资金使用权的价格。一般说来，金融市场上资金的购买价格，可用下式表示：

利率 = 纯粹利率 + 通货膨胀附加率 + 风险附加率

1. 纯粹利率

纯粹利率是指无通货膨胀、无风险情况下的平均利率。例如，在没有通货膨胀时，国库券的利率可以视为纯粹利率。纯粹利率的高低，受平均利润率、资金供求关系和国家调节的影响。

首先，利息是利润的一部分，所以利息率依存利润率，并受平均利润率的制约。一般说来，利息率随平均利润率的提高而提高。利息率的最高限不能超过平均利润率。否则，企业无利可图，不会借入款项；利息率的最低界限大于零，不能等于或小于零，否则提供资金的人不会拿出资金。至于利息率占平均利润率的比重，则决定于金融业和工商业之间的博弈结果。

其次，在平均利润率不变的情况下，金融市场上的供求关系决定市场利率水平。在经济高涨时，资金需求量上升，若供应量不变则利率上升；在经济衰退时正好相反。

再次，政府为防止经济过热，通过中央银行减少货币供应量，则资金供应减少，利率上升；政府为刺激经济发展，增加货币发行，则情况相反。

2. 通货膨胀附加率

通货膨胀使货币贬值，投资者的真实报酬下降。因此投资者在把资金交给借款人时，会在纯粹利息率的水平上再加上通货膨胀附加率，以弥补通货膨胀造成的购买力损失。因此，每次发行国库券的利息率随预期的通货膨胀率变化，它近似等于纯粹利息率加预期通货膨胀率。

3. 风险附加率

投资者除了关心通货膨胀率以外，还关心资金使用者能否保证他们收回本金并取得一定的收益。这种风险越大，投资人要求的收益率越高。实证研究表明，公司长期债券的风险大于国库券，要求的收益率也高于国库券；普通股票的风险大于公司债券，要求的收益率也高于公司债券；小公司普通股票的风险大于大公司普通股票，要求的收益率也大于大公司普通股票。风险越大，要求的收益率也越高，风险和收益之间存在对应关系。风险附加率是投资者要求的除纯粹利率和通货膨胀之外的风险补偿，包括违约风险附加率、流动性风险附加率和期限风险附加率。其中，违约风险附加率是指为了弥补因债务人无法按时还本付息而带来的风险，由债权人要求提高的利率；流动性风险附加率又称变现力风险附加率，是指为了弥补因债务人资产缺乏流动性（即缺乏变现能力）而带来的风险，由债权人要求提高的利率；期限风险附加率是指为了弥补因偿债期长而带来的风险，由债权人要求提高的利率。

三、法律环境

财务管理的法律环境是指企业和外部发生经济关系时所应遵守的各种法律、法规和规章。

（一）法律环境的范畴

市场经济是法制经济，企业的一些经济活动总是在一定法律规范内进行的。法律既约束企业的非法经济行为，也为企业从事各种合法经济活动提供保护。企业的理财活动，无论是筹资、投资还是利润分配，都要和企业外部发生经济关系。在处理这些经济关系时，应当遵守有关的法律规范。

国家相关法律法规按照对财务管理内容的影响情况可以分如下几类：

（1）影响企业筹资的各种法规主要有：公司法、证券法、金融法、证券交易法、合同法等。这些法规可以从不同方面规范或制约企业的筹资活动。

（2）影响企业投资的各种法规主要有：证券交易法、公司法、企业财务通则等。这些法规从不同角度规范企业的投资活动。

（3）影响企业收益分配的各种法规主要有：税法、公司法、企业财务通则等。这些法规从不同方面对企业收益分配进行了规范。

（二）法律环境对企业财务管理的影响

法律环境对企业的影响是多方面的，影响范围包括企业组织形式、公司治理结构、投融资活动、日常经营、收益分配等行为。例如，《公司法》对公司企业的设立条件、设立程序、组织机构、组织变更和终止的条件和程序等都作了规定，包括股东人数、法定资本的最低限额、资本的筹集方式等。只有按其规定的条件和程序建立的企业，才能称为“公司”。《公司法》还对公司生产经营的主要方面做出了规定，包括股票的发行和交易、债券的发行和转让、利润的分配等。公司一旦成立，其主要的活动，包括财务管理活动，都要按照《公司法》的规定来进行。因此，《公司法》是公司企业财务管理最重要的强制性规范，公司的理财活动不能违反该法律，公司的自主权不能超出该法律的限制。

从财务管理来看，非公司企业与公司企业有很大不同。非公司企业的所有者，包括独资企业的业主和合伙企业的普通合伙人，要承担无限责任。他们享有企业的盈利（或承担损失），一旦经营失败必须抵押其个人的财产，以满足债权人的要求。公司企业的股东承担有限责任，经营失败时其经济责任以出资额为限，无论股份有限公司还是有限责任公司都是如此。

税收法律规范对财务管理也有较大的影响，因为任何企业都有法定的纳税义务。有关税收的立法分为三类：所得税的法规、流转税的法规、其他地方税的法规。

税负是企业的一种费用，会增加企业的现金流出，对企业理财有重要影响。企业无不希望在不违反税法的前提下减少税务负担。税负的减少，只能靠精心安排和筹划投资、筹资和利润分配等财务决策，而不允许在纳税行为已经发生时去偷税漏税。精通税法，对财务主管有重要意义。

本章小结

本章概述了财务管理对象、内容、职能、特点以及财务管理目标等基本理论问题。

（1）财务管理是有关资本的筹集、运用与分配的管理，其对象是资本及其流转，财务管理的内容是筹资管理、投资管理、资本营运管理和收益分配管理，此外还包括对财务关系的处理，财务管理的职能是决策、计划和控制，财务管理的特点是综合性强、涉及面广、灵敏度高。

（2）企业财务管理体制是明确企业各财务层级财务权限、责任和利益的制度，其核心问题是如何配置财务管理权限，企业财务管理体制决定着企业财务管理的运行机制和实施模式。包括三种类型：集权型财务管理体制、分权型财务管理体制和集权与分权相结合型财务管理体制。

（3）财务管理的目标是企业财务管理活动所要达到的目的，是财务管理工作所希望实现的结果，是评价财务管理行为是否合理的基本标准。财务管理目标具有相对稳定性和层次性特征。企业财务管理目标理论有代表性的包括：利润最大化目标、每股盈余最大化目标、股东财富最大化目标、企业价值最大化目标、相关者利益最大化目标。影响企业价值最大化目标实现的因素是现金流量和资本成本。

（4）企业的财务管理环境又称理财环境是指对企业财务活动产生影响作用的企业内外部条件。外部约束条件是企业财务决策难以改变的，企业财务决策更多的是适应它们的要求和变化。财务管理的环境涉及的范围很广，其中最重要的是企业外部的经济环境、金融环境和法律环境。

第二章 财务估价

学习目标

本章主要讲授货币时间价值、风险价值、证券估价和期权估价。通过本章学习，要求如下：

1. 理解货币时间价值的含义、实质及其表现形式
2. 理解终值和现值的含义，掌握复利现值和复利终值的计算方法
3. 理解年金的含义，掌握各种年金现值和终值的计算方法
4. 理解连续复利的含义，掌握连续复利现值和终值的计算方法
5. 掌握名义利率和实际利率的换算
6. 理解风险及风险价值的含义、风险的种类，掌握单项资产风险的衡量方法和投资组合风险的衡量方法，掌握风险和收益之间的基本关系
7. 理解普通股股票内在价值和债券内在价值的含义，掌握普通股的估价模型和债券的估价模型

第一节　货币时间价值

货币时间价值的观念与计算，贯穿于整个财务管理学，无论是计算各种证券的理论价值，还是资本预算项目的评价以及筹资成本的计算等，都是以货币时间价值的计算为基础。本节主要介绍货币时间价值的一些基本计算方法。

一、货币时间价值的概念

货币的时间价值，是指货币经历一定时间的投资和再投资所增加的价值，也称为资金的时间价值。

货币的时间价值是货币的增加值。一定量的货币，在不同的时间点上具有不同的价值，即现在的 1 元钱不等于将来的 1 元钱。例如，将现在的 1 元钱存入银行，1 年后得到 1.10 元，这 1 元钱经过 1 年时间的投资增加了 0.10 元，这就是货币的时间价值。货币时间价值通常用相对数表示，即用增加价值占投入货币的百分数表示。本例增加价值为 0.1 元，投入货币为 1 元，即货币的时间价值

为10%。

货币增值需要经历一定时间的投资和再投资过程。货币的增值是在货币被当做投资资本的运用过程中实现的，作为资本的货币每完成一次循环，就增加一定数额，周转次数越多，增值额也越大，因此，随着时间的延续，货币总量在循环和周转中按几何级数增长，使货币具有时间价值。

从量的规定性来看，货币的时间价值是在没有风险和没有通货膨胀条件下的社会平均资金利润率。如果没有通货膨胀或通货膨胀率微不足道，国债利率可以代表货币时间价值。

等量货币在不同时点，其经济价值不等。所以，不同时间的货币收入不宜直接进行比较，需要把它们换算到同一时间基础上，然后才能进行大小比较和比率计算。由于货币随时间的增长过程与复利的计算过程在数学上相似，所以，在换算时广泛使用复利计算的各种方法。

二、货币时间价值的计算

（一）复利终值和现值

复利是指在每期计算利息时都以前一计息期的本利和作为计算基础的一种计息方法。

1. 复利终值

终值是本金在未来某一时点上的价值，也称本利和。

设本金或现值为 P，本利和或终值为 F，利息率为 i，计息期为 n，根据复利计算终值：

第1期终值：$F_1 = P \cdot (1+i)$

第2期终值：$F_2 = P \cdot (1+i) \cdot (1+i) = P(1+i)^2$

第3期终值：$F_3 = P \cdot (1+i)^2 \cdot (1+i) = P(1+i)^3$

第 n 期终值：$F = P(1+i)^n$ （公式2－1）

第 n 期终值计算公式，是计算复利终值的一般公式，其中：$(1+i)^n$ 称为复利终值系数或1元的复利终值，用符号（F/P，i，n）表示。

【例2－1】某人投资10 000元，年报酬率为10%，5年后的投资本利和为多少？

$F = 10\,000 \times (1+10\%)^5$

$= 10\,000 \times (F/P, 10\%, 5)$

$= 10\,000 \times 1.6105 = 16\,105$（元）

复利终值系数（F/P，10%，5）可查“复利终值系数表”获取，该表的第一行是利率 i，第一列是计息期数 n，相应的系数在其纵横相交处，通过该表可查出：（F/P，10%，5）＝1.610 5。

该表的作用不仅在于已知 i 和 n 时查找1元复利终值，而且可在已知1元复

利终值和 n 时查找 i，或已知 1 元复利终值和 i 时查找 n。

【例 2-2】某人现有 10 000 元，欲在 17 年后达到 37 000 元，问选择投资机会时，最低可接受的报酬率为多少？

$$37\ 000=10\ 000\times(F/P,\ i,\ 17)$$

$$(F/P,\ i,\ 17)=\frac{37\ 000}{10\ 000}=3.7$$

查“复利终值系数表”，在 $n=17$ 的行中寻找 3.7，对应的 i 值为 8%。即最低可接受的报酬率为 8%。

【例 2-3】某人现有 10 000 元，拟进行报酬率为 8% 的投资，问需多少年才能使现有货币增加 1 倍？

$$F=10\ 000\times 2=20\ 000\text{元}$$

$$20\ 000=10\ 000\times(F/P,\ 8\%,\ n)$$

$$(F/P,\ 8\%,\ n)=\frac{20\ 000}{10\ 000}=2$$

查“复利终值系数表”在 $i=8\%$ 栏中寻找 2，最接近的值为 $(F/P,\ 8\%,\ 9)=1.999$。所以 $n=9$，即 9 年后可使现有货币增加 1 倍。

由于时间价值的各种系数表是离散的，绝大多数情况下不能像以上例子中那样直接找到系数对应的利率或期数，所以要计算利率 i 和期数 n，需利用系数表并采用“插值法”，现以求利率 i 为例说明插值法的计算步骤：

（1）根据 F、P 计算系数 α，

（2）查表找与 α 最接近的两个左右临界系数值 β_1 和 β_2。（$\beta_2>\alpha>\beta_1$）并读出 β_1 和 β_2 对应的临界利率 i_1 和 i_2。

（3）将 β_1、β_2、i_1、i_2 和 α 代入下式，求出利率 i。

$$i=i_1+\frac{\alpha-\beta_1}{\beta_2-\beta_1}\times(i_2-i_1) \qquad \text{（公式 2-2）}$$

【例 2-4】某项投资，欲在今后 5 年增长 1 倍，求其最低报酬率？

解：$(F/P,\ i,\ 5)=\frac{F}{P}=2$

查表：$\beta_1=1.9254$　　$\beta_2=2.100\ 3$

　　$i_1=14\%$　　$i_2=16\%$

代入公式：

$$i=14\%+\frac{2-1.925\ 4}{2.100\ 3-1.925\ 4}\times(16\%-14\%)$$

$$=14.85\%$$

即最低报酬率为 14.85%

采用插值法应注意两个临界值之间的间隔越小，计算结果越精确。该方法不仅适用于“已知 F、P、n 求 i”，也适用于“已知 F、P、i 求 n”，其原理和步骤是相同的。

2. 复利现值

现值是指未来某一时点上的一定量现金，折合为现在的价值，又称本金。

根据复利终值计算公式不难推导出复利现值的计算公式：

$$P=F\times\frac{1}{(1+i)^{n}}=F\times(1+i)^{-n} \quad （公式2-3）$$

公式中的 $(1+i)^{-n}$ 称为复利现值系数，或称1元的复利现值，用符号（P/F，i，n）来表示。

【例2-5】某人欲在5年后取得本利和10 000元，假设投资报酬率10%，他现在应投少元？

$$P=F\times(1+i)^{-n}=F\times（P/F，i，n）=10\,000\times（1+10\%）^{-5}$$
$$=10\,000\times（P/F，10\%，5）$$
$$=10\,000\times0.620\,9=6\,209 元$$

即此人现在应投入6 209元。

复利现值系数（P/F，10%，5）可查“复利现值系数表”取得，该表的使用方法与“复利终值系数表”相同。

3. 名义利率与实际利率

实际利率是一年内只复利一次的年利率，而名义利率是一年内不只复利一次的年利率，二者的关系是：

$$i=\left(1+\frac{r}{m}\right)^{m}-1 \quad （公式2-4）$$

式中：r 代表名义利率；i 代表实际利率；m 代表每年复利次数。

【例2-6】本金10 000元，投资5年，复利率12%，每季度复利一次，求其本利和。

解法一：先求实际利率再求终值

（1）求实际利率：$i=\left(1+\frac{12\%}{4}\right)^{4}-1=12.55\%$

（2）根据实际利率求终值：

$$F=10\,000\times（1+12.55\%）^{5}=10\,000\times1.806\,1=18\,061（元）$$

解法二：直接求终值

$$F=P\times\left(1+\frac{r}{m}\right)^{mn} \quad （公式2-5）$$
$$=10\,000\times\left(1+\frac{12\%}{4}\right)^{4\times5}$$
$$=10\,000\times（1+3\%）^{20}$$
$$=10\,000\times1.806\,1=18\,061（元）$$

4. 连续复利

从理论上说，复利次数可以为无限大的值，如果每年复利次数 m 趋近于无穷，则这种情况下的复利称为连续复利。

（1）连续复利实际利率的计算

$$i=\lim_{m\to\infty}\left[\left(1+\frac{r}{m}\right)^{m}-1\right]=e^{r}-1$$ （公式2－6）

式中：e 代表自然常数，约等于2.718 3；其他符号意义同上。

【例2－7】假设公司借入名义利率为20%，采用连续复利计息，求实际利率是多少？

实际利率（i）$=e^{0.2}-1=2.718\ 3^{0.2}-1=22.14\%$

（2）连续复利终值（F）和现值（P）的计算

连续复利终值（F）$=P\times e^{rt}$ （公式2－7）

连续复利现值（P）$=\frac{F}{e^{rt}}$ （公式2－8）

式中：F 代表终值；P 代表现值；e 代表自然常数；r 代表名义利率；t 代表时间（年）。

【例2－8】某人以连续复利计息方式将10 000元投资一年，如果年利率为10%，求一年后的终值是多少？

$$F=P\times e^{rt}=10\ 000\times e^{0.1\times1}=10\ 000\times 1.105\ 2=11\ 052(\text{元})$$

式中：$e^{0.1\times1}$ 可通过查本书后附表得到。

（二）普通年金终值和现值

年金是指等额、定期的系列收支。如保险费、养老金、折旧、租金、分期收付款等都属于年金的收付形式。

年金按其收付发生的时点不同，可分为普通年金、预付年金、递延年金和永续年金等。

普通年金是指各期期末收付的年金，又称后付年金，如图2－1所示。

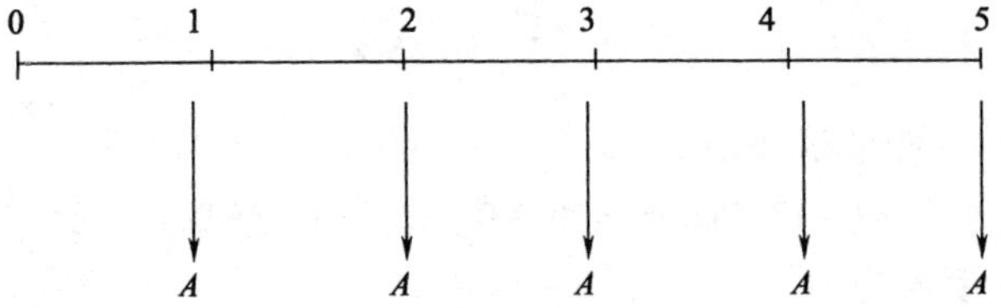

图2－1　普通年金示意图

1. 普通年金终值

普通年金终值是指其最后一次支付时的本利和。它是每次支付的复利终值之和，如图2－2所示。

设每年的支付额为 A，利率为 i，期数为 n，则按复利计算的普通年金终值为：

$$F=A+A(1+i)+A(1+i)^{2}+\cdots+A(1+i)^{n-1}$$

等式两边同乘（$1+i$）

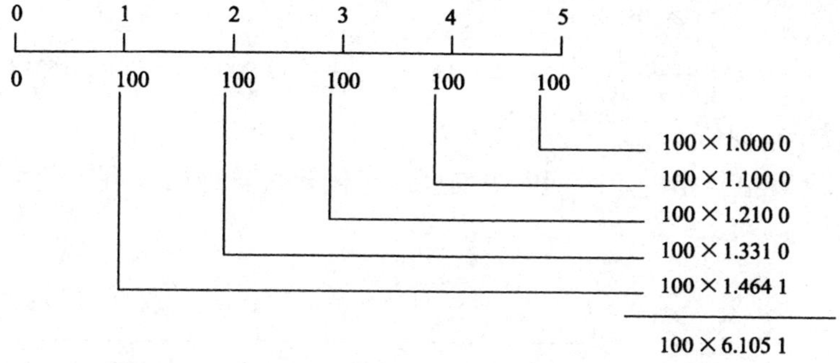

图 2-2　年金终值示意图

$$F(1+i)=A(1+i)+A(1+i)^2+A(1+i)^3+\cdots+A(1+i)^n$$

上述两式相减：

$$F(1+i)-F=A(1+i)^n-A$$

$$F=A\times\frac{(1+i)^n-1}{i} \qquad \text{（公式 2-9）}$$

式中的 $\frac{(1+i)^n-1}{i}$ 为普通年金终值系数，是普通年金为 1 元，利率为 i，经过 n 期的年金终值，用符号（F/A，i，n）表示，可查“年金终值系数表”取得，上式可写作：

$$F=A(F/A,\ i,\ n)$$

【例 2-9】光明公司从现在起每年末存银行 100 万元，用于将来偿债，假设银行存款复利率 10%，该公司在第 5 年末，可用于偿债的总额为多少？

$$F=100\times\frac{(1+10\%)^5-1}{10\%}=100\times(F/A,\ 10\%,\ 5)$$

$$=100\times6.1051=610.51\text{（万元）}$$

2. 偿债基金

偿债基金是指为使年金终值达到特定金额每年末应支出的年金数额。显然，偿债基金的计算是年金终值的逆运算，其计算公式为：

$$A=F\times\frac{i}{(1+i)^n-1} \qquad \text{（公式 2-10）}$$

式中的 $\frac{i}{(1+i)^n-1}$ 称作偿债基金系数，记为（A/F，i，n），可查找“偿债基金系数表”或通过年金终值系数的倒数推算出来。上式也可写作：

$$A=F\cdot(A/F,\ i,\ n)$$

或 $$=F\cdot\frac{1}{(F/A,\ i,\ n)}$$

【例 2-10】光明公司 5 年后需偿债 1000 万元，若存款年复利率 10%，则为偿还该笔债务，该公司需于每年年末应等额存银行多少元？

$$A = 1\,000 \times \frac{10\%}{(1+10\%)^5 - 1} = 163.8 \text{（万元）}$$

或 $$A = 1\,000 \times \frac{1}{(F/A,\ 10\%,\ 5)} = 1\,000 \times \frac{1}{6.105\,1} = 1\,000 \times 0.163\,8 = 163.8 \text{（万元）}$$

3. 普通年金现值

普通年金现值是指一定时期内每期期末等额收付款项的复利现值之和，如图 2－3 所示。

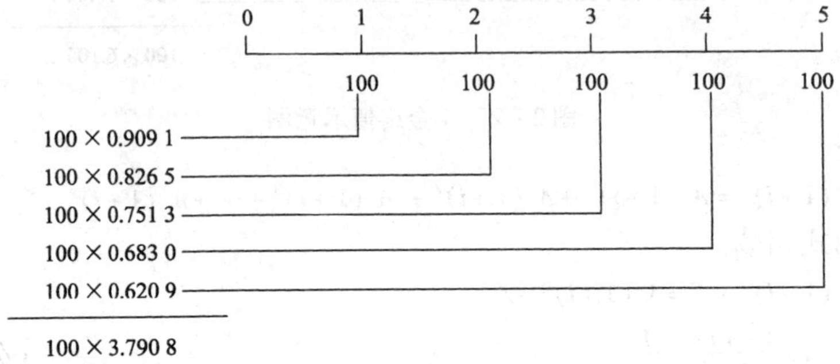

图 2－3 年金现值示意图

普通年金现值的计算公式可推导如下：

$$P = A(1+i)^{-1} + A(1+i)^{-2} + \cdots + A(1+i)^{-(n-1)} + A(1+i)^{-n}$$

等式两边同乘（1＋i）：

$$P(1+i) = A + A(1+i)^{-1} + \cdots + A(1+i)^{-(n-1)}$$

两式相减：

$$P(1+i) - P = A - A(1+i)^{-n}$$

$$P = A \times \frac{1-(1+i)^{-n}}{i} \qquad \text{（公式 2－11）}$$

式中 $\frac{1-(1+i)^{-n}}{i}$ 称为普通年金现值系数，是普通年金为 1 元，利率为 i，经过 n 期的年金现值，记作（P/A，i，n），可查“年金现值系数表”（见附表四）取得。

【例 2－11】光明公司有一投资项目，寿命 5 年，每年年末获得现金净流量 100 万元，最低报酬率为 10%，该项目可行的一次性最大投资额为多少？

$$P = 100 \times \frac{1-(1+10\%)^{-5}}{10\%} = 100 \times (P/A,\ 10\%,\ 5)$$

$$= 100 \times 3.790\,8 = 379.08 \text{（万元）}$$

4. 年投资回收额

年投资回收额是指在约定年限内，收回初始投资的每年相等的金额。年投资回收额的计算是年金现值的逆运算。其公式为：

$$A = P \times \frac{i}{1-(1+i)^{-n}} \qquad \text{（公式 2-12）}$$

式中的$\frac{i}{1-(1+i)^{-n}}$称作投资回收系数，记为（A/P，i，n），可查阅“资本回收系数表”或利用年金现值系数的倒数求得。上式可写作：

$$A = P\ (A/P,\ i,\ n)$$

或 $$A = P \times \frac{1}{(P/A,\ i,\ n)}$$

【例 2-12】光明公司现在以 10% 的利率借款 1 000 万元，投资于一个寿命 5 年的项目，每年至少要收回多少现金该项目才可行？

$$A = 1\,000 \times \frac{10\%}{1-(1+10\%)^{-5}}$$

$$= 1\,000 \times 0.263\,8 = 263.8\ \text{（万元）}$$

或 $$A = 1\,000 \times \frac{1}{P/A,\ 10\%,\ 5}$$

$$= 1\,000 \times \frac{1}{3.790\,8} = 1\,000 \times 0.263\,8 = 263.8\ \text{（万元）}$$

（三）预付年金终值和现值

预付年金是指在每期期初支付的年金，又称即付年金或先付年金，它和普通年金的区别仅在于付款时间不同，如图 2-4 所示。

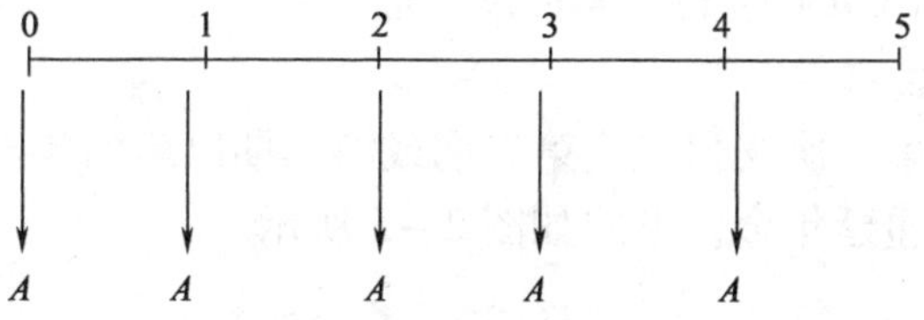

图 2-4　预付年金示意图

1. 预付年金终值

预付年金终值是其最后一期期末的本利和，是年金的复利终值之和。

比较图 2-1 和图 2-4 可以看出，n 期预付年金终值比 n 期普通年金终值多计算一期利息，因此，预付年金终值可在普通年金终值的基础上乘（$1+i$）求得。其计算公式为：

$$F = A \times \frac{(1+i)^n - 1}{i} \times (1+i)$$

$$= A \times \left[\frac{(1+i)^{n+1} - 1}{i} - 1\right]$$

式中$\left[\frac{(1+i)^{n+1} - 1}{i} - 1\right]$称作预付年金终值系数，它是在普通年金终值系数的基础上期数加 1，系数减 1 所得的结果。通常记作［（F/A，i，$n+1$）-1］，可通过查“年金终值系数表”计算求得。上式可写作：

$$F=A\left[(F/A,\ i,\ n+1)\ -1\right]$$ （公式 2－13）

【例 2－13】光明公司拟建立一项基金，每年年初投入 100 万元，年利率 10%，求 5 年后该基金的本利和？

$$F=100\left[(F/A,\ 10\%,\ 5+1)\ -1\right]$$
$$=100\times(7.7156-1)=671.56\ (万元)$$

2. 预付年金现值

由于 n 期预付年金现值比 n 期普通年金现值少折现一期，因此，预付年金现值可在普通年金现值的基础上乘（$1+i$）求得。其计算公式：

$$P=A\times\frac{1-(1+i)^{-n}}{i}\times(1+i)=A\times\left[\frac{1-(1+i)^{-(n-1)}}{i}+1\right]$$

式中的$\left[\frac{1-(1+i)^{-(n-1)}}{i}+1\right]$是预付年金现值系数，它是在普通年金现值系数的基础上，期数减 1，系数加 1。可记作［（P/A，i，$n-1$）＋1］，并可通过查“年金现值系数表”计算求得，上式可写作：

$$P=A\times\left[(P/A,\ i,\ n-1)\ +1\right]$$ （公式 2－14）

【例 2－14】光明公司采用 5 年分期付款方式购买大型设备，每年年初付款 100 万元，年利率 10%，该设备相当于一次现金支付的购价是多少？

$$P=100\times\left[(P/A,\ 10\%,\ 5-1)\ +1\right]$$
$$=100\times(3.1699+1)=416.99\ 万元$$

（四）递延年金现值

递延年金是指第一次支付发生第二期或第二期以后的年金，即凡不是从第一期开始的年金都是递延年金，形式如图 2－5 所示。

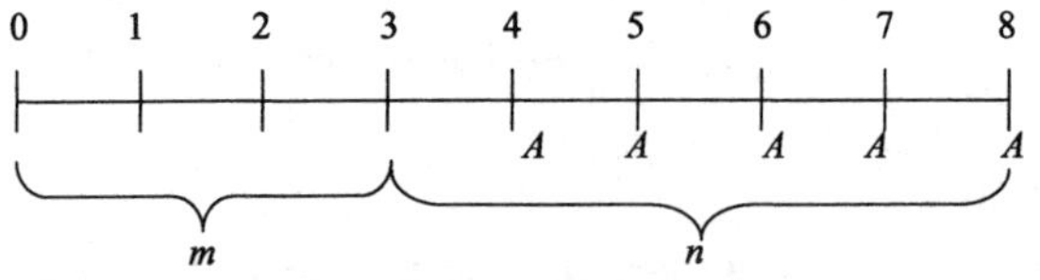

图 2－5　递延年金示意图

递延年金终值的计算方法和普通年金终值的计算相同。

递延年金现值的计算方法常用的有两种：

第一种方法，是把递延年金视为 n 期普通年金，求出递延期末的现值，然后再将此现值折现到第一期初。其计算公式为：

$$P=A\times(P/A,\ i,\ n)(P/F,\ i,\ m)$$ （公式 2－15）

第二种方法，是假设递延期中也进行支付，先求出（$m+n$）期的年金现值，然后，扣除实际并未支付的递延期（m）的年金现值。其计算公式为：

$$P=A\left[(P/A,\ i,\ m+n)-(P/A,\ i,\ m)\right]$$ （公式 2－16）

【例2－15】某人欲在3年后连续5年每年年末从银行取出10 000元，银行存款利率10%，此人现在至少一次存银行多少元？

按第一种方法计算：

$$P=10\,000\times(P/A,\ 10\%,\ 5)\times(P/F,\ 10\%,\ 3)$$
$$=10\,000\times3.790\,8\times0.7513=28\,480\text{（元）}$$

按第二种方法计算：

$$P=10\,000\times[(P/A,\ 10\%,\ 3+5)-(P/A,\ 10\%,\ 3)]$$
$$=10\,000\times(5.334\,9-2.486\,9)=28\,480\text{（元）}$$

（五）永续年金现值

1. 零成长永续年金现值

零成长永续年金是指无限期定额（即增长率为零）支付的年金，即期限趋于无穷的普通年金。通常所说的“永续年金”即指零成长永续年金。存本取息可视为永续年金的一个例子。

永续年金没有终止的时间，也就没有终值。永续年金的现值可以通过普通年金现值的计算公式导出：

$$P=A\times\frac{1-(1+i)^{-n}}{i}$$

当 $n\to\infty$ 时，$(1+i)^{-n}\to0$

故：$P=\frac{A}{i}$　　　　（公式2－17）

【例2－16】某学校拟建立一项永久性的奖学金，每年计划颁发10万元奖金，若利率为10%，现在至少一次存入多少元？

$$P=10\times\frac{1}{10\%}=100\text{（万元）}$$

2. 成长性永续年金现值

成长性永续年金是指按某一固定增长率增长的永续年金。与零成长永续年金一样，只能计算其现值，无法计算其终值，其现值计算公式为：

$$P=\frac{A_0(1+g)}{i-g}=\frac{A_1}{i-g}$$　　　　（公式2－18）

【例2－17】某学校拟建立一项永久性的奖学金，计划第一年末颁发10万元奖金，以后每年增长2%，若利率为10%，现在至少一次存入多少元？

$$P=\frac{A_1}{i-g}=\frac{10}{10\%-2\%}=125\text{（万元）}$$

第二节　风险与收益

风险与收益贯穿于财务管理过程，是影响企业价值的基本因素。妥善处理风险与收益之间的关系，是增加企业价值的需要，也是企业理财工作的重要内容之一。

一、风险与收益的概念

（一）风险

1. 风险概念的演进

日常生活中人们谈到的风险实际上是指危险，它意味着损失或失败，是一种不好的事情。

在财务管理学中，起初将风险定义为“风险是发生财务损失的可能性”。该定义主要强调风险可能带来的损失，与危险的含义类似。

在对风险进行深入研究后又将风险定义为“风险是指预期结果的不确定性”。即风险不仅包括负面效应的不确定性，还包括正面效应的不确定性。该定义强调危险与机会并存。

将风险与收益联系起来，又将风险进一步定义为“风险是指预期收益的不确定性”。该定义强调了与收益相关的风险才是财务管理中所说的风险。

在投资组合理论出现后，风险是指投资组合的系统风险。

2. 风险的类别

（1）从风险是否可以通过多样化投资加以消除，风险分为系统风险和非系统风险。

①系统风险：系统风险又称为市场风险、不可分散风险。系统风险是指那些影响所有公司的因素引起的风险。这些因素包括：通货膨胀、经济波动、战争等。由于各种证券（或其他投资项目）处于同一经济系统内，使得证券的收益率在一定程度上是正相关的，所以不管投资多么的分散化，也不能消除系统风险，将投资组合风险降低为零。

②非系统风险：非系统风险又称为企业特有风险、可分散风险。非系统风险是指发生于个别企业的特有事件造成的风险。例如企业的管理是否有效、新产品开发的成功或失败、诉讼的胜诉或失败等。这类事件是非预期的、随机发生的，因而可以通过多样化投资来分散，即发生于一家企业的不利事件可能被发生于另一家企业的有利事件所抵消。图 2 - 6 是系统风险和非系统风险示意图。

（2）从风险对企业本身的影响来看，风险又可以分为经营风险和财务风险。

①经营风险：经营风险是指因生产经营方面的原因给企业的盈利带来的不确定性。引起经营风险的主要原因是市场需求和成本等因素的不确定性对企业息税前利润的影响。

②财务风险：财务风险又称筹资风险，是指由负债筹资引起的风险。企业负债经营，在未来情况好时，能给企业带来较多的收益，但如果未来情况恶化，则不仅使企业的收益率下降，甚至可能使企业不能偿还债务而破产。

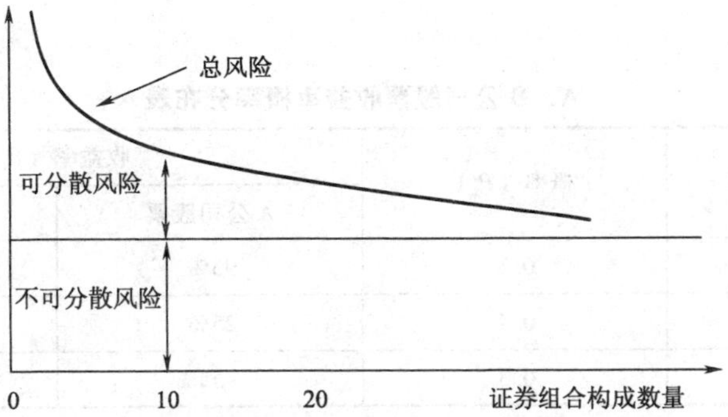

图2-6　系统风险和非系统风险示意图

（二）收益

1. 收益的概念

收益是指资产的价值在一定时期的增值。其表现形式有绝对数和相对数两种，但通常情况下，是以相对数的形式来表示收益。如利润率、债券和股票的到期收益率等。

2. 收益的主要类型

（1）实际收益率。是指在特定时期实际获得的收益率，它是已经实际发生的，不可能改变的收益率。

（2）必要收益率。是投资者进行投资所必须得到的最低收益率，一般由无风险收益率和风险收益率两部分构成。

（3）预期收益率。是指按市场价格预计可获得的收益率，亦即期望收益率。只有当预期收益率大于必要收益率时，实际的投资行为才会发生。

二、风险与收益的衡量

（一）单项资产风险的衡量

1. 概率与概率分布

由于风险本身不易计量，对风险的衡量通常使用概率和统计的方法。

概率是用来表示随机事件发生可能性大小的数值。通常，把必然发生的事件的概率定为1，把不可能发生的事件的概率定为0。一般随机事件的概率分布具有两个特征：① 所有的概率其值都在0～1之间变化，即$0\leqslant P_i\leqslant 1$；② 所有结果的概率之和为1，即$\sum P_i=1$。这里，$i$是可能出现结果的个数。概率越大说明事件发生的可能性越大。

将随机事件各种可能的结果按一定的规则进行排列，同时列出各结果出现的相应概率，这一完整的描述称为概率分布。

【例2-18】假设经济学家对于宏观经济的估计有三种状况：繁荣、正常、衰退，每种状况出现的概率及 A 公司和 B 公司两只股票的收益率情况如表 2－1 所示。

表 2－1　　　A、B 公司股票收益率概率分布表

经济状况	概率（P_i）	收益率（R_i）	
		A 公司股票	B 公司股票
繁荣	0.3	95%	30%
正常	0.4	25%	25%
衰退	0.3	－55%	10%

在表 2－1 中，收益率作为一种随机变量，受多种因素的影响。为简化，我们假设其他因素都相同，只有经济状况一个因素影响收益率。

概率分布有两种类型：①离型概率分布。如果随机变量（如收益率）只取有限的几个值，并且对应每个值都有确定的概率，则称随机变量是离散型分布，其特点是概率分布在各个特定的点上。表 2－1 就属离散型分布，它有三个值，如图 2－7 所示。

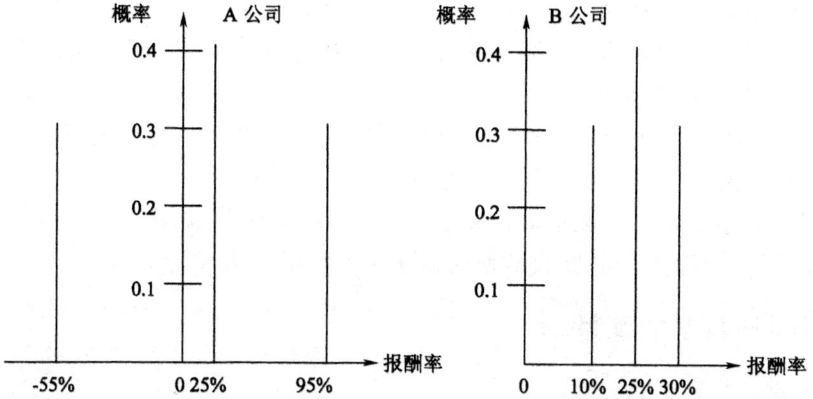

图 2－7　离散型分布

②连续型概率分布。如果随机变量取无限多个值，而且对应每个值都有确定的概率，则称为连续型概率分布，其特点是概率分布在连续图像的两点之间的区间上，正态分布就是一种常见的连续型分布，如图 2－8 所示。

2. 期望值

期望值是一个概率分布中的所有可能结果以各自相应的概率为权数计算的加权平均值，它反映随机变量取值的平均化。期望值的计算公式为：

$$期望值 = \sum R_i P_i \qquad （公式 2－19）$$

式中：P_i 代表第 i 种结果出现的概率；R_i 代表第 i 种结果出现后的预期报酬

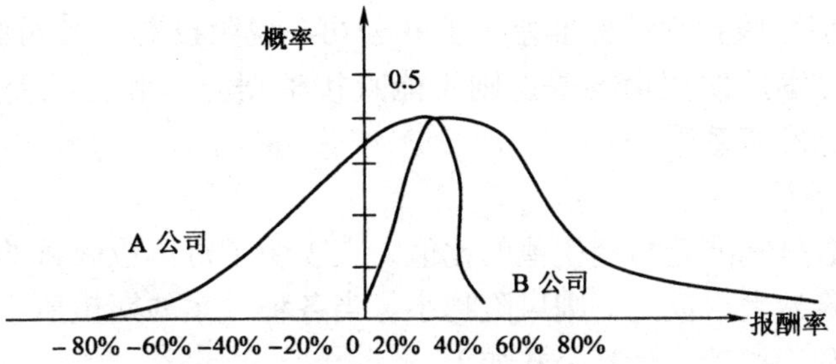

图 2-8 连续型分布

率；n 代表所有可能结果的数目。

根据表 2-1 的资料，可以计算出 A 公司和 B 公司股票的预期收益率：

$$R_A = 95\% \times 0.3 + 25\% \times 0.4 + (-55\%) \times 0.3 = 22\%$$

$$R_B = 30\% \times 0.3 + 25\% \times 0.4 + 10\% \times 0.3 = 22\%$$

结果表明，两个公司的期望收益率相同，但其概率分布不同（图 2-7）。A 公司股票收益率的变动程度大，B 公司股票收益率的变动程度小。这表明两支股票的预期收益率相同，但风险不同。为了定量地衡量风险大小，还要使用统计学中衡量概率分布离散程度的指标，即方差（或标准差）和标准离差率。

3. 方差和标准差

方差（或标准差）是各种状态下收益率与期望收益率离差的期望值，是反映随机变量与期望值之间离散程度大小的指标，标准差是方差的平方根。方差的计算公式为：

$$\sigma^2 = \sum (R_i - R)^2 \times P_i \quad \text{（公式 2-20）}$$

根据表 2-1 的资料，方差的计算如下：

A 公司股票收益率的方差为：

$$\sigma_A^2 = (95\% - 22\%)^2 \times 0.3 + (25\% - 22\%)^2 \times 0.4 + (-55\% - 22\%)^2 \times 0.3 = 33.8\%$$

B 公司股票收益率的方差为：

$$\sigma_B^2 = (30\% - 22\%)^2 \times 0.3 + (25\% - 22\%)^2 \times 0.4 + (10\% - 22\%)^2 \times 0.3 = 0.7\%$$

为便于理解，通常用标准差取而代之来衡量各可能值相对于期望值的离散程度，标准差用 σ 表示，即：

$$\sigma = \sqrt{\sum [R_i - E(R)]^2 P_i} \quad \text{（公式 2-21）}$$

上例中，A 公司和 B 公司其股票收益率的标准差为：

$$\sigma_A = \sqrt{33.8\%} = 58.1\%$$

$$\sigma_B = \sqrt{0.7\%} = 8.4\%$$

一般而言，在期望值相同的情况下，方差（或标准差）越大，说明变量值的离散程度越大，风险越大；反之，方差（或标准差）越小，说明变量的离散程度越小，风险越小。如上例，两个公司股票收益率的期望值相等，均为22%，但由于A公司股票收益率的标准差大于B公司，说明投资A公司股票的风险大。

如果各种方案的期望值不等，则不能直接根据方差和标准差进行风险的比较，应该计算标准差系数。

4. 标准差系数

标准差系数是标准差与期望值的比值，它表明了每单位收益的风险。标准差系数越大，风险越大，反之，则风险越小。当各种方案的期望值不同时利用标准差系数更加有利于比较。计算公式如下：

$$标准差系数(v)=\frac{\sigma}{E(R)}\times 100\%$$ （公式2-22）

上例中，A公司和B公司其股票收益率的标准差系数为：

$$v_A=\frac{58.1\%}{22\%}=264.1\%$$

$$v_B=\frac{8.4\%}{22\%}=38.2\%$$

可见，A公司股票收益率的标准差系数比B公司大，表明投资A公司股票的风险大。这一结论与上述利用标准差进行风险比较的结果是一致的。

（二）投资组合风险的衡量

所谓投资组合是指由两个或两个以上的资产所构成的集合。如果资产组合中的资产均为有价证券，则该投资组合也称为证券组合。

投资组合理论认为，若干种证券组成的投资组合，其收益是这些证券收益的加权平均数，但是其风险不是这些证券风险的加权平均风险，投资组合能降低风险。

投资组合的风险用投资组合报酬率的标准差来衡量，基本公式如下：

$$\sigma_p=\sqrt{\sum_{i=1}^{n}\sum_{j=1}^{n}W_iW_j\sigma_{ij}}$$ （公式2-23）

式中：n代表组合内证券种类总数；W_i代表第i种证券在投资总额中的比例；W_j代表第j种证券在投资总额中的比例；σ_{ij}代表第i种证券与第j种证券报酬率的协方差。

1. 两种证券组合的风险

根据上述基本公式，由两种证券构成的投资组合其投资组合报酬率的标准差可按下式计算：

$$\sigma_p=\sqrt{W_1^2\sigma_1^2+W_2^2\sigma_2^2+2W_1W_2\rho_{12}\sigma_1\sigma_2}$$ （公式2-24）

式中：W_1和W_2分别表示证券组合中两种证券的投资比重；σ_1和σ_2分别表示证券组合中两种证券收益率变动的标准差；ρ_{12}表示证券组合中两种证券收益率之间的相关系数。理论上，相关系数介于（-1，1）之间。

当$\rho_{12}=1$（完全正相关）时，表明两项资产收益率的变化方向和变化幅度完全相同，此时组合标准差（$\sigma_p = W_1\sigma_1 + W_2\sigma_2$）达到最大，这表明该种证券组合不能抵消任何风险。

当 $\rho_{12} = -1$（完全负相关）时，表明两项资产收益率的变化方向和变化幅度完全相反。此时组合标准差（$\sigma_p = |W_1\sigma_1 - W_2\sigma_2|$）达到最小，甚至可能是零。这表明该种证券组合可以最大程度地抵消风险。

当 $-1 < \rho_{12} < 1$ 时，表明两项资产收益率之间是不完全的相关关系。实际中，绝大多数资产两两之间收益率的相关系数是大于零的（即 $\rho_{12} > 0$），此时 $0 < \sigma_p < (W_1\sigma_1 + W_2\sigma_2)$。这表明该种证券组合可以分散风险，但不能完全消除风险。

当 $\rho_{12} = 0$（零相关）表明两项资产收益率的变动毫无关联。此时组合标准差 $\sigma_p = \sqrt{(W_1\sigma_1)^2 + (W_2\sigma_2)^2}$，这表明该种证券组合分散风险的效果比正相关好，但比负相关差。

在实际中，由于两项资产的收益率具有完全正相关和完全负相关的情形几乎是不可能的。根据上述分析，只要相关系数 $\rho_{12} < 1$，证券组合的标准差就会随之下降，组合的分散化效应就会发生作用。

【例 2－19】假设某投资组合有 A、B 两种证券，期望投资收益率分别为 12% 和 8%；收益率的标准差均为 9%；假设两种证券的投资比例相等。在不同的相关系数下，投资组合标准差的计算结果如表 2－2 所示。

表 2－2　　不同相关系数下的投资组合标准差

相关系数 ρ_{12}	－1	－0.6	0.0	+0.1	+0.6	+1
组合标准差 σ_p	0.00	0.040	0.064	0.067	0.080	0.090

当相关系数 $\rho_{12} = +1$ 时，组合标准差的计算如下：

$$\sigma_p = W_1\sigma_1 + W_2\sigma_2 = 0.5 \times 0.09 + 0.5 \times 0.09 = 0.090$$

其他不同相关系数下的组合标准差的计算过程略。

表 2－2 说明：当 $\rho_{12} = 1$ 时，这种证券组合不会产生任何风险分散的效应。如该例中证券组合的标准差仍然为 0.09，与组合中单项证券的风险相同，风险没有被分散；当 $\rho_{12} = -1$ 时，这种证券组合可使其总体的风险趋近于零。如该例中证券组合的标准差 $\sigma_p = 0$；证券组合中两两证券之间的正相关程度越强，组合标准差越大，风险分散的效应就越小；当 $\rho_{12} = 0$ 时，这种证券组合所产生的风险分散效应，比具有负相关时为小，但比具有正相关时为大。

2. 多种证券组合的风险

一般而言，随着证券组合中证券数目的增加，证券组合的风险会逐步降低。实际上，在证券组合中证券数目较少时，增加证券的个数，分散风险的效应会比较明显，但当证券的数目增加到一定程度时，分散风险的效应就会逐渐减弱。

在风险分散的过程中，值得注意的是：①不能过分夸大证券的多样性和证券个数的作用。经验数据表明，当组合中不同证券的数目达到20个时，绝大多数的风险已被分散掉。此时，如果继续增加证券的个数，对分散风险已经没有多大的实际意义，只能增加管理成本。②投资分散化不能达到完全消除风险的目的，只能降低非系统风险，而不能消除系统风险，任何投资组合都必须承担系统风险。

假设投资者是理性的，对于非系统风险会选择有效的投资组合予以分散，那么非系统风险将与资本市场无关，因此，市场对投资者承担的非系统风险不予任何补偿。而系统风险无法规避，是投资者必须承担的风险，故市场的风险定价表现为系统风险的定价，投资者应根据承担的系统风险水平和风险定价，确定一项投资应该要求的风险报酬率。

（三）投资组合的收益

由多种证券构成的组合，其预期收益率是组合中各证券预期收益率以投资比重为权数的加权平均数。计算公式为：

$$r_p = \sum_{i=1}^{n} E(R)_i W_i \qquad \text{（公式 2-25）}$$

式中：$E(R)_i$ 代表第 i 种证券的预期报酬率；W_i 代表第 i 种证券在全部投资额中的比重；n 代表组合中的证券种类总数。

【例2-20】根据【例2-19】中的资料，投资组合的预期收益率 $=12\% \times 50\% + 8\% \times 50\% = 10\%$

三、资本资产定价模型

（一）系统风险的衡量

虽然系统风险对所有资产的价格（或收益率）的变动均会产生影响，但是，各项资产的价格（或收益率）对同一系统风险的敏感程度是不同的，例如，在利率上升时，负债率高的公司所受到的不利影响程度要高于负债率低的公司。这表明，在同一系统风险出现后，将导致不同资产的收益率的变动幅度出现差异，亦即单项资产系统性风险程度是不同的。系统性风险虽然无法规避，但是却可以计量。衡量单项资产系统性风险程度的指标是贝塔系数（β）。

1. 单项资产的系统风险衡量（β 系数）

β 被定义为某个资产的收益率与市场组合收益率之间的相关性。计算公式如下：

$$\beta_i = \frac{\text{cov}(K_i, K_m)}{\sigma_m^2} = \frac{\rho_{im}\sigma_i\sigma_m}{\sigma_m^2} = \rho_{im}\left(\frac{\sigma_i}{\sigma_m}\right) \qquad \text{（公式 2-26）}$$

式中：β_i 表示某项资产的 β；σ_i、σ_m 分别表示某项资产收益率的标准差、市场组合收益率的标准差；$\text{cov}(K_i, K_m)$ 表示某项资产与市场组合收益率之间的协方差；ρ_{im} 表示某项资产收益率与市场组合收益率之间的相关系数。

β 系数的计算除了按上述公式计算外，还可以利用收益率的历史数据，采用线性回归的方法求得，此时的 β 系数就是线性回归方程的回归系数（b）。两种方法的计算结果完全相同，现举例说明线性回归方法的计算过程：

【例2－21】J股票历史已获得收益率以及市场历史已获得收益率的有关资料如表2－3所示，计算其β值的数据准备过程见表2－4。

求解回归方程$y=a+bx$系数的计算公式如下：

$$a=\frac{\sum_{i=1}^{n}X_i^2\times\sum_{i=1}^{n}Y_i-\sum_{i=1}^{n}X_i\sum_{i=1}^{n}X_iY_i}{n\sum_{i=1}^{n}X_i^2-(\sum_{i=1}^{n}X_i)^2}$$ （公式2－27）

$$b=\frac{n\sum_{i=1}^{n}X_iY_i-\sum_{i=1}^{n}X_i\times\sum_{i=1}^{n}Y_i}{n\sum_{i=1}^{n}X_i^2-(\sum_{i=1}^{n}X_i)^2}$$ （公式2－28）

表2－3　　计算β值的数据

年度	J股票收益率（Y_i）	市场收益率（X_i）
1	1.8	1.5
2	-0.5	1
3	2	0
4	-2	-2
5	5	4
6	5	3

表2－4　　回归直线法β值的计算表

年度	J股票收益率（Y_i）	市场收益率（X_i）	X_i^2	X_iY_i
1	1.8	1.5	2.25	2.7
2	-0.5	1	1	-0.5
3	2	0	0	0
4	-2	-2	4	4
5	5	4	16	20
6	5	3	9	15
合计	13.11	7.5	32.25	41.2

将有关数据代入公式2－27，公式2－28：

$$a=\frac{32.25\times11.3-7.5\times41.2}{6\times32.25-7.5\times7.5}=\frac{55.425}{137.25}=0.40$$

$$b=\frac{6\times41.2-7.5\times11.3}{6\times32.25-7.5\times7.5}=\frac{162.45}{137.25}=1.18$$

直线方程斜率b，就是该股票的β系数。

2. β系数的经济意义

β系数告诉我们，相对于市场组合（市场组合的β系数是1）而言，特定资产的系统风险是多少。

当$\beta_i=1$时，说明该资产所含的系统风险与市场组合的风险一致，亦即该资产的收益率与市场平均收益率呈同方向、同比例的变化。

当$\beta_i>1$时，说明该资产所含的系统风险大于市场组合的风险，亦即该资产收益率的变动幅度大于市场组合收益率的变动幅度。

当$\beta_i<1$时，说明该资产所含的系统风险小于市场组合的风险，亦即该资产收益率的变动幅度小于市场组合收益率的变动幅度。

绝大多数资产的β系数是大于零的，说明这些资产收益率的变化方向与市场平均收益率的变化方向是一致的，只是变化幅度不同而导致β系数的不同；极个别资产的β系数是负值，表明这类资产的收益率与市场平均收益率的变化方向相反，即当市场平均收益率增加时，这类资产的收益率却在减少。

3. 投资组合的系统风险衡量

对于投资组合而言，其所含的系统风险大小可以用组合的β系数（β_p）来衡量。资产组合的β_p系数是所有单项资产β系数的加权平均数。计算公式为：

$$\beta_p = \sum_{i=1}^{n} W_i\beta_i \qquad \text{（公式2－29）}$$

式中：β_p代表资产组合的系统风险系数；W_i代表第i项资产在组合中所占的价值比例；β_i代表第i项资产的β系数。

由于单项资产的β系数不尽相同，因此通过替换资产组合中的资产或改变不同资产在组合中的价值比例，可以改变组合的风险特征。

【例2－22】某资产组合中有A、B、C三只股票，其β系数分别为：0.7、1.2和2.0，投资比例分别为30%、20%和50%。试计算投资组合的β_p。

解：投资组合的$\beta_p=0.7\times30\%+1.2\times20\%+2.0\times50\%=1.45$

（二）资本资产定价模型

资本资产定价模型（CAPM）是在马科维茨的证券组合理论基础上发展起来的一种证券投资理论。它试图解释多样化投资组合中资产的风险与所要求的收益之间的关系。该理论能较好地解释证券投资的基本问题，因而它在当代财务理论中占有重要地位。

1. 资本资产定价模型的基本假设

资本资产定价模型建立在如下基本假设之上：

（1）所有投资者均追求单期财富的期望效用最大化，他们根据投资组合期望收益和标准差来判定、选择优化投资组合。

（2）所有的投资者都能以给定的无风险利率借入或贷出资金，其数额不受任何限制，市场上对任何卖空行为无任何约束。

（3）所有的投资者拥有同样预期，即他们对所有资产收益的均值、方差和协方差等均有完全相同的主观估计。

（4）所有的资产均可被完全细分，拥有充分的流动性且没有交易成本。

（5）无任何税收。

（6）所有投资者均为价格接受者。即任何一个投资者的买卖行为都不会对市场价格产生影响。

（7）所有资产的数量是给定的和固定不变的。

2. 资本资产定价模型的表达式

资本资产定价模型的计算公式如下：

$$R_i = R_f + \beta_i (R_m - R_f) \quad \text{（公式 2-30）}$$

式中：R_i 代表第 i 种资产或证券组合的必要收益率或期望收益率（在市场均衡条件下，两者相等）的要求收益率；R_f 代表无风险收益率（通常以国库券的收益率作为无风险收益率）；R_m 代表包括所有股票的组合即市场组合要求的收益率；β_i 代表第 i 种股票或证券组合的 β 系数；（$R_m - R_f$）代表投资者为补偿承担超过无风险收益的平均风险而要求的额外收益，即风险价格。

3. 证券市场线

资本资产定价模型也可用图表示，即指证券市场线（*SML*）。将证券市场线描绘在以 β 为横坐标，以必要收益率 R_i 为纵坐标的平面上，得到一条直线，其截距是无风险收益率 R_f，斜率是市场风险价格（$R_m - R_f$），如图 2-9 所示。

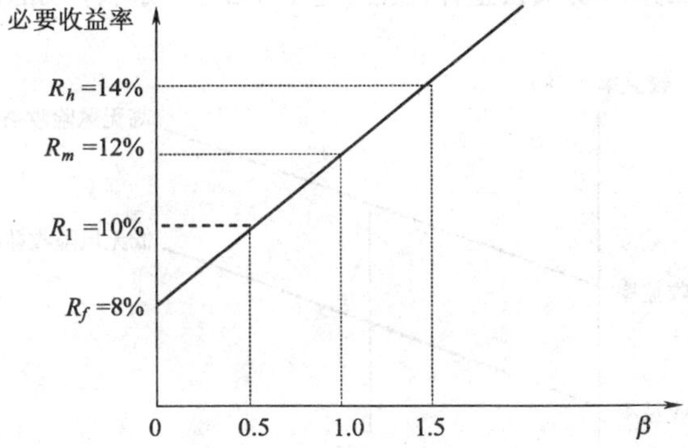

图 2-9 证券市场线

证券市场线的主要含义如下：

（1）纵轴为必要收益率，横轴是以 β 值表示的风险。

（2）无风险证券的 $\beta = 0$，故 R_f 为证券市场线在纵轴的截距。

（3）在 β 值分别为 0.5、1 和 1.5 的情况下，必要报酬率由最低 $R_1 = 10\%$，到市场平均的 $R_m = 12\%$，再到最高的 $R_h = 14\%$。β 值越大，要求的收益率越高。

（4）证券市场线的斜率是（$R_m - R_f$），它反映市场整体对风险的偏好程度。如果多数的市场参与者对风险的厌恶程度高，要求的风险补偿就越高，（$R_m - R_f$）的数值就越大，则证券市场线的斜率越大，因此证券市场线会比较陡峭，这时一项资产的系统风险水平稍有变化，就会导致该资产的必要收益率以较大幅度的变化；反之，如果多数的市场参与者对风险的关注程度较小，则证券市场线的斜率就越小，此时证券市场线会比较平缓，这时资产的必要收益率受其系统风险的影响就较小，如图 2－10 所示。

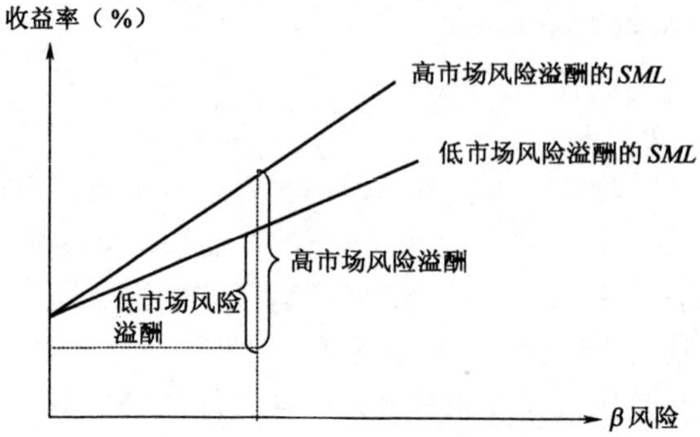

图 2－10　证券市场线

（5）无风险收益率（R_f）决定了证券市场线的截距。当无风险收益率变大（如：通货膨胀率提高）而其他条件不变时，会导致所有资产的必要收益率增加，且增加同样的数值。此时，证券市场线会整体向上平移。反之，亦然，如图 2－11 所示。

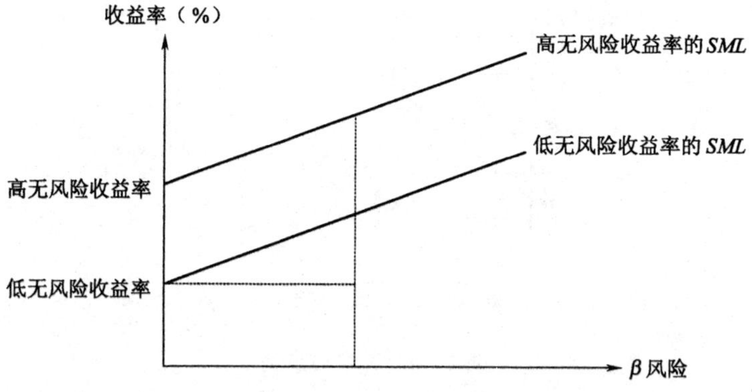

图 2－11　证券市场线

第三节　债券估价

一、债券估价模型

（一）债券估价的基本模型

债券的估价就是确定债券的价值。债券的价值亦即债券的内在价值，是指债券未来现金流入的现值。债券带给投资者的现金流入包括两部分：①利息收入；②到期收回的本金。

相对于股票投资，债券投资的收益与支付时间比较稳定。因此，债券的价值就是利息收入的现值和到期收回本金的现值的总和。债券估价的基本模型为：

$$P_0 = \sum_{t=1}^{n} \frac{I}{(1+r)^t} + \frac{M}{(1+r)^n} \qquad \text{（公式 2-31）}$$

式中：P_0 代表债券价值；I 代表每年的利息；M 代表到期的本金；r 代表折现率，通常为投资人要求的必要报酬率即市场利率；n 代表期数，即债券的偿还期；t 代表期间限量。

（二）不同类型债券的估价模型

1. 纯贴现债券

纯贴现债券又称零息债券，这种债券承诺在未来某一确定的日期作某一单笔支付，在债券到期日前的各个期间都不向持有人支付任何现金。

如果纯贴现债券在未来的 n 年后支付金额为 M 的面值，而在这 n 年中市场利率为 r。

因为面值是纯贴现债券支付的唯一现金流，故该债券的价值为：

$$P_0 = \frac{M}{(1+r)^n} = M\ (P/F,\ r,\ n) \qquad \text{（公式 2-32）}$$

【例 2-23】假设某公司发行了面值为 1 000 元的 10 年期零息债券，如果投资者所要求的必要报酬率为 10%，则该债券的价值为：

$$P_0 = M\ (P/F,\ r,\ n) = 1\,000\ (P/F,\ 10\%,\ 10) = 1\,000 \times 0.385\,5 = 385.5\ \text{（元）}$$

另外：到期一次还本付息债券也可视为纯贴现债券，它们的区别仅在于在债券到期时前者不是按票面金额支付而是按本利和作单笔支付，其债券价值的计算同纯贴现债券价值的计算公式相同，只不过上式中的 M 在这里不是票面金额而是本利和。

【例 2-24】假设上例某公司发行的债券是一种单利计息、票面利率为 8% 的到期一次还本付息式的债券，其他条件不变。则该债券的价值为：

$$P_0 = 1\,000 \times (1 + 10 \times 8\%) \times (P/F,\ 10\%,\ 10)$$
$$= 1\,800 \times 0.385\,5 = 693.9\ \text{（元）}$$

2. 平息债券

平息债券是指不但在到期日支付面值，而且利息在发行日和到期日之间也进行有规律的定期支付的债券。利率支付的频率可能是一年一次、半年一次或每季度一次等。

如前所述，债券的价值就是债券未来现金流入的现值。因此，平息债券的价值也就是利息的现值和本金的现值之和。故该债券的价值为：

$$P_0 = \sum_{t=1}^{mn} \frac{I/m}{(1+r/m)^t} + \frac{M}{(1+r/m)^{mn}} \qquad \text{（公式 2-33）}$$

式中：m 代表年付利息次数；R 代表折现率，即投资者要求的必要报酬率；I 代表利息；N 代表债券的偿还期限；M 代表债券面值。

【例 2-25】有一债券面值为 1 000 元，票面利率为 6%，每年支付一次利息，5 年到期，假设投资者要求的必要报酬率为 10%。则该债券的价值为：

$$P_0 = 1\,000 \times 6\% \times (P/A,\ 10\%,\ 5) + 1\,000 \times (P/F,\ 10\%,\ 5)$$
$$= 60 \times 3.790\,8 + 1\,000 \times 0.620\,9 = 848.348\ (\text{元})$$

【例 2-26】上例如果利息是每半年支付一次，其他条件不变。则该债券的价值为：

$$P_0 = 1\,000 \times 6\%/2 \times (P/A,\ 10\%/2,\ 5 \times 2) + 1\,000 \times (P/F,\ 10\%/2,\ 5 \times 2)$$
$$= 30 \times 7.721\,7 + 1\,000 \times 0.613\,9 = 845.551\ (\text{元})$$

该债券的价值比每年付息一次时的价值（848.348 元）降低了。债券付息期越短价值越低的现象，仅出现在折价出售的状态。如果债券溢价出售，则情况正好相反。

3. 永久债券

永久债券又称金边债券，是指既没有最后到期日，也从不停止支付票面利息的债券。可见，并非所有的债券都有最后的到期日。英国和美国都发行过这种债券。对于永久债券，发行者通常都保留了赎回债券的权利。

优先股实际上也是一种永久债券，如果公司的股利支付没有问题，将会持续地支付固定的优先股息。

永久债券的估价可以用本章第一节货币时间价值中永续年金公式来估价。其估价模型为：

$$P_0 = \frac{I}{r} \qquad \text{（公式 2-34）}$$

式中：P_0 代表债券价值；I 代表债券票面利息；r 代表市场利率，即投资者要求的必要报酬率。

【例 2-27】假设政府发行每年能够收到 100 元利息的永久债券，如果市场利率为 8%，则该债券的价值为：

$$P_0 = \frac{I}{r} = \frac{100}{8\%} = 1\,250\ (\text{元})$$

4. 流通债券

流通债券是指已经发行并流通在外的债券。流通债券价值的确定不同于新发行的债券，因为流通债券已流通了一段时间，因而确定其价值时，应考虑上一次付息距现在的时间，其他因素与债券价值确定的基本模型相同。

【例 2-28】有一面值为 1 000 元，每年支付利息 80 元，2005 年 1 月 1 日发行的 5 年期债券。现在是 2007 年 12 月 1 日，如果投资的必要报酬率为 10%，该债券的价值是多少？

流通债券的特点是：①到期时间小于债券发行在外的时间；②估价的时点不

在发行日，可以是任何时点，因此会产生"非整数计息期"问题，而新发行债券，总是在发行日估计现值的，到期时间等于发行在外时间（图2－12）。

流通债券的估价方法有两种：①以现在为折算时点，历年现金流量按非整数计息期折现；②以最近一次付息时间为折算时点，计算历次现金流量现值，然后将其折算到现在时点。无论哪种方法，都需要用计算器计算非整数期的折现系数。

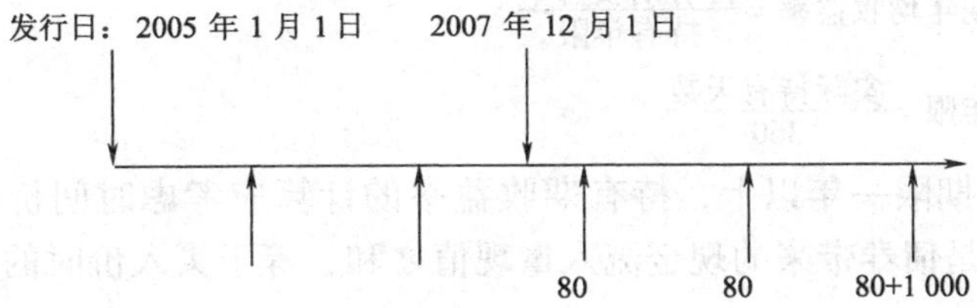

图2－12 流通债券的价值

第一种计算方法：以2007年7月1日作为折算时点，分别计算四笔现金流量的现值，然后求和。由于计息期不是整数，而是$\frac{1}{12}$，$\frac{13}{12}$，$\frac{25}{12}$，需要用计算器计算现值因数。

第二种计算办法，以2008年1月1日作为折算时点，先计算2008年1月1日的价值，然后将其折算为7月1日的价值。计算过程如下：

$$2008\text{年}1\text{月}1\text{日价值}=80+80\ (P/A,\ 10\%,\ 2)\ +1\ 000\ (P/F,\ 10\%,\ 2)$$
$$=1\ 045.24\ (\text{元})$$

$$2008\text{年}7\text{月}1\text{日价值}=\frac{1\ 045.24}{(1+10\%)^{1/12}}=1\ 037\ (\text{元})$$

根据债券价值进行投资决策的原则：当债券的内在价值大于债券的市场价格时，应投资该债券。

二、债券的收益率

债券收益率可分为票面收益率、本期收益率和持有期收益率三种。

票面收益率是印制在债券票面上的利率，通常是年利息收入与票面金额的比率。票面收益率反映了债券按面值购入、持有到期满所获得的收益水平。

本期收益率是指债券的年实际利息收益与买入债券的实际价格的比率。本期收益率反映了购买债券的实际成本所带来的收益情况。

票面收益率和本期收益率都只能反映利息收入情况，而不能反映债券的资本损益情况。

持有期收益率是指债券持有人在持有期间获得的收益率，能综合反映债券持有期间的利息收入情况和资本损益水平。债券的持有期是指从购入债券至售出债券期间或者持有债券至到期日所获得的收益率。持有期收益率通常以“年”为单位表示，计算分两种情况：

（1）持有期限一年以内，直接按债券持有期间的收益额（利息和买卖价差）除以买入价计算持有期收益率：

$$持有期收益率=\frac{持有期利息收入+（卖出价-买入价）}{买入价}\times 100\% \qquad （公式2-35）$$

$$持有期年均收益率=\frac{持有期收益率}{持有年限} \qquad （公式2-36）$$

$$持有年限=\frac{实际持有天数}{360}$$

（2）持有期限一年以上，持有期收益率的计算应考虑时间价值。此时持有期年均收益率是债券带来的现金流入量现值之和，等于买入价时的折现率，具体包括两种情况：

①到期一次还本付息的债券：

$$持有期年均收益率=\sqrt[t]{\frac{m}{p}}-1 \qquad （公式2-37）$$

式中：P代表债券买入价；m代表债券卖出价或到期兑付金额；t代表债券实际持有年限

②分期付息（即每年末支付一次利息）、到期还本的债券：

$$P=\sum_{t=1}^{n}\frac{I}{(1+k)^t}+\frac{M}{(1+k)^n} \qquad （公式2-38）$$

或 $P=I\cdot(P/A, K, n)+M(P/F, K, n)$

式中：K代表债券持有期年均收益率；P代表债券买入价；I代表持有期每期收到的利息；M代表债券卖出价或到期兑付金额；t代表债券实际持有年限。

如果投资者将债券持有至到期，则债券持有期收益率也称为到期收益率。

【例2-29】顺发公司在2006年1月1日平价发行了每张面值为1 000元，票面利率为10%，期限为5年，每年12月31日付息的债券。

要求计算：

（1）假设2010年1月1日的市场利率为8%，此时债券的价值是多少？

（2）假设2010年1月1日的市价为920元，此时购买债券的到期收益率是多少？

解：（1）$P_0=1\ 000\times(1+10\%)\times(P/F, 8\%, 1)=1\ 100\times 0.925\ 9=1\ 018.49$（元）

（2）$920=1\ 000\times(1+10\%)/(1+K)$

$K=1\ 100/920-1=19.57\%$

第四节　股票估价

一、普通股估价模型

（一）股票估价的基本模型

普通股股票的价值（亦即内在价值）是指股票投资者期望得到的所有未来现金流入的现值。股票带给持有人的现金流入包括两部分：①每期的预期股利；②股票出售时的预期价格。所以股票的内在价值由一系列的股利和将来出售股票时的售价的现值所构成。即：

$$P_0 = \sum_{t=1}^{\alpha} \frac{D_t}{(1+r)^t} + \frac{P_n}{(1+r)^n}$$ （公式2－39）

式中：P_0 代表股票价值；D_t 代表未来各期的普通股每股股利；r 代表折现率，亦即普通股投资的必要收益率；P_n 代表普通股在第 n 期预期售价。

如果普通股投资期限是无限的，公司永远不必收回它们，即 $n \to \infty$，则 $\frac{P_n}{(1+r)^n}$ 的极值等于0，不论股票在谁的手中，股利将永远持续下去，此时上式又可以表示为：

$$P_0 = \sum_{t=1}^{\alpha} \frac{D_t}{(1+r)^t}$$ （公式2－40）

公式2－39是股票估价的基本模型，称为股利折现模型。按公式2－40，股票价值可根据未来预期股利和折现率（即必要收益率）求得。

直接使用公式2－40确定股票的内在价值，要求投资者无限期地预计历年的股利收入，这几乎是不可能的。实际应用中往往对股票股利的发放做一定的假设以简化上述公式。下面分别介绍不同股利增长假设下的三个应用模型。

（二）不同类型股票的估价模型

1. 股利固定（即零增长）型股票的估价模型

如果公司每年均发放固定的股利给股东，即预期股利增长率为零，这种股票称之为零增长股票。如果投资者长期持有而不出售，其股票价值可按永续年金折现公式计算：

$$P_0 = \frac{D}{r}$$ （公式2－41）

式中：D 代表各年发放的固定股利，其他符号的含义与基本模型相同。

【例2－30】某公司股票的股利固定不变，每股股利为4元，投资者要求的投资报酬率为15%。则公司股票的价值为：

$$P_0 = \frac{D}{r} = \frac{4}{15\%} = 26.7\text{（元）}$$

2. 股利固定增长型股票的估价模型

如果发行股票的公司每年发放的股利按照固定的增长率（g）增长，这种股票称之为股利固定增长型股票。如果投资者长期持有，其股票价值可按下式计算：

$$P_0=\frac{D_0(1+g)}{r-g}=\frac{D_1}{r-g} \qquad \text{（公式 2-42）}$$

式中：D_0 代表 $t=0$ 时的股利；D_1 代表预计第一年年末的股利；r 代表折现率；g 代表股利增长率。

【例 2-31】某公司普通股上年每股股利 2 元，预计以后公司股利将以 10% 的增长率增长，如果投资者所要求的必要报酬率为 14%，则公司股票的价值为：

$$P_0=\frac{2(1+10\%)}{14\%-10\%}=55\text{（元）}$$

3. 股利变动增长型股票的估价模型（多阶段估价模型）

在现实中，公司的发展过程往往是不规则的，当有较好的投资机会时，公司会快速增长，一旦步入成熟期，其发展就比较稳定。在这种情况下，只有分段计算，才能确定股票的价值。计算公式如下：

$$P_0=\sum_{t=1}^{n}\frac{D_t}{(1+r)^t}+\frac{D_{n+1}}{r-g}(P/F,r,n) \qquad \text{（公式 2-43）}$$

式中：D_t、D_{n+1} 分别代表第 t 年、第 $n+1$ 年的每股股利；r 代表折现率，即投资者所要求的必要报酬率；g 代表股利增长率；n 代表非正常增长期期数。

【例 2-32】某公司股利预计从今年起以 20% 的速度增长 3 年，然后其增长率降至正常水平 12%，上年每股股利为 2 元，如果投资者要求的必要报酬率为 15%，试计算该公司股票的价值。

第一步，计算非正常增长期的股利现值（表 2-5）：

表 2-5　非正常增长期的股利现值计算表

年份	股利（D_t）	现值系数（15%）	现值
1	2×1.2=2.4	0.870	2.088
2	2.4×1.2=2.88	0.756	2.177
3	2.88×1.2=3.456	0.658	2.274
合计	—	—	6.539

第二步，计算第三年年底的普通股内在价值：

$$P_3=\frac{D_4}{r-g}=\frac{D_3(1+g)}{r-g}=\frac{3.456(1+12\%)}{15\%-12\%}=129.02\text{（元）}$$

第三步，将第三年年底的普通股内在价值进一步折现为期初的价值为：

$P_3 \times$ （P/F，15%，3）$=129.02 \times 0.658 = 84.90$（元）

第四步，计算股票目前的内在价值：

$P_0 = 6.539 + 84.90 = 91.439$（元）

根据股票价值进行投资决策的原则：当股票价值大于股票的市场价格时，投资者应购买该股票，因为此时的预期报酬率高于投资者所要求的最低报酬率（亦即必要报酬率）。

二、股票的收益率

前面主要讨论如何估计股票的价值，以判断某种股票被市场高估或低估。现在，假设股票价格是公平的市场价格，证券市场处于均衡状态；在任一时点证券价格都能完全反映有关该公司的任何可获得的公开信息，而且证券价格对新信息能迅速做出反应。在这种假设条件下，股票的期望收益率等于其必要的收益率。

根据固定增长股利模型，我们知道：$P_0 = \frac{D_1}{R-g}$如果把公式移项整理，求 R，可以得到：

$$R = \frac{D_1}{P_0} + g \qquad \text{（公式 2-44）}$$

这个公式告诉我们，股票的总收益率可以分为两个部分：第一部分是$\frac{D_1}{P_0}$，叫做股利收益率，它是根据预期现金股利除以当前股价计算出来的。第二部分是增长率 g，叫做股利增长率。由于股利的增长速度也就是股价的增长速度，因此 g 可以解释为股价增长率或资本利得收益率。g 的数值可以根据公司的可持续增长率估计。P_0是股票市场形成的价格，只要能预计出下一期的股利，就可以估计出股东预期报酬率，在有效市场中它就是与该股票风险相适应的必要报酬率。

【例 2-33】有一支股票的价格为 20 元，预计下一期的股利是 1 元，该股利将以大约 10% 的速度持续增长。该股票的期望报酬率为：

$R = 1/20 + 10\% = 15\%$

如果用 15% 作为必要报酬率，则一年后的股价为：

$P_1 = D_1 \times (1+g) / (R-g) = 1 \times (1+10\%) / (15\% - 10\%)$

$= 1.1/5\% = 22$（元）

如果你现在用 20 元购买该股票，年末你将收到 1 元股利，并且得到 2 元（22-20）的资本利得：

总报酬率 = 股利收益率 + 资本利得收益率

$= 1/20 + 2/20$

$= 5\% + 10\%$

$= 15\%$

这个例子使我们验证了股票期望报酬率模型的正确性。该模型可以用来计算特定公司风险情况下股东要求的必要报酬率，也就是公司的权益资本成本。这就是说，股东期望或者说要求公司赚取15%的收益。如果股东的要求大于15%，他就不会进行这种投资；如果股东的要求小于15%，就会争购该股票，使得价格升上去。既然股东们接受了20元的价格，就表明他们要求的是15%的报酬率。

本章小结

本章主要介绍了货币时间价值、风险的衡量极其重要的财务估价原理。

（1）货币时间价值是指货币在不同的时点上具有不同的价值。终值和现值的计算解决了不能直接将不同时点上的资金的价值量进行比较的问题。终值与利率和时间正相关，现值与折现率和时间负相关。

（2）在财务管理中，风险是指预期收益的不确定性。风险虽不能避免，但是可以计量。对单项资产一般用标准差（或方差）和标准离差率衡量风险，标准差（或方差）和标准离差率与风险同向变化。在期望值相同的情况下，可以直接用标准差（或方差）衡量风险，如果期望值不同，应采用标准离差率衡量风险。

（3）对于由两项资产构成的投资组合，其组合的收益率是单项资产期望收益率的加权平均数；其组合的风险用组合标准差（或组合方差）衡量，组合标准差取决于组合中各个资产的方差和两种资产收益率的相关关系。通常用相关系数表示任意两种资产收益率相关关系的密切程度，相关系数的取值范围在 -1 和 +1 之间。相关系数越接近 +1，投资组合分散风险的效果越差，相关系数越接近 -1，投资组合分散风险的效果越好。投资组合分散的只是非系统风险，而不是系统风险。

（4）对于由多项资产构成的投资组合，当组合中资产的数量足够多时，几乎能把所有的非系统性风险分散掉。但需注意，不能过分夸大资产的多样性和资产个数的作用。

（5）定价问题是财务学的永恒主题。股票和债券定价的主要原理是利用折现现金流原理，即未来收益的现值来定价。普通股的价值是指股票投资者期望得到的所有未来现金流入的现值。股票带给持有人的现金流入包括两部分：①每期的预期股利；②股票出售时的预期价格。所以股票的内在价值由一系列的股利和将来出售股票时的售价的现值所构成。债券的价值就是债券未来现金流入的现值。债券带给投资者的现金流入包括两部分：①利息收入；②到期收回的本金。所以债券的价值就是利息收入的现值和到期收回本金的现值的总和。

第三章 财务预测与计划

学习目标

本章主要讲授财务预测、增长率与资金需求以及财务预算等问题。通过本章的学习应重点掌握：

1. 掌握预测企业未来融资需求的方法（主要是销售百分比法）
2. 掌握销售增长与外部融资的关系
3. 理解内含增长率与可持续增长率之间的关系
4. 掌握财务预算的编制方法

第一节 财务预测

财务预测是指估计企业未来的融资需求。

财务预测是融资计划的前提。企业要对外提供产品和服务，必须要有一定的资产。为取得扩大销售所需增加的资产，企业要筹措资金。企业需要预先知道自己的财务需求，提前安排融资计划，否则就可能发生资金周转问题。

财务预测有助于改善投资决策。根据销售前景估计出的融资需要不一定总能满足，因此，就需要根据可能筹措到的资金来安排销售增长以及有关的投资项目，使投资决策建立在可行的基础上。

预测的真正目的是有助于应变。预测可以提高企业对不确定事件的反应能力，从而减少不利事件出现带来的损失，增加利用有利机会带来的收益。

一、因素分析法

因素分析法又称分析调整法，是以有关项目基期年度的平均资金需要量为基础，根据预测年度的生产经营任务和资金周转加速的要求，进行分析调整，来预测资金需要量的一种方法。

资金需要量=（基期资金平均占用额－不合理资金占用额）×（1±预测期销售增减率）×（1±预测期资金周转速度变动率）

（公式3－1）

【例 3－1】某企业上年度资金平均占用额为 3 000 万元，经分析，其中不合理部分为 400 万元，预计本年度销售增长 5%，资金周转加速 2%。则：

预测年度资金需要量＝（3 000－400）×（1＋5%）×（1－2%）＝2 675.4（万元）

这种方法计算简便，容易掌握，但预测结果不太精确。它通常用于品种繁多、规格复杂、资金用量较小的项目。

二、销售百分比法

销售百分比法是指以资金与销售额的比率为基础，预测未来资金需要量的方法。

（一）销售百分比法的前提

（1）企业的部分资产和负债与销售额同比例变化。

（2）企业各项资产、负债与所有者权益结构已达到最优。

（二）销售百分比法的步骤

（1）确定随销售额变动而变动的资产和负债项目。

（2）计算变动性项目的销售百分比。

（3）确定需要增加的资金数额。

（4）确定对外筹资数额。

$$\text{外部融资需求量}=\frac{A}{S_1}\times\Delta S-\frac{B}{S_1}\times\Delta S-P\times E\times S_2$$

$$=\text{增加的资产}-\text{增加的负债}-\text{增加的留存收益} \qquad \text{（公式 3－2）}$$

式中：A 代表随销售而变化的敏感性资产；B 代表随销售而变化的敏感性负债；S_1 代表基期销售额；S_2 代表预测期销售额；ΔS 代表销售变动额；P 代表销售净利率；E 代表利润留存率；A/S_1 代表敏感资产与销售额的关系百分比；B/S_1 代表敏感负债与销售额的关系百分比。

【例 3－2】某公司 2009 年 12 月 31 日的资产负债表以及有关项目与销售额之间的变动关系如表 3－1 所示。

资产负债表

表 3－1　　2009 年 12 月 31 日　　单位：万元

资　产	期末数	负债及所有者权益	期末数
		应付费用	9 000
现　金	8 000	应付账款	6 000
应收账款	20 000	短期借款	15 000
存　货	30 000	公司债券	10 000
固定资产	42 000	实收资本	50 000
		留存收益	10 000
资产总计	100 000	负债及所有者权益总计	100 000

假定该公司2009年的销售收入为100 000万元，销售净利率为10%，股利支付率为60%，公司现有生产能力尚未饱和。经预测，2010年公司销售收入将提高200 000万元，企业销售净利率和利润分配政策不变。预测2010年需要对外筹集资金量。

（1）确定敏感资产及敏感负债的销售百分比（表3－2）。

表3－2　　确定敏感资产及敏感负债的销售百分比

资　产	销售百分比/%	负债与权益	销售百分比/%
		应付费用	9
现　金	8	应付账款	6
应收账款	20	短期借款	不变动
存　货	30	公司债券	不变动
固定资产	不变动	实收资本	不变动
		留存收益	不变动
合　计	58	合　计	15

（2）确定需要增加的资金总额。

筹资总额＝（200 000－100 000）×（58%－15%）＝43 000（万元）

（3）确定内部筹资额。

留存收益增加额＝200 000×10%×（1－60%）＝8 000（万元）

（4）确定对外筹资数额。

对外筹资额＝43 000－8 000＝35 000（万元）

销售百分比法的优点：能为筹资管理提供短期预计的财务报表，以适应外部筹资的需要，且易于使用。但在有关因素发生变动的情况下，必须相应地调整原有的销售百分比。

三、资金习性预测法

资金习性预测法是指根据资金习性预测未来资金需要量的一种方法。所谓资金习性，是指资金的变动同产销量变动之间的依存关系。按照资金同产销量之间的依存关系，可以把资金区分为不变资金、变动资金和半变动资金。

不变资金是指在一定的产销量范围内，不受产销量变动的影响而保持固定不变的那部分资金。也就是说，产销量在一定范围内变动，这部分资金保持不变。这部分资金包括：为维持营业而占用的最低数额的现金，原材料的保险储备，必要的成品储备，厂房、机器设备等固定资产占用的资金。

变动资金是指随产销量的变动而同比例变动的那部分资金。它一般包括直接构成产品实体的原材料、外购件等占用的资金。另外，在最低储备以外的现金、存货、应收账款等也具有变动资金的性质。

半变动资金是指虽然受产销量变化的影响，但不成同比例变动的资金，如一些辅助材料上占用的资金。半变动资金可采用一定的方法划分为不变资金和变动资金两部分。

总资金习性模型：$y = a + bx$

式中：y 代表资金占用量；a 代表不变资金；b 代表单位变动资金；x 代表产销量。

通过资金习性模型，可以看出只要已知 a、b，根据预测期的产销量 x，即可得出资金占用量。根据确定 a、b 的方法不同，资金习性预测法又分为高低点法和回归直线法。

（一）高低点法

高低点法是指根据企业一定期间资金占用的历史资料，按照资金习性原理，选用最高点业务量和最低点业务量的资料，求出 a 和 b 的值，从而推测资金发展趋势的方法。

$$b = \frac{\text{最高点业务量资金占用} - \text{最低点业务量资金占用}}{\text{最高点业务量} - \text{最低点业务量}} \qquad \text{（公式 3-3）}$$

$a = y - bx$（x 和 y 可用高点或低点的资料，结果相同）

【例 3-3】某企业历年现金占用与销售额之间的关系如表 3-3 所示。

表 3-3　资金占用与销售额变化情况表

年　度	销售收入（X_i 万件）	现金占用（Y_i 万元）
2005	220	12
2006	230	13
2007	270	15.5
2008	290	16
2009	320	17

如果 2010 年的预计销售额为 350 万件，则：

$$b = \frac{17 - 12}{320 - 220} = 0.05$$

$a = 12 - 220 \times 0.05 = 1$（万元）

$y = 1 + 0.05x$

2010 年的资金需要量 $= 1 + 0.05 \times 350 = 18.5$（万元）

高低点法的主要优点是简便，其缺点是只考虑高点和低点两组数据，代表性差，比较粗糙。

（二）回归直线法

回归直线法是根据若干期业务量和资金占用的历史资料，运用最小平方法原理计算不变资金 a 和单位销售额的变动资金 b 的一种资金习性分析方法。

$$b = \frac{n\sum x_i y_i - \sum x_i \sum y_i}{n\sum x_i^2 - (\sum x_i)^2}$$ （公式3－4）

$$a = \frac{\sum y_i - b\sum x_i}{n}$$ （公式3－5）

【例3－4】某企业2005—2009年的产销量和资金需要量如表3－4所示，若预测2010年的预计产销量为8万吨，试建立资金的回归直线方程，并预测2010年的资金需要量。

表3－4　　某企业产销量与资金需要量表

年　度	产销量（x）/万吨	资金需要量（y）/万元
2005	6.0	500
2006	5.5	475
2007	5.0	450
2008	6.5	530
2009	7.5	550

根据以上资料计算得表3－5。

表3－5　　2010年的资金需要量预测表

年　度	产销量（x）/万吨	资金需要量（y）/万元	xy	x^2
2005	6.0	500	3 000	36
2006	5.5	475	2 612.5	30.25
2007	5.0	450	2 250	25
2008	6.5	530	3 445	42.25
2009	7.5	550	4 125	56.25
$n=5$	$\sum x=30.5$	$\sum y=2\ 505$	$\sum xy=15\ 432.5$	$\sum x^2=189.75$

$$b = \frac{5\times 15\ 432.5 - 30.5\times 2\ 505}{5\times 189.75 - 30.5^2} = 41.08$$

$$a = \frac{2\ 505 - 41.08\times 30.5}{5} = 250.41\text{（万元）}$$

则 $y = 250.41 + 41.08x$

2010年的资金需要量 $= 250.41 + 41.08\times 8 = 579.05$（万元）

回归直线法比较科学，精确度高，但是计算繁杂，尤其是其计算 a、b 的公式十分复杂，记忆起来十分困难。

第二节 增长率与资金需求

企业要生存发展，必然要增加销售，企业增长的财务意义是资金增长。在销售增长时企业往往需要补充资金，销售增长得越多，资金需求越大。

从资金来源上看，企业增长的实现方式有三种：

（1）完全依靠内部资金增长。在小企业无法取得借款，而大企业不愿意借款的前提下，它们主要靠内部积累实现增长。

（2）主要依靠外部资金增长。从外部筹资，包括增加债务和股东投资，也可以提高增长率。

（3）平衡增长。平衡增长，就是保持目前的财务结构和与此有关的财务风险，按照股东权益的增长比例增加借款，以此支持销售增长。这种增长，一般不会消耗企业的财务资源，是一种可持续的增长方式。

一、销售增长与外部融资的关系

（一）外部融资销售增长比

销售增长会带来资金需求的增加，销售增长和融资需求之间就会有函数关系，将其称为外部融资额占销售增长的百分比，简称外部融资销售增长比。即销售额每增长一元需要追加的外部融资额。

$$\text{外部融资销售增长比}=\text{资产销售百分比}-\text{负债销售百分比}-\text{计划销售净利率}\times[(1+\text{销售增长率})\div\text{销售增长率}]\times(1-\text{股利支付率}) \quad \text{（公式3-6）}$$

$$\text{外部融资额}=\text{外部融资销售增长比}\times\text{销售增长额} \quad \text{（公式3-7）}$$

【例3-5】某公司上年销售收入为2 500万元，本年计划销售收入为3 000万元，销售增长率为20%。假设经营资产销售百分比为66%，经营负债销售百分比为7%，计划销售净利率为4.5%，股利支付率为40%。

$$\text{外部融资销售增长比}=66\%-7\%-4.5\%\times[(1+20\%)\div20\%]\times(1-40\%)=42.8\%$$

$$\text{外部融资额}=42.8\%\times500=214\text{（万元）}$$

外部融资销售增长比不仅可以预计融资需求量，而且对于调整股利政策和预计通货膨胀对融资的影响等都十分有用。

若存在通货膨胀，则：

$$\text{基期销售收入}=\text{单价}\times\text{销量}$$

$$\text{预计销售收入}=\text{单价}\times(1+\text{通货膨胀率})\times\text{销量}\times(1+\text{销量增长率})$$

$$\text{销售收入增长率}=(\text{预计销售收入}-\text{基期销售收入})\div\text{基期销售收入}=(1+\text{通货膨胀率})\times(1+\text{销量增长率})-1 \quad \text{（公式3-8）}$$

接上例，预计本年通货膨胀率为10%，公司销量增长3%，则：

销售收入增长率 = (1 + 10%) × (1 + 3%) − 1 = 13.3%

外部融资销售增长比 = 66% − 7% − (113.3% ÷ 13.3%) × 4.5% × (1 − 40%) = 36%

企业要按销售名义增长额的36%补充资金，才能满足需要。

即使实际增长为零，也需要补充资金，以弥补通货膨胀造成的货币贬值损失：

外部融资销售增长比 = 66% − 7% − 4.5% × 1.1 ÷ 0.1 × 0.6 = 29.3%

销售的实物量不变，因通货膨胀造成的名义增长为10%，每年需补充资金：

外部融资额 = 2 500 × 10% × 29.3% = 73.25（万元）

（二）外部融资需求的敏感分析

外部融资需求的影响因素有：销售增长、销售净利率、股利支付率、可动用金融资产等。外部融资需求的多少，不仅取决于销售的增长，还要看股利支付率、可动用金融资产和销售净利率。股利支付率越高，外部融资需求越大；销售净利率越大，外部融资需求越少；可动用金融资产越大，外部融资需求越少。

【例3－6】中，企业股利支付率是40%，外部融资需求为214万元。若预计销售额仍为3 000万元，股利支付率改为100%，则：

外部融资需求 = {66% − 7% − 4.5% × [(1 + 20%) ÷ 20%] × (1 − 100%)} × 500 = 295（万元）

股利支付率为零，则：

外部融资额 = {66% − 7% − 4.5% × [(1 + 20%) ÷ 20%] × (1 − 0)} × 500 = 160（万元）

企业的销售净利率是4.5%，外部融资需求为214万元，若销售净利率为10%，则：

外部融资额 = {66% − 7% − 10% × [(1 + 20%) ÷ 20%] × (1 − 40%)} × 500 = 115（万元）

二、内含增长率

销售额增加引起的资金需求增长，如果不能或不打算从外部融资，则只能靠内部积累，从而限制了销售的增长。外部融资为零时的销售增长率称为内含增长率。

假设外部融资等于零：

0 = 经营资产销售百分比 − 经营负债销售百分比 − 计划销售净利率 × [(1 + 销售增长率) ÷ 销售增长率] × (1 − 股利支付率)

即：$$\text{内含增长率} = 1 \div \left[\frac{\text{资产销售百分比} - \text{负债销售百分比}}{\text{计划销售净利率} \times (1 - \text{股利支付率})} - 1\right] \quad \text{（公式3－9）}$$

【例3－7】沿用【例3－6】

$$\text{内含增长率} = 1 \div \left[\frac{66\% - 7\%}{4.5\% \times (1 - 40\%)} - 1\right] = 4.796\%$$

三、可持续增长率

（一）可持续增长率的含义

可持续增长率是指保持目前经营效率和财务政策不变的条件下公司销售所能增长的最大比率。

可持续增长率的假设条件：

（1）公司目前的资本结构是目标结构，并且打算继续维持下去；

（2）公司目前的股利支付率是目标支付率，并且打算继续维持下去；

（3）不愿意或者不打算发售新股和回购股票，增加债务是其唯一的外部筹资来源；

（4）公司销售净利率将维持当前水平，并且可以涵盖增加负债的利息；

（5）公司的资产周转率将维持当前的水平。

在上述假设条件成立时，销售的实际增长率与可持续增长率相等。

虽然企业各年的财务比率总会有些变化，但上速假设基本上符合大多数公司的情况。

提高经营效率并非总是可行的，改变财务政策是有风险和极限的，因此超常增长只能是短期的。尽管企业的增长时快时慢，但从长期来看总是受到可持续增长率的制约。

（二）可持续增长率的计算

1. 根据期初股东权益计算可持续增长率

限制销售增长的是资产，限制资产增长的是资金来源（包括负债和股东权益）。在不改变经营效率和财务政策的情况下（即企业平衡增长），限制资产增长的是股东权益的增长率。

$$\begin{aligned}
\text{可持续增长率} &= \text{股东权益增长率} \\
&= \frac{\text{股东权益本期增加}}{\text{期初股东权益}} \\
&= \frac{\text{本期净利} \times \text{本期利润留存率}}{\text{期初股东权益}} \\
&= \text{期初权益资本净利率} \times \text{本期利润留存率} \\
&= \frac{\text{本期净利}}{\text{本期销售}} \times \frac{\text{本期销售}}{\text{期末总资产}} \times \frac{\text{期末总资产}}{\text{期初股东权益}} \times \text{本期利润留存率} \\
&= \text{销售净利率} \times \text{总资产周转率（次数）} \times \text{利润留存率} \\
&\quad \times \text{期初权益期末总资产乘数}
\end{aligned} \qquad \text{（公式 3-10）}$$

此处的权益乘数是用期初权益计算的，而不是用期末权益计算。其余均用本期数据。

【例 3-8】某公司 2006—2010 年的主要财务数据如表 3-6 所示。

表 3-6 根据期初股东权益计算的可持续增长率 单位：万元

年 度	2006	2007	2008	2009	2010
收入	2 000	2 200	3 300	2 750	3 025
税后利润	100	110	165	137.5	151.25
股利	40	44	66	55	60.5
留存利润	60	66	99	82.5	90.75
股东权益	660	726	825	907.5	998.25
负债	120	132	462	165	181.5
总资产	780	858	1 287	1 072.5	1 179.75
可持续增长率的计算：					
销售净利率	5%	5%	5%	5%	5%
销售/总资产	2.564 1	2.564 1	2.564 1	2.564 1	2.564 1
总资产/期初股东权益	1.3	1.3	1.772 7	1.3	1.3
利润留存率	0.6	0.6	0.6	0.6	0.6
可持续增长率	10%	10%	13.64%	10%	10%
实际增长率		10%	50%	-16.67%	10%

2007 年可持续增长率 = 销售净利率 × 资产周转率 × 期初权益乘数 × 利润留存率

= 5% × 2.564 1 × 1.3 × 0.6 = 10%

2007 年实际增长率 = （2 200 − 2 000） ÷ 2 000 = 10%

其他年份的计算方法与此相同。

2. 根据期末股东权益计算的可持续增长率

可持续增长率也可以全部用期末数和本期发生额计算，而不使用期初数。

$$\text{可持续增长率}=\frac{\text{销售增加}}{\text{基期销售}}$$

$$=\frac{\text{利润留存率}\times\text{销售净利率}\times(1+\text{负债/股东权益})}{\text{资产/销售额}-[\text{利润留存率}\times\text{销售净利率}\times(1-\text{负债/股东权益})]}$$

$$=\frac{\text{利润留存率}\times(\text{净利/销售})\times(\text{资产/权益})\times(\text{销售/资产})}{1-\text{利润留存率}\times(\text{净利/销售})\times(\text{资产/权益})\times(\text{销售/资产})}$$

$$=\frac{\text{利润留存率}\times\text{销售净利率}\times\text{权益乘数}\times\text{总资产周转率}}{1-\text{利润留存率}\times\text{销售净利率}\times\text{权益乘数}\times\text{总资产周转率}}$$

$$=\frac{\text{权益净利率}\times\text{利润留存率}}{1-\text{权益净利率}\times\text{利润留存率}}$$ （公式 3-11）

使用【例 3-8】的数据，计算的可持续增长率见表 3-7。

表 3-7　　根据期末股东权益计算的可持续增长率　　单位：万元

年　度	2006	2007	2008	2009	2010
收入	2 000	2 200	3 300	2 750	3 025
税后利润	100	110	165	137.5	151.25
股利	40	44	66	55	60.5
留存利润	60	66	99	82.5	90.75
股东权益	660	726	825	907.5	998.25
负债	120	132	462	165	181.5
总资产	780	858	1 287	1 072.5	1 179.75
可持续增长率的计算：					
销售净利率	5%	5%	5%	5%	5%
销售/总资产	2.564 1	2.564 1	2.564 1	2.564 1	2.564 1
总资产/期末股东权益	1.181 8	1.181 8	1.56	1.181 8	1.181 8
利润留存率	0.6	0.6	0.6	0.6	0.6
可持续增长率	10%	10%	13.64%	10%	10%
实际增长率		10%	50%	-16.67%	10%

$$2007\text{年可持续增长率}=\frac{5\%\times 2.5641\times 1.1818\times 0.6}{1-5\%\times 2.5641\times 1.1818\times 0.6}=10\%$$

其他各年的可持续增长率的计算方法与此相同。

通过比较表 3-6 和表 3-7 可以看出，两个公式计算的可持续增长率是一致的。

(三) 可持续增长率与实际增长率

可持续增长率与实际增长率是两个不同的概念。可持续增长率是指保持当前经营效率和财务政策（包括不增发新股或回购股票）的情况下，销售所能增长的最大比率，而实际增长率是本年销售额与上年销售额相比的增长百分比。它们之间关系如下：

(1) 如果某一年的经营效率和财务政策与上年相同，则实际增长率、上年的可持续增长率以及本年的可持续增长率三者相等。这种增长状态，在资金上可以永远持续发展下去，可称之为平衡增长。当然，外部条件是公司不断增加的产品能为市场所接受。

运用前例分析说明：

① 2007 年的经营效率和财务政策与 2006 年相同，2007 年的实际增长率、2006 年和 2007 年的可持续增长率均为 10%。

② 2010 年的经营效率和财务政策与 2009 年相同，实际增长率、上年和本年的可持续增长率均为 10%。

（2）如果某一年的公式中的4个财务比率有一个或多个数值增长，则实际增长率就会超过上年的可持续增长率，本年的可持续增长率也会超过上年的可持续增长率。由此可见，超常增长是改变财务比率的结果，而不是持续当前状态的结果。企业不可能每年提高这4个财务比率，也就不可能使超常增长继续下去。

可持续增长，并不是说企业的增长不可以高于或低于可持续增长率。企业的管理人员必须事先预计并且加以解决在公司超过可持续增长率之上的增长所导致的财务问题。如果不增发新股，超过部分的资金只有两个解决办法：提高资产收益率或者改变财务政策。

运用前例分析说明：

2008年权益乘数提高，另外三个财务比率没有变化。实际增长率上升为50%，可持续增长率上升为13.64%，上年的可持续增长率为10%。提高财务杠杆，提供了高速增长所需要的资金。

该公司2008年的实际增长率是50%，大大超过上年的可持续增长率10%。

① 计算超常增长的销售额。

按可持续增长率计算的销售额＝上年销售×（1＋可持续增长率）

＝2 200×（1＋10%）＝2 420（万元）

超常增长的销售额＝实际销售－可持续增长销售＝3 300－2 420＝880（万元）

② 计算超常增长所需资金。

实际销售需要资金＝实际销售÷本年资产周转率＝3 300÷2.564 1＝1 287（万元）

持续增长需要资金＝可持续增长销售÷上年资产周转率

＝2 420÷2.564 1＝943.8（万元）

超常部分销售所需资金＝实际增长需要资金－可持续增长需要资金

＝1 287－943.8＝343.2（万元）

③ 分析超常增长的资金来源。

留存收益提供资金＝99（万元）

按可持续增长率增长提供留存收益＝66×（1＋10%）＝72.6（万元）

超常增长产生的留存收益＝实际留存收益－可持续增长留存收益

＝99－72.6＝26.4（万元）

负债提供资金＝462－132＝330（万元）

按可持续增长率增长需要增加负债＝132×10%＝13.2（万元）

超常增长额外负债＝330－13.2＝316.8（万元）

因此，超常增长额外所需的343.2万元资金，有26.4万元来自超常增长本身引起的留存收益增加，另外的316.8万元来自额外增加的负债。正是这一增量权益资金和增量借款的比例不同于原来的资本结构，使得权益乘数提高到1.56。

2007年的经营业绩和财务政策决定的可持续增长率是10%，而2008年的实际增长率是50%。这种高增长主要是依靠外部注入资金取得的。这种高增长率是否能继续下去呢？2009年如果真的想继续50%的增长率，它必须继续进一步增加负债或进行权益筹资。根据 2008 年数据计算的可持续增长率是 13.64%，这就是说，2009 年维持 2008 年的四项财务比率，也只能取得 13.64% 的增长。超常增长不是维持财务比率的结果，而是提高财务比率的结果。

如果想要维持 50% 的增长率，2009 年需要额外补充资金：

需要资金总额 = 计划销售 ÷ 计划资产周转率

= [2 750 × (1 + 50%)] ÷ 2.564 1

= 4 125 ÷ 2.564 1 = 1 608.75（万元）

留存收益提供资金 = 4 125 × 5% × 0.6 = 123.75（万元）

假设除留存收益外，全部使用负债补充资金，则财务杠杆为：

权益乘数 = 总资产 ÷ 期末权益

= 1 608.75 ÷ (825 + 123.75)

= 1 608.75 ÷ 948.75 = 1.695 7

2009 年该公司通过提高财务杠杆维持了 50% 的增长率。如果今后要继续维持 50% 的增长率，还需要进一步提高财务杠杆。财务杠杆的高低是重要的财务政策，不可能随便提高，更不可能无限提高。既然公司的财务杠杆不能持续提高，则 50% 的增长率就是不可持续的。销售净利率、资产周转率和股利分配率，如同财务杠杆一样，都不可能无限提高，从而限制了企业的增长率。因此，超常增长是不可能持续的。企业的增长潜力来源于上述 4 个财务比率的可持续水平。如果通过技术和管理创新，使销售净利率和资产周转率提高到一个新水平，则企业增长率可以相应提高。财务杠杆和利润留存率受到资本市场的制约，通过提高这两个比率支持高增长，只能是一次性的临时解决办法，不可能持续使用。

（3）如果某一年的公式中的 4 个财务比率有一个或多个数值比上年下降，则实际销售增长就会低于上年的可持续增长率，本年的可持续增长率也会低于上年的可持续增长率。这是超常增长之后的必然结果，公司对此事先要有所准备。如果不愿意接受这种现实，继续勉强冲刺，现金周转的危机很快就会来临。

运用前例分析说明：

2009 年权益乘数下降，另外三个财务比率没有变化。实际增长率下降为 -16.67%，上年的可持续增长率为 13.64%，本年的可持续增长率为 10%。为了归还借款，使财务杠杆恢复到历史正常水平，降低了销售增长速度。

（4）如果公式中的 4 个财务比率已经达到公司的极限水平，单纯的销售增长无助于增加股东财富。销售净利率和资产周转率的乘积是资产净利率，它体现了企业运用资产获取收益的能力，决定于企业的综合效率。至于采用“薄利多销”还是“厚利少销”的方针，则是经营政策选择的问题。利润留存率和权益乘数的高低是财务政策选择问题，取决于决策人对收益与风险的权衡。因此，企业的综合效率和承担风险的能力，决定了企业的增长速度。

第三节　财务预算

预算，就是以金额和其他数量指标表示的计划，即计划的数量化。它既是决策的具体化，又是控制生产经营活动的依据。

一、全面预算体系

全面预算是企业全部活动包括各项经营、投资、财务等活动的预算。全面预算在管理过程中处于承前启后的地位。一方面企业规划和决策所确定的经营目标和实现经营目标的行动方案，通过全面预算以正式的书面文件形式予以完整体现和具体落实，另一方面全面预算为将来对各部门活动的控制和考核确定了基本的尺度和标准。

（一）全面预算的内容

全面预算是由一系列预算构成的体系，各项预算之间相互联系，根据预算内容不同具体分为特种决策预算、日常业务预算与财务预算，其结构如图 3 – 1 所示。

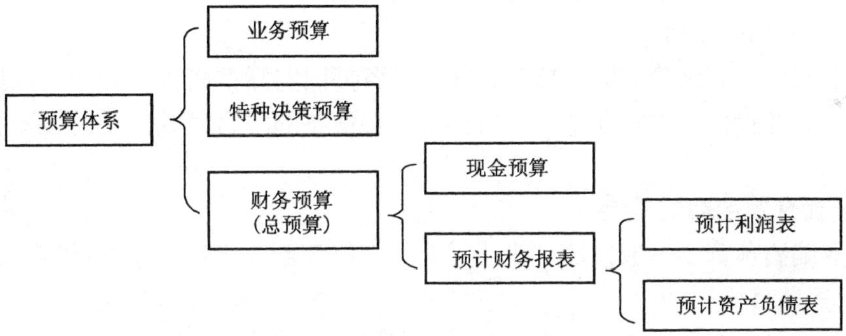

图 3 – 1　全面预算体系

特种决策预算，是指企业不经常发生的、需要根据特定决策临时编制的一次性预算；特种决策预算包括经营决策预算和投资决策预算两种类型。

日常业务预算，是指与企业日常经营活动直接相关的经营业务的各种预算。主要包括：

（1）销售预算；（2）生产预算；（3）直接材料耗用量及采购预算；（4）应缴增值税、销售税金及附加预算；（5）直接人工预算；（6）制造费用预算；（7）产品成本预算；（8）期末存货预算；（9）销售费用预算；（10）管理费用预算等内容。

财务预算是指企业在计划期内反映有关预计现金收支、财务状况和经营成果的预算。财务预算作为全面预算体系的最后环节，它是从价值方面总括地反映企业业务预算与专门决策预算的结果，日常业务预算和专门决策预算中的资料都可以用货币金额反映在财务预算内，财务预算是各项业务预算和专门决策预算的整体规划，称其为总预算，其他称为辅助预算或分预算。

（二）全面预算的作用

1. 明确工作目标

企业作为一个有机的生产经营系统，是由若干个职能部门构成的。企业的总目标，通过预算被分解成各级各部门的具体目标。它们根据预算安排各自的活动，在各自的职责范围内努力完成自身的目标，并最终保证企业总目标的实现。

2. 协调部门关系

企业生产经营活动的运行，要求供、产、销各环节协调一致和人、财、物各要素配置均衡。通过各部门预算的综合平衡，能促使各部门管理人员清楚地了解本部门在全局中的地位和作用，尽可能地做好部门之间的协调工作。

3. 控制日常活动

通过预算指标可以控制实际活动过程，随时发现问题，采取必要的措施，纠正不良偏差，避免经营活动的漫无目的、随心所欲，通过有效的方式实现预期目标。全面预算为控制各部门的日常经济活动提供了一个适当的标准或依据。

4. 考核部门业绩

企业根据全面预算的完成情况，在分析各部门实际偏离预算的程度和原因的基础上，划清责任，评定业绩，实行奖惩，促使各部门为完成预算目标更积极地工作。

（三）全面预算的编制程序

企业编制预算，一般按照“上下结合、分级编制、逐级汇总”的程序进行。

1. 下达目标

企业董事会或经理办公会根据企业长期规划和有关预算决策资料提出企业一定时期内预算总目标，由预算委员会下达各预算执行单位。

2. 编制上报

各预算执行单位按照企业预算委员会下达的预算目标和政策，结合自身特点以及预测的执行条件，提出详细的本单位预算方案，上报所属职能部门。各部门汇总部门预算，并初步协调本部门预算，编制出销售、生产、财务等预算并报送预算委员会。

3. 审查平衡

预算委员会审查、平衡各预算，提出综合平衡的建议。对发现的问题提出初步调整意见，并反馈给有关预算执行单位予以修正。

4. 审议批准

企业财务管理部门在有关预算执行单位修正调整的基础上，编制出企业预算方案，报财务预算委员会讨论。对于不符合企业发展战略或者预算目标的事项，企业预算委员会应当责成有关预算执行单位进一步修订、调整。在讨论、调整的基础上，企业财务管理部门正式编制企业年度预算方案，提交董事会或经理办公会审议批准。

5. 下达执行

批准后的预算分解成一系列的指标体系，由预算委员会逐级下达各预算执行单位执行。

（四）全面预算编制方法

1. 固定预算与弹性预算编制方法

编制预算的方法按其业务量基础的数量特征不同，分为固定预算方法和弹性预算方法。

固定预算又称静态预算，是指在编制预算时，只根据预算期内正常的、可实现的某一固定业务量（如生产量、销售量）水平作为唯一基础来编制预算的一种方法。

固定预算方法适应性差，只适应于业务量比较稳定的企业；可比性差，当预算的业务量与实际业务量不一致时，不按变动后的业务量调整，缺乏可比性。

弹性预算又称变动预算或滑动预算，是指为克服固定预算方法的缺点而设计的，以业务量、成本和利润之间的依存关系为依据，以预算期可预见的各种业务量水平为基础，编制能够适应多种情况预算的一种方法。

编制弹性预算所依据的业务量可以是产量、销售量、直接人工工时、机器工时、材料消耗量或直接人工工资等。业务量变动范围定在正常生产能力的70%～120%；或以历史上最高业务量和最低业务量为其上下限。

与固定预算方法相比，弹性预算方法具有预算范围宽和可比性强的优点。

在实务中，主要用于编制弹性成本费用预算和弹性利润预算，尤其是编制费用预算。

弹性预算的编制，可以采用公式法，也可以采用列表法。

（1）公式法。公式法是假设成本和业务量之间存在线性关系，成本总额、固定成本总额、业务量和单位变动成本之间的变动关系可以表示为：

$$Y = a + bx$$

式中：Y 代表成本总额；a 代表不随业务量变动而变动的那部分固定成本；b 代表单位变动成本；x 代表业务量，某项目成本总额 Y 是该项目固定成本总额和变动成本总额之和。这种方法要求按上述成本与业务量之间的线性假定，将企业各项目成本总额分解为变动成本和固定成本两部分。

【例3－9】某企业制造费用项目变动费用和固定费用资料如表3－8所示：该企业预算期可能的预算工时变动范围为55 000～75 000工时（表3－9）。

表 3-8　　变动费用与固定项目表

项　目	单位变动费用/元/工时	项　目	固定费用/元
变动费用:		固定费用:	
间接人工	1	维护费用	5 000
间接材料	0.5	管理费用	20 000
维护费用	0.1	水电费用	10 000
水电费用	0.2	燃料费	2 000
燃料费	0.6		
小计	2.4	小计	37 000

表 3-9　　制造费用弹性预算表（公式法）

业务量范围/人工工时	55 000～75 000	
项　目	固定成本 a/元	变动成本 b/元/工时
间接人工		1
间接材料		0.5
维护费用	5 000	0.1
水电费用	10 000	0.2
燃料费	2 000	0.6
管理费用	20 000	
合计	37 000	2.4

公式法的优点是在一定范围内预算可以随业务量变动而变动，可比性和适应性强，编制预算的工作量相对较小；缺点是按公式进行成本分解比较麻烦，对每个费用子项目甚至细目逐一进行成本分解，工作量很大。

（2）列表法。列表法是指通过列表的方式，将与各种业务量对应的预算数列示出来的一种弹性预算编制方法。

【例 3-10】接上例资料列表法编制制造费用弹性预算（表 3-10）。

表 3-10　　制造费用弹性预算表（列表法）　　单位：元

业务量/机器小时	55 000	60 000	65 000	70 000	75 000
变动制造费用					
间接材料	27 500	30 000	32 500	35 000	37 500
间接人工	55 000	60 000	65 000	70 000	75 000
小计	82 500	90 000	97 500	105 000	112 500
混合性制造费用					
维修费用	10 500	11 000	11 500	12 000	12 500

续表

水电费用	21 000	22 000	23 000	24 000	25 000
燃料费	35 000	38 000	41 000	44 000	47 000
小计	66 500	71 000	75 500	80 000	84 500
固定制造费用					
管理费用	20 000	20 000	20 000	20 000	20 000
合计	169 000	181 000	193 000	205 000	217 000

列表法的优点是可直接从表中查出各种业务量下的成本预算，便于控制和考核，可以在一定程度上弥补公式法的不足。缺点是工作量较大，不能包括所有业务量下的费用预算，适用面较窄，弹性仍然不足。

2. 增量预算和零基预算编制方法

编制预算的方法按其出发点的特征不同，分为增量预算方法和零基预算方法。

增量预算又称调整预算方法，是指以基期成本费用水平为基础，结合预算期业务量水平及有关影响成本因素的未来变动情况，通过调整有关原有费用项目而编制预算的一种方法。

增量预算方法的假设前提有：（1）现有的业务活动是企业必需的；（2）原有的各项开支都是合理的；（3）增加费用预算是值得的。

增量预算方法的缺点是：（1）受原有费用项目限制，可能导致保护落后；（2）滋长预算中的“平均主义”和“简单化”；（3）不利于企业未来发展。

零基预算方法是指在编制预算时不考虑以往会计期间所发生的费用项目或费用数额，而是将所有的预算支出均以零为出发点，一切从实际需要与可能出发，逐项审议预算期内各项费用的内容及开支标准是否合理，在综合平衡的基础上编制费用预算的一种方法。

零基预算的优点是不受已有费用项目和开支水平的限制；能够调动各方面降低费用的积极性，有助于企业的发展。其缺点是工作量大，重点不突出，编制时间较长。

此法特别适用于产出较难辨认的服务性部门费用预算的编制。

3. 定期预算与滚动预算编制方法

编制预算的方法按其编制期的时间特征不同，分为定期预算方法和滚动预算方法。

定期预算，是指在编制预算时以不变的会计期间（如日历年度）作为预算期的一种编制预算的方法。

定期预算方法的优点是能够使预算期间与会计年度相配合，便于考核和评价预算的执行结果；缺点是具有盲目性（远期指导性差）、滞后性（灵活性差）和间断性（连续性差）。

滚动预算又称连续预算或永续预算，是指在编制预算时，将预算期与会计年度脱离，随着预算的执行不断延伸补充预算，逐期向后滚动，使预算期永远保持为一个固定期间的一种预算编制方法。

按滚动预算方法编制的预算具有透明度高、及时性强、连续性好以及完整性和稳定性突出的优点；其主要缺点是预算工作量较大。

二、现金预算编制

现金预算的内容包括现金收入、现金支出、现金多余或不足的计算以及不足部分的筹措方案和多余部分的利用方案等。现金预算实际上是其他预算有关现金收支部分的汇总以及收支差额平衡措施的具体计划。它的编制要以其他各项预算为基础，或者说其他预算在编制时要为现金预算做好数据准备。

（一）销售预算

销售预算是指为规划一定预算期内因组织销售活动而引起的预计销售收入而编制的一种日常业务预算。销售预算是编制全面预算的关键和起点。

【例3-11】某公司2010年（计划年度）只生产和销售一种产品，每季的产品销售货款有60%于当期收到现金，有40%下一个季度收到现金。上一年（基期）年末的应收账款为80 000元。该公司计划年度的销售预算如表3-11所示。

某公司销售预算表

表3-11 **2010年度** 单位：元

项　目	一季度	二季度	三季度	四季度	全年
预计销量（件）	1 000	1 500	2 000	1 500	6 000
单价（元）	150	150	150	150	150
预计销售收入	150 000	225 000	300 000	225 000	900 000
应收账款期初	80 000				80 000
1. 季度销售收现	90 000	60 000			150 000
2. 季度销售收现		135 000	90 000		225 000
3. 季度销售收现			180 000	120 000	300 000
4. 季度销售收现				135 000	135 000
现金收入合计	170 000	195 000	270 000	255 000	890 000

（二）生产预算

生产预算是指为规划一定预算期内预计生产量水平而编制的一种日常业务预算。它是在销售预算的基础上编制的，该预算是所有日常业务预算中唯一只使用实物量计量单位的预算。编制生产预算的主要依据是预算期各种产品的预计销售量及存货期初期末资料。具体计算公式为：

预计生产量 = 预计销售量 + 预计期末存货量 - 预计期初存货量　　（公式 3 - 12）

【例 3 - 12】接前例该公司预算期初甲产品库存 100 件，预计期末库存 180 件，其他各季存货按下季预计销售量的 10% 确定。该公司生产预算如表 3 - 12 所示。

表 3 - 12　　**某公司生产预算表**　　单位：件

季　度	一	二	三	四	全年
预计销售量	1 000	1 500	2 000	1 500	6 000
加：预计期末存货	150	200	150	180	180
合计	1 150	1 700	2 150	1 680	6 180
减：预计期初存货	100	150	200	150	100
预计生产量	1 050	1 550	1 950	1 530	6 080

（三）直接材料预算

直接材料预算是指为规划一定预算期内因组织生产活动和材料采购活动预计发生的直接材料需用量、采购数量和采购成本而编制的一种业务预算。直接材料预算以生产预算、材料消耗定额和预计材料采购单价等信息为基础，并考虑期初、期末材料存货水平。为了便于以后编制现金预算，通常要预计材料采购各季度的现金支出。

预计采购量 = 生产需用量 + 期末存货量 - 期初存货量　　（公式 3 - 13）

【例 3 - 13】接前例，假设该公司期初存料量 800 千克，年末存料量预计 1 000千克，其余各季末存货量按下季度生产需要量的 20% 计算，单位产品材料的消耗定额为 2 千克/件，单价 20 元/千克。每季度购料款当季支付 50%，余款下季付清，上年购料款余额 25 000 元（表 3 - 13）。

表 3 - 13　　**某公司直接材料预算**

季　度	一	二	三	四	全年
预计生产量/件	1 050	1 550	1 950	1 530	6 080
单位产品材料用量/千克/件	2	2	2	2	2
生产需用量/千克	2 100	3 100	3 900	3 060	12 160
加：预计期末存量/千克	620	780	612	1 000	1 000
合计	2 720	3 880	4 512	4 060	13 160
减：预计期初存量/千克	800	620	780	612	800
预计材料采购量/千克	1 920	3 260	3 732	3 448	12 360
单价/元/千克	20	20	20	20	20
预计采购金额/元	38 400	65 200	74 640	68 960	247 200

续表

季度		一	二	三	四	全年
预计现金支出	上年应付账款	25 000				25 000
	第一季度	19 200	19 200			38 400
	第二季度		32 600	32 600		65 200
	第三季度			37 320	37 320	74 640
	第四季度				34 480	34 480
	合计	44 200	51 800	69 920	71 800	237 720

（四）直接人工预算

直接人工预算是指为规划一定预算期内人工工时的消耗水平和人工成本水平而编制的预算。这项预算是根据生产预算中的预计生产量以及单位产品所需的直接人工小时和单位小时工资率进行编制的。由于人工工资都需要使用现金支付，所以不需另外列示现金支出。

【例3－14】接前例编制直接人工预算（表3－14）。

表3－14　　某公司直接人工预算

季度	一	二	三	四	全年
预计产量/件	1 050	1 550	1 950	1 530	6 080
单位产品工时/小时/件	4	4	4	4	4
人工总工时/小时	4 200	6 200	7 800	6 120	24 320
每小时人工成本/元/小时	5	5	5	5	5
人工总成本/元	21 000	31 000	39 000	30 600	121 600

（五）制造费用预算

制造费用预算是指为规划一定预算期内除直接材料和直接人工预算以外预计发生的其他生产费用水平而编制的一种日常业务预算。制造费用预算通常分为变动制造费用和固定制造费用两部分。为了便于以后编制现金预算，需要预计现金支出。

变动制造费用预算部分，应区分不同费用项目，逐一项目根据单位变动制造费用分配率和业务量（一般是直接人工总工时或机器工时等）确定各项目的变动制造费用预算数。

$$变动制造费用分配率=\frac{变动制造费用预算总额}{业务量预算总额} \qquad （公式3－14）$$

固定制造费用预算部分，也应区分不同费用项目，逐一项目确定预算期的固定费用预算。

【例3－15】接前例编制该公司制造费用预算（表3－15）。

表 3-15　　某公司制造费用预算　　单位：元

季　度	一	二	三	四	全年
变动制造费用：					
间接人工	2 100	3 100	3 900	3 060	12 160
间接材料	2 100	3 100	3 900	3 060	12 160
修 理 费	1 260	1 860	2 340	1 836	7 296
水 电 费	1 680	2 480	3 120	2 448	9 728
燃料费	1 260	1 860	2 340	1 836	7 296
小 计	8 400	12 400	15 600	12 240	48 640
固定制造费用：					
修理费	6 000	6 000	6 000	6 000	24 000
折旧	9 320	9 320	9 320	9 320	37 280
管理人员工资	4 000	4 000	4 000	4 000	16 000
保险费	5 000	5 000	5 000	5 000	20 000
小计	24 320	24 320	24 320	24 320	97 280
合计	32 720	36 720	39 920	36 560	145 920
减：折旧	9 320	9 320	9 320	9 320	37 280
现金支出的费用	23 400	27 400	30 600	27 240	108 640

$$变动制造费用分配率 = \frac{48\ 640}{24\ 320} = 2\ (元/小时)$$

$$固定制造费用分配率 = \frac{97\ 280}{24\ 320} = 4\ (元/小时)$$

（六）产品成本预算

产品成本预算是指为规划一定预算期内每种产品的单位产品成本、生产成本、销售成本等内容而编制的一种日常业务预算。

本预算需要在生产预算、直接材料预算、直接人工预算和制造费用预算的基础上编制，同时，也为编制预计利润表和预计资产负债表提供数据。

【例 3-16】接前例编制该公司产品成本预算（表 3-16）。

表 3-16　　某公司产品成本预算

项　目	单 位 成 本			生产成本/6 080 件	期末存货/180 件	销货成本/6 000 件
	价格标准	用量标准	成本/元			
直接材料	20	2 千克	40	243 200	7 200	240 000
直接人工	5	4 工时	20	121 600	3 600	120 000
变动制造费用	2	4 工时	8	48 640	1 440	48 000
固定制造费用	4	4 小时	16	97 280	2 880	96 000
合计			84	510 720	15 120	504 000

（七）销售及管理费用预算

销售及管理费用预算是以价值形式反映整个预算期内为销售产品和维持一般行政管理工作而发生的各项目费用支出预算。该预算与制造费用预算一样，需要划分固定费用和变动费用列示，其编制方法也与制造费用预算相同。在该预算表下也应附列计划期间预计销售和管理费用的现金支出计算表，以便编制现金预算。

【例3－17】接前例编制该公司销售及管理费用预算（表3－17）。

表3－17　　某公司销售及管理费用预算　　单位：元

项目		金额
变动费用	销售佣金	30 000
	运输费用	18 000
	小计	48 000
固定费用	广告费用	40 000
	管理人员工资	24 000
	保险费用	16 000
	折旧费用	20 000
	小计	100 000
预计现金支出	销售及管理费用总额	148 000
	减：折旧费用	20 000
	销售及管理费用现金支出总额	128 000
	每季度销售及管理费用现金支出	32 000

（八）现金预算

现金预算也称现金收支预算，是以日常业务预算和特种决策预算为基础所编制的反映现金收支情况的预算。现金预算由四部分组成：现金收入、现金支出、现金多余或不足、现金的筹措和运用。

【例3－18】接前例，该公司年初现金余额为18 000元，每季预交所得税20 000元，每季度预分股利20 000元。最低现金持有量为10 000元，银行借款的金额要求是1 000元的倍数。编制该公司现金预算（表3－18）。

表3－18　　某公司现金预算　　单位：元

项目	一季度	二季度	三季度	四季度	全年
期初现金余额	18 000	10 400	23 200	13 955	18 000
加：销货现金收入（表3－11）	170 000	195 000	270 000	255 000	890 000
可供使用现金	188 000	205 400	293 200	268 955	908 000

续表

项 目	一季度	二季度	三季度	四季度	全年
减各项支出：					
直接材料（表3－13）	44 200	51 800	69 920	71 800	237 720
直接人工（表3－14）	21 000	31 000	39 000	30 600	121 600
制造费用（表3－15）	23 400	27 400	30 600	27 240	108 640
销售及管理费用（表3－17）	32 000	32 000	32 000	32 000	128 000
预交所得税	20 000	20 000	20 000	20 000	80 000
购买设备	80 000			50 000	130 000
预分股利	20 000	20 000	20 000	20 000	80 000
支出合计	240 600	182 200	211 520	251 640	885 960
现金多余或不足	－52 600	23 200	81 680	17 315	22 040
向银行借款（期初）	63 000				63 000
还银行借款（期末）			63 000		63 000
借款利息（年利10%）			4 725		4 725
期末现金余额	10 400	23 200	13 955	17 315	17 315

三、利润表与资产负债表预算编制

（一）利润表预算的编制

利润表预算是指以货币形式综合反映预算期内企业经营活动成果（包括利润总额、净利润）计划水平的一种财务预算。利润表预算编制依据是各业务预算、专门决策预算和现金预算。

【例3－19】接前例编制该公司利润表预算（表3－19）。

表3－19　　某公司利润表预算　　单位：元

项 目	金 额
销售收入	900 000
减：销售成本	504 000
销售毛利	396 000
减：销售及管理费用	148 000
利息	4 725
营业利润	243 275
减：所得税	80 000
净利润	163 275

（二）资产负债表预算的编制

资产负债表预算是用来反映企业在计划期末预计的财务状况。它的编制需以计划期开始日的资产负债表为基础，结合计划期间各项业务预算、专门决策预算、现金预算和预计利润表进行编制。它是编制全面预算的终点。

【例3－20】接前例编制该公司资产负债表预算（表3－20）。

资产负债表预算

表3－20 **2010年12月31日** 单位：元

资　产	金　额	负债及所有者权益	金　额
现金（表3－18）	17 315	应付账款（表3－13）	34 480
应收账款（表3－11）	90 000	普通股	600 000
直接材料（表3－13）	20 000	未分配利润	480 735
产成品（表3－16）	15 120		
固定资产	1 430 000		
累计折旧	457 280		
资产总额	1 115 215	权益总额	1 115 215

本章小结

本章主要介绍了财务预测的方法、销售增长与资金需求的关系以及财务预算的编制方法。主要内容有：

1. 财务预测的方法

财务预测的方法本章介绍了三种：因素分析法、销售百分比法和资金习性法，资金习性法又包括两种：高低点法和回归直线法。

因素分析法是以有关项目基期年度的平均资金需要量为基础，根据预测年度的生产经营任务和资金周转加速的要求，进行分析调整，来预测资金需要量的一种方法。

销售百分比法，将反映生产经营规模的销售因素与反映资金占用的资产因素连接起来，根据销售与资产之间的数量比例关系，来预计企业的外部筹资需要量。销售百分比法首先假设某些资产与销售额存在稳定的百分比关系，根据销售与资产的比例关系预计资产额，根据资产额预计相应的负债和所有者权益，进而确定筹资需求量。

资金习性预测法是指根据资金习性预测未来资金需要量的一种方法。进行资金习性分析，把资金划分为变动资金和不变资金两部分，从数量上掌握了资金同销售量之间的规律性，对准确地预测资金需要量有很大帮助。

2. 销售增长与资金需求的关系

外部融资需求的影响因素有：销售增长、销售净利率、股利支付率、可动用金融资产销售净利率越大，外部融资需求越少；股利支付率越高，外部融资需求越大；可动用金融资产越大，外部融资需求越少。外部融资为零时的销售增长率就是内含增长率。在保持目前经营效率和财务政策不变的条件下公司销售所能增长的最大比率就是可持续增长率。

3. 财务预算的编制

财务预算作为全面预算体系的最后环节，它是从价值方面总括地反映企业经营决策预算与业务预算的结果，也就是说业务预算和专门决策预算中的资料都可以用货币金额反映在财务预算内。财务预算称为总预算，其他预算则相应称为辅助预算和分预算。主要包括现金预算和预计财务报表的编制。

第四章 筹资方式

学习目标

本章主要讲授企业筹资的基本理论、股权性筹资、债权性筹资及衍生工具筹资。通过本章学习，应重点掌握：

1. 理解企业筹资的概念、筹资原则和资本金制度，掌握筹资渠道、筹资方式及其对应关系
2. 掌握各种股权筹资的方式及特点
3. 掌握各种债权筹资的方式及特点
4. 理解融资租赁的基本概念和种类，掌握租金的计算方法及融资租赁的分析
5. 理解可转换债券和认股权证两种衍生工具的概念和种类，掌握其特点

第一节　企业筹资概述

一、企业筹资概念

所谓企业筹资，是指企业为了满足其生产经营、对外投资、资本结构调整等需要，运用一定的筹资方式，筹措和获取所需资金的一种行为。从企业资金运动过程和财务活动的内容看，它是企业设立、生存和发展的物质基础，是企业开展生产经营业务活动的基本前提。如果说企业的财务活动是以现金收支为主的资金流转活动，那么筹资活动则是资金运转的起点。

企业筹集的资金可以按不同的标准进行分类，主要分类如下。

（一）按企业所取得资金的权益性质不同，分为股权筹资、债务筹资及衍生工具筹资

股权筹资形成股权资本，是企业依法长期拥有、能够自主支配的资金。股权资本在企业持续经营期间内，投资者不得抽回，因而也称之为企业的自有资本、主权资本或股东权益资本。股权资本是企业从事生产经营活动和偿还债务的本钱，是代表企业基本资信状况的一个主要指标。企业的股权资本通过吸收直接投

资、发行股票、内部积累等方式取得。股权资本由于一般不用还本，形成了企业的永久性资本，因而财务风险小，但付出的资本成本相对较高。

股权筹资项目就是资产负债表中的所有者权益各项，其中，实收资本（股本）和实收资本溢价部分形成的资本公积金是投资者的原始投入部分；盈余公积金、未分配利润和部分资本公积金是原始投入资本在企业持续经营中形成的经营积累。股权筹资在经济意义上形成了企业的所有者权益，其金额等于企业的净资产。

债务筹资，是企业通过借款、发行债券、融资租赁以及赊销商品或服务等方式取得的资金形成的在规定期限内需要清偿的债务。由于债务筹资到期要归还本金和支付利息，对企业的经营状况不承担责任，因而具有较大的财务风险，但付出的资本成本相对较低。从经济意义上来说，债务筹资是债权人对企业的一种投资，也要依法享有企业使用债务所取得的经济利益，因而也可以称之为债权人权益。

衍生工具筹资包括兼具股权与债务特性的混合融资和其他衍生工具融资。我国上市公司目前最常见的混合融资是可转换债券融资，最常见的其他衍生工具融资是认股权证融资。

（二）按企业取得资金是否以金融机构为媒介，分为直接筹资和间接筹资

直接筹资，是企业直接与资金供应者协商融通资本的一种筹资活动。直接筹资方式主要有吸收直接投资、发行股票、发行债券等。通过直接筹资既可以筹集股权资本，也可以筹集债务资本。

间接筹资，是企业借助银行等金融机构融通资本的筹资活动。间接筹资的基本方式是向银行借款，此外还有融资租赁等筹资方式，间接筹资形成的主要是债务资本，主要用于满足企业资金周转的需要。

（三）按资金的来源范围不同，企业筹资分为内部筹资和外部筹资

内部筹资是指企业通过利润留存而形成的筹资来源。内部筹资数额的大小主要取决于企业可分配利润的多少和利润分配政策（股利政策），一般无需花费筹资费用，从而降低了资本成本。

外部筹资是指企业向外部筹措资金而形成的筹资来源。企业向外部筹资大多需要花费一定的筹资费用，从而提高了筹资成本。

（四）按企业所筹集资金的使用期限不同，分为长期筹资和短期筹资

长期筹资，是指企业筹集使用期限在 1 年以上的资金筹集活动。长期筹资的目的主要在于形成和更新企业的生产和经营能力，或扩大企业的生产经营规模，或为对外投资筹集资金。

短期筹资，是指企业筹集使用期限在 1 年以内的资金筹集活动。短期资金主要用于企业的流动资产和日常资金周转，一般在短期内需要偿还。

二、筹资渠道与方式

（一）筹资渠道

筹资渠道是指筹措资金的来源与通道，体现着资金的来源与流量。目前我国企业筹资渠道主要有以下几种。

1. 国家资金

国家资金主要是指国家以财政拨款、财政贷款、国有资产入股等形式向企业投入的资金，它是我国国有企业的主要资金来源。

2. 银行信贷资金

银行信贷资金是指商业银行和专业银行贷放给企业使用的资金，它是我国目前各类企业最为重要的资金来源。

3. 非银行金融机构资金

非银行金融机构是指从事各种金融业务的非银行机构，如信托投资公司、保险公司、金融租赁公司、证券公司、财务公司等。它们提供的资金比较灵活，而且可以提供多种服务。它已逐渐成为企业的一项重要资金来源。

4. 其他企业资金

其他企业资金是指企业间的相互投资和商业信用。也是企业资金的一项重要来源。

5. 居民个人资金

企业职工和居民个人的结余货币，作为“游离”于银行及非银行机构等之外的个人资金，可用于对企业进行投资，形成企业资金的民间来源渠道。

6. 企业自留资金

企业自留资金是指企业内部形成的资金，主要包括提取的公积金和未分配利润等。它们无须通过一定的方式去筹集，而直接由企业内部自动生成或转移。

（二）筹资方式

筹资方式是指企业筹措资金所采用的具体形式，目前我国企业筹资方式主要有以下几种。

1. 吸收直接投资

吸收直接投资即企业按照“共同投资、共同经营、共担风险、共享利润”的原则直接吸收投资者投入资金的一种筹资方式。

2. 发行股票

发行股票就是股份公司通过发行股票筹集权益性资本的一种筹资方式。

3. 利用留存收益

利用留存收益筹资是指企业将留存收益转化为投资的过程，它是企业筹集权益性资本的一种重要方式。

4. 向银行借款

向银行借款即企业根据借款合同从有关银行或非银行金融机构借入的需要还本付息的资金的一种筹资方式。

5. 利用商业信用

利用商业信用是指在商品交易过程中采用延期付款或延期交货等方式所形成

的企业间的借贷关系，是企业筹集短期资金的重要方式。

6. 发行公司债券

发行公司债券即企业通过发行公司债券筹措债务性资本的一种筹资方式。

7. 融资租赁

融资租赁是指出租人根据承租人对租赁物和供货人的选择或认可，将其从供货人处取得的租赁物，按融资租赁合同的约定出租给承租人占有、使用，并向承租人收取租金，最短租赁期限为一年的交易活动，也称资本租赁或财务租赁。

三、筹资原则

企业筹资管理的基本要求，是在严格遵守国家法律法规的基础上，分析影响筹资的各种因素，权衡资金的性质、数量、成本和风险，合理选择筹资方式，提高筹资效果。企业筹资应遵循以下基本原则。

（一）规模适当原则

企业筹措资金要合理预测资金的需要量，筹资规模与资金需要量应当匹配一致，既要避免因资金筹措不足，影响生产经营的正常进行，又要防止资金筹措过多，造成资金闲置。

（二）筹措及时原则

企业筹措资金要合理预测确定资金需要的时间。企业财务人员应全面掌握资金需求的具体情况并熟知资金时间价值的原理，合理安排资金的筹措时间，适时获得所需资金，使筹资与用资在时间上相衔接，既避免过早筹措资金形成的资金投放前闲置，又防止取得资金的时间滞后，错过资金投放的最佳时间。

（三）来源合理原则

不同来源的资金，对企业的收益和成本有不同影响。因此，企业应认真研究资金来源渠道和资金市场，合理选择资金来源。

（四）方式经济原则

企业筹措资金必然要付出一定的代价并承担相应的风险，不同筹资方式下的资金成本和财务风险有高有低。为此，需要对各种筹资方式进行分析、对比，选择经济可行的筹资方式。

四、资本金制度

（一）资本金制度的概念

资本金制度是指国家对企业资本金的筹集、管理以及所有者的责、权、利等方面所作的法律规范。其内容主要包括：资本金确定方法、法定资本金、资本金的分类、资本金的筹集、资本金的管理、资本公积金等。

建立资本金制度，是我国企业财务会计制度的一项重大改革，它对建立现代企业制度，理顺产权关系，促进社会主义市场经济的发展，具有极其重要的作用。

（二）资本金制度的内容

1. 资本金的本质特征

设立企业必须有法定的资本金。资本金，是指企业在工商行政管理部门登记的注册资金，是投资者用以进行企业生产经营、承担民事责任而投入的资金。资本金在不同类型的企业中表现形式有所不同，股份有限公司的资本金被称为股本，股份有限公司以外的一般企业的资本金被称为实收资本。

从性质上看，资本金是投资者创建企业所投入的资本，是原始启动资金；从法律地位来看，资本金要在工商行政管理部门办理注册登记，投资者只能按所投入的资本金而不是所投入的实际资本数额享有权益和承担责任；从时效来看，除了企业清算、减资、转让回购股权等特殊情形外，投资者不得随意从企业收回资本金。资本金是企业权益资本的主要部分，是企业长期稳定拥有的基本资金，也是企业取得债务资本的必要保证。已注册的资本金如果追加或减少，必须办理变更登记。

2. 资本金的筹集

（1）资本金的最低限额。我国《公司法》规定，股份有限公司注册资本的最低限额为人民币 500 万元，上市的股份有限公司股本总额不少于人民币 3 000 万元；有限责任公司注册资本的最低限额为人民币 3 万元，一人有限责任公司的注册资本最低限额为人民币 10 万元。

如果需要高于这些最低限额的，可以由法律、行政法规另行规定。比如，《注册会计师法》和《资产评估机构审批管理办法》均规定，设立公司制的会计师事务所或资产评估机构，注册资本应当不少于人民币 30 万元；《保险法》规定，采取股份有限公司形式设立的保险公司，其注册资本的最低限额为人民币 2 亿元；《证券法》规定，可以采取股份有限公司形式设立证券公司，在证券公司中属于经纪类的，最低注册资本为人民币 5 000 万元；属于综合类的，公司注册资本最低限额为人民币 5 亿元。

（2）资本金的出资方式。根据我国《公司法》等法律法规的规定，投资者可以采取货币资产和非货币资产两种形式出资。全体投资者的货币出资金额不得低于公司注册资本的 30%；投资者可以用实物、知识产权、土地使用权等可以依法转让的非货币财产作价出资；法律、行政法规规定不得作为出资的财产除外。

（3）资本金缴纳的期限。资本金缴纳的期限，通常有三种办法：一是在企业成立时一次筹足全部资本金，即实收资本与注册资本数额一致，称为实收资本制；二是在企业成立时只要筹集了第一期资本（小于资本金总额），企业即可成立，其余部分由董事会在企业成立后进行筹集，称为授权资本制；三是在企业成立时筹集了第一期资本（小于资本金总额），类似于授权资本制，但规定了首期出资的数额或比例及最后一期缴清资本的期限，称为折中资本制。

我国《公司法》规定，股份有限公司和有限责任公司资本金的缴纳采用折中资本制，资本金可以分期缴纳，但首次出资额不得低于注册资本的20%，其余部分由股东自公司成立之日起两年内缴足，投资公司可以在5年内缴足。对于一人有限责任公司，股东应当一次足额缴纳公司章程规定的注册资本额。

（4）资本金的评估。投资者以实物、无形资产等非货币资产出资的，应按照评估确认的金额或者按合同、协议约定的金额计价。其中，国有及国有控股企业以非货币资产出资或者接受其他企业的非货币资产出资，需要委托有资格的资产评估机构进行资产评估，并以资产评估机构评估确认的资产价值作为投资作价的基础。经国务院、省政府批准实施的重大经济事项涉及的资产评估项目，分别由本级政府国有资产监管部门或者财政部门负责核准，其余资产评估项目一律实行备案制度。

3. 资本金的管理原则

企业资本金的管理，应当遵循资本保全这一基本原则。实现资本保全的具体要求，可分为资本确定、资本充实和资本维持三部分内容。

（1）资本确定原则。资本确定，是指企业设立时资本金数额的确定。企业设立时，必须明确规定企业的资本总额以及各投资者认缴的数额，同时由工商行政管理机构进行企业注册资本的登记管理。

《企业财务通则》规定，企业获准工商登记（即正式成立）后30日内，应依据验资报告向投资者出具出资证明书等凭证，以此为依据确定投资者的合法权益，界定其应承担的责任。占有国有资本的企业还需要按照国家有关规定申请国有资产产权登记，取得企业国有资产产权登记证。

（2）资本充实原则。资本充实，是指资本金的筹集应当及时、足额。企业筹集资本金的数额、方式、期限均要在投资合同或协议中约定，并在企业章程中加以规定，以确保企业能够及时、足额筹得资本金。

企业筹集的注册资本，必须进行验资，以保证出资的真实可信。对验资的要求，一是委托法定的验资机构，二是验资机构要按照规定出具验资报告，三是验资机构依法承担提供虚假验资或重大遗漏报告的法律责任。

（3）资本维持原则。资本维持，是指企业在持续经营期间有义务保持资本金的完整性。企业除由股东大会或投资者会议作出增减资本决议并按法定程序办理外，不得任意增减资本总额。

企业筹集的实收资本，在持续经营期间可以由投资者依照相关法律法规以及企业章程的规定转让或者减少，投资者不得抽逃或者变相抽回出资。除《公司法》等有关法律法规另有规定外，企业不得回购本企业发行的股份。

第二节　股权性筹资

企业所能采用的筹资方式，一方面受法律环境和融资市场的制约，另一方面也受企业性质的制约。中小企业和非公司制企业的筹资方式比较受限；股份有限公司和有限责任公司的筹资方式相对多样。

一、股权性筹资的特点

股权性筹资是企业最基本的筹资方式，具体又包含吸收直接投资、发行股票和利用留存收益三种主要形式。股权筹资形成企业的股权资金，也称之为权益资本，此外，我国上市公司引入战略投资者的行为，也属于股权筹资的范畴。

二、吸收直接投资

吸收直接投资，是指企业按照“共同投资、共同经营、共担风险、共享收益”的原则，直接吸收国家、法人、个人和外商投入资金的一种筹资方式。吸收直接投资是非股份制企业筹措权益资本的基本方式，采用吸收直接投资的企业，资本不分为等额股份、无须公开发行股票。吸收直接投资实际出资额，注册资本部分形成实收资本；超过注册资本的部分属于资本溢价，形成资本公积。

（一）吸收投资中的出资方式

企业吸收直接投资，根据投资者的出资方式主要有以下几种。

1. 以货币资产出资

以货币资产出资是吸收直接投资中最重要的出资方式。企业有了货币资产，便可以获取其他物质资源，支付各种费用，满足企业创建时的开支和随后的日常周转需要。我国《公司法》规定，公司全体股东或者发起人的货币出资金额不得低于公司注册资本的30%。

2. 以实物资产出资

以实物资产出资就是投资者以房屋、建筑物、设备等固定资产和原材料、商品等流动资产所进行的投资。一般来说，实物投资应符合以下条件：（1）适合企业科研、生产、经营所需；（2）技术性能良好；（3）作价公平合理。

实物出资中实物的作价，可以由出资各方协商确定，也可以聘请专业资产评估机构评估确定。国有及国有控股企业接受其他企业的非货币资产出资，需要委托有资格的资产评估机构进行资产评估。

3. 以土地使用权出资

投资者也可以用土地使用权来进行投资。土地使用权是按有关法规和合同的规定使用土地的权利。土地使用权具有相对的独立性，在土地使用权存续期间，包括土地所有者在内的其他任何人和单位，不能任意收回土地和非法干预使用权人的经营活动。一般来说，土地使用权投资应符合以下条件：（1）适合企业科研、生产、经营所需；（2）地理、交通条件比较适宜；（3）作价公平合理。

4. 以工业产权出资

以工业产权出资是指投资者以专有技术、商标权、专利权等无形资产所进行的投资。一般来说，工业产权出资应符合以下条件：（1）有助于企业研究、开发和生产出新的高科技产品；（2）有助于企业提高生产效率，改进产品质量；（3）有助于企业降低生产消耗、能源消耗等各种消耗；（4）作价公平合理。

工业产权出资是把技术转化为资本，使技术的价值固定化，因技术具有强烈的时效性，会因其不断老化落后而导致实际价值不断减少甚至完全丧失，企业吸收工业产权等无形资产出资的风险较大。

《公司法》对投资者以无形资产出资作出规定，股东或发起人不得以劳务、信用、自然人姓名、商誉、特许经营权或者设定担保的财产等作价出资。对于非货币资产出资，需要满足三个条件：可以用货币估价；可以依法转让；法律不禁止。

《公司法》对无形资产出资的比例要求没有明确限制，但《外资企业法实施细则》另有规定，外资企业的工业产权、专有技术的作价应与国际上通常的作价原则相一致，且作价金额不得超过注册资本的20%。

（二）吸收直接投资的优缺点

1. 吸收直接投资的优点

（1）有利于尽快形成生产能力。吸收直接投资不仅可以取得一部分货币资金，而且能够直接获得所需的先进设备和技术，有利于尽快形成生产能力，尽快开拓市场。

（2）有利于降低财务风险。吸收直接投资可以根据企业的经营状况向投资者支付报酬，企业经营状况好，可向投资者多支付一些报酬，企业经营状况不好，则可不向投资者支付报酬或少支付报酬，报酬支付较为灵活，所以，财务风险较小。

（3）有利于进行信息沟通。吸收直接投资的投资者比较单一，股权没有社会化、分散化，甚至有的投资者直接担任公司管理层职务，公司与投资者易于沟通。

（4）吸收投资的手续相对比较简便，筹资费用较低。

2. 吸收直接投资的缺点

（1）资本成本较高。相对于股票筹资来说，吸收直接投资的资本成本较高，特别是企业经营状况较好和盈利较多时，更是如此。因为向投资者支付的报酬是根据其出资的数额和企业实现利润的比率来计算的。

（2）企业控制权集中，不利于企业治理。采用吸收直接投资方式筹措资金，投资者一般都要求获得与投资数量相适应的经营管理权，这是企业接受外来投资的代价之一。如果某个投资者的投资额比例较大，则该投资者会有相当大的控制权，甚至会对企业实行完全控制，容易损害其他投资者的利益。

（3）不利于产权交易。吸收投入资本由于没有证券为媒介，不利于产权交易，难以进行产权转让。

三、发行普通股

（一）普通股概念和种类

股票是股份有限公司为筹措股权资本而发行的有价证券，是公司签发的证明股东持有公司股份的凭证。股票作为一种所有权凭证，代表着股东对发行公司净资产的所有权，股票只能由股份有限公司发行。

股票具有永久性、流通性、风险性、参与性等特点。公司发行股票所筹措的资金属于公司的长期自有资金，没有期限，无须归还，因此具有永久性。股票作为一种有价证券，在资本市场上可以自由转让、买卖和流通，也可以继承、赠送或作为抵押品，因此具有流通性。由于股票的永久性，股东成了企业风险的主要承担者，因此具有风险性。股东作为股份公司的所有者，在企业的相关管理工作，如：重大决策权、经营者选择权、财务监控权、公司经营的建议和质询权等方面有权发表意见，因此具有参与性。

股份公司发行的股票按照不同的标准，可以分为以下几类。

1. 按股东权利和义务，分为普通股股票和优先股股票

普通股股票简称普通股，是公司发行的代表着股东享有平等的权利、义务，不加特别限制的，股利不固定的股票。普通股是最基本的股票，股份有限公司通常情况只发行普通股。

优先股股票简称优先股，是公司发行的相对于普通股具有一定优先权的股票。其优先权利主要表现在股利分配优先权和分配剩余财产优先权上。优先股股东在股东大会上无表决权，在参与公司经营管理上受到一定限制，仅对涉及优先股权利的问题有表决权。

2. 按票面有无记名，分为记名股票和无记名股票

记名股票是在股票票面上记载有股东姓名或将名称记入公司股东名册的股票，无记名股票不登记股东名称，公司只记载股票数量、编号及发行日期。

我国《公司法》规定，公司向发起人、国家授权投资机构、法人发行的股票，为记名股票；向社会公众发行的股票，可以为记名股票，也可以为无记名股票。

3. 按票面有无标明金额，可分为面值股票和无面值股票

面值股票是在票面上标有一定金额的股票。持有这种股票的股东，对公司享有的权利和承担义务的大小，依其所持有的股票票面金额占公司发行在外股票总面值的比例而定。

无面值股票是不在票面上标出金额，只载明所占公司股本总额的比例或股份数的股票。无面值股票的价值随公司财产的增减而变动，而股东对公司享有的权利和承担义务的大小，直接依股票标明的比例而定。目前，我国《公司法》只允许发行面值股票，并且其发行价格不得低于票面金额。

4. 按投资主体的不同，可分为国家股、法人股、个人股等

国家股是有权代表国家投资的部门或机构以国有资产向公司投资而形成的股份。

法人股是企业法人依法以其可支配的财产向公司投资而形成的股份，或具有法人资格的事业单位和社会团体以国家允许用于经营的资产向公司投资而形成的股份。

个人股是社会个人或公司内部职工以个人合法财产投入公司而形成的股份。

5. 按发行对象和上市地点，分为A股、B股、H股、N股和S股等

A股即人民币普通股票，由我国境内公司发行，境内上市交易，它以人民币标明面值，以人民币认购和交易；B股即人民币特种股票，由我国境内公司发行，境内上市交易，它以人民币标明面值，以外币认购和交易；H股是注册地在内地、上市在香港的股票，依此类推，在纽约和新加坡上市的股票，就分别称为N股和S股。

（二）股票发行与上市

1. 股票的发行

股票的发行分为股份公司设立时的首次发行和设立后的增资发行。股份的发行，实行公平、公正的原则，必须同股同权、同股同利，每股金额相等。首次发行股票的程序由于公司设立的方式不同有所不同。同时，发行股票还应接受国务院证券监督管理机构的管理和监督。

（1）设立时发行股票的程序。以发起设立方式设立股份有限公司的，公司全体发起人的首次出资额不得低于注册资本的20%，其余部分由发起人自公司成立之日起2年内缴足（投资公司可以在5年内缴足）。以募集设立方式设立股份有限公司的，发起人认购的股份不得少于公司股份总数的35%；法律、行政法规另有规定的，从其规定。

设立发行股票的程序包括：提出募集股份申请；公告招股说明书，制作认股书，签订承销协议和代收股款协议；招认股份，缴纳股款；召开创立大会，选举董事会、监事会；办理设立登记，交割股票。

（2）增资发行新股的程序。公司设立之后，为了扩大经营、改善资本结构，也会增资发行新股。

股份公司增发新股的程序包括：股东大会作出发行新股的决议；由董事会向国务院授权的部门或省级人民政府申请并经批准；公告新股招股说明书和财务会计报表及附属明细表，与证券经营机构签订承销合同，定向募集时向新股认购人发出认购公告或通知；招认股份，缴纳股款；改组董事会、监事会，办理变更登记并向社会公告。

2. 股票上市交易

股票上市，指的是股份有限公司公开发行的股票经批准在证券交易所进行挂

牌交易。经批准在交易所上市交易的股票则称为上市股票。只有公开募集发行并经批准上市的股票才能进入证券交易所流通转让。

（1）股票上市的目的。股票上市的目的是多方面的，主要包括：① 便于筹措新资金。证券市场是资本商品的买卖市场，证券市场上有众多的资金供应者。同时，股票上市必须经过有关机构的审查批准并接受相应的管理，执行各种信息披露和股票上市的规定，这就大大增强了社会公众对公司的信赖，容易吸引社会资本投资者。公司上市后，还可以通过增发、配股、发行可转换债券等方式进行再融资。② 促进股权流通和转让。股票上市后自然提高了股票的流动性和股票的变现力，便于投资者认购和交易。③ 促进股权分散化。股票上市后，会有更多的投资者认购公司股份，公司则可将部分股份转售给这些投资者，能够避免公司的股权集中，分散公司的控制权，有利于公司治理结构的完善，也分散了公司的风险。④ 便于确定公司价值。股票上市后，公司股价有市价可循，便于确定公司的价值，有利于促进公司财富最大化。对于上市公司来说，即时的股票交易行情，就是对公司价值的市场评价。同时，市场行情也能够为公司收购兼并等资本运作提供询价基础。⑤ 提高公司知名度，吸引更多顾客。股票上市公司为社会所知，并被认为经营优良，会带来良好声誉，吸引更多的顾客，从而扩大销售量。

但股票上市也有对公司不利的一面，这主要有：上市成本较高，手续复杂严格；公司将负担较高的信息披露成本；各种信息公开的要求可能会暴露公司的商业机密；股价有时会歪曲公司的实际情况，影响公司声誉；可能会分散公司的控制权，造成管理上的困难。

（2）股票上市的条件。公司公开发行的股票进入证券交易所挂牌买卖（即股票上市），须受严格的条件限制。我国《证券法》规定，股份有限公司申请股票上市，应当符合下列条件：① 股票经国务院证券监督管理机构核准已公开发行；② 公司股本总额不少于人民币 3 000 万元；③ 公开发行的股份达到公司股份总数的 25% 以上；公司股本总额超过人民币 4 亿元的，公开发行股份的比例为 10% 以上；④ 公司最近 3 年无重大违法行为，财务会计报告无虚假记载。

此外，公司股票上市还应符合证券交易所规定的其他条件。

（三）普通股筹资的特点

1. 所有权与经营权相分离，分散公司控制权，有利于公司自主管理、自主经营

普通股筹资的股东众多，公司的日常经营管理事务主要由公司的董事会和经理层负责。

2. 没有固定的股息负担

普通股股利的支付与否和支付多少，视公司有无盈利和经营需要而定，经营波动给公司带来的财务负担相对较小。由于普通股筹资没有固定的到期还本付息

的压力，所以筹资风险较小。

3. 能增强公司的社会声誉

普通股筹资使得股东大众化，由此给公司带来了广泛的社会影响。特别是上市公司，其股票的流通性强，有利于市场确认公司的价值。

4. 促进股权流通和转让

普通股筹资以股票作为媒介的方式便于股权的流通和转让，同时由于普通股的预期收益较高并可一定程度地抵消通货膨胀的影响（通常在通货膨胀期间，不动产升值时普通股也随之升值），因此普通股筹资便于吸收新的投资者。

5. 普通股的资本成本较高

首先，从投资者的角度讲，投资于普通股风险较高，相应地要求有较高的投资报酬率。其次，对于筹资公司来讲，普通股股利从税后利润中支付，不像债券利息那样作为费用从税前支付，因而不具有抵税作用。此外，普通股的发行费用一般也高于其他证券。

6. 公司控制权分散，容易被经理人控制

以普通股筹资会增加新股东，这可能会分散公司的控制权，削弱原有股东对公司的控制，也容易被恶意收购。

四、利用留存收益

（一）留存收益来源渠道

留存收益来源渠道有以下两个方面。

1. 提取盈余公积金

盈余公积金是指有指定用途的留存净利润，它是公司按照《公司法》规定从净利润中提取的积累资金，包括法定盈余公积金和任意盈余公积金。

2. 未分配利润

未分配利润是指未限定用途的留存净利润。一方面是这部分净利润没有分配给公司的股东；另一方面是这部分净利润未指定用途。

（二）利用留存收益筹资的特点

1. 资金成本较普通股低

与普通股筹资相比较，留存收益筹资不需要发生筹资费用，资本成本较低。

2. 保持普通股股东的控制权

利用留存收益筹资增加的权益资本不会改变公司的股权结构，不会稀释原有股东的控制权。

3. 筹资数额有限

留存收益筹资最大可能的数额是企业当期的净利润和以前年度未分配利润之和。如果企业发生亏损，那么当年就没有利润留存。另外，股东和投资者从自身期望出发，往往希望企业每年发放一定的利润，保持一定的利润分配比例。

第三节　债务性筹资

一、债务性筹资的特点

债务性筹资是指通过负债筹措资金，也是企业筹资的基本方式。债务性筹资与普通股筹资相比，其特点表现为：筹集的资金具有使用上的时间性，需到期偿还；不论企业经营好坏，需固定支付债务利息，从而形成企业固定的负担；但其资本成本一般比普通股筹资成本低，且不会分散投资者对企业的控制权。

按照所筹资金可使用时间的长短，债务性筹资可分为长期负债筹资和短期负债筹资两类。

长期负债是指期限超过 1 年的负债。筹措长期负债资金，可以解决企业长期资金的不足，但长期负债的利率一般会高于短期负债利率且限制条件较多。

目前在我国，长期负债筹资主要有长期借款和债券两种方式。

二、长期借款

长期银行借款是指企业向银行或其他非银行金融机构借入的、偿还期限超过 1 年的、需要还本付息的款项，主要用于企业购建固定资产和满足长期流动资金占用的需要。

（一）长期借款的种类

我国目前各金融机构的长期借款种类主要有：（1）按提供贷款的机构，分为政策性银行贷款、商业银行贷款和其他金融机构贷款；（2）按机构对贷款有无担保要求，分为信用贷款和担保贷款；（3）按企业取得贷款的用途，分为基本建设贷款、专项贷款和流动资金贷款。

（二）取得长期借款的条件

金融机构对企业发放贷款的原则是：按计划发放、择优扶植、有物资保证、按期归还。企业申请贷款一般应具备的条件是：

（1）借款企业具有法人资格，独立核算、自负盈亏。

（2）借款企业的经营方向和业务范围符合国家产业政策，借款用途属于银行贷款办法规定的范围。

（3）借款企业具有一定的物资和财产保证，担保单位具有相应的经济实力。

（4）借款企业具有偿还贷款的能力。

（5）借款企业的财务管理和经济核算制度健全，资金使用效益及企业经济效益良好。

（6）借款企业在银行设有账户，办理结算。

企业欲取得贷款，除应具备上述条件外，还须通过一定的程序：（1）提出申请。向金融机构提出借款申请，陈述借款原因与金额、用款时间与计划、还款期限与计划。（2）金融机构进行审批。金融机构根据企业的借款申请，针对企业的财务状况、信用情况、盈利的稳定性、发展前景、借款投资项目的可行性等进行审查。（3）签订贷款合同。金融机构审查同意贷款后，再与借款企业进一步协商贷款的具体条件，明确贷款的种类、用途、金额、利率、期限、还款的资金来源及方式、保护性条款、违约责任等，并以借款合同的形式将其法制化。（4）企业取得借款。借款合同生效后，企业便可取得借款。（5）企业偿还借款。借款合同到期企业应按借款合同的规定按时足额归还借款本息。如果企业不能按期归还借款，应在借款到期之前，向金融机构申请贷款展期，但是否能够获得展期，由贷款机构根据具体情况决定。

（三）长期借款的保护性条款

由于金融机构提供的长期贷款金额高、期限长、风险大，因此除借款合同的基本条款之外，金融机构通常对借款企业提出一些有助于保证贷款按时足额偿还的条件，这些条件写进贷款合同中，形成了合同的保护性条款。归纳起来，保护性条款大致有如下三类。

1. 例行性保护条款

这类条款作为例行常规，在大多数借款合同中都会出现。主要包括：（1）要求定期向提供贷款的金融机构提交财务报表，以使债权人随时掌握公司的财务状况和经营成果。（2）不准在正常情况下出售较多的非产成品存货，以保持企业正常生产经营能力。（3）如期清偿应缴纳税金和其他到期债务，以防被罚款而造成不必要的现金流失。（4）不准以资产作其他的担保或抵押，以避免企业过重的负担。（5）不准贴现应收票据或出售应收账款，以避免或有负债等。

2. 一般性保护条款

这类条款应用于大多数借款合同，但根据具体情况会有不同内容，主要包括：（1）保持企业资产的流动性。要求企业需持有一定最低限度的货币资金及其他流动资产，以保持企业资产的流动性和偿债能力，一般规定了企业必须保持的最低营运资金数额和最低流动比率数值。（2）限制企业非经营性支出。如限制支付现金股利、购入股票和职工加薪的数额规模，以减少企业资金的过度外流。（3）限制企业资本支出的规模。控制企业资产结构中的长期性资产的比例，以减少公司日后不得不变卖固定资产以偿还贷款的可能性。（4）限制公司再举债规模，其目的是防止其他债权人取得对公司资产的优先索偿权。（5）限制租赁固定资产的规模，其目的在于防止企业负担巨额租金以致削弱其偿债能力，还在于防止企业以租赁固定资产的办法摆脱对其资本支出和负债的约束。

3. 特殊性保护条款

特殊性保护条款是针对某些特殊情况而出现在部分借款合同中的，只有在特殊情况下才能生效。主要包括：（1）借款用途不能改变；（2）不准企业投资于短期内不能收回资金的项目；（3）限制企业高级职员的薪金和奖金总额；（4）要求企业主要领导人在合同有效期间担任领导职务；（5）要求企业主要领导人购买人身保险等。

此外，短期借款筹资中的周转信贷协定、补偿性余额等条件，也同样适用于长期借款。

上述各项条款结合使用，将有利于全面保护金融机构等债权人的权益。但借款合同是经双方充分协商后决定的，其最终结果取决于双方谈判能力的大小，而不是完全取决于金融机构等债权人的主观愿望。

（四）长期借款的偿还方式

长期借款的偿还方式包括：定期支付利息、到期一次性偿还本金的方式；定期等额偿还方式；平时逐期偿还小额本金和利息、期末偿还余下的大额部分的方式。第一种偿还方式会加大企业借款到期时的还款压力；而定期等额偿还又会提高企业使用贷款的实际利率。

（五）长期借款筹资的特点

1. 筹资速度快

与发行债券、融资租赁等债权筹资方式相比，长期借款的手续比较简单，取得借款所花费的时间较短。

2. 资本成本较低

与发行债券、融资租赁等债权筹资方式相比，长期借款的利息负担要低，且由于借款属于直接筹资，筹资费用也较少。

3. 筹资弹性较大

借款时企业与金融机构直接交涉，有关条件可谈判确定；若公司的财务状况发生某些变化，也可与债权人再协商，变更借款数量、时间和条件，或提前偿还本息。因此，借款筹资对公司具有较大的灵活性。

4. 限制条款多

与债券筹资相比较，银行借款合同对借款用途有明确规定，通过借款的保护性条款，对公司资本支出额度、再筹资、股利支付等行为有严格的约束，对公司以后的生产经营活动和财务政策产生一定程度的影响。

5. 筹资数额有限

银行借款的数额往往受到贷款机构资本实力的制约，因此利用金融机构借款筹资都有一定的上限。

三、发行债券

债券是经济主体为筹集资金而发行的，用以记载和反映债权债务关系的有价证券。由企业发行的债券称为企业债券或公司债券。这里所说的债券，指的是期限超过1年的公司债券，其发行目的通常是为建设大型项目筹集大笔长期资金。

（一）公司债券的种类

公司债券有很多形式，大致有如下分类。

1. 按债券上是否记有持券人的姓名或名称，分为记名债券和无记名债券

记名公司债券，应当在公司债券存根簿上载明债券持有人的姓名及住所、债券持有人取得债券的日期及债券的编号等债券持有人信息。记名公司债券，由债券持有人以背书方式或者法律、行政法规规定的其他方式转让；转让后由公司将受让人的姓名或者名称及住所记载于公司债券存根簿上。

无记名公司债券，应当在公司债券存根簿上载明债券总额、利率、偿还期限和方式、发行日期及债券的编号。无记名公司债券的转让，由债券持有人将该债券交付给受让人后即发生转让的效力。

2. 按能否转换为公司股票，分为可转换债券和不可转换债券

可转换债券，债券持有者可以在规定的时间内按规定的价格转换为发债公司的股票。这种债券在发行时，对债券转换为股票的价格和比率等都作了详细规定。《公司法》规定，可转换债券的发行主体是股份有限公司中的上市公司。

不可转换债券，是指不能转换为发债公司股票的债券，大多数公司债券属于这种类型。

以上两种分类为我国《公司法》所确认。除此之外，按照国际通行做法，公司债券还有另外一些分类。

3. 按有无特定的财产担保，分为抵押债券和信用债券

担保债券是指以抵押方式担保发行人按期还本付息的债券，主要是指抵押债券。抵押债券按其抵押品的不同，又分为不动产抵押债券、动产抵押债券和证券信托抵押债券。

信用债券是无担保债券，是仅凭公司自身的信用发行的、没有抵押品作抵押担保的债券。在公司清算时，信用债券的持有人因无特定的资产作担保品，只能作为一般债权人参与剩余财产的分配。

按照其他的分类标准，公司债券还有很多种类型，如：按是否参加公司盈余分配分为参加公司债券和不参加公司债券；按利率的不同分为固定利率债券和浮动利率债券；按能否上市分为上市债券和非上市债券；按照偿还方式不同分为到期一次偿还债券和分期偿还债券；按照其他特征分为收益公司债券、附认股权债券、附信用债券等。

（二）债券的发行

1. 债券的发行条件

在我国，根据《公司法》的规定，股份有限公司、国有独资公司和两个以上的国有公司或者两个以上的国有投资主体投资设立的有限责任公司，具有发行债券的资格。

我国《证券法》规定，公开发行公司债券的公司必须具备以下条件：

（1）股份有限公司的净资产额不低于人民币 3 000 万元，有限责任公司的净资产额不低于人民币 6 000 万元。

（2）累计债券总额不超过公司净资产额的 40%。

（3）最近 3 年平均可分配利润足以支付公司债券 1 年的利息。

（4）所筹集资金的投向符合国家产业政策。

（5）债券的利率不得超过国务院限定的利率水平。

（6）国务院规定的其他条件。

另外，发行公司债券所筹集的资金，必须用于核准的用途，不得用于弥补亏损和非生产性支出，否则会损害债权人的利益。

2. 债券的发行价格

债券的发行价格是债券发行时使用的价格，亦即投资者购买债券时所支付的价格。

债券发行价格的形成受诸多因素的影响，其中主要是票面利率与市场利率的一致程度。债券的票面金额、票面利率在债券发行前即已参照市场利率和发行公司的具体情况确定下来，一并载明于债券之上，但在发行债券时已确定的票面利率不一定与当时的市场利率一致。为了协调债券购销双方在债券利息上的利益，就要调整发行价格，公司债券的发行价格通常有三种：平价、溢价和折价。

平价指以债券的票面金额为发行价格；溢价指以高出债券票面金额的价格为发行价格；折价指以低于债券票面金额的价格为发行价格。

债券发行价格的计算公式为：

$$\text{债券发行价格}=\frac{\text{票面金额}}{(1+\text{市场利率})^n}+\sum_{t=1}^{n}\frac{\text{票面金额}\times\text{票面利率}}{(1+\text{市场利率})^t} \qquad \text{（公式 4-1）}$$

式中：n 代表债券期限；t 代表付息期数。

市场利率指债券发行时的市场利率。

3. 债券的还本付息

债券的还本付息按其实际发生日与规定的到期日之间的关系，分为提前偿还与到期偿还两类，其中后者又包括分批偿还和一次偿还两种。

（1）提前偿还。提前偿还又称提前赎回或收回，是指在债券尚未到期之前就予以偿还。只有在公司发行债券的契约中明确规定了有关允许提前偿还的条款，公司才可以进行此项操作。提前偿还所支付的价格通常要高于债券的面值，并随到期日的临近而逐渐下降。具有提前偿还条款的债券可使公司筹资有较大的弹性。当公司资金有结余时，可提前赎回债券；当预测利率下降时，也可提前赎回债券，而后以较低的利率来发行新债券。

（2）分批偿还。如果一个公司在发行同一种债券的当时就为不同编号或不同发行对象的债券规定了不同的到期日，这种债券就是分批偿还债券。因为各批债券的到期日不同，它们各自的发行价格和票面利率也可能不相同，从而导致发行费较高；但由于这种债券便于投资人挑选最合适的到期日，因而便于发行。

（3）一次偿还。到期一次偿还的债券是最为常见的。

（三）债券筹资的特点

1. 一次筹资数额大

与长期借款、融资租赁等债权筹资方式相比，利用发行公司债券筹资，能够筹集大额的资金，满足公司大规模筹资的需要。

2. 提高公司的社会声誉

《公司法》对公司债券的发行主体、发行条件有严格的资格限制。通过发行公司债券，一方面筹集了大量资金，另一方面也扩大了公司的社会影响。

3. 筹集资金的使用限制条件少

与长期借款相比，债券筹资筹集资金的使用具有相对的灵活性和自主性。特别是发行债券所筹集的大额资金，多用于公司扩展、增加大型固定资产和基本建设投资的需求方面。

4. 能够锁定资本成本的负担

尽管公司债券的利息比长期借款高，但公司债券的期限长、利率相对固定。在预计市场利率持续上升的金融市场环境下，发行公司债券筹资，能够锁定资本成本。

5. 发行资格要求高，手续复杂

国家为了保护投资者利益，维护社会经济秩序，对发债公司的资格有严格的限制。从申报、审批、承销到取得资金，需要经过众多环节和较长时间。

6. 资本成本较高

相对于长期借款筹资，发行债券的利息负担和筹资费用都比较高，而且债券不能像长期借款一样进行债务展期，加上大额的本金和较高的利息，在固定的到期日，将会对公司现金流量产生巨大的财务压力。

四、融资租赁

租赁，是指通过签订资产出让合同的方式，使用资产的一方（承租方）通过支付租金，向出让资产的一方（出租方）取得资产使用权的一种交易行为。在这项交易中，承租方通过得到所需资产的使用权，完成了筹集资金的行为。

（一）融资租赁概念和种类

1. 融资租赁的概念

融资租赁是由租赁公司按承租单位要求出资购买设备，在较长的合同期内提供给承租单位使用的融资信用业务，它是以融通资金为主要目的的租赁。

2. 融资租赁的种类

融资租赁包括售后租回、直接租赁和杠杆租赁三种形式。

（1）直接租赁。直接租赁是融资租赁的主要形式，承租方提出租赁申请时，出租方按照承租方的要求选购资产，然后再出租给承租方。

（2）售后租回。售后租回即根据协议，承租方将某资产出售给出租方，然后再将其租回使用。在这种租赁合同中，除资产所有者的名义改变之外，其余情况均无变化。

（3）杠杆租赁。杠杆租赁是指涉及承租人、出租人和资金出借人三方当事人的融资租赁业务。通常是出租方自己只投入部分资金，一般为资产价值的20%～40%，其余资金则通过将该资产抵押担保的方式，向第三方（通常为银行）申请贷款解决。租赁公司然后将购进的设备出租给承租方，用收取的租金偿还贷款，该资产的所有权属于出租方。出租人既是债权人也是债务人，如果出租人到期不能按期偿还借款，资产所有权则转移给资金的出借者。

3. 融资租赁与经营租赁的区别

租赁主要分为经营租赁和融资租赁两种类型。

经营租赁属于短期租赁，又称为服务性租赁。经营租赁的特点主要是：（1）出租的设备一般由租赁公司根据市场需要选定，然后再寻找承租企业。（2）租赁期较短，短于资产的有效使用期，在合理的限制条件内承租企业可以中途解约。（3）租赁设备的维修、保养由租赁公司负责。（4）租赁期满或合同中止以后，出租资产由租赁公司收回。经营租赁比较适用于租用技术过时较快的生产设备。

融资租赁属于长期租赁，以融通资金为目的。融资租赁的主要特点是：（1）出租的设备由承租企业提出要求购买，或者由承租企业直接从制造商或销售商那里选定。（2）租赁期较长，接近于资产的有效使用期，在租赁期间双方无权取消合同。（3）由承租企业负责设备的维修、保养。（4）租赁期满，按事先约定的方法处理设备，包括退还租赁公司，或继续租赁，或企业留购。通常采用企业留购办法，即以很少的“名义价格”（相当于设备残值）买下设备。

（二）融资租赁的程序

融资租赁的基本程序可分为以下几个步骤。

1. 选择租赁公司，提出委托申请

当企业决定采用融资租赁方式以获取某项设备时，需要了解各个租赁公司的资信情况、融资条件和租赁费率等，分析比较选定一家作为出租单位。然后，向租赁公司申请办理融资租赁。

2. 签订购货协议

由承租企业和租赁公司中的一方或双方，与选定的设备供应厂商进行购买设备的技术谈判和商务谈判，在此基础上与设备供应厂商签订购货协议。

3. 签订租赁合同

承租企业与租赁公司签订租赁设备的合同，如需要进口设备，还应办理设备进口手续。租赁合同是租赁业务的重要文件，具有法律效力。融资租赁合同的内容可分为一般条款和特殊条款两部分。

4. 交货验收

设备供应厂商将设备发运到指定地点，承租企业要办理验收手续。验收合格后签发交货及验收证书交给租赁公司，作为其支付货款的依据。

5. 定期交付租金

承租企业按租赁合同规定，分期缴纳租金，这也就是承租企业对所筹资金的分期还款。

6. 合同期满处理设备

承租企业根据合同约定，对设备续租、退租或留购。

（三）融资租赁租金的计算

1. 融资租赁租金的构成

融资租赁租金包括设备价款和租息两部分，租息又分为租赁公司的融资成本、租赁手续费等。

2. 融资租赁租金的支付方式

租金通常采用分次支付的方式，具体类型有：（1）按支付间隔期长短，分为年付、半年付、季付和月付等方式。（2）按在期初和期末支付，分为先付和后付。（3）按每次支付金额，分为等额支付和不等额支付。

实务中，承租企业与租赁公司商定的租金支付方式，大多为后付等额年金。

3. 融资租赁租金的计算

等额年金法下，通常要根据利率和租赁手续费率确定一个租费率，作为折现率。

【例4－1】某企业采用融资租赁方式于2007年1月1日从某租赁公司租入一套设备，设备价款80万元，租期6年，租赁期满时预计残值4万元，归租赁公司，年利率12%，租金每年年末支付一次，则：

$$每年租金=[800\,000-40\,000\times(P/F,12\%,6)]/(P/A,12\%,6)=189\,652（元）$$

（四）融资租赁的筹资特点

1. 筹资速度快

融资租赁集“融资”与“融物”于一身，可以缩短设备的购进、安装时间，使企业尽快形成生产能力。

2. 财务风险小

融资租赁与购买的一次性支出相比，能够避免一次性支付的负担，而且租金支出是未来的、分期的，企业无须一次筹集大量资金偿还，可适当减少不能偿付的风险。

3. 限制条件较少

企业运用股票、债券、长期借款等筹资方式，都受到相当多的资格条件的限制，相比之下，租赁筹资的限制条件较少。

4. 租赁能延长资金融通的期限

通常为设备而贷款的借款期限比该资产的物理寿命要短得多，而租赁的融资期限却可接近其全部使用寿命期限，并且其金额随设备价款金额而定，无融资额度的限制。

5. 设备淘汰风险小

随着科学技术的不断进步，设备陈旧过时的风险很高，而多数租赁协议规定此种风险由出租人承担，承租企业可免受这种风险。

6. 资本成本高

其租金通常比举借长期借款或发行债券所负担的利息高得多，租金总额通常要高于设备价值的 30%。在企业财务困难时，固定的租金也会构成一项较沉重的负担。

第四节　衍生工具筹资

衍生工具筹资主要包括兼具股权与债务特性的混合融资和其他衍生工具融资。我国上市公司目前最常见的主要有可转换债券、认股权证。

一、发行可转换债券

（一）可转换债券的概念与种类

可转换债券，又称可转换公司债券，是指发行人依照法定程序发行，在一定期间内依据约定的条件以转换成股份的公司债券。

按照转股权是否与可转换债券分离，可转换债券可以分为两类：一类是一般可转换债券，其转股权与债券不可分离，持有者直接按照债券面额和约定的转股价格，在约定的期限内将债券转换为股票；一类是可分离交易的可转换债券，这类债券在发行时附有认股权证，是认股权证和公司债券的组合，又被称为“可分离的附认股权证的公司债”，发行上市后公司债券和认股权证各自独立流通、交易。认股权证的持有者认购股票时，需要按照认购价（行权价）出资购买股票。

（二）可转换债券的要素

可转换债券的基本要素是指构成可转换债券基本特征的必要因素，它们代表了可转换债券与一般债券的区别。

1. 标的股票

可转换债券对股票的可转换性，实际上是一种股票期权或股票选择权，它的标的物就是可以转换成的股票。可转换债券的标的股票一般是发行公司自己的股票，不过也可以是其他公司的股票，如该公司的上市子公司的股票。

2. 票面利率

可转换债券的票面利率一般会低于普通债券的票面利率，有时甚至还低于同期银行存款利率，因为可转换债券的投资收益中附加了股票买入期权的收益部分。

3. 转换价格

转换价格是指可转换债券在转换期间内据以转换为普通股的折算价格，即将可转换债券转换为普通股的每股普通股的价格。如每股30元，即是指可转换债券到期时，将债券金额按每股30元转换为相应股数的股票。由于可转换债券在未来可以行使权利转换成股票，在债券发售时，所确定的转换价格一般比发售日股票市场价格高出一定比例，如高出10%～30%。按照我国《可转换公司债券管理暂行办法》的规定，上市公司发行可转换债券的，以发行可转换公司债券前1个月股票的平均价格为基准，上浮一定幅度作为转换价格；重点国有企业发行可转换公司债券的，以拟发行股票的价格为基准，折扣一定比例作为转换价格。

4. 转换比率

转换比率是指每一份可转换债券在既定的转换价格下能转换为普通股股票的数量。显然，可转换债券的面值、转换价格、转换比率之间存在下列关系：

$$转换比率 = 债券面值 \div 转换价格 \quad （公式4-2）$$

5. 转换期

转换期是指可转换债券转换为股份的起始日至结束日的期间。可转换债券的转换期可以与债券的期限相同，也可以短于债券的期限。例如，某种可转换债券规定只能从其发行一定时间之后（如发行若干年之后）才能够行使转换权，这种转换期称为递延转换期，短于其债券期限。还有的可转换债券规定只能在一定时间内（如发行日后的若干年之内）行使转换权，超过这一段时间转换权失效，因此转换期也会短于债券的期限，这种转换期称为有限转换期。超过转换期后的可转换债券，不再具有转换权，自动成为不可转换债券（或普通债券）。

6. 赎回条款

赎回条款是可转换债券的发行企业可以在债券到期日之前提前赎回债券的规定。赎回一般发生在公司股票价格在一段时期内连续高于转股价格达到某一幅度时。赎回条款通常包括：不可赎回期间与赎回期；赎回价格（一般高于可转换债券的面值）；赎回条件（分为无条件赎回和有条件赎回）等。

发债公司在赎回债券之前，要向债券持有人发出赎回通知，要求他们在将债券转股与卖回给发债公司之间作出选择。一般情况下，债券持有人会将债券转换为普通股。可见，设置赎回条款最主要的功能是促使债券持有者积极行使转股权，因此又被称为加速条款。同时也能使发债公司避免在市场利率下降后，继续向债券持有人支付较高的债券利率所蒙受的损失；或限制债券持有人过分享受公司收益大幅度上升所带来的回报。

7. 回售条款

回售条款是指债券持有人有权按照事前约定的价格将债券卖回给发债公司的条件规定。回售一般发生在公司股票价格在一段时期内连续低于转股价格达到某一幅度时。设置回售条款是为了保护债券投资人的利益，使他们能够避免遭受过大的投资损失，从而降低投资风险。合理的回收条款，可以使投资者具有安全感，因而有利于吸引投资者。

8. 强制性转换调整条款

强制性转换调整条款是指在某些条件具备之后，债券持有人必须将可转换债券转换为股票，无权要求偿还债券本金的规定。公司可设置强制性转换调整条款，保证可转换债券顺利地转换成股票，预防投资者到期集中挤兑引发公司破产的悲剧。

（三）可转转债券筹资的特点

1. 筹资灵活性

可转换债券将传统的债务筹资功能和股票筹资功能结合起来，筹资性质和时间上具有灵活性。债券发行企业先以债务方式取得资金，到了债券转换期，如果股票市价较高，债券持有人将会按约定的价格转换为股票，避免了企业还本付息的负担。如果公司股票长期低迷，投资者不愿意将债券转换为股票，企业即时还本付息清偿债务，也能避免未来长期的股权资本成本负担。

2. 资本成本较低

可转换债券的利率低于同一条件下普通债券的利率，降低了公司的筹资成本；此外，在可转换债券转换为普通股时，公司无须另外支付筹资费用，又节约了股票的筹资成本。

3. 筹资效率高

可转换债券在发行时，规定的转换价格往往高于当时本公司的股票价格。如果这些债券将来都转换成了股权，这相当于在债券发行之际，就以高于当时股票市价的价格新发行了股票，以较少的股份代价筹集了更多的股权资金。因此，在公司发行新股时机不佳时，可以先发行可转换债券，以其将来变相发行普通股。

4. 存在不转换的财务压力

如果在转换期内公司股价处于恶化性的低位，持券者到期不会转股，会造成公司的集中兑付债券本金的财务压力。

5. 存在回售的财务压力

若可转换债券发行后，公司股价长期低迷，在设有回售条款的情况下，投资者集中在一段时间内将债券回售给发行公司，加大了公司的财务支付压力。

6. 股价大幅度上扬风险

如果债券转换时公司股票价格大幅度上扬，公司只能以较低的固定转换价格换出股票，便会降低公司的股权筹资额。

二、发行认股权证

（一）认股权证的概念与种类

1. 认股权证的概念

认股权证全称为股票认购授权证，是一种由上市公司发行的证明文件，持有人有权在一定时间内以约定价格认购该公司发行的一定数量的股票。

广义的权证（warrant），是一种持有人有权于某一特定期间或到期日，按约定的价格，认购或沽出一定数量的标的资产的期权。按买或卖的不同权利，权证可分为认购权证和认沽权证，又称为看涨权证和看跌权证，本书仅介绍认购权证（即认股权证）。

2. 认股权证的种类

（1）美式认股证与欧式认股证。美式认股证，指权证持有人在到期日前，可以随时提出履约要求，买进约定数量的标的股票。欧式认股证，是指权证持有人只能于到期日当天，才可买进标的股票。无论权证属欧式或美式，投资者均可在到期日前在市场出售转让其持有的认股权证。事实上，只有小部分权证持有人会选择行权，大部分投资者均会在到期前沽出权证。

（2）长期认股权证与短期认股权证。短期认股权证的认股期限一般在 90 天以内。认股权证期限超过 90 天的，为长期认股权证。

（二）认股权证筹资的特点

（1）认股权证是一种融资促进工具，它能促使公司在规定的期限内完成股票发行计划，顺利实现融资。

（2）有助于改善上市公司的治理结构。采用认股权证进行融资，融资的实现是缓期分批实现的，上市公司及其大股东的利益和投资者是否在到期之前执行认股权证密切相关，因此，在认股权证有效期间，上市公司管理层及其大股东任何有损公司价值的行为，都可能降低上市公司的股价，从而降低投资者执行认股权证的可能性，这将损害上市公司管理层及其大股东的利益。因此，认股权证将有效约束上市公司的败德行为，并激励它们更加努力地提升上市公司的市场价值。

（3）作为激励机制的认股权证有利于推进上市公司的股权激励机制。认股权证是常用的员工激励工具，通过给予管理者和重要员工一定的认股权证，可以把管理者和员工的利益与企业价值成长紧密联系在一起，建立一个管理者与员工通过提升企业价值来实现自身财富增值的利益驱动机制。

本章小结

本章主要介绍了筹资渠道和筹资方式的基本理论及各类筹资方式的特点。主要内容包括：

1. 股权性筹资

股权性筹资包括吸收直接投资、发行普通股和利用留存收益。股权筹资形成企业的股权资金，也称之为权益资本。

2. 债权性筹资

本章讲解的债权性筹资主要是指筹集的长期债务资金，包括长期借款、发行债券、融资租赁。债务性筹资与股权性筹资相比，其特点表现为：筹集的资金具有使用上的时间性，需到期偿还；不论企业经营好坏，需固定支付债务利息，从而形成企业固定的负担；但其资本成本一般比股权性筹资成本低，且不会分散投资者对企业的控制权。

3. 融资租赁

融资租赁是企业筹集长期债务资金的一种重要方式。融资租赁分为直接租赁、售后租回和杠杆租赁三种类型。融资租赁与经营租赁在业务原理、租赁目的、契约法律效力等多方面有所不同。融资租赁的租金包括设备价款和租息两部分，租息又分为租赁公司的融资成本、租赁手续费等，一般采用等额年金法计算租金。

4. 衍生工具包括可转换债券和认股权证

第五章 资本成本与资本结构

学习目标

本章主要讲授资本成本、财务杠杆、资本结构理论与决策。通过本章学习，应重点掌握：

1. 理解资本成本的概念、种类和作用，掌握个别资本成本和加权平均资本成本的测算方法

2. 理解经营杠杆的作用原理，掌握经营杠杆系数的测算方法及其应用

3. 理解财务杠杆的作用原理，掌握财务杠杆系数的测算方法及其应用

4. 理解总杠杆的作用原理，掌握总杠杆系数的测算方法及其应用

5. 理解资本结构的概念和影响因素，了解有关资本结构的主要理论观点

6. 掌握优化资本结构的决策方法，包括 *EBIT－EPS* 分析法、资本成本比较法的原理及其应用

第一节　资本成本

在市场经济条件下，资本是一种特殊的商品。企业通过各种筹资方式获得的资本往往都是有偿的，需要承担一定的成本。资本成本是企业筹资管理的主要依据，也是企业投资管理的重要标准。

一、资本成本的概念

（一）资本成本的含义

资本成本是指企业为筹集和使用资本而付出的代价，包括筹资费用和占用费用。

1. 筹资费用

筹资费用是指企业在筹措资金过程中为获取资金而支付的费用。例如银行借款的手续费，因发行股票、债券而支付的发行费用等。筹资费用通常在筹措资金时一次支付，在用资过程中不再发生。因此，在计算资本成本时可作为筹资总额的一项扣除。

2. 占用费用

是指企业在资本使用过程中因占用资本而付出的代价。例如向股东支付的股

利、向债权人支付的利息等。占用费用一般与筹资金额的多少、资金使用时间的长短有关，往往具有经常性、定期性支付的特征。占用费用构成了资本成本的主要内容。

（二）资本成本的作用

1. 对于筹资来讲，资本成本是选择筹资方式、进行资本结构决策的重要依据

企业筹资时往往有不同的筹资方式及筹资组合可供选择，在其他条件相同的情况下，通过比较个别资本成本及加权平均资本成本的高低，可以帮助我们做出正确的决策。

2. 对于企业投资来讲，资本成本是评价投资项目优劣、决定投资取舍的重要标准

一个投资项目只有在其预期投资收益率高于资本成本率时，在经济上才是可以接受的，否则该项目将无利可图。

3. 资本成本还是衡量企业经营业绩的尺度

企业的经营业绩可以用企业的总资产报酬率来衡量，并应该高于其平均资本成本率，否则表明企业经营不利，业绩欠佳。

（三）资本成本的分类

资本成本从不同的角度，可以分为以下几种主要类型。

1. 按是否考虑税收因素可分为税前资本成本和税后资本成本

由于企业的所有者关心的是能获取的税后现金流量，因此在估算资本成本时应考虑纳税带来的影响，计算税后资本成本。

2. 按与未来决策的相关性可分为历史成本和未来成本

3. 按是否考虑货币的时间价值可分为采用折现模式计算的资本成本和采用通用模型计算的资本成本

折现模式即用债务未来还本付息或股权未来股利分红的贴现值与目前筹资净额相等时的贴现率为资本成本率。采用折现模式计算金额较大的长期资本成本时更科学，但计算较为烦琐；为了便于分析比较，资本成本通常用不考虑时间价值的一般通用模型计算，用相对数即资本成本率表达。

4. 按筹集资金的来源分为债务资本成本和权益资本成本

5. 按资本成本的用途分为个别资本成本和加权平均资本成本

个别资本成本是企业选择筹资方式的依据，加权平均资本成本是企业进行资本结构决策的依据。

（四）资本成本的表示方法

资本成本可以用绝对数表示，也可以用相对数表示。在企业筹资实务中，通常运用相对数资本成本率表示资本成本的大小。资本成本率一般采用年占用费用除以实际筹资净额进行计算，其中筹资净额即筹资总额扣除筹资费用后的差额。

具体公式表示为：

$$资本成本率=\frac{年占用费用}{筹资总额-筹资费用}\times 100\%$$

$$=\frac{年占用费用}{筹资总额\times(1-筹资费用率)}\times 100\% \qquad （公式5-1）$$

式中：筹资费用率为筹资费用与筹资总额的比率，通常可用f表示。

二、个别资本成本的计算

个别资本成本是指各种单个资本来源的成本，主要包括：银行借款资本成本、公司债券资本成本、普通股资本成本和留存收益资本成本等。其中前两者可统称为债务资金成本，后两者统称为权益资本成本。个别资本成本率可用于各种筹资方式的比较和评价。

（一）银行借款资本成本的计算

银行借款成本由借款利息和借款手续费两部分组成。由于借款利息计入税前成本费用，可以起到抵税作用，因此一般计算税后资本成本率。其计算公式为：

$$K_l=\frac{i(1-T)}{1-f}\times 100\% \qquad （公式5-2）$$

式中：K_l代表银行借款资本成本；i代表银行借款年利率；T代表所得税税率；f代表银行借款筹资费率。

由于银行借款的手续费很低，上式中的f常常可以忽略不计，则上式可简化为：

$$K_l=i(1-T)\times 100\% \qquad （公式5-3）$$

【例5-1】某公司从银行取得长期借款200万元，年利率为6%，期限3年，每年付息一次，到期一次还本，银行收取1%的借款手续费。假定企业所得税税率为25%，则该项借款的资本成本率为：

$$K_l=\frac{6\%(1-25\%)}{1-1\%}\times 100\%\approx 4.55\%$$

（二）公司债券资本成本的计算

公司债券资本成本主要包括债券利息和筹资费用。债券的筹资费用一般较高，主要包括申请发行债券的手续费、债券注册费、印刷费、上市费以及推销费用等。债券可以溢价发行或折价发行，为更精确地计算资本成本，应以实际发行价格作为债券筹资额。由于债券利息在税前支付，具有减税效应，因此其成本的计算与银行借款成本一致。

$$K_b=\frac{B\cdot i(1-T)}{B_0(1-f)}\times 100\% \qquad （公式5-4）$$

式中：K_b代表债券资本成本；B代表债券面值；i代表债券票面利息率；B_0代表债券筹资额，按发行价格计算；f代表债券筹资费率；T代表所得税税率。

【例5-2】某企业以1 100元的价格发行一笔期限为10年的债券，债券面值为1 000万元，票面利率为8%，每年付一次利息，发行费率为3%，所得税税率为25%，该笔债券的资本成本为：

$$K_b = \frac{1\,000 \times 8\% \times (1-25\%)}{1\,100 \times (1-3\%)} \times 100\% \approx 5.62\%$$

（三）普通股资本成本的计算

1. 股利折现法

从理论上讲，股东的投资期望收益率即为公司普通股成本率。我们可以此作为贴现率将股东未来可获预期股利折为现值，使其与股票筹资净额相等，从而确定普通股资本成本率，该种方法称为股利折现法。股利折现模型的基本公式为：

$$P_0(1-f) = \sum_{t=1}^{\infty} \frac{D_t}{(1+K_s)^t} \qquad \text{（公式5－5）}$$

式中：K_s 代表普通股投资必要收益率，即普通股资本成本率；P_0 代表普通股现值，即发行价格；f 代表普通股筹资费率；D_t 代表普通股第 t 年的股利。

运用上述公式测算普通股资本成本率，因具体的股利政策而有所不同。如果公司采用固定股利政策，即每年分派现金股利均为 D 元，则可视为永续年金，普通股资本成本率计算公式可简化为：

$$K_s = \frac{D}{P_0\ (1-f)} \qquad \text{（公式5－6）}$$

许多公司的股利都是不断增加的，如果公司采用固定股利增长率的政策，股利固定增长率为 g，则普通股资本成本的计算公式为：

$$K_s = \frac{D_0\ (1+g)}{P_0\ (1-f)} + g = \frac{D_1}{P_0\ (1-f)} + g \qquad \text{（公式5－7）}$$

式中：D_0 代表本期支付的股利；D_1 代表第1年的预期股利。

【例5－3】新希望公司拟以每股12元的价格发行普通股1 000万股，筹资费率为8%，预计第一年分派现金股利每股1元，以后每年股利增长4%。则普通股资本成本为：

$$K_s = \frac{1}{12 \times (1-8\%)} + 4\% \approx 13.06\%$$

2. 资本资产定价模型法

如果是上市公司发行普通股，其资本成本还可以根据该公司股票收益率与市场收益率的相关性，按资本资产定价模型法估计。资本资产定价模型公式为

$$K_s = R_f + \beta\ (R_m - R_f) \qquad \text{（公式5－8）}$$

式中：K_s 代表普通股期望收益率，即普通股资本成本；R_m 代表市场投资组合的期望收益率；R 代表无风险利率；β 代表某公司股票收益率相对于市场投资组合期望收益率的变动幅度。

【例5－4】假定某公司普通股股票的 β 值为2，无风险利率为4%，市场投资组合的期望收益率为12%，则该公司的普通股资本成本为：

$$K_s = 4\% + 2 \times (12\% - 4\%) = 20\%$$

（四）留存收益资本成本的计算

留存收益是企业税后净利形成的，是一种所有者权益，其实质是所有者向企业的追加投资。从成本的实际支付看，留存收益并不像其他筹资方式那样直接从市场取得，因此不产生筹资费用，但它确实存在资本成本。这是因为，投资者如果将这部分收益用做购买股票、存入银行或进行其他方面的投资，也会获得投资收益，而投资人同意将这部分收益留在企业，是期望从中取得更高的投资回报。留存收益的资本成本率，表现为股东追加投资要求的报酬率，其计算与普通股基本相同，也分为股利折现法和资本资产定价模型法，区别在于留存收益成本率不考虑筹资费用。

【例 5－5】某公司普通股目前的股价为 20 元/股，筹资费率为 6%，刚刚支付的每股股利为 2 元，股利固定增长率 2%，则该企业利用留存收益的资本成本为：

$$K_e = \frac{2 \times (1 + 2\%)}{20} + 2\% \approx 12.20\%$$

三、加权平均资本成本的计算

企业往往从多种渠道、采用多种方式来筹集资金，但各种方式筹集资本的成本是不一样的。为衡量企业资本成本整体水平的高低，确定企业理想的资本结构，做出正确的筹资和投资决策，就必须计算企业的加权平均资本成本。

加权平均资本成本也称为综合资本成本，是指以各种资本在企业总资本中所占的比重为权数，对各种资本成本率进行加权平均计算出来的资本成本。其计算公式为：

$$K_w = \sum_{j=1}^{n} K_j W_j \qquad \text{（公式 5－9）}$$

式中：K_w 代表加权平均资本成本；W_j 代表第 j 种个别资本占总资本的比重；K_j 代表第 j 种资本的成本。

由公式可见，加权平均资本成本率是由个别资本成本率和各种资本在总资本中所占比重这两个因素所决定的。各种资本在总资本中所占比重即为资本结构。也就是说在资本结构一定的条件下，个别资本成本率越高，加权平均资本成本率就越高；反之，加权平均资本成本率就越低。当个别资本成本率不变时，资本结构中成本率较高资本的比重上升，则加权平均资本成本率提高；反之，则加权平均资本成本率下降。因此，在企业个别资本成本率一定时，资本结构对计算加权平均资本成本率起着决定作用。

资本结构又取决于权数价值的选择。关于权数价值的选择主要有账面价值权数、市场价值权数和目标价值权数三种。

（一）账面价值权数

即以各项个别资本的会计报表账面价值为基础来计算资本权数，确定各类资本占总资本的比重。其优点是资料容易获取，计算结果比较稳定。缺点是如果资本市场价值已脱离账面价值许多，采用账面价值作基础确定资本结构容易失去现实客观性，不适合评价现时的资本结构。

（二）市场价值权数

即以各项个别资本的现行市价为基础来计算资本权数，确定各类资本占总资本的比重。其优点是市场价格能够反映公司现实资本成本水平，缺点是现行市价处于经常变动之中不易选定。此外，按市场价值确定资本结构，反映的只是现时的资本结构，不适用未来的筹资决策。

（三）目标价值权数

即以各项个别资本预计的未来价值为基础来计算资本权数，确定各类资本占总资本的比重。其优点是能体现期望的资本结构，据此计算的加权平均资本成本更适用于企业筹措新资金；缺点是在实际工作中很难客观合理地确定目标价值，其制定主要依赖于财务经理的价值判断和职业经验。

在企业筹资实务中，虽然市场价值和目标价值有很多优点，但不少公司更愿意采用账面价值确定资本比例，因其易于使用。

【例5-6】康亚公司2009年期末长期资本账面总额为1 000万元，其中债券250万元，银行长期贷款250万元，普通股400万元，留存收益100万元。各种资金的成本分别为：6%、4%、15%、14%。试计算该公司的加权平均资本成本。

（1）计算各种资本所占比重：

$$K_b = \frac{250}{1\ 000} \times 100\% = 25\%$$

$$K_i = \frac{250}{1\ 000} \times 100\% = 25\%$$

$$K_s = \frac{400}{1\ 000} \times 100\% = 40\%$$

$$K_e = \frac{100}{1\ 000} \times 100\% = 10\%$$

（2）计算加权平均资本成本：

$$K_s = 25\% \times 6\% + 25\% \times 4\% + 40\% \times 15\% + 10\% \times 14\% \approx 9.9\%$$

第二节 财务杠杆

杠杆原理是自然科学中的概念，是指只用一个较小的力量，通过杠杆的使用，便可以产生较大的效果。财务管理中的杠杆原理，则是指由于固定费用或支出的存在，导致某一财务变量发生较小幅度的变动时，另一相关变量发生较大幅度的变动。杠杆效应既可以产生杠杆利益，也可能带来杠杆风险。

由于成本按习性分类是研究杠杆问题的基础，所以，在此首先介绍成本习性问题。

一、成本习性

所谓成本习性，是指成本总额与业务量之间的依存关系。按照成本习性对成本进行分类，对于正确地进行财务决策，有十分重要的意义。

成本按习性分类，可以分为固定成本、变动成本和混合成本三大类。

（一）固定成本

固定成本是指在一定时期和一定业务量范围内，其成本总额不受业务量变动的影响而保持不变的那部分成本。如按直线法计提的固定资产折旧费、办公费、管理人员工资、广告费、租赁费等。

固定成本具有单位固定成本的反比例变动性和固定成本总额的不变性的特点，即固定成本总额在相关范围内不受业务量变动的影响而保持不变，单位固定成本随着业务量变动而发生反方向变动。

固定成本可进一步分为约束性固定成本和酌量性固定成本两类。

（1）约束性固定成本是指其支出数额不受管理当局的决策行为影响的固定成本。它属于企业“经营能力”成本，其特点是支出数额在短时间内不能轻易改变，具有较大程度的约束性，可以在较长时间内存在和发挥作用，如固定资产折旧费、保险费、管理人员工资、财产税等。约束性固定成本是企业经营活动中必须负担的最低成本。

（2）酌量性固定成本是指其支出数额通过管理当局的决策行为能够改变的固定成本。它属于企业“经营方针”成本，其特点是支出数额可以改变（一般随某一会计期间生产经营的实际需要与财务负担能力的变化而变化），只在某一会计期间内存在和发挥作用，如企业的研究开发费、广告费、职工培训费等。

（二）变动成本

变动成本是指在一定时期和一定业务量范围内，成本总额随着业务量的变动而发生正比例变动的成本。变动成本一般包括直接材料、直接人工、包装费、燃料费、动力费、推销佣金等。

变动成本具有单位变动成本的不变性和变动成本总额的正比例变动性的特点，即单位变动成本不受业务量变动的影响而保持不变，变动成本总额随着业务量的变动而发生正比例变动。

应当指出的是，固定成本总额和单位变动成本的不变性不是绝对的，而是在“一定的业务量范围”和“一定时间”内保持其特点，这就涉及相关范围的概念。相关范围是指改变固定成本、变动成本性质的有关期间和业务量的特定范围。超过了相关范围，固定成本和变动成本的特性就不存在。因为，从较长时期看，所有的成本都在变化，没有绝对不变的固定成本。

（三）混合成本

有些成本虽然也随业务量的变动而变动，但不成同比例变动，不能简单地归入变动成本或固定成本，这类成本称为混合成本。

混合成本按其与业务量的关系又可分为半变动成本和半固定成本。

1. 半变动成本

这是混合成本的基本类型，它通常有一个初始量，类似于固定成本，在这个初始量的基础上成本随产量的增长而增长，又类似于变动成本。例如，在租用机器设备时，有的租约规定租金同时按如下两种标准计算：每年支付一定租金数额（固定部分）和每运转一小时支付一定租金数额（变动部分）。

2. 半固定成本

这类成本随产量的变化而呈阶梯型增长，产量在一定限度内，这种成本不变，当产量增长到一定限度后，这种成本就跳跃到一个新水平，化验员、质量检查人员的工资都属于这类成本。

（四）总成本习性模型

从以上分析可知，成本按习性可分成变动成本、固定成本和混合成本三类，但混合成本又可以按一定方法分解成变动部分和固定部分，这样，总成本习性模型可用下式表示：

$$y = a + bx \qquad \text{（公式 5-10）}$$

式中：y 代表总成本；a 代表固定成本；b 代表单位变动成本；x 代表业务量。

显然，若能求出公式中 a 和 b 的值，就可以利用这个直线方程来进行成本预测、成本决策和其他短期决策，所以，总成本习性模型是一个非常重要的模型。

（五）边际贡献概念及计量

边际贡献亦称贡献毛益，是指销售收入减去变动成本以后的差额。边际贡献的大小将直接影响企业利润水平的高低，因此，它是一个非常有用的价值指标。其计量公式如下：

$$M = px - bx = (p - b)x = mx \qquad \text{（公式 5-11）}$$

式中：M 代表边际贡献；p 代表销售单价；b 代表单位变动成本；x 代表产销量；m 代表单位边际贡献。

（六）息税前利润概念及计量

息税前利润是指企业支付利息和缴纳所得税之前的利润。在财务管理中，通常用息税前利润代表企业的资产报酬。成本按习性分类后，息税前利润可按下列公式计量：

$$EBIT = px - bx - a = (p - b)x - a = M - a \qquad \text{（公式 5-12）}$$

式中：*EBIT* 代表息税前利润；*a* 代表固定成本。

注意在上式的固定成本和变动成本中不应包括利息费用因素。另外，息税前利润也可以用利润总额加上利息费用求得。

二、经营杠杆

（一）经营杠杆的概念

经营杠杆又称营业杠杆或营运杠杆，是指在某一固定成本下，产销量变动对息税前利润产生的作用。在其他条件不变的情况下，产销量的增加虽然不会改变固定成本总额，但会降低单位产品分摊的固定成本，从而提高单位产品利润，使息税前利润的增长率大于产销量的增长率。反之，产销量的减少会提高单位固定成本，降低单位利润，使息税前利润下降率也大于产销量下降率。这种由于固定性经营成本的存在，而使得企业的息税前利润变动率大于产销量变动率的杠杆效应，称为经营杠杆。经营杠杆反映了资产报酬的波动性，用以评价企业的经营风险。

（二）经营杠杆的计量

只要企业存在固定成本，就存在经营杠杆的作用。经营杠杆的大小一般用经营杠杆系数表示。所谓经营杠杆系数，是指息税前利润变动率相当于产销量变动率的倍数。其计量公式为：

$$DOL=\frac{\text{息税前利润变动率}}{\text{产销量变动率}}=\frac{\Delta EBIT/EBIT}{\Delta X/X} \qquad \text{（公式 5－13）}$$

式中：*DOL* 代表经营杠杆系数；*EBIT* 代表变动前的息税前利润；$\Delta EBIT$ 代表息税前利润的变动额；*X* 代表变动前的产量或销量；Δ *X* 代表产量或销量的变动数。

【例 5－7】开源公司有关资料如表 5－1 所示，试计算该公司 2009 年的经营杠杆系数。

表 5－1　　开源公司有关经营资料　　金额单位：万元

项　目	2008 年	2009 年	变动额	变动率
销售收入	100	120	20	20%
变动成本	60	72	12	20%
边际贡献	40	48	8	20%
固定成本	15	15	—	—
息税前利润	25	33	8	32%

根据上述公式得：

$$DOL=\frac{32\%}{20\%}=1.6$$

上述公式是计算经营杠杆系数的理论公式，利用该公式，必须以已知变动前后的相关资料为前提，比较麻烦，而且无法预测未来（如2010年）的经营杠杆系数。经营杠杆系数还可以按以下简化公式计算：

$$DOL=\frac{\text{基期边际贡献}}{\text{基期息税前利润}}=\frac{M}{EBIT} \quad \text{（公式5-14）}$$

按上表资料可计算2009年的经营杠杆系数：

$$DOL=\frac{40}{25}=1.6$$

同样，还可以根据2009年数据预测2010年的经营杠杆系数：

$$DOL=\frac{48}{33}\approx 1.45$$

（三）经营杠杆与经营风险的关系

经营风险是指企业因经营上的原因而导致资产报酬变动的风险，是经营杠杆所带来的负面效应。引起经营风险的主要原因是市场需求和生产成本等因素的不确定性，经营杠杆本身并不是资产报酬不稳定的根源，只是资产报酬波动的表现。但是，经营杠杆扩大了市场和生产等因素变动对息税前利润的影响。一般来说，在其他因素不变的情况下，经营杠杆系数越大，息税前利润变动越激烈，企业的经营风险就越大。由经营杠杆系数的计算公式可知：

$$DOL=\frac{M}{EBIT}=\frac{M}{M-a}=\frac{(p-b)\ x}{(p-b)\ x-a} \quad \text{（公式5-15）}$$

上式表明，经营杠杆系数将随着固定成本的变化呈同方向变化，即在其他因素一定的情况下，固定成本越高，经营杠杆系数越大，企业经营风险也越大；如果不存在固定成本，所有成本都是变动的，那么边际贡献就是息税前利润，此时息税前利润变动率就同产销量变动率完全一致，经营杠杆系数等于1。

【例5-8】某公司2009年预测销售量可能为3万件、2.5万件和1万件，单位价格为100元/件，变动成本率为60%，固定成本总额为40万元，三种销量下的公司经营杠杆系数分别为：

$$DOL_3=\frac{3\times100\times(1-60\%)}{3\times100\times(1-60\%)-40}=1.5$$

$$DOL_{2.5}=\frac{2.5\times100\times(1-60\%)}{2.5\times100\times(1-60\%)-40}\approx 1.67$$

$$DOL_1=\frac{1\times100\times(1-60\%)}{1\times100\times(1-60\%)-40}\rightarrow\infty$$

上例计算结果表明：在其他因素不变的情况下，销售额越小，经营杠杆系数越大，企业经营风险越大；反之亦然。当销售额达到盈亏临界点时，经营杠杆系数趋于无穷大，如销售额为100万元的情形。此时，只要销售额稍有降低，企业便会发生亏损。

控制经营风险的方法主要有：提高产销量及产品价格、降低产品单位变动成本、降低固定成本在总成本中的比重等。

三、财务杠杆

(一) 财务杠杆的概念

财务杠杆又称融资杠杆，是指企业在筹资活动中对资本成本中固定的债务资本的利用。不管企业的息税前利润多少，首先都要先扣除利息等债务资本成本，然后才归属股权资本。当息税前利润增大时，每1元盈余所负担的固定利息费用就会相对减少，这会给普通股股东带来额外的收益；反之，当息税前利润降低时，每1元盈余所负担的利息费用就会相对增加，这就会大幅度减少普通股盈余。这种由于固定性资本成本的存在，导致普通股每股盈余变动率大于息税前利润变动率的杠杆效应，称为财务杠杆。财务杠杠反映了股权资本报酬的波动性，用以评价企业的财务风险。每股盈余也称每股利润，其计量公式为：

$$EPS=\frac{净利润}{普通股股数}=\frac{(EBIT-I)\ (1-T)}{N} \quad (公式5-16)$$

式中：EPS 代表普通股每股利润；I 代表债务年利息；T 代表所得税税率；N 代表普通股股数。

下面举例说明财务杠杆效应，见表5-2。

在表5-2中，A、B两个公司的资本总额、息税前利润、息税前资本利润率（10%）及息税前利润的增长率都相同，不同的只是资本结构，A公司全部资本都是股权资本，B公司的资本中股权资本和债务资本各占一半。在息税前利润增长20%的情况下，A公司每股利润增长率同息税前利润增长率相同，没能获得财务杠杆效应。而B公司增长了28.57%，超过了息税前利润的增长水平，获得了财务杠杆利益。当然，如果息税前利润下降，B公司每股利润的下降幅度要大于A公司每股利润的下降幅度。

应该注意的是：财务杠杆效应的正确发挥，要有一个前提条件，即息税前资本利润率必须大于债务利息率，否则，企业会因为不恰当利用财务杠杆进行负债经营而产生财务杠杆的负效应。

表5-2　　A、B公司资本结构及每股利润表　　金额单位：万元

项　目	A公司	B公司
普通股股本（面值100元）	500	250
发行在外股数（万股）	5	2.5
债务（年利率6%）	0	250
资本总额	500	500
息税前利润	50	50
债务利息	0	15
利润总额	50	35
所得税（税率25%）	12.5	8.75
净利润	37.5	26.25
每股利润	7.5	10.5

续表

项　目	A公司	B公司
息税前利润增长率（%）	20	20
增长后的息税前利润	60	60
债务利息	0	15
利润总额	60	45
所得税（税率25%）	15	11.25
净利润	45	33.75
每股利润	9	13.5
每股利润增加额	1.5	3
每股利润增长率（%）	20	28.57

（二）财务杠杆的计量

只要企业存在固定的债务利息或优先股股息，就会存在财务杠杆效应。财务杠杆效应的大小通常用财务杠杆系数表示。所谓财务杠杆系数，是指普通股每股利润的变动率相当于息税前利润变动率的倍数。其计算公式为：

$$DFL=\frac{每股利润变动率}{息税前利润变动率}=\frac{\Delta EPS/EPS}{\Delta EBIT/EBIT} \qquad （公式5-17）$$

式中：DFL 代表财务杠杆系数；ΔEPS 代表普通股每股利润变动额；EPS 代表基期每股利润。

与经营杠杆同理，财务杠杆系数也可用下列简化公式计算：

$$DFL=\frac{基期息税前利润}{基期息税前利润-基期债务利息}=\frac{EBIT}{EBIT-I} \qquad （公式5-18）$$

式中：I 代表债务资本利息。

【例5-9】以表5-2中所列A、B公司为例，计算AB两公司的财务杠杆系数。

$$DFL_A=\frac{20\%}{20\%}=1.0$$

或

$$=\frac{50}{50-0}=1.0$$

$$DFL_B=\frac{28.57\%}{20\%}\approx 1.43$$

或

$$=\frac{50}{50-15}\approx 1.43$$

上述计算结果表明，A公司的息税前利润增长一倍时，其每股利润也增长1倍；B公司的息税前利润增长1倍时，其每股利润增长1.43倍。这说明在息税前利润增加时，B公司每股利润的增长幅度大于A公司的增长幅度；当然，当息税前利润减少时，B公司每股利润减少得也更快。

（三）财务杠杆与财务风险的关系

财务风险是指企业由于筹资中的固定债务成本的负担而导致的普通股收益波动的风险。引起财务风险的主要原因是息税前利润的下降和固定利息费用负担。财务杠杆放大了资产报酬变化对普通股收益的影响，一般来说，在其他因素不变的情况下，财务杠杆系数越大，每股利润变动越激烈，企业的财务风险就越大。从公式 5－18 可见，财务杠杆系数将随利息费用的变化呈同方向变化，即在其他因素一定的情况下，固定利息费用越高，财务杠杆系数越大，企业财务风险也越大；如果企业固定利息费用为零，则财务杠杆系数为 1。

企业所有者欲获取财务杠杆利益，同时也要承担由此而引起的财务风险。因此，必须在财务杠杆利益和财务风险之间进行认真的权衡。

控制财务风险的方法有：提高企业的资产报酬水平、降低企业资本结构中债务资本比重或提高企业信誉，由此降低债务资本成本率。

【例 5－10】在例 5－9 中，A 公司的财务杠杆系数为 1.0，B 公司的财务杠杆系数为 1.43，这说明当 *EBIT* 下降时，A 公司的 EPS 与之同步下降，而 B 公司的 EPS 将以更大的幅度下降，其财务风险高于 A 公司。

四、总杠杆

（一）总杠杆的概念

总杠杆，亦称复合杠杆，是指经营杠杆和财务杠杆的共同影响作用。经营杠杆是利用企业经营成本中固定成本的作用而影响息税前利润，导致息税前利润的变动率大于业务量的变动率；财务杠杆是利用企业资本成本中债权资本固定利息的作用而影响普通股每股利润，导致每股利润的变动率大于息税前利润变动率。经营杠杆和财务杠杆两者共同作用，将导致业务量的变动引起普通股每股利润以更大幅度发生变动。

（二）总杠杆的计量

只要企业同时存在固定成本和固定的利息费用等财务支出，就会存在总杠杆的作用。总杠杆作用的程度常用总杠杆系数表示。所谓总杠杆系数，是指每股利润变动率相当于业务量变动率的倍数。其计算公式为：

$$DCL=\frac{\Delta EPS/EPS}{\Delta x/x} \qquad \text{（公式 5－19）}$$

上式经整理，可以简化为：

$$DCL=DOL\times DFL \qquad \text{（公式 5－20）}$$

或

$$=\frac{M}{M-a-I}=\frac{M}{EBIT-I} \qquad \text{（公式 5－21）}$$

【例 5－11】某企业产销 A 产品 30 万件，单价 80 元，单位变动成本 50 元，固定成本总额 300 万元。企业负债总额 1 000 万元，年利率为 10%。试计算经营杠杆系数、财务杠杆系数和总杠杆系数。

$$DOL=\frac{30\times(80-50)}{30\times(80-50)-300}=\frac{900}{600}=1.5$$

$$DFL=\frac{600}{600-1\ 000\times10\%}=1.2$$

$$DCL=1.5\times1.2=1.8$$

（三）总杠杆与企业风险的关系

企业风险包括企业的经营风险和财务风险。总杠杆系数反映了经营杠杆和财务杠杆之间的关系，用以评价企业的整体风险水平。在其他因素不变的情况下，总杠杆系数越大，企业风险越大，总杠杆系数越小，企业风险越小。在总杠杆系数一定的情况下，经营杠杆和财务杠杆系数此消彼长，企业可通过对经营杠杆和财务杠杆的不同组合，达到某一总杠杆系数。

比如，经营杠杆系数较高的公司（如固定资产比重较大的资本密集型企业）可以在较低的程度上利用财务杠杆；经营杠杆系数较低的公司（如变动成本比重较大的劳动密集型企业）可以在较高的程度上利用财务杠杆。

第三节 资本结构

一、资本结构的概念

资本结构的制定是企业筹资决策的核心问题。企业应综合考虑有关影响因素，运用适当的方法确定最佳资本结构，提升企业价值。

（一）资本结构的含义

资本结构是指企业资本总额中各种资本的构成及其比例关系。在企业筹资管理活动中，资本结构有广义和狭义之分。广义的资本结构是指企业全部资本价值的构成及其比例关系。狭义的资本结构是指企业各种长期资本价值的构成及其比例关系。本节所指资本结构是指狭义的资本结构，即长期债务资本与股权资本的构成比例。

不同的资本结构会给企业带来不同的后果。资本结构优化的目标，是降低平均资本成本率或提高普通股每股收益。所谓最佳资本结构，是指在一定条件下使企业加权平均资本成本最低、企业价值最大的资本结构。企业利用债务资本进行举债经营具有双重作用，既可发挥财务杠杆效应，提高普通股每股收益，同时也可能带来财务风险。因此，资本结构决策主要是权衡财务风险和资本成本的关系，确定债务资本在总资本中的比重。

从理论上来讲，最佳资本结构是存在的，但由于企业内部条件和外部环境的经常性变化，动态保持最佳资本结构十分困难。在实践中，目标资本结构通常是企业结合自身实际进行负债经营所确定的资本结构。

（二）影响资本结构的因素

1. 企业销售情况

销售是否稳定对资本结构有重要影响。如果企业的销售比较稳定，则可较多地负担固定的财务费用；如果销售和盈余有周期性，负担固定的财务费用将承担较大的财务风险。在其他因素相同的条件下，企业的发展速度快，预计未来销售增长率高，则会倾向于使用更多的债务筹资。

2. 企业所有者和管理人员的态度

企业所有者和管理人员的态度对资本结构也有着重要影响，因为企业资本结构的决策最终是由他们作出的。

一个企业的股票如果被众多投资者所持有，谁也没有绝对的控制权，这个企业可能会更多地采用发行股票的方式来筹集资金，因为企业所有者并不担心控制权的旁落。反之有的企业被少数股东所控制，股东们很重视控制权问题，企业为了保证少数股东的绝对控制权，一般尽量避免普通股筹资，而是采用负债方式筹集资本。

管理人员对待风险的态度，也是影响资本结构的重要因素。喜欢冒险的财务管理人员，可能会安排比较高的负债比例；反之，一些持稳健态度的财务人员则只使用较少的债务。

3. 贷款人和信用评级机构的影响

每位公司的财务经理对如何运用财务杠杆都有自己的分析，但贷款人和信用评级机构的态度实际上往往是决定债务结构的关键因素。

一般而言，公司财务管理人员都会与贷款人和信用评级机构商讨其财务结构，并充分尊重他们的意见。大部分贷款人都不希望公司的负债比例太大，如果公司坚持使用过多债务，则贷款人可能拒绝贷款。同时，如果企业债务太多，信用评级机构可能会降低企业的信用等级，这样会影响企业的筹资能力，提高企业的资本成本。

4. 行业因素

不同行业及同一行业的不同企业，资金结构有很大差别。在资金结构决策中，财务经理必须考虑本企业资本结构的一般水准，作为确定本企业资本结构的参照，分析本企业与同行业其他企业的差别，以便确定最佳的资本结构。

5. 企业的财务状况

财务状况越好、获利能力越强、变现能力越强的公司，越有能力负担财务上的风险。因而，随着企业变现能力、财务状况和盈利能力的增强，举债融资就越有吸引力。当然，有些企业，因为财务状况不好，无法顺利发行股票，只好以高利率发行债券筹集资金。

6. 资产结构

资产结构会以多种方式影响企业的资本结构：（1）拥有大量固定资产的企业主要通过长期负债和发行股票筹集资金。（2）拥有较多流动资产的企业，更多依赖流动负债来筹集资金。（3）资产适用于抵押贷款的公司举债额较多，如房地产公司的抵押贷款就相当多。（4）以技术研究开发为主的公司则负债很少。

7. 所得税税率的高低

企业利用负债可以获得减税利益，因此，所得税税率越高，负债的好处越多；反之，如果税率很低，则采用举债方式的减税利益就不十分明显。由此可见，税收实际上对债务资本的安排产生一种刺激作用。

8. 利率水平的变动趋势

利率水平的变动趋势也会影响到企业的资本结构。如果公司财务管理人员认为利息率暂时较低，但不久的将来有可能上升的话，便会大量发行长期债券，从而在若干年内把利率固定在较低水平上。

二、资本结构理论

（一）净收益理论

该理论认为，利用债务可以降低企业的综合资本成本。由于债务成本一般较低，所以，负债程度越高，加权平均资本成本越低，企业价值越大。当负债比率达到100% 时，企业价值将达到最大。这种观点虽然考虑到财务杠杆利益，但忽略了财务风险，是一种极端的资本结构理论观点。

（二）净营业收益理论

该理论认为，资本结构与企业的价值无关，决定企业价值高低的关键要素是企业的净营业收益。尽管企业增加了成本较低的债务资本，但同时也加大了企业的风险，导致权益资本成本的提高，企业的加权平均资本成本仍保持不变。不论企业的财务杠杆程度如何，其整体的资本成本不变，企业的价值也就不受资本结构的影响，因而不存在最佳资本结构。

这是另一种极端的资本结构理论观点。因为公司的加权平均资本成本不可能是一个常数，而且公司价值不仅仅取决于公司净营业收益的多少。

（三）MM 理论

MM 理论认为，在没有企业和个人所得税的情况下，风险相同的企业，其价值不受有无负债及负债程度的影响；但在考虑所得税的情况下（修正的 MM 理论），由于存在税额庇护利益，企业价值会随负债程度的提高而增加，股东也可获得更多好处。于是，负债越多，企业价值也会越大。

（四）代理理论

代理理论认为，随着公司债务资本的增加，债权人的监督成本随之上升，债权人会要求更高的利率。这种代理成本最终要由股东承担（股权代理成本增加），公司资本结构中债务比例过高，会导致股东价值的降低，因此，均衡的企业所有权结构是由股权代理成本和债权代理成本之间的平衡关系来决定的。

（五）等级筹资理论

等级筹资理论认为，当企业面临投资决策时，理论上首先考虑运用内部资金。其次，债务筹资优于股权筹资。因此，公司融资的合理顺序是：留存收益、折旧（内部资金）；银行借款、发行债券、发行可转换债券（债务资本）；最后是发行新股（权益资本）。该理论认为不存在明显的目标资本结构。

三、资本结构优化决策

（一）*EBIT－EPS* 分析法（息税前利润－每股利润分析法）

企业合理的资本结构，应当注意其对企业的盈利能力和股东财富的影响，因此应将息税前利润（*EBIT*）和每股利润（*EPS*）作为分析确定企业资本结构的两大要素。*EBIT－EPS* 分析法就是将息税前利润和每股利润这两大要素结合起来，分析资本结构与每股利润之间的关系，进而确定最佳资本结构的方法。该方法有两种形式：一是通过确定每股利润无差异点进行决策；二是计算预期的每股利润，进行全面分析。

所谓每股利润无差异点是指能够使两种或两种以上筹资方式下普通股每股利润相等时的息税前利润点，亦称息税前利润平衡点。根据每股利润无差异点，可以分析判断在什么样的息税前利润水平下，适于采用何种筹资组合方式，进而确定企业的资本安排。

该方法测算每股利润无差异点的计算公式为：

$$\frac{(\overline{EBIT}-I_1)(1-T)}{N_1}=\frac{(\overline{EBIT}-I_2)(1-T)}{N_2} \quad （公式 5-22）$$

即

$$\overline{EBIT}=\frac{N_2\times I_1-N_1\times I_2}{N_2-N_1} \quad （公式 5-23）$$

式中：$\overline{EBIT}$代表每股利润无差异点处的息税前利润；I_1、I_2 代表两种筹资方式下的年利息；N_1、N_2 代表两种筹资方式下的流通在外的普通股股数；T 代表所得税税率。

每股利润无差异点的息税前利润计算出来以后，可与预期的息税前利润进行比较，据以选择筹资方式。当预期的息税前利润大于无差异点息税前利润时，应采用财务杠杆效应较强的负债筹资方式；当预期的息税前利润小于无差异点息税前利润时，应采用股权筹资方式。

【例 5－12】永达公司现有资产总额为 1 000 万元，负债比率为 40%，年利率为 10%，普通股为 600 万股，每股面值 1 元。现欲筹集资金 200 万元以扩大生产规模，有两种筹资方案可供选择。方案一：增发普通股，计划以每股 2 元的价格增发 100 万股；方案二：采用长期借款，以 12% 的年利率借入 200 万元。

根据测算，追加筹资后销售额可望达到 1 100 万元，变动成本率 60%，固定成本 200 万元，所得税率 25%，不考虑筹资费用因素。试采用 *EBIT－EPS* 分析法计算分析应选择何种筹资方式？

(1) 计算每股利润无差异点。根据资料计算如下：

$$\frac{(\overline{EBIT}-40)(1-25\%)}{600+100}=\frac{(\overline{EBIT}-40-24)(1-25\%)}{600}$$

求得：$\overline{EBIT}=208$（万元）

将该结果代入上式得无差异点的 *EPS* 为 0.18 元。

增资后预期 *EBIT* = 1 100 ×（1 − 60%）− 200 = 240（万元）

由于该公司预期息税前利润为 240 万元，大于每股利润无差异点上的息税前利润 208 万元，故采用长期借款方式筹资较为有利，此结论也可通过分析图（图 5 − 1）加以证明。

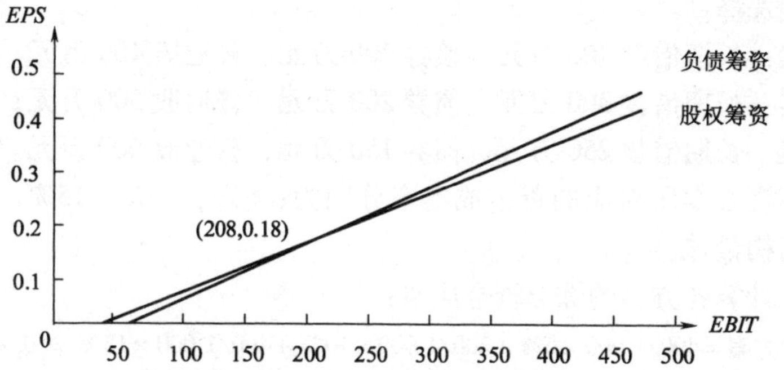

图 5 − 1　*EBIT*—*EPS* 分析图

由图 5 − 1 可以看出，在每股利润无差异点上的 *EBIT* 为 208 万元，此时两种筹资方式下获得的 *EPS* 相等，都是 0.18 元；当预期 *EBIT* 大于 208 万元时，采用负债筹资方式下的 *EPS* 大于普通股筹资方式的每股利润，故应采用负债筹资方式；反之应该采用股权筹资。

（2）计算预计增资后的每股利润（见表 5 − 3），并选择最佳筹资方式。

表 5 − 3　　**预计增资后的每股利润**　　金额单位：万元

项　目	增发股票	增加长期借款
预计息税前利润（EBIT）	240	240
减：利息	40	64
税前利润	200	176
减：所得税（税率 25%）	50	44
税后利润	150	132
普通股股数（万股）	700	600
每股利润	0.21	0.22

由表 5 − 3 计算得知，预期息税前利润为 240 万元时，追加负债筹资的每股利润较高（0.22 元），应选择负债方式筹集资金。

每股利润分析法只考虑了资本结构对每股利润的影响，并假定每股利润最大，股票价格也最高。但没考虑风险因素的影响，是不全面的。因为随着负债的增加，财务风险也随之加大，股票价格和企业价值也会有下降的趋势，所以只能在市场风险较小的情况下使用该种方法进行决策。

（二）资本成本比较法

资本成本比较法是指通过计算各方案加权平均资本成本，并根据加权平均资本成本的高低来确定最佳资本结构的方法。最佳资本结构亦即加权平均资本成本最低时的资本结构。

【例5－13】企跃公司现有一投资项目，需筹集长期资金为1 000万元，有三个方案可供选择：

甲方案：长期借款400万元、债券200万元、普通股400万元；

乙方案：长期借款300万元、债券200万元、普通股500万元；

丙方案：长期借款250万元、债券150万元、普通股600万元。

三种筹资方案所对应的资本成本率分别为：6%、10%、15%。试分析何种方案资本结构最佳。

首先，计算各方案的综合资金成本：

$$\text{甲方案}=400/1\,000\times6\%+200/1\,000\times10\%+400/1\,000\times15\%=10.4\%$$

$$\text{乙方案}=300/1\,000\times6\%+200/1\,000\times10\%+500/1\,000\times15\%=11.3\%$$

$$\text{丙方案}=250/1\,000\times6\%+150/1\,000\times10\%+600/1\,000\times15\%=12.0\%$$

其次，根据计算结果选择最佳筹资方案为甲方案，因其加权平均资本成本最低。

资本成本比较法通俗易懂，计算较为简便，是确定资本结构的一种常用方法，但因所拟定的方案数量有限，故有把最优方案漏掉的可能。

四、资本结构的调整

当企业现有资本结构与目标资本结构存在较大差异时，企业需要进行资本结构的调整。企业调整资本结构的方法有以下几种。

（一）存量调整

在不改变现有资产规模的基础上，根据目标资本结构要求，对现有资本结构进行调整。存量调整的方法有：债转股、股转债；增发新股偿还债务；调整现有负债结构，如与债权人协商将长、短期负债转换；调整权益资本结构，如以资本公积转增股本。

（二）增量调整

通过追加筹资量，以增加总资产的方式来调整资本结构。其主要途径是从外部取得增量资本，如发行新债、举借新贷款、进行融资租赁、发行新股票等。

（三）减量调整

通过减少资产总额的方式来调整资本结构。其主要途径包括：提前归还借款、收回发行在外的可提前收回债券、股票回购减少公司股本、进行企业分立等。

第四节　筹资的税务管理

企业筹资所需资金可以采用多种筹资方式：利润留存、向金融机构借款、向非金融机构或企业借款、发行股票和债券、租赁等。进行筹资决策时，企业必须计算资金成本。税收是影响企业资金成本的重要因素，因此有必要对筹资过程中涉及的税务问题进行研究，以便使筹资决策更加科学合理。

一、债务筹资的税务管理

（一）债务筹资税务管理的主要内容

目前，我国企业债务筹资方式多种多样，从单一的向银行贷款逐渐发展到向其他企业借款、发行债券、租赁等多种形式。

1. 银行借款的税务管理

银行借款的资本成本主要是利息，利息可以税前扣除，所以具有抵税作用。企业可以通过选择不同还本付息方式来减轻税负，以不同还本付息方式下的应纳税所得税总额为主要选择标准，应纳税所得税额最小的优先考虑，同时将不同还本付息方式下现金流出的时间和数额作为辅助判断标准。

2. 发行债券的税务管理

根据税法规定，债券利息可以在税前列支。企业债券的付息方式有定期还本付息和分期付息两种方式。当企业选择定期还本付息时，在债券有效期内享受债券利息税前扣除收益，同时不需要实际付息，因此企业可以优先考虑选择方式。

3. 企业间资金税务管理

企业间资金借用一般应通过合法的金融机构进行，在利息计算及资金回收等方面与银行贷款相比有较大的弹性和回旋余地，此种方式对于设有财务公司或财务中心（结算中心）的集团企业来说，税收利益尤为明显。因为企业集团财务公司或财务中心（结算中心）能起到“内部”银行的作用，利用集团资源和信誉优势实现整体对外筹资，再利用集团内各企业在税种、税率及优惠政策方面的差异，调节集团资金结构和债务比例，既能解决资金难题，又能实现集团整体税收利益。

4. 借款费用的税务管理

企业发生的借款费用多数可以直接税前扣除，但有些借款费用则需要计入资产成本，分期扣除。如企业为购置、建造固定资产、无形资产和经过 12 个月以上的建造才能达到预定可销售状态的存货发生的借款的，在有关资产购置、建造期间发生的合理的借款费用，应作为资本性支出计入资产成本。

5. 租赁的税务管理

租赁可以分为两类：融资租赁和经营租赁，它也是企业减轻税负的重要方法。对承租人来说，经营租赁的租金可以在税前扣除，减小税基从而减少应纳税额。融资租赁资产可以计提折旧计入成本费用，降低税负。

（二）债务筹资的税收筹划

【例5-14】某企业投资总额4 000万元，当年税前利润600万元，企业所得税税率为25%。假设投资总额由以下两种方式获得：（1）投资总额全部由投资者投入；（2）投资总额中由投资者投入2 400万元，银行借款投入1 600万元，借款年利率10%。站在税务角度，哪种方式实现收益更高？

根据上述资料，分析如下：

方案1：若投资全部为权益资本，不存在纳税调整。

则当年应税所得额为600万元，应交所得税额600×25%＝150（万元）

则权益资本收益率（税前）＝600÷4 000＝15%

权益资本收益率（税后）＝600×（1－25%）÷4 000＝11.25%

方案2：若企业投资总额仍为4 000万元，其中权益资本2 400万元，另外1 600万元为负债融资，借款年利率10%，因此增加利息支出160万元。

则当年应税所得税额为440万元，应交所得税440×25%＝110（万元）

则权益资本收益率（税前）＝440÷2 400＝18.33%

权益资本收益率（税后）＝440×（1－25%）÷2 400＝13.75%

通过以上分析可以看出，企业由于利用了债务融资，资本收益率反而提高，充分体现出负债的财务杠杆效应。但是，企业在使用债务融资时还应考虑财务风险的承受能力。

二、权益筹资的税务管理

（一）权益筹资税务管理的主要内容

1. 发行股票的税务管理

当企业决定采用发行股票筹集资金时，需要考虑发行股票的资金成本。发行股票所支付的股息不能直接在税前扣除，只能从企业税后利润中支付，同时还需要考虑股票发行过程中存在的评估费、发行费、审计费等终结费用的税务问题。

2. 留存收益的税务管理

企业通过留存收益筹资可以避免向外分配时存在的双重纳税问题。因此，在特定的税收条件下它是一种减少投资者税负的手段。

3. 吸收直接投资的税务管理

企业通过吸收直接投资筹集到的资金构成企业的权益资金，其支付的红利不能在税前扣除，因而不能获得税收收益。企业吸收直接投资时应考虑自身的资本结构，衡量权益融资和债务融资的资金成本，实现合理降低税负的目的。

（二）权益筹资的税务筹划

【例5－15】某股份制企业共有普通股400万股，每股10元，没有负债。由于产品市场行情看好，准备扩大经营规模，假设企业下一年度的资金预期盈利1 200万元，企业所得税税率为25%。该公司董事会经过研究，商定了以下两个方案。

方案1：发行股票200万股（每股10元），共2 000万元。

方案2：发行股票150万股（每股10元），发行债券500万元（债券利率为8%）。

根据上述资料，分析如下：

方案1：发行股票200万股。

应纳企业所得税＝1 200×25%＝300（万元）

税后利润＝1 200－300＝900（万元）

每股净利＝900÷600＝1.5（元/股）

方案2：发行股票150万股，发行债券500万元。

利息支出＝500×8%＝40（万元）

应纳企业所得税＝（1 200－40）×25%＝290（万元）

税后利润＝1 200－40－290＝870（万元）

每股净利＝870÷550≈1.58（元/股）

不同资本结构下，公司的每股净利不同，通过负债筹资可以增大公司的每股净利，因此方案2较为理想。

本章小结

本章主要介绍了加权平均资本成本的计算和最佳资本结构的确定方法。主要内容包括：

（1）加权平均资本成本的计算。加权平均资本成本是企业所筹集资金的综合成本，它反映企业资本成本总体水平的高低。用于衡量企业资本成本水平，确立企业理想的资本结构。

（2）杠杆效应及其计算。只要企业存在固定成本，就存在经营杠杆效应。经营杠杆效应的大小一般用经营杠杆系数表示。经营杠杆系数，是指息税前利润变动率相当于产销量变动率的倍数；在其他因素不变的情况下，固定成本越大，经营杠杆系数越大，经营风险也越大，反之越小。同样，只要企业存在固定的债务利息或优先股股息，就会存在财务杠杆效应。财务杠杆效应大小通常用财务杠杆系数表示。财务杠杆系数，是指普通股每股利润的变动率相当于息税前利润变动率的倍数。在资本总额、息税前利润相同的情况下，负债比率越高，财务杠杆系数越高，财务风险越大，但普通股每股收益也越大。当企业同时存在固定的生产经营成本和利息等财务费用支出时，就存在总杠杆效应；在其他因素不变的情况下，总杠杆系数越大，企业整体风险越大，反之越小。

（3）资本结构理论及其最佳资本结构的确定。

资本结构理论主要有净收益理论、净营业收益理论、MM理论、代理理论和等级筹资理论。净收益理论认为，当企业负债比率达到100%时，企业价值将达到最大；净营业收益理论认为，不存在最佳资本结构；MM理论认为，负债越多，企业价值也会越大。代理理论认为，均衡的企业所有权结构是由股权代理成本和债权代理成本之间的平衡关系决定的；等级筹资理论认为，不存在明显的目标资本结构。

确定最佳资本结构的方法有：*EBIT—EPS* 分析法、资本成本比较法和公司价值分析法。*EBIT—EPS* 分析法是通过计算每股利润无差别点，将此时的 *EBIT* 与增资后的预期息税前利润进行比较，选择能使增资后的 *EPS* 较多的筹资方式。资本成本比较法是通过计算各方案的加权平均资本成本，选择资本成本最低的方案为最优方案。公司价值分析法是在充分反映公司财务风险的前提下，以公司价值的大小为标准，经过测算确定公司最佳资本结构。

第六章 项目投资管理

学习目标

本章主要介绍了投资概述、项目投资的现金流量分析、项目投资决策评价指标及计算、项目投资决策评价指标的运用、项目投资风险处置的方法、考虑期权价值的投资决策及项目投资的税务管理。通过本章的学习主要了解和掌握以下内容：

1. 理解项目投资、项目计算期等基本概念，掌握项目投资决策评价的基本原理
2. 理解现金流量、净现金流量的概念，掌握现金流量的内容、现金流量的估算和测算方法
3. 掌握项目投资决策评价的计算和运用，掌握项目投资决策的方法及适用范围，了解各评价指标的优缺点
4. 掌握项目投资风险处置方法，了解各方法的优缺点
5. 了解项目投资决策中税收筹划的方法

第一节 项目投资概述

一、项目投资的概念

（一）投资的一般概念

投资，是指特定经济主体（包括国家、企业和个人）为了在未来可预见的时期内获得收益或使资金增值，在一定时期向一定领域的标的物投放足够数额的资金或实物等货币等价物的经济行为。从特定企业角度看，投资就是企业为获取收益而向一定对象投放资金的经济行为。

（二）项目投资的概念

项目投资是一种以特定建设项目为对象，直接与新建项目或更新改造项目有关的长期投资行为。

投资项目主要可分为新建项目和更新改造项目两大类。新建项目又包括单纯固定资产投资项目和完整工业投资项目。

项目投资具有投资内容独特、投资数额多、影响时间长、发生频率低、变现

能力差、投资风险大等特点。

（三）项目计算期及投资构成

1. 项目计算期

项目计算期是指投资项目从投资建设开始到最终清理结束整个过程的全部时间，即该项目的有效持续期间。完整的项目计算期包括建设期和生产经营期。其中建设期（记作 s，$s \geqslant 0$）的第 1 年初（记作第 0 年）称为建设起点，建设期的最后一年末（第 s 年）称为投产日；项目计算期的最后一年末（记作第 n 年）称为终结点，从投产日到终结点之间的时间间隔称为生产经营期（记作 p），生产经营期包括试产期和达产期（完全达到设计生产能力）。项目计算期、建设期和生产经营期之间有以下关系：

$$n = s + p$$

2. 投入资金的构成内容

原始总投资是反映项目所需现实资金的价值指标。从项目投资的角度看，原始总投资等于企业为使项目完全达到设计生产能力、开展正常经营而投入的全部现实资金。原始总投资包括固定资产投资、无形资产投资和开办费投资以及流动资金投资等项内容。

投资总额是反映项目投资总体规模的价值指标，它等于原始总投资与建设期资本化利息之和。建设期资本化利息是指在建设期发生的与购建项目所需的固定资产、无形资产等长期资产有关的借款利息。

3. 资金的投入方式

从时间特征上看，投资主体将原始总投资注入具体项目的投入方式包括一次投入和分次投入两种形式。一次投入方式是指投资行为集中一次发生在项目计算期第一个年度的年初或年末；如果投资行为涉及两个或两个以上年度，或虽然只涉及一个年度但同时在该年的年初和年末发生，则属于分次投入方式。

二、项目投资决策评价原理

企业是营利性组织，获利是其出发和归宿点。企业只有获利才能增加企业的价值。而投资的目的就是获利，也是增加企业价值的途径。企业使用资金获取的收益必须超过使用资金付出的代价即资本成本，才能使企业获利，才能增加企业价值。企业价值最大化是企业一切管理活动的最终目标。

项目投资决策评价的基本原理是投资项目的收益率超过资本成本，企业价值增加；投资项目的收益率小于资本成本，企业价值减少。这一原理涉及资本成本、项目收益率与企业价值的关系。

（一）资本成本与企业价值的关系

关于资本成本的概念在上一章中已经阐述，在此仅举例说明其与企业价值的关系。

【例 6-1】一个企业的资本由债务和权益组成，假设 A 企业目前有 100 万元债务和 200 万元所有者权益，因此企业的总资产是 300 万元。

债权人为什么把钱借给企业？他们要赚取利息。假设债权人希望他们的债权能赚取 10% 的收益，他们的要求一般反映在借款契约中。因此，债权人要求的收益率比较容易确定。

股东为什么把钱投入企业？他们希望赚取收益。不过，股东要求的收益率是不明确的，他们的要求权是一种剩余要求权。好在有一个资本市场，股东要求的收益率可以通过股价来计算。股东要求的收益率，计算方法比较麻烦。

A 企业要符合债权人的期望，应有 10 万元（100 万元 × 10%）的收益，以便给债权人支付利息。由于企业可以在税前支付利息，有效的税后成本为 5 万元（假设所得税率 50%）。A 企业要符合股权投资人的期望，应有 40 万元的收益（200 万元 × 20%），以便给股东支付股利（或者继续留在企业里再投资，但它也是属于股东的）。两者加起来，企业要赚取 45 万元息前税后收益。

为了同时满足债权人和股东的期望，企业的资产收益率为 15%（45/300）。

按照这个推理过程，我们可以得出以下公式：

$$\text{投资人要求的收益率}=\frac{\text{债务}\times\text{利率}\times(1-\text{所得税率})+\text{所有者权益}\times\text{权益成本}}{\text{债务}+\text{所有者权益}}$$

$$=\frac{\text{债务}\times\text{利率}\times(1-\text{所得税率})}{\text{债务}+\text{所有者权益}}+\frac{\text{所有者权益}\times\text{权益成本}}{\text{债务}+\text{所有者权益}}$$

$$=\text{债务比重}\times\text{利率}\times(1-\text{所得税率})+\text{所有者权益比重}\times\text{权益成本}$$

将上述数据代入：

$$\text{投资人要求的收益率}=\frac{100\times10\%\times(1-50\%)+200\times20\%}{100+200}=15\%$$

或

$$=\frac{1}{3}\times10\%\times(1-50\%)+\frac{2}{3}\times20\%=15\%$$

投资者要求的收益率就是资本成本，是投资人的机会成本，是投资人将资金投资于其他同等风险资产可以赚取的收益。企业投资项目的收益率，必须达到这一要求。

投资项目的收益率超过资本成本必然增加企业盈利，进而增加企业价值；相反，投资项目的收益率低于资本成本，必然减少企业盈利，进而减少企业价值，因此，投资者要求的收益率即资本成本，是评价项目能否增加企业价值的标准。

（二）投资项目的收益率与企业价值的关系

投资项目的收益率是指项目投资实际可望达到的收益率，即投资项目的内含报酬率。

显然，在资本成本确定的情况下，投资项目的收益率越大，企业价值越大，反之，企业价值越小。决定投资项目收益率的因素有现金流量、时间价值、风险价值。现金流量的大小及其分布决定投资项目收益率的高低，是通过影响投资项目的收益率进而影响企业价值的主要因素之一。因此，现金流量的估计对投资项目的评价至关重要。时间价值主要是解决现值计算方法问题。由于投资项目影响时间长、投资金额大，在分析评价投资项目优劣时，必须考虑时间价值。因为投资项目的现金流量分布在不同时点，而不同时点的等量货币其经济价值不等，我们必须将不同时点的现金流量调整到同一时点。通常是将不同时点的现金流量调整到现在，即计算其现值，然后再进行分析、比较、评价，使投资决策建立在科学基础之上。

投资项目的风险表现为项目现金流量的不确定，对项目风险的处理我们将在本章第四节中讲述。

第二节　投资项目现金流量

一、现金流量的概念

（一）现金流量的含义、分类

现金流量也称现金流动量，简称现金流。在项目投资决策中，现金流量是指投资项目在其计算期内各项现金流入量与现金流出量的统称。这里所使用的现金概念，是广义的现金，它包括各种货币资金及与投资项目有关的非货币资源的变现价值，是计算项目投资决策评价指标的重要依据。企业之所以以现金流量作为投资项目评价的重要价值信息，而将投资项目的利润信息放在次要位置，主要是以下几方面的原因：

第一，采用现金流量指标代替利润指标来反映投资项目经济效益的信息，可以摆脱在贯彻财务会计的权责发生制时必然面临的困境，即：由于不同的投资项目可能采取不同的固定资产折旧方法、存货估价方法或费用摊销方法，从而导致不同方案的利润相关性差、透明度不高和可比性差等问题。

第二，采用现金流量指标有利于科学地考虑资金的时间价值因素。由于投资项目的时间较长，所以资金时间价值的作用和影响不容忽视。通过确定投资项目每次支出款项和收入款项的具体时间，将现金流量信息与项目计算期的各个时点密切结合，有助于在计算投资决策评价指标时，应用资金时间价值的形式进行动态投资效果的综合评价。

第三，整个投资有效年限内，利润总计与现金净流量总计是相等的，所以，现金净流量可以取代利润作为评价净收益的指标。

第四，在投资分析中，现金流动状况比盈亏状况更重要。有利润的年份不一定能产生多余的现金用来进行其他项目的再投资。一个项目能否持续下去，并不取决于一定期间是否盈利，而是取决于有没有足够的现金用于各种支付。现金一旦支出，不管是否消耗，都不能用于别的目的，只有将现金收回后，才能用于再投资。因此，在投资决策中更要重视现金流量的分析。

现金流量可分为税前现金流量和税后现金流量。

（二）确定现金流量应注意的问题

1. 区分相关成本和非相关成本

相关成本是指与特定决策有关的、在分析评价时必须予以考虑的成本。例如，差额成本、未来成本、重置成本、机会成本等都属于相关成本。而与特定决策无关的、在分析时不必加以考虑的成本是非相关成本。例如沉没成本、过去成本、账面成本等属于非相关成本。

如果将非相关成本纳入投资方案的总成本，则一个有利的方案可能因此变为不可行，一个较好的方案可能变为较差方案，从而造成决策失误。

2. 充分关注机会成本

在投资方案的选择中，如果选择了一个投资方案，则必须放弃投资于其他方案的机会。那么放弃其他方案而丧失的收益就是实行本方案的机会成本。

在投资决策中考虑机会成本有助于全面考虑可能采取的各种方案，以便为既定资源寻找最为有利的使用用途。

3. 考虑对企业其他部门的影响

一个新项目的采纳可能对公司的其他项目造成有利或不利影响，这种影响虽然很难准确计量，但在进行决策分析时必须将其考虑在内。

4. 融资成本不作为现金流出处理

融资成本不作为现金流出处理是因为投资与筹资决策是分离的。投资者进行投资决策时，无须考虑筹资渠道、筹资方式和筹资成本等筹资问题。即在投资项目财务可行性评价时，不是以筹资决策和筹资行为的实施为前提的。筹资的目的是为投资项目筹集资金。因此，筹资的前提是投资项目具有财务可行性。对不知道是否具有财务可行性的投资项目，根本没有进行筹资决策的必要。在进行筹资决策前，无法确定该项目的资金来源和结构，更无法确定该项目的融资成本。如果投资和筹资决策不能有效地分离，公司只能依靠单个投资者的偏好情况做出投资决策，那么，源于自身条件和时间的限制，大型的现代化公司就不可能存在。这种观点的理论依据是费雪分离原理（Fisher Separation Theorem），根据这一原理，资本市场产生了一个单一的利率，借贷双方都依此为依据进行决策，促使投资与筹资决策相互分离。企业进行投资决策时，只要投资项目的收益率大于或等于市场利率，就可以接受该项目。如果内部资金不足，可以按市场利率从资本市场筹资，企业进行筹资决策时，只要求其投资回报率高于市场利率，而无须考虑个别投资者的具体消费偏好。

二、现金流量估算

（一）现金流量的内容

1. 现金流出量

现金流出量是指投资方案引起的企业现金支出的增加额。包括：

（1）建设投资。指在建设期内按一定生产经营规模和建设内容进行的投资，包括固定资产投资、无形资产投资和开办费投资三项内容，它是建设期发生的主要现金流出量。

（2）营运资金投资。是指有关项目所发生的用于生产经营期周转使用的营运资金投资，又称为垫支流动资金。

（3）经营成本。是指在经营期内为满足正常生产经营而动用现实货币资金支付的成本费用，又被称为付现的营运成本（或简称付现成本），它是生产经营阶段上最主要的现金流出量项目。

（4）各项税款。指项目投产后依法缴纳的、单独列示的各项税款，包括营业税、所得税等。

（5）其他现金流出。指不包括在以上内容中的现金流出项目（如营业外净支出等）。

2. 现金流入量

现金流入量是指投资方案所引起的企业现金收入的增加额。包括：

（1）营业收入。指项目投产后每年实现的全部销售收入或业务收入，它是经营期主要的现金流入量项目。

（2）固定资产余值回收。指投资项目的固定资产在终结点报废清理或中途变价转让处理时所回收的价值。

（3）流动资金回收。主要指新建项目在项目计算期完全终止时（终结点）因不再发生新的替代投资而回收的原垫付的全部流动资金投资额。

（4）补贴收入。

（5）其他现金流入量。指以上四项内容以外的现金流入项目。

3. 净现金流量

净现金流量（又称现金净流量）是指在项目计算期内由每年现金流入量与同年现金流出量之间的差额所形成的序列指标。

$$某年净现金流量(NCF_t) = 该年现金流入量 - 该年现金流出量 \qquad （公式6-1）$$

现金流量具有以下两个特征：第一，无论是经营期还是建设期都存在现金流量；第二，项目计算期不同阶段上净现金流量的数值特征不同，一般来说建设期内的净现金流量其数值小于或等于零，经营期现金流量的数值多为正数。

净现金流量又可以分为税前现金流量和税后现金流量。

（二）现金流量的估算

由于项目资金的投入、回收及收益的形成都以现金流量的形式表现出来，因此企业必须逐年估算项目计算期内每个时点的现金流量，为正确计算项目投资决策评价指标奠定基础，下面以完整工业投资项目为例，对现金流量进行估算。

1. 项目现金流入量的估算

（1）营业收入是运营期主要现金流入量，可按经营期内有关产品的各年预计单价和预计销售量进行估算。

（2）补贴收入的估算。补贴收入是与运营期收益有关的政府补贴，可根据按政策退还的增值税、按销量或工作量分期计算的定额补贴和财政补贴等予以估算。

（3）固定资产余值的估算。一般用固定资产的原值乘以法定净残值率估算终结点发生的回收固定资产余值。

（4）流动资金回收额的估算。假定在运营期不发生提前回收流动资金，在终结点一次回收的流动资金等于各年垫支的流动资金投资额的合计数。

2. 项目现金流出量的估算

（1）建设投资的估算。固定资产投资是所有类型的项目投资在建设期必然发生的，应该按项目规模和投资计划所确定的各项建筑工程费用、设备购置费用、安装工程费用和其他费用来估算。

无形资产投资和其他资产投资，应根据需要逐项按有关资产的评估方法和计价标准进行估算。

（2）营运资金投资的估算。在项目投资决策中，营运资金是指在运营期内长期占用并周转使用的资金。

某年营运资金投资额（垫支数）=本年营运资金需用数－截至上年的营运资金投资额

=本年营运资金需用数－上年营运资金需用数

（公式6－2）

式中本年年营运资金需用数=该年营运资产需用数－该年营运负债可用数

（公式6－3）

上式中的流动资产只考虑存货、现实货币资金、应收账款和预付账款等项内容；流动负债只考虑应付账款和预收账款。

为简化计算，我国有关建设项目评估制度假定营运资金投资可以从投产第一年开始安排。

【例6－2】A企业完整工业投资项目投产第一年预计流动资产需用额为36万元，流动负债可用额为15万元，假定该项投资发生在建设期末；投产第二年预计流动资产需用额为48万元，流动负债可用额为20万元，假定该项投资发生在投产后第一年末。

要求：根据上述资料估算下列指标：

①每次发生的流动资金投资额；

②终结点回收的流动资金。

解：

①投产第一年的流动资金需用额 = 36 - 15 = 21（万元）

第一次流动资金投资额 = 21 - 0 = 21（万元）

投产第二年的流动资金需用额 = 48 - 20 = 28（万元）

第二次流动资金投资额 = 28 - 21 = 7（万元）

②终结点回收流动资金 = 流动资金投资合计 = 21 + 7 = 28（万元）

（3）付现成本的估算。付现成本是所有类型的项目投资在经营期都要发生的主要现金流出量。其估算公如式下：

$$\text{某年经营成本} = \text{该年外购原材料燃料和动力费} + \text{该年工资及福利费} + \text{该年修理费} + \text{该年其他费用}$$

$$\text{或} = \text{该年不包括财务费用的总成本费用} - \text{该年折旧额} - \text{该年无形资产和开办费的摊销额}$$

（公式 6-4）

其中：其他费用是指从制造费用、管理费用和销售费用中扣除了折旧费、摊销费、材料费、修理费、工资及福利费以后的剩余部分。

【例 6-3】A 企业完整工业投资项目投产后第 1～5 年每年预计外购原材料、燃料和动力费为 75 万元，工资及福利费为 40 万元，其他费用为 15 万元，每年折旧费为 30 万元，无形资产摊销额为 5 万元；第 6～10 年每年不包括财务费用的总成本费用为 180 万元，其中每年预计外购原材料、燃料和动力费为 90 万元，每年折旧额为 30 万元，无形资产摊销额为 0 万元。

要求：根据上述资料估算下列指标：

①投产后各年的经营成本；

②投产后第 1～5 年每年不包括财务费用的总成本费用。

解：

①投产后第 1～5 年每年的经营成本 = 75 + 40 + 15 = 130（万元）

投产后第 6～10 年每年的经营成本 = 180 - 30 - 0 = 150（万元）

②投产后第 1～5 年每年不包括财务费用的总成本费用 = 130 + 30 + 5 = 165（万元）

（4）营业税金及附加的估算。在项目投资决策中，应按在运营期内应缴纳的营业税、消费税、土地增值税、资源税、城市维护建设税和教育费附加进行估算。

$$\text{营业税金及附加} = \text{应缴营业税} + \text{应缴消费税} + \text{城市维护建设税及教育费附加}$$

（公式 6-5）

其中：城市维护建设税及教育费附加 =（应缴营业税 + 应缴消费税 + 应缴增值税）×（城市维护建设税税率 + 教育费附加率）

（公式 6-6）

【例 6-4】仍按例 6-3 资料。A 企业投资项目投产后第 1～5 年每年预计营业收入为 285 万元，第 6～10 年每年预计营业收入为 400 万元，适用的增值税税率为17%，城建税税率为7%，教育费附加率为3%。该企业不缴纳营业税和消费税。

要求：根据上述资料估算下列指标：

①投产后各年的应缴增值税；

②投产后各年的营业税金及附加。

解：

①投产后第1~5年每年应缴的增值税＝（每年营业收入－每年外购原材料燃料和动力费）×增值税税率＝（285－75）×17%＝35.7（万元）

投产后第6~10年每年的应缴增值税＝（400－90）×17%＝52.7（万元）

②投产后第1~5年每年的营业税金及附加＝35.7×（7%＋3%）＝3.57（万元）

投产后第6~10年每年的营业税金及附加＝52.7×10%＝5.27（万元）

（5）所得税对现金流量的影响。在决策分析中，我们预测的是税后现金流量；因此，所得税支出是一种现金流出。此外，企业发生的费用支出，也会使所得税支出减少。因此发生的费用支出实际上会产生减少所得税税负的作用，即税收抵免效应。因此当判断某项费用支出对企业现金流量的影响时，还应考虑其税收抵免作用。所得税的大小取决于利润大小和税率高低，而折旧是影响利润大小的重要因素。因此，讨论所得税问题必然会涉及折旧问题。

①所得税对投资现金流量的影响。投资现金流量包括投资在固定资产和流动资产上的资金两部分。由于投资在流动资产上的资金一般在项目结束时全部收回，不涉及企业的损益，因此不受所得税的影响。

如果企业以原有旧设备进行固定资产投资，在计算投资现金流量时，一般是以该设备的变现价值作为其现金流出量的。此外还必须注意企业由此而可能支付的或减免的所得税，即：

投资现金流量＝投资在流动资产上的资金＋设备的变现价值－（设备的变现价值－账面净值）×税率

【例6－5】假设某企业要进行固定资产更新与否的决策，若更换旧设备，则可获得旧设备的出售收入8万元，若此时旧设备的账面净值为6万元，则企业出售旧设备的净所得为2万元，须为此支付所得税0.5万元（所得税税率为25%）。因此，出售旧设备所产生的现金流入量是8－0.5＝7.5（万元）。但是，若假设旧设备出售时的账面净值是10万元，则企业会产生亏损2万元，此时出售设备所产生的现金流量是8＋0.5＝8.5（万元）。

②所得税对营业现金流量的影响。缴纳所得税是企业的一项现金流出。折旧作为一项成本，在计算净利润时已作扣除，但是由于它不需要支付现金，是非付现成本，既不是现金流入，也不是现金流出。扣除了所得税影响以后的费用净额，称为税后成本。与税后成本相对应的概念是税后收入。企业实际得到的现金

流入是税后收入。如果不计提折旧、支付各种费用，企业的所得税将会增加许多。

税后成本 = 总成本 ×（1 - 所得税税率）

税后收入 = 收入 ×（1 - 所得税税率）

折旧的税负减少额 = 折旧额 × 所得税税率

因此，企业的营业现金流量可用公式表示如下：

营业现金流量 = 收入 ×（1 - 所得税税率）- 付现成本 ×（1 - 所得税税率）+ 折旧额 × 所得税税率　（公式 6 - 7）

③所得税对项目终止阶段现金流量的影响。项目终止现金流量包括固定资产的残值收入和营运资金的回收。营运资金的回收由于不涉及利润的增减，因此也不受所得税的影响。固定资产的残值收入如果等于预定的固定资产残值，那么也不受所得税的影响。如果两者不相等，它们之间的差额会引起企业的利润增加或减少，因此在计算现金流量时，就要考虑这部分的影响。

项目终止现金流量 = 固定资产残值收入 + 预计垫支的营运资金 -（残值收入 - 预计残值收入）× 所得税税率　（公式 6 - 8）

【例 6 - 6】某企业拟投资甲项目，经过可行性分析，有关资料如下：

①该项目需固定资产投资 100 万元，第一年年末该项目部分竣工并投入试生产，第二年年末该项目全部竣工交付使用。

②该项目投产时需垫支营运资金 60 万元，用于购买原材料、支付工资及存货增加占用等；其中第一年年末垫支 35 万元，第二年年末又增加垫支 25 万元。

③该项目经营期预计为 6 年，固定资产按直线法计提折旧，预计残余价值为 10 万元。

④根据有关部门的市场预测，该项目投产后第一年销售收入为 70 万元，以后 5 年每年销售收入均为 95 万元。第一年付现成本为 35 万元，以后 5 年每年的付现成本均为 46 万元。

⑤甲项目需征用土地 10 亩，支付土地 10 年使用费共计 60 万元，于项目建设第一年年初支付。

⑥该企业适用所得税税率为 25%。

要求：计算甲项目 6 年预计的现金流量。

首先，计算甲项目的每年折旧额和摊销额；

固定资产年折旧额 =（1 000 000 - 100 000）÷ 6 = 150 000（元）

每年土地使用费的摊销额 = 600 000 ÷ 10 = 60 000（元）

其次，计算营业现金流量。计算过程如表 6 - 1 所示。

最后，将该项目的投资现金流量和项目终结的现金流量也考虑进来，通过计算得到该项目的全部现金流量，计算过程如表 6 - 2 所示。

表 6-1 营业现金流量计算表 单位：元

项目＼年份	2	3	4	5	6	7
销售收入	700 000	950 000	950 000	950 000	950 000	950 000
-付现成本	350 000	460 000	460 000	460 000	460 000	460 000
-折旧	150 000	150 000	150 000	150 000	150 000	150 000
-摊销土地使用费	60 000	60 000	60 000	60 000	60 000	60 000
=税前净利	140 000	280 000	280 000	280 000	280 000	280 000
-所得税	35 000	70 000	70 000	70 000	70 000	70 000
-税后净利	105 000	210 000	210 000	210 000	210 000	210 000
+折旧	150 000	150 000	150 000	150 000	150 000	150 000
+摊销土地使用费	60 000	60 000	60 000	60 000	60 000	60 000
=营业现金流量	315 000	420 000	420 000	420 000	420 000	420 000

表 6-2 现金流量计算表 单位：元

项目＼年份	第 1 年初	第 2 年初	第 2 年末	第 3 年末至第 6 年末（每年）	第 7 年末
固定资产投入	-550 000	-450 000			
土地使用权投入	-600 000				
营运资金投入		-350 000	-250 000		
营业现金流量			315 000	420 000	420 000
固定资产净残值					100 000
营运资金回收					600 000
现金流量合计	-1 150 000	-800 000	65 000	420 000	1 120 000

（6）通货膨胀对现金流量的影响。通货膨胀是指在一定时期内，物价水平持续、普遍上涨的经济现象。通货膨胀会导致货币购买力下降，从而影响项目投资价值。通货膨胀对资本预算的影响表现在两个方面：①影响折现率的计算；②影响现金流量的估计。

①对折现率的影响。通常，用年利率作为折现率，利率一般是以名义利率而不是有效利率来表述的。假设某人年初投资 1 000 元钱，购买利率为 6% 的 1 年期国库券，政府向他承诺到年末他将收到 1 060 元钱，但政府不保证 1 060 元钱实际能买到多少商品。如果这一年的通货膨胀率预期是 5%，那么本息和 1 060 元的实际价值却只有 1 060/1.05 = 1 009.52（元）。因此，我们可以说该债券的“名义利率为 6%”，或者说“有效利率为 0.95%”。名义利率与有效利率之间的

关系是：

$$1 + r_{名义} = (1 + r_{有效})(1 + 通货膨胀率) \quad （公式6-9）$$

②对现金流量的影响。如果企业对未来现金流量的预测是基于预算年度的价格水平，并去除了通货膨胀的影响，那么这种现金流量称为实际现金流量。包含了通货膨胀影响的现金流量就是名义现金流量。两者的关系为：

$$名义现金流量 = 实际现金流量 \times (1 + 通货膨胀率)^n \quad （公式6-10）$$

式中：n 代表相对于基期的期数。

在资本预算的编制过程中，应遵守一致性原则。名义现金流量用名义折现率进行折现，实际现金流量用实际折现率进行折现，这是评价指标计算的基本原则。

【例6-7】假设某方案的实际现金流量如表6-3所示，名义折现率为12%，预计一年内的通货膨胀率8%，求该方案的净现值。

表6-3　　实际现金流量　　单位：万元

时间	第0年	第一年	第二年	第三年
实际现金流量	-100	45	60	40

解法一：将名义现金流量用名义折现率进行折现。此时需要先将实际现金流量调整成名义现金流量，然后用12%的折现率进行折现，具体计算过程如表6-4所示。

表6-4　　净现值的计算　　单位：万元

时间	第0年	第一年	第二年	第三年
实际现金流量	-100	45	60	40
名义现金流量	-100	$45 \times 1.08 = 48.6$	$60 \times 1.08^2 = 69.98$	$40 \times 1.08^3 = 50.39$
现值（12%折现）	-100	$48.6 \times 0.8929 = 43.39$	$69.98 \times 0.7972 = 55.79$	$50.39 \times 0.7118 = 35.87$
净现值	$NPV = -100 + 43.39 + 55.79 + 35.87 = 35.05$			

解法二：将实际现金流量用实际利率进行折现。此时需要将名义折现率换算为实际折现率，然后再计算净现值，具体计算过程如表6-5所示。

实际折现率＝(1＋名义折现率)／(1＋通货膨胀补偿率)－1＝(1＋12%)／(1＋8%)－1＝3.7%

表6-5　　净现值的计算　　单位：万元

时间	第0年	第一年	第二年	第三年
实际现金流量	-100	45	60	40
现值（按3.7%折现）	-100	$45/1.037 = 43.39$	$60/1.037^2 = 55.79$	$40/1.037^3 = 35.87$
净现值	$NPV = -100 + +43.39 + 55.79 + 35.87 = 35.05$			

可以看到，两种计算方法所得到的结果是一样的。注意实际折现率近似等于12%的名义折现率与8%通货膨胀率的差额。用4%来折现就得到$NPV=34.30$万元，这个数字不完全正确，但比较接近上面的结果。

三、现金流量的测算

（一）现金流量的简化公式

（1）建设期净现金流量的简化公式

NCF = —原始投资额　　（公式6－11）

（2）运营期净现金流量的简化公式

NCF = 年息税前利润(1 － 所得税税率) + 年折旧 + 年摊销额 － 该年维持营运投资　　（公式6－12）

（3）终结点现金流量的简化公式

NCF = 终结点那一年的经营现金流量 + 回收额　　（公式6－13）

其中回收额包括：垫支营运资金回收和固定资产净残值

如果没有摊销额和回收额，运营期现金流量也可以按下列公式计算：

NCF = 收入 ×（1 － 所得税税率）－ 付现成本 ×（1 － 所得税税率）+ 折旧额 × 所得税税率　　（公式6－14）

（二）净现金流量计算举例

【例6－8】某固定资产项目需要一次投入价款900万元，建设期为1年，建设期资本化利息为90万元。该固定资产可使用10年，按直线法折旧，期满有净残值90万元。投入使用后，可使运营期第1～10年每年产品销售收入（不含增值税）增加750万元，每年的经营成本增加350万元，营业税金及附加增加10万元。该企业适用的所得税税率为25%，不享受减免税待遇。

要求：分别按简化公式计算和按编制现金流量表两种方法计算该项目所得税前后的净现金流量（结果保留一位小数）。

解：计算以下相关指标：

（1）项目计算期＝1＋10＝11（年）

（2）固定资产原值＝900＋90＝990（万元）

（3）年折旧＝（990－90）/10＝90（万元）

（4）运营期第1～10年每年不含财务费用的总成本费用增加额＝350＋90＝440（万元）

（5）运营期第1～10年每年息税前利润增加额＝750－440－10＝300（万元）

（6）运营期第1～10年每年增加的调整所得税＝300×25%＝75（万元）

按简化公式计算的建设期净现金流量为：

$NCF_0 = -900$万元

$NCF_1=0$

按简化公式计算的运营期所得税前净现金流量为：

$NCF_{2\sim10}=300+90=390$（万元）

$NCF_{11}=300+90+90=480$（万元）

按简化公式计算的运营期所得税后净现金流量为：

$NCF_{2\sim10}=300-75+90=315$（万元）

$NCF_{11}=300-75+90+90=405$（万元）

【例6-9】某工业项目需要原始投资1 200万元，其中固定资产投资1 000万元，开办费投资60万元，流动资金投资140万元。建设期为1年，建设期发生与购建固定资产有关的资本化利息100万元。固定资产投资和开办费投资于建设起点投入，流动资金于完工时，即第1年末投入。该项目寿命期10年，固定资产按直线法折旧，期满有100万元净残值；开办费于投产当年一次摊销完毕；流动资金于终结点一次回收。投产后每年获息税前利润分别为100万元、180万元、250万元、300万元、260万元、310万元、360万元、400万元、450万元和480万元。

要求：按简化方法计算项目各年所得税前净现金流量。

解：

依题意计算如下指标：

（1）项目计算期 $n=1+10=11$（年）

（2）固定资产原值 $=1\,000+100=1\,100$（万元）

（3）固定资产年折旧 $=(1\,100-100)/10=100$（万元）（共10年）

（4）建设期净现金流量：

$NCF_0=-(1\,000+60)=-1\,060$（万元）

$NCF_1=-140$（万元）

（5）运营期所得税前净现金流量：

$NCF_2=100+100+60+0=260$（万元）

$NCF_3=180+100+0+0=280$（万元）

$NCF_4=250+100+0+0=350$（万元）

$NCF_5=300+100+0+0=400$（万元）

$NCF_6=260+100+0+0=360$（万元）

$NCF_7=310+100+0+0=410$（万元）

$NCF_8=360+100+0+0=460$（万元）

$NCF_9=400+100+0+0=500$（万元）

$NCF_{10}=450+100+0+0=550$（万元）

$NCF_{11}=480+100+0+(100+140)=820$（万元）

如果企业适用的所得税税率为25%，则投资项目各年税后净现金流量计算如下：

建设期现金流量同上，运营期现金流量：

$NCF_2 = 100$（1 - 25%） + 100 + 60 + 0 = 235（万元）

$NCF_3 = 180$（1 - 25%） + 100 + 0 + 0 = 235（万元）

$NCF_4 = 250$（1 - 25%） + 100 + 0 + 0 = 287.5（万元）

$NCF_5 = 300$（1 - 25%） + 100 + 0 + 0 = 325（万元）

$NCF_6 = 260$（1 - 25%） + 100 + 0 + 0 = 295（万元）

$NCF_7 = 310$（1 - 25%） + 100 + 0 + 0 = 332.5（万元）

$NCF_8 = 360$（1 - 25%） + 100 + 0 + 0 = 280（万元）

$NCF_9 = 400$（1 - 25%） + 100 + 0 + 0 = 400（万元）

$NCF_{10} = 450$（1 - 25%） + 100 + 0 + 0 = 437.5（万元）

$NCF_{11} = 480$（1 - 25%） + 100 + 0 + （100 + 140） = 700（万元）

第三节 项目投资决策评价方法及应用

一、项目投资决策评价指标及其类型

（一）项目投资决策评价指标的含义

投资决策评价指标，是指用于衡量和比较投资项目可行性，以便据以进行方案决策的定量化标准与尺度，投资决策评价指标主要包括静态投资回收期、投资收益率、净现值、净现值率、获利指数、内部收益率。

（二）投资决策评价指标的分类

（1）按照是否考虑资金时间价值分类，可分为非折现评价指标和折现的评价指标。非折现评价指标是指在计算过程中不考虑资金时间价值因素的指标，又称为静态指标，包括投资收益率和静态投资回收期；计算时需考虑时间价值的指标为折现评价指标，包括净现值、净现值率、获利指数和内部收益率。

（2）按指标性质不同，可分为在一定范围内越大越好的正指标和越小越好的反指标两大类。只有静态投资回收期属于反指标。

（3）按指标在决策中的重要性分类，可分为主要指标、次要指标和辅助指标。净现值、净现值率、获利指数和内部收益率等为主要指标；静态投资回收期为次要指标；投资收益率为辅助指标。与之相适应的项目投资决策评价方法也可以分为非折现评价方法和折现评价方法。

二、非折现评价方法

非折现的分析评价方法是指在评价投资项目和经济效益时，不考虑货币时间价值因素，直接按投资项目形成的现金流量进行计算的方法。这些方法在选择方案时起辅助作用，包括投资利润率法和静态投资回收期法。

(一) 投资利润率法

投资利润率法是指以投资利润率作为评价项目是否可行的一种方法。所谓投资利润率又称投资报酬率（记作 ROI），是指达到正常生产年度利润或年均利润占总投资的百分比。其公式为：

$$投资利润率 = 年息税前利润或年均息税前利润 / 投资总额 \times 100\%$$

或 $ROI = P/I' \times 100\%$ （公式 6－15）

式中：P 代表年息税前利润或年均息税前利润；I'代表投资总额。

【例 6－10】某企业有甲、乙两个投资方案，投资总额均为 10 万元，全部用于购置新的设备，折旧采用直线法，使用期均为 5 年，无残值，其他有关资料如表 6－6 所示。

表 6－6 甲、乙方案的有关资料 单位：元

项目计算期	甲方案		乙方案	
	利润	净现金流量	利润	净现金流量
0		－100 000		－100 000
1	16 000	36 000	11 000	31 000
2	16 000	36 000	13 000	33 000
3	16 000	36 000	18 000	38 000
4	16 000	36 000	22 000	42 000
5	16 000	36 000	26 000	46 000
合计	80 000	80 000	90 000	90 000

要求：计算甲、乙两方案的投资利润率。

解：甲方案投资利润率＝16 000/100 000×100%＝16%

乙方案投资利润率＝90 000÷5/100 000×100%＝18%

从计算结果来看，乙方案的总投资利润率比甲方案的投资利润率高 2%（18%－16%），应选择乙方案。

投资利润率法的决策标准是投资项目的投资利润率越高越好，低于无风险投资利润率的方案为不可行方案。

投资利润率法具有简单、明了、易于掌握的优点，且该指标不受建设期的长短、投资的方式、回收额的有无以及现金流量的大小等条件的影响，能够说明各投资方案的收益水平。该指标的缺点有三：一是没有考虑货币时间价值因素，不能正确反映建设期长短及投资方式不同对项目的影响；二是该指标的分子分母其时间特征不一致（分子是时期指标，分母是时点指标），因而在计算口径上可比

基础较差；三是该指标的计算无法直接利用净现金流量信息。

（二）静态回收期法

静态投资回收期是指以静态投资回收期作为评价项目是否可行的一种方法。静态投资回收期又叫全部投资回收期，简称回收期，是指以投资项目的经营净现金流量抵偿原始总投资所需要的全部时间。该指标以年为单位，包括以下两种形式：包括建设期的投资回收期（记作 PP）和不包括建设期的投资回收期（记作 PP'）。显然，在建设期为 s 时，$PP'+s=PP$。只要求出其中一种形式，就可很方便地推算出另一种形式。

投资回收期的计算可分为两种情况。

1. 经营期每年现金净流量相等

其计算公式为：

投资回收期 = 原始投资 / 年现金净流量　　（公式 6－16）

如果投资项目投产后若干年（假设为 M 年）内，每年的经营现金净流量相等，且有以下关系成立：

$M\times$投产后 M 年内每年相等的现金净流量（NCF）≥投资总额

则可用上述公式计算投资回收期。

【例 6－11】根据【例 6－10】资料，计算甲方案的投资回收期。

解：甲方案投资回收期 100 000/36 000＝2.78（年）

若某投资项目投资总额为 100 万元，建设期为 1 年，投产后第 1 年至第 8 年每年现金净流量为 25 万元，第 9 年、第 10 年每年现金净流量均为 20 万元。要求：计算项目的投资回收期。

解：因为，8×25＝200（万元）大于投资额 100 万元

所以，包括建设期的投资回收期＝1＋100/25＝5（年）

2. 经营期年现金净流量不相等

此时，需计算逐年累计的现金净流量，然后用内插法计算出投资回收期。

【例 6－12】根据【例 6－10】资料，计算乙方案的投资回收期。

解：列表计算乙方案累计现金净流量，见表 6－7。

表 6－7　累计现金流量计算表　　单位：元

项目计算期	乙方案	
	净现金流量	累计净现金流量
1	30 000	30 000
2	34 000	64 000
3	38 000	102 000
4	42 000	144 000
5	46 000	190 000

从表6-7可得出，乙方案的投资回收期在第2年与第3年之间，用内插法可计算出：

乙方案包括建设期的投资回收期 = 2 + （100 000 - 64 000）/（102 000 - 64 000）
= 2.95（年）

静态投资回收期是个非折现的绝对量反指标。在评价方案可行性时，包括建设期的回收期比不包括建设期的回收期用途更广泛。各投资方案的投资回收期确定以后，投资回收期最短的方案为最佳方案。因为投资回收期越短，投资风险越小。从这一角度看，还应将各方案的静态投资回收期与基准投资回收期对比，只有投资回收期小于或等于基准投资回收期的方案是可行方案，否则为不可行方案。

静态投资回收期能够直观地反映原始总投资的返本期限，便于理解，计算也不难，是应用较为广泛的传统评价指标，但由于没有考虑货币时间价值因素，又不考虑回收期满后继续发生的现金流量的变化情况，故存在一定弊端。

三、折现评价方法

折现的分析评价方法，是指考虑货币时间价值的分析评价方法，主要包括净现值法、净现值率法、获利指数法、内含报酬率法。

（一）净现值法

净现值法是以净现值作为评价方案是否可行的一种方法。所谓净现值（记作 NPV）是指在项目计算期内，按行业基准收益率或其他设定折现率计算的各年净现金流量现值的代数和。净现值的计算公式为：

$$净现值(NPV) = \sum(第\ t\ 年的净现金流量 \times 第\ t\ 年的复利现值系数)(t = 1,2,\cdots,n)$$

（公式6-17）

【例6-13】某企业一项目投资每年净现金流量如下：

$NCF_0 = -30$（万元）

$NCF_1 = -25$（万元）

$NCF_{2\sim10} = 10$（万元）

$NCF_{11} = 15$（万元）假定折现率为10%。

要求：计算该项目的净现值。

解：净现值 $NPV = 10 \times [(P/A, 10\%, 10) - (P/A, 10\%, 1)] + 15 \times (P/F, 10\%, 11) - [30 + 25 \times (P/F, 10\%, 1)]$

$= 10 \times (6.144\,6 - 0.909\,1) + 15 \times 0.350\,5 - (30 + 25 \times 0.909\,1)$

$= 4.885$（万元）

净现值指标的决策标准是：如果投资方案的净现值大于或等于零，该方案为可行方案；投资方案的净现值小于零，该方案为不可行方案；如果几个方案的投资额相同，项目计算期也相等且净现值大于零，那么净现值最大的方案为最优方案。

净现值是一个贴现的绝对值正指标，其优点在于：一是综合考虑了资金时间价值，能较合理地反映投资项目的真正经济价值；二是考虑了项目计算期的全部净现金流量，体现了流动性与收益性的统一；三是考虑了投资风险性，因为折现率的大小与风险大小有关，风险越大，折现率就越高。但是该指标的缺点也是明显的，即无法直接反映投资项目的实际投资收益率水平；当各项目投资额不同时，难以确定最优的投资项目。

（二）净现值率法

净现值率法是以净现值率作为评价投资方案是否可行的一种方法。所谓净现值率（记作 *NPVR*）是反映项目的净现值占原始投资现值的比率。

净现值率的计算公式为：

净现值率(*NPVR*) = 项目的净现值 / 原始投资的现值合计 × 100%（公式 6 – 18）

【例 6 – 14】根据【例 6 – 13】的有关资料，计算该项目的净现值率。

解：$NPVR = 4.885 / (30 + 25 \times 0.9091) \times 100\% = 9.26\%$

净现值率指标的决策标准是：该指标大于或等于零的投资方案为可行方案。

净现值率是一个考虑了货币时间价值的相对量评价指标，其优点在于可以从动态的角度反映项目投资的资金投入与净产出之间的关系，比其他动态相对数指标更容易计算；其缺点与净现值指标相似，同样无法直接反映投资项目的实际收益率。

（三）现值指数法

现值指数法是以现值指数作为评价投资方案是否可行的一种方法。所谓现值指数（记作 *PI*）又称为获利指数，是指投产后按行业基准折现率或设定折现率折算的各年净现金流量的现值合计与原始投资的现值合计之比。现值指数的计算公式为：

现值指数(*PI*) = 投产后各年净现金流量的现值合计 / 原始投资额的现值合计

或 = 1 + 净现值率（公式 6 – 19）

当原始投资在建设期内全部投入时，现值指数 *PI* 与净现值率 *NPVR* 有如下关系：

现值指数（*PI*）= 1 + 净现值率（*NPVR*）

【例 6 – 15】根据【例 6 – 13】的有关资料，计算该项目的现值指数

解：$PI = \{10 \times [(P/A, 10\%, 10) - (P/A, 10\%, 1)] + 15 \times (P/F, 10\%, 11)\} / (30 + 25 \times 0.9091) = 1.0926$

现值指数 = 1 + 0.0926 = 1.0926

现值指数也是一个考虑了货币时间价值的相对量评价指标，利用该指标进行投资项目决策的标准是：如果投资方案的获利指数大于或等于 1，该方案为可行方案；如果投资方案的现值指数小于 1，该方案不可行；如果几个方案的现值指

数均大于1，那么现值指数越大，投资方案越好。

现值指数法的优缺点与净现值法基本相同，但现值指数法可从动态的角度反映项目投资的资金投入与总产出之间的关系，可以弥补净现值法在投资额不同的方案之间不能比较的缺陷，使投资方案之间可直接用现值指数进行对比。其缺点除了无法直接反映投资项目的实际收益率外，计算起来比净现值率指标还要复杂，计算口径也不一致。

（四）内含报酬率法

内含报酬率法是根据方案本身内含报酬率来评价方案是否可行的一种方法。所谓内含报酬率（记作 *IRR*）又称为内部收益率，是指项目投资实际可望达到的收益率，即能使投资项目的净现值等于零的折现率。显然，内含报酬率 *IRR* 满足下列等式：

$$\sum NCF_t(P/F, IRR, t) = 0 \qquad \text{（公式 6－20）}$$

从式6－20中可知，净现值的计算是根据给定的贴现率求净现值。而内含报酬率的计算是先令净现值等于零，然后求能使净现值等于零的贴现率。所以，净现值不能揭示各个方案本身可以达到的实际报酬率是多少，而内含报酬率实际上反映了项目本身的真实报酬率。

内含报酬率的计算分为两种情况。

1. 经营期内各年净现金流量相等

若经营期内各年净现金流量相同且全部投资均于建设起点一次投入，建设期为零，经营期每年相等的净现金流量（*NCF*）×年金现值系数（*P/A*，*IRR*，*n*）－原始投资额＝0

内含报酬率具体计算的程序如下：

（1）计算年金现值系数（*P/A*，*IRR*，*n*）。

年金现值系数＝原始投资/经营期每年相等的净现金流量

（2）根据计算出来的年金现值系数与已知的年限 *n*，查年金现值系数表，确定内含报酬率的范围。

（3）用插入法求出内含报酬率。

【例6－16】某企业一项目投资每年净现金流量如下：$NCF_0 = -30\,000$ 元，$NCF_{1\sim6} = 9\,000$ 元，

要求：计算该项目的内含报酬率。

解：（*P/A*，*IRR*，6）＝30 000/9 000＝3.333 3

查表可知，

i＝18%时（*P/A*，18%，6）＝3.497 6

i＝20%时（*P/A*，20%，6）＝3.325 5

IRR＝18%＋（3.497 6－3.333 3）/（3.497 6－3.325 5）×（20%－18%）

＝19.91%

2. 经营期内各年净现金流量不相等

若投资项目在经营期内各年现金净流量不相等，或建设期不为零，投资额是在建设期内分次投入的情况下，无法应用上述的简便方法，必须按定义采用逐步测试的方法，计算能使净现值等于零的贴现率，即内含报酬率。其计算步骤如下：

（1）估计一个贴现率，用它来计算净现值。如果净现值为正数，说明方案的实际内含报酬率大于预计的贴现率，应提高贴现率再进一步测试；如果净现值为负数，说明方案本身的报酬率小于估计的贴现率，应降低贴现率再进行测算。如此反复测试，寻找出使净现值由正到负或由负到正且接近零的两个贴现率。

（2）根据上述相邻的两个贴现率用插入法求出该方案的内含报酬率。由于逐步测试法是一种近似方法，因此相邻的两个贴现率不能相差太大，否则误差会很大。

【例6－17】某企业每年净现金流量资料及内含报酬率的计算如表6－8所示。

解：先按16%估计的贴现率进行测试，其结果净现值1 993. 7元，是正数。于是把贴现率提高到18%进行测试，净现值为243. 1元，仍为正数，再把贴现率提高到20%重新测试，净现值为－1 359. 8元，是负数，说明该项目的内含报酬率在18%～20%。

表6－8　逐步测试法数据表　　单位：元

年份	净现金流量（NCF_0）	贴现率16%		贴现率18%		贴现率20%	
		现值系数	现值	现值系数	现值	现值系数	现值
0	－30 000	1	－30 000	1	－30 000	1	－30 000
1	7 000	0. 862 1	6 034. 7	0. 847 5	5 932. 5	0. 833 3	5 833. 1
2	8 000	0. 734 2	5 945. 6	0. 718 2	5 745. 6	0. 694 4	5 555. 2
3	9 000	0. 640 7	5 766. 3	0. 608 6	5 477. 4	0. 578 7	5 208. 3
4	9 000	0. 552 3	4 970. 7	0. 515 8	4 642. 2	0. 482 3	4 340. 7
5	10 000	0. 476 2	4 762. 0	0. 437 1	4 371. 0	0. 401 9	4 019. 0
6	11 000	0. 410 4	4 514. 4	0. 370 4	1 074. 4	0. 334 9	3 683. 9
			1 993. 7		243. 1		－1 359. 8

然后用插入法近似计算内含报酬率：

$$IRR=18\%+(243.1-0)/[243.1-(-1\ 359.8)]\times(20\%-18\%)=18.3\%$$

内含报酬率是个折现的相对量正指标，采用该指标的决策标准是将所测算的各方案的内含报酬率与其资金成本对比，如果方案的内含报酬率大于其资金成本，该方案可行；如果投资方案的内含报酬率小于其资金成本，则方案不可行。如果几个投资方案的内含报酬率都大于其资金成本，且各方案的投资额相同，那么内含报酬率与资金成本之间差异最大的方案最好；如果几个方案的内含报酬率均大于其资金成本，但各方案的原始投资额不等，其决策标准应是“投资额×(内含报酬率-资金成本)”最大的方案为最优方案。

内含报酬率法非常注重货币时间价值，能从动态的角度直接反映投资项目的实际收益水平，且不受行业基准收益率高低的影响，比较客观。但该指标的计算过程十分复杂，当经营期大量追加投资时，又有可能导致多个 *IRR* 出现，使决策者难以决策。

(五) 折现指标之间的关系

净现值、净现值率、获利指数和内部收益率指标之间存在同方向变动关系。即：

(1) 当净现值>0时，净现值率>0，获利指数>1，内部收益率>基准收益率；

(2) 当净现值=0时，净现值率=0，获利指数=1，内部收益率=基准收益率；

(3) 当净现值<0时，净现值率<0，获利指数<1，内部收益率<基准收益率。

此外，净现值率 *NPVR* 的计算需要在已知净现值 *NPV* 的基础上进行，内部收益率 *IRR* 在计算时也需要利用净现值 *NPV* 计算技巧或形式。这些指标都会受到建设期的长短、投资方式以及各年净现金流量的数量特征的影响。所不同的是 *NPV* 为绝对量指标，其余为相对数指标，计算净现值 *NPV*、净现值率 *NPVR* 和现值指数 *PI* 所依据的折现率都是事先已知的 i_c，而内含报酬率 *IRR* 的计算本身与 i_c 的高低无关。

四、运用相关指标评价项目的财务可行性

财务可行性评价指标的首要功能，就是用于评价某个具体的投资项目是否具有财务可行性。在投资决策的实践中，必须对所有已经具备技术可行性的投资备选方案进行财务可行性评价。不能全面掌握某一具体方案的各项评价指标，或者所掌握的评价指标的质量失真，都无法完成投资决策的任务。

1. 完全具备财务可行性的条件

如果某一投资项目的评价指标同时满足以下条件，则可以断定该投资项目无论从哪个方面看都完全具备财务可行性，应当接受此投资方案。这些条件是：

净现值 $NPV \geqslant 0$；净现值率 $NPVR \geqslant 0$；获利指数 $PI \geqslant 1$；内部收益率 $IRR \geqslant i_c$；包括建设期的静态投资回收期 $PP \leqslant n/2$（即项目计算期的一半）；不包括建设期的静态投资回收期 $PP' \leqslant P/2$（即运营期的一半）；投资收益率 $ROI \geqslant$ 基准投资收益率 i。

2. 基本具备财务可行性的条件

若主要指标结论可行，而次要或辅助指标结论不可行，则基本具备财务可行性，即

如果在评价过程中发现某项目的主要指标处于可行区间：$NPV \geqslant 0$，$NPVR \geqslant 0$，$IRR \geqslant i_c$，$PP > n/2$，$PP' > P/2$ 或 $ROI < i$，则可断定该项目基本具有财务可行性。

3. 基本不具备财务可行性的条件

若主要指标结论不可行，而次要或辅助指标结论可行，则基本不具备财务可行性，即 $NPV < 0$，$NPVR < 0$，$IRR < i_c$，$PP \leqslant n/2$，$PP' \leqslant P/2$，$ROI \geqslant i_c$

4. 完全不具备财务可行性的条件

若主要指标结论不可行，次要或辅助指标结论也不可行，则完全不具备财务可行性，即

$NPV < 0$，$NPVR < 0$，$IRR < i_c$，$PP > n/2$，$PP' > P/2$，$ROI < i_c$

5. 其他应注意的问题

在对投资方案进行财务可行性评价过程中，除了熟练掌握和运用上述判定条件外，还必须明确以下两点：

第一，主要评价指标在评价财务可行性过程中起主要作用。

在对独立方案进行可行性评价和投资决策的过程中，当静态投资回收期或投资利润率的评价结论与净现值等主要指标的评价结论发生矛盾时，应当以主要指标的结论为准。

第二，利用动态指标对同一个投资项目进行评价和决策，会得出完全相同的结论。

在对同一个投资项目进行财务可行性评价和决策时，净现值、净现值率、获利指数和内部收益率指标的评价结论是一致的。

【例 6－18】某投资项目只有一个备选方案，计算出来的财务可行性评价指标如下：ROI 为 10%，PP 为 6 年，PP' 为 5 年，NPV 为 162.65 万元，$NPVR$ 为 0.1704，PI 为 1.1704，IRR 为 12.73%。项目计算期为 11 年（其中生产运营期为 10 年），基准投资利润率为 9.5%，基准折现率为 10%。根据上述资料，评价该项目财务可行性的程序如下：

$\because ROI = 10\% > i = 9.5\%$，$PP' = 5 = P/2$，$NPV = 162.65$ 万元 > 0，$NPVR = 17.04\% > 0$，$IRR = 12.73\% > i_c = 10\%$

$\therefore$ 该方案基本具备财务可行性（尽管 $PP = 6$ 年 $> n/2 = 5.5$ 年，超过基准回收期）

评价结论：因为该方案各项主要评价指标均达到或超过相应标准，基本上具有财务可行性，只是包括建设期的投资回收期较长，有一定风险。如果条件允许，可实施投资。

五、项目投资决策评价方法的应用

（一）独立方案财务可行性评价及投资决策

1. 独立方案的含义

在财务管理中，将一组相互分离、互不排斥的方案称为独立方案。在独立方案中，选择某一方案并不排斥选择另一方案。

2. 独立方案的财务可行性评价与决策

对于一组独立方案来说，其中的每个方案都存在着“接受”与“拒绝”的选择。只有完全具备或基本具备财务可行性的方案才可以接受；完全不具备或基本不具备财务可行性的方案，只能选择“拒绝”。

（二）多个互斥方案的比较决策

互斥方案是指互相关联、互相排斥的方案，即一组方案中的各个方案彼此可以相互代替，采纳方案组中的某一方案，就会自动排斥这组方案中的其他方案。

多个互斥方案比较决策，是指在每一个入选方案已具备财务可行性的前提下，利用具体决策方法比较各个方案的优劣，利用评价指标从各个备选方案中最终选出一个最优方案的过程。决策方法主要有净现值法、差额投资内含报酬率法、年等额净回收额法和计算期统一法等。

1. 净现值法

所谓净现值法，是指通过比较所有已具备财务可行性投资方案的净现值指标的大小来选择最优方案的方法。

这种方法适用于原始投资相同且项目计算期相等的多方案比较决策。在此法下，净现值最大的方案为优。

【例6－19】某个固定资产投资项目需要原始投资140万元，有A、B、C、D四个互相排斥的备选方案可供选择，各方案的净现值指标分别为317.824万元，314.572万元，298.176万元和268.572万元。A、B、C、D四个方案的项目计算期相同。

要求：

（1）评价每一个方案的财务可行性。

（2）按净现值法进行比较决策。

解：

（1）评价方案的财务可行性。

因为A、B、C、D每个备选方案的*NPV*均大于零

所以这些方案均具有财务可行性。

（2）按净现值法进行比较决策。

因为317.842＞298.176＞268.572＞168.314

所以，应当选择A方案。

2. 差额投资内部收益率法

差额投资内部收益率法，是指在两个原始投资额不同方案的差量净现金流量的基础上，计算出差额内部收益率，并与行业基准折现率进行比较，进而判断方案优劣的方法。

关于这种方法需要注意三个问题：

（1）适用范围。该法适用于两个原始投资不相同，但项目计算期相同的多方案比较决策。

（2）决策指标计算。差额内部收益率的计算与内部收益率指标的计算方法是一样的，只不过所依据的是差量净现金流量。

（3）决策原则。当差额内部收益率指标大于或等于行业基准收益率或设定折现率时，原始投资额大的方案较优；反之，则投资少的方案为优。

该法经常被用于更新改造项目的投资决策中，当差额内部收益率大于或等于基准折现率或设定折现率时，应当进行更新改造；反之，就不应当进行更新改造。

【例 6-20】A 项目原始投资的现值为 150 万元，1~10 年的净现金流量为 29.29 万元；B 项目的原始投资额为 100 万元，1~10 年的净现金流量为 20.18 万元。行业基准折现率为 10%。

要求：

（1）计算差量净现金流量 ΔNCF。

（2）计算差额内部收益率 ΔIRR。

（3）用差额投资内部收益率法作出投资决策。

解：（1）差量净现金流量。

$$\Delta NCF_0 = -150 - (-100) = -50\text{（万元）}$$

$$\Delta NCF_{1\sim10} = 29.29 - 20.18 = 9.11\text{（万元）}$$

（2）计算差额内部收益率 ΔIRR。

差额内部收益率 ΔIRR

$(P/A, \Delta IRR, 10) = 50/9.11 \approx 5.4885$

$\because (P/A, 12\%, 10) = 5.6502 > 5.4885$

$(P/A, 14\%, 10) = 5.2161 < 5.4885$

$\therefore 12\% < \Delta IRR < 14\%$，应用内插法：

折现率	年金现值系数
12%	5.650 2
ΔIRR	5.488 5
14%	5.216 1

$$\frac{\Delta IRR - 14\%}{12\% - 14\%} = \frac{5.4885 - 5.2161}{5.6502 - 5.2161}$$

$\Delta IRR = 12.74\%$

(3) 用差额投资内部收益率法决策。

用差额投资内部收益率法决策

$\because \Delta IRR = 12.74\% > i_c = 10\%$

$\therefore$ 应当投资 A 项目。

3. 年等额净回收额法

年等额净回收额法，是指通过比较所有投资方案的年等额净回收额（*NA*）指标的大小来选择最优方案的方法。该方法适用于原始投资不同，特别是项目计算期不同的多方案比较决策。其决策标准是：年等额净回收额最大的为优。

年等额净回收额，实际上就是把一个方案的净现值平均分摊到项目计算期的各年。计算公式如下：

年等额净回收额 = 方案净现值 × 资本回收系数 = 方案净现值/年金现值系数

（公式 6 - 21）

【例 6 - 21】F 公司为一家上市公司，公司的资本成本率为 9%，该公司 2009 年有一项固定资产投资计划，拟定了两个方案：甲方案原始投资额为 100 万元，在建设期起点一次性投入，项目寿命期为 6 年，净现值为 27.25 万元。乙方案原始投资额为 120 万元，在建设期起点一次性投入，项目寿命期为 4 年，建设期为 1 年，运营期每年的净现金流量均为 60 万元。假设该项目的风险水平与企业平均风险相同，

要求：

(1) 计算乙方案的净现值。

(2) 使用年等额年金法作出投资决策。

解：(1) 乙方案的净现值 = 60 ×（P/A，9%，3）×（P/F，9%，1）- 120 = 19.33（万元）

(2) 甲方案的年等额年金 = 27.25/（P/A，9%，6）= 6.07（万元）

乙方案的年等额年金 = 19.33/（P/A，9%，4）= 5.97（万元）

结论：应该选择甲方案。

4. 计算期统一法

计算期统一法，是指通过对计算期不相等的多个互斥方案选定一个共同的计算分析期，以满足时间可比性的要求，进而根据调整后的评价指标来选择最优方案的方法。

包括两种具体处理方法：

(1) 方案重复法（计算期最小公倍数法）。这种方法，是将各方案计算期的最小公倍数作为比较方案的计算期，进而调整有关指标，并据此进行多方案决策的一种方法。该方法有两种方式：

第一种方式（重复净现金流量）：将各方案计算期的各年净现金流量进行重

复计算，直到与最小公倍数计算期相等；然后，再计算有关评价指标；最后，根据调整后的评价指标进行方案的比较选择。（该方法比较麻烦，不常用）

【例6－22】假设公司资本成本是10%，有A和B两个互斥的投资项目。有关资料与计算结果如表6－9所示。

表6－9　A、B项目现金流量资料及计算表　单位：万元

项目		A		B		重置B	
时间	折现系数（10%）	现金流	现值	现金流	现值	现金流	现值
0	1	-40 000	-40 000	-17 800	-17 800	-17 800	-17 800
1	0.909 1	13 000	11 818	7 000	6 364	7 000	6 364
2	0.826 4	8 000	6 612	13 000	10 744	13 000	10 744
3	0.751 3	14 000	10 518	12 000	9 016	-5 800	-4 358
4	0.683 0	12 000	8 196			7 000	4 781
5	0.620 9	11 000	6 830			13 000	8 072
6	0.564 5	15 000	8 467			12 000	6 774
净现值			12 441		8 324		14 577

A项目的年限为6年。净现值12 442万元，

B项目的年限为3年，净现值为8 323万元，

我们用方案重复法进行分析：假设B项目终止时可以进行重复一次，该项目的期限就延长到了6年，与A项目相同。两个项目的现金流量分布如表6－9所示。其中重置B项目第3年末的现金流量－5 800万元是重置初始投资－17 800万元与每一期项目第三年末现金流入12 000万元的合计。经计算，重置B项目的净现值为14 577万元。因此，B项目优于A项目。

第二种方式（重复净现值）：直接计算每个方案项目原计算期内的评价指标（主要指净现值），再按照最小公倍数原理对其折现，并求代数和，最后根据调整后的净现值指标进行方案的比较选择。

【例6－23】C、D方案的计算期分别为10年和15年，有关资料如表所示。基准折现率为12%。

表6－10　现金流量资料　单位：万元

年份	1	2	3	4～9	10	11～14	15	净现值
项目C	-700	-700	480	480	600	–	–	756.48
项目D	-1 500	-1 700	-800	900	900	900	1 400	795.54

要求：用计算期统一法中的方案重复法（第二种方式）作出最终的投资决策。

解：依题意，C 方案的项目计算期为 10 年，D 方案的项目计算期为 15 年，两个方案计算期的最小公倍数为 30 年。在此期间，A 方案重复两次，而 B 方案只重复一次，则调整后的净现值指标为：

$NPV'_C = 756.48 + 756.48 \times (P/F, 12\%, 10) + 756.48 \times (P/F, 12\%, 20) = 1\,078.47$（万元）

$NPV'_D = 795.54 + 795.54 \times (P/F, 12\%, 15) = 940.88$（万元）

$\because\ NPV'_C = 1\,078.47$ 万元 $> NPV'_D = 940.88$ 万元

$\therefore$ C 方案优于 D 方案。

运用方案重复法，在项目计算期相差很大的情况下，由于确定的最小公倍数较大，所以计算就很复杂。为了克服方案重复法的缺点，于是提出了另一种计算期统一的方法——最短计算期法。

（2）最短计算期法。最短计算期法又称最短寿命期法，是指在将所有方案的净现值均还原为年等额净回收额的基础上，再按照最短的计算期来计算出相应净现值，进而根据调整后的净现值指标进行多方案比较决策的一种方法。

解题步骤：

第一步：计算每一个方案的净现值；

第二步：计算每一个方案的年等额净回收额；

第三步：以最短计算期计算调整净现值，调整净现值等于年等额净回收额，按照最短计算期计算出净现值；

第四步：根据调整净现值进行决策，也就是选择调整净现值最大的方案。

【例 6－24】C、D 方案的计算期分别为 10 年和 15 年，有关资料如表 6－10 所示。基准折现率为 12%。要求：用最短计算期法作出最终的投资决策。

解：依题意，C、D 两方案中最短的计算期为 10 年，则调整后的净现值指标为：

$NPV = NPV_C = 756.48$ 万元

$NPV = NPV_D \times (A/P, 12\%, 15) \times (P/A, 12\%, 10)$

$= 795.54/6.8109 \times 5.6502 = 659.97$（万元）

$\because\ NPV = 756.48$（万元）$> NPV = 659.97$（万元）

$\therefore$ C 方案优于 D 方案。

六、特殊情况下评价方法及应用

（一）固定资产更新改造决策

固定资产更新是对技术上或经济上不宜继续使用的旧资产，用新的资产更换，或用先进的技术对原有设备进行局部改造。固定资产更新决策主要研究两个问题：（1）决定是否更新；（2）决定选择什么样的资产来更新。

更新决策不同于一般的投资决策。通常设备更新并不改变企业的生产能力，

不会增加企业的现金流入，主要是现金流出，这样我们基本上就不能用贴现的现金流量指标进行分析评价了，而必须求助于其他方法。如果新旧设备的投资寿命期不相等，分析时主要采用平均年成本法，以年成本较低的方案作为选优方案，若新旧设备投资寿命相等，可采用差额分析法，先求出对应项目的现金流量差额，再用净现值法或内部报酬率法对差额进行分析、评价。

1. 寿命期不等时的更新决策——平均年成本法

固定资产的平均年成本是指该资产引起的现金流出的年平均值，即平均每年现金流出。如果不考虑时间价值，它是未来使用年限内现金流出总额与使用年限的比值；如果考虑资金的时间价值，它是未来使用年限内现金流出总现值与年金现值系数的比值。

在使用平均年成本法时要注意两点：（1）平均年成本法是把继续使用旧设备和购置新设备看成是两个互斥的方案，而不是一个更换设备的特定方案。因此不能将旧设备的变现价值作为购置新设备的一项现金流入。（2）平均年成本法的假设前提是将来设备再更新时，可以按原来的平均年成本找到可以替代的设备。

【例6－25】某企业拟用新设备取代已使用3年的旧设备，旧设备原价14 590元，当前估计尚可使用5年，每年操作成本为2 150元，预计最终残值为1 750元，目前变现价值为8 500元；购买新设备需花费13 750元，预计可使用6年，每年操作成本850元，预计最终残值2 500元，该公司预计报酬率为12%，所得税率30%，税法规定该设备应采用直线法折旧，折旧年限6年，残值为原价的10%。

要求：进行是否应该更换设备的分析决策，并列出计算分析过程。

解答：

因新、旧设备使用年限不同，应运用考虑货币时间价值的平均年成本比较两者的优劣。

（1）继续使用旧设备的平均年成本。

每年付现操作成本现值＝2 150×（1－30%）×3.060 48＝5 425.22（元）

每年折旧额＝（14 950－1 489）÷6＝2 242.50（元）

每年折旧抵税的现值＝2 242.50×30%×2.041 8＝1 615.81（元）

残值收益的现值＝[1 750－（1 750－14 950×10%）×30%]×0.567 4（*P/A*，12%，5）＝949.54（元）

旧设备变现收益＝8 500－[8 500－（14 950－2 242.50×3）×30%]
＝8 416.75（元）

继续使用旧设备的现金流出总现值＝5 425.22＋8 416.75－1 615.81－949.54
＝11 276.62（元）

继续使用旧设备的平均年成本＝11 276.62÷3.604 8＝3 128.22

（2）更换新设备的平均年成本。

购置成本 = 13 750（元）

每年付现操作成本现值 = 850 ×（1 - 30%）×4.111 4 = 2 446.28（元）

年折旧额 =（13 750 - 1 375）÷6 = 2 062.50（元）

每年折旧抵税的现值 = 2 062.50 ×30% ×4.111 4 = 2 543.93（元）

残值收益的现值 = ［2 500 -（2 500 - 13 750 ×10%）×30%］×0.506 6
= 95.52（元）

更换新设备的现金流出总现值 = 13 750 + 2 446.28 - 2 543.93 - 1 095.52
= 12 556.83（元）

更换新设备的平均年成本 = 12 556.83 ÷4.111 4 = 3 064.15（元）

因为更换新设备的平均年成本（3 064.15）低于继续使用旧设备的平均年成本（3 128.22），故应该更新设备。

2. 投资寿命相等时的更新决策——差额分析法

在新、旧设备的投资寿命期相同的情况下，一般普遍运用的分析方法是差额分析法，用以计算两个方案（出售旧设备购置新设备和继续使用旧设备）的现金流量之差以及净现值差额，如果净现值大于零，则购置新设备，否则继续使用旧设备。在此不再赘述。

（二）租赁与购买决策

如果企业需添置一项固定资产，既可以购买也可以采用经营租赁的方式租入，就需要在这两种方式中进行选择决策。其决策方法有两种，一是分别计算两个方案的差额净现金流量，然后按差额投资内部收益率法进行决策；二是直接比较两个方案的折现总费用的大小，然后选择折现总费用低的方案。

【例 6 - 26】某企业急需一台不需要安装的设备，设备投入使用后，每年可增加的营业收入与营业税金及附加的差额为 50 000 元，增加经营成本 34 000 元。市场上该设备的购买（含税）为 77 000 元，折旧年限为 10 年，预计净残值为 7 000元。若从租赁公司按经营租赁的方式租入同样的设备，只需每年年末支付 9 764元租金，可连续租用 10 年。假定基准折现率为 10%，适用的企业所得税税率为 25%。

根据上述资料，分析计算如下：

（1）差额投资内部收益率法。

购买设备的相关指标计算：

购买设备投资 = 77 000 元

购买设备每年增加的折旧额 =（77 000 - 7 000）/10 = 7 000（元）

购买设备每年增加的营业利润 = 50 000 -（34 000 + 7 000）= 9 000（元）

购买设备增加的净利润 = 9 000（1 - 25%）= 6 750（元）

购买设备方案的所得税后的净现金流量为：

NCF_0 = - 购买固定资产的投资 = - 77 000（元）

$NCF_{1\sim9}=6\,750+7\,000=13\,750$（元）

$NCF_{10}=6\,750+7\,000+7\,000=20\,750$（元）

租入设备的相关指标计算：

租入固定资产的投资 =0

租入设备每年增加的折旧 =0

租入设备每年增加的营业利润 =50 000 -（34 000 +9 764）=6 236（元）

租入设备每年增加的净利润 =6 236 ×（1 -25%）=4 677（元）

租入设备方案的所得税后的净现金流量为：

$NCF_0=-$租入固定资产的投资 $=0$

$NCF_{1\sim10}=4\,677+0=4\,677$（元）

购买和租赁设备差额净现金流量为：

$\Delta NCF_0=-(77\,000-0)=-77\,000$（元）

$\Delta NCF_{1\sim9}=13\,750-4\,677=9\,073$（元）

$\Delta NCF_{10}=20\,750-4\,677=16\,073$（万元）

按插入函数法计算得 $\Delta IRR=4.32\%$

作出决策：$\because \Delta IRR=4.32\%<I_C=10\%$

$\therefore$ 不应该购买设备，而应租入设备。

（2）折现总费用比较法。无论是购买设备还是租赁设备，每年增加营业收入、增加营业税金及附加和增加经营成本都不变，可以不予考虑。

计算购买设备的折现总费用：

购买设备的投资现值 =77 000 元

购买设备每年增加折旧额的现值 =7 000 ×（P/A，10%，10）=7 000 ×6. 144 6

=43 011. 5（元）

购买设备每年增加折旧额而抵减所得税的现值合计 =7 000 ×25% ×（P/A，10%，10）

=1 750 ×6. 144 6 =10 753. 05（元）

购买设备回收固定资产余值的现值 =7 000 ×（P/F，10%，10）=7 000 ×0. 385 5

=2 698. 5（元）

购买设备的折现总费用合计 =77 000 +43 011. 5 -10 753. 05 -2 698. 5

=106 556. 95（元）

计算租入设备的折现总费用：

租入设备每年增加租金的现值合计 =9 764 ×（P/A，10%，10）

=9 764 ×601 146

=59 995. 87（元）

租入设备每年增加租金而抵减所得税的现值合计 =9 764 ×25% ×（P/A，10%，10）=2 441 ×601 146 =14 998. 97（元）

租入设备的折现总费用合计 =59 995. 87 -14 998. 97

=44 999. 90（元）

作出决策：

∵ 购买设备的折现总费用合计 = 106 559.95 元 > 租入设备的折现总费用合计 = 44 999.90 元

∴ 不应该购买设备，而应租入设备

（三）资本限量决策

资本限量决策是指在企业投资资金数额已定的情况下所进行的投资决策。尽管存在很多有利的投资项目，但由于企业无法筹集到足够的资金，故只能在已有资金的限制下进行决策。大公司的一个部门只能在某一个特定的预算上限之内进行资本投资，超过此上限该部门无决策权，这是资本限量的一个例子。资本限量条件下决策的目标是：在预算限额内选择能提供最大净现值的投资方案组合，并争取将预算限额全部用完。在进行资本限量决策时，管理人员应该同时考虑几个期间。因为有些项目早期可以产生大量的现金净流量，这些现金流量可以减少早期的预算控制，为其他方案融通资金。实践中，如果项目是可拆分的，可将方案根据获利指数由高到低的顺序排列来选取项目组合；如果项目是不可拆分的，就要选取能产生最大净现值的方案组合。

【例 6-27】假设企业目前正在评价三个可能的投资项目，每个项目的预期现金流量模式如表 6-11 所示。假设企业的资本成本是 12%，该年的投资预算限额为 1 200 万元。每个项目均可拆分（即如果需要的话可以执行项目中的一部分）。公司应实施哪些投资项目？

表 6-11　　项目现金流量表　　单位：万元

	0	1	2	3	4
A	-800	500	200	300	400
B	-900	500	300	300	500
C	-1 100	400	400	500	650

以 12% 为折现率计算这三个项目的净现值，可得到项目 A 的净现值为 280 万元；项目 B 的净现值为 320 万元；项目 C 的净现值为 360 万元。若按净现值进行排序，则项目 C 居于首位，项目 B 位列第二，项目 A 居于末位。因为本年的资金限额为 1 200 万元，所以运用这个方法的结果是实施项目 C 的全部（1 100 万元）和项目 B 的部分（100 万元）。这时，1 200 万元投资所获得的全部净现值为 360 + 320/9 = 396（万元）。

不过，396 万元并不是项目组合中最大的净现值。

当项目可拆分时，最好的方法是计算每个方案的获利指数，按其由高到低来排列方案，进而作出投资决策。

用上面的信息，可以得到每个项目的获利指数，式中的分子表示扣除投资支出前的未来现金流量（表 6-12）。

表 6－12 获利指数计算表 单位：万元

项目	A	B	C
获利指数	1 080/800 = 1.35	1 220/900 = 1.36	1 460/1 100 = 1.33

由计算结果可以看到每个项目的获利指数都大于 1。只要项目的净现值为正，获利指数总是大于 1。项目 B 的获利指数最高，所以应排在首位。项目 A 列第二，项目 C 列第三。这时投资 1 200 万元所取得的全部净现值为：320 + 280 × 3/8 = 425（万元）。这个数字高于根据项目的净现值进行排序所获得的 396 万元。

获利指数方法只适用于项目可拆分的情况。如果情况不是这样，那么就得用不同的方法来解决资本限量问题。这时，我们必须着眼于项目组合的总净现值，并选择能在资本限量下获得最高净现值的组合。在本例中，由于项目 C 能使可运用资金产生最大的净现值（360 万元），所以建议采取项目 C。

第四节 项目投资风险处置的方法

由于项目投资涉及的时间较长，在未来期间还存在许多不确定因素，所以风险是客观存在的，为此需要通过一定方法对可能包含的风险程度进行估量，进而考虑风险对投资价值的影响，进行科学的决策。这些方法主要有：风险调整贴现率法、风险调整现金流量法（肯定当量法）、系统性风险估计法。

一、风险调整贴现率法

将与特定投资项目有关的风险报酬，加入到资本成本或企业要求达到的报酬率中，构成按风险调整的折现率，并据以进行投资决策分析的方法，叫做风险调整折现率法。风险调整折现率法是更为实际，更为常用的风险处置方法。这种方法的基本思路是对高风险项目，应该采用较高的折现率计算净现值。

按风险调整的折现率有如下几种确定方法。

1. 资本资产定价模型来调整折现率

特定投资项目按风险调整的折现率可按下式来计算：

$$K_j = r_j + \beta(K_m - r_j) \qquad \text{（公式 6－22）}$$

式中：K_j 代表项目 j 按风险调整的折现率或项目的必要报酬率；r_j 代表无风险利率；β 代表项目 j 的 β 系数；K_m 代表所有项目平均的折现率或必要报酬率。

2. 投资项目的风险等级来调整折现率

这种方法是对影响投资项目风险的各种因素进行评分，根据评分来确定风险等级，并根据风险等级来调整折现率的一种方法，可通过表 6－13 和表 6－14 加以说明。

表 6－13　项目投资的风险状况及得分表

	A		B		C		D		E	
	状况	得分	状况	得分	状况	得分	状况	得分	状况	得分
市场竞争	无	1	较弱	2	一般	5	较强	8	很强	11
战略上的协调	很好	1	较强	2	一般	5	较差	8	很差	11
投资回收期	1.5 年	5	1 年	1	2.5 年	8	3 年	9	4 年	13
资源供应	一般	7	很好	1	较好	4	很差	15	较差	11
总分	/	14	/	6	/	22	/	40	/	46
折现率		9%		7%		12%		17%		≥25%

表 6－14　得分对应折现率表

总分	风险等级	调整后的折现率
0～8	很低	7%
8～16	较低	9%
16～24	一般	12%
24～32	较高	15%
32～40	很高	17%
40 以上	最高	25% 以上

表 6－14 中的分数、风险等级、折现率的确定都由企业的管理人员根据以往的经验来设定，具体的评分工作则应由销售、生产、技术、财务等部门组成专家小组来进行，所列的影响风险的因素、风险状况都可能会更多。

3. 按投资项目的类别调整折现率

有些企业为经常发生的特定类型的风险项目，预先根据经验按风险大小规定了高低不等的折现率，以供决策之需。例如，某公司对不同类型的项目的折现率规定如表 6－15 所示。

表 6－15　投资项目类别对应折现率表

投资项目类别	风险调整折现率（边际资本成本＋风险补偿率）
重置型项目	10%＋2%＝12%
改造、扩充现有产品生产项目	10%＋5%＝15%
增加新生产线项目	10%＋8%＝18%
研究开发项目	10%＋15%＝25%

将企业从事的常规项目进行适当分类，并按风险越高，风险调整折现率越高的规律明确各类项目的折现率，操作较为简单。

按风险调整折现率以后，具体的评价方法与无风险时的基本相同。这种方法对风险大的项目采用较高的折现率，对风险小的项目采用较低的折现率，简单明了，便于理解，因此被广泛采用。但这种方法把时间价值和风险价值混在一起，人为地假设风险一年比一年大，这是不合理的。

二、风险调整现金流量法（肯定当量法）

风险的存在使各年的现金流量变得不确定，为了克服风险调整贴现率法的缺陷，就要对各年现金流量按风险程度进行调整。所谓肯定当量法就是把不确定的各年现金流量，按照一定的系数折算为大约相当于肯定的现金流量的数量，然后，利用无风险贴现率来计算净现值，以评价风险投资项目的决策分析方法。计算公式为：

$$\text{风险调整后净现值} = \sum_{t=0}^{n} \frac{a_t \times \text{现金流量期望值}}{(1 + \text{无风险报酬率})^t} \qquad \text{（公式 6 - 23）}$$

其中：a_t 代表 t 年现金流量的肯定当量系数，它在 0 ~ 1 之间。

肯定当量系数，是指不肯定的一元现金流量期望值相当于使投资者满意的肯定的金额的系数。它可以把各年不肯定的现金流量换算为肯定的现金流量。

【例 6 - 28】某企业一项目投资 A，其各年现金流量和分析人员确定的肯定当量系数如表 6 - 16 所示，无风险折现率为 10%，试评价该项目的可行性。

表 6 - 16　　现金流量与肯定当量系数表

时间	0	1	2	3	4	5
现金流量	-30 000	14 000	10 000	12 000	9 000	7 000
a_t	1	0.9	0.8	0.7	0.6	0.6

根据以上资料，利用净现值法进行评价。

$$\begin{aligned}\text{风险调整后的净现值} &= 0.9 \times 14\,000 \times 0.909\,1 + 0.8 \times 10\,000 \times 0.826\,4 + 0.7 \times 12\,000 \times \\ &\quad 0.751\,3 + 0.6 \times 9\,000 \times 0.683 + 0.6 \times 7\,000 \times 0.620\,9 - 30\,000 \\ &= 132.76 \text{ 元}\end{aligned}$$

从计算结果可以看出，该方案可行。

肯定当量法是用调整净现值公式中分子的办法来考虑风险，风险调整贴现率法是用调整净现值公式分母的办法来考虑风险，这是两者的重要区别。肯定当量法克服了风险调整贴现率法夸大远期风险的缺点，可以根据各年不同的风险程度，分别采用不同的肯定当量系数，但要准确合理地确定当量系数，确实是比较困难的。

第五节 项目投资的税务管理

一、研发的税务管理

（一）研发税务管理的主要内容

我国企业所得税法规定，开发新技术、新产品、新工艺发生的研究开发费用，可以在计算应纳所得税时加计扣除。具体办法为：企业为开发新技术、新产品、新工艺发生的研究开发费用，未形成无形资产的计入当期损益，在按照规定据实扣除的基础上，再按照研究开发费用的50%加计扣除；形成无形资产的，按照无形资产成本的50%摊销。同时根据国税函［2009］98号文件，对于企业由于技术开发费用加计扣除部分形成企业年度亏损部分作为纳税调减项目处理。

（二）研发税收筹划

【例6－29】某企业按规定可享受开发费加计扣除的优惠政策。2008年，企业根据产品的正常需求，拟开发出一系列新产品，产品开发计划两年，科研部门提出技术开发费预算需860万元，据预测，在不考虑技术开发费的前提下，企业第一年可实现利润350万元，企业第二年可实现利润1 000万元。假定企业所得税税率为25%，且无其他纳税调整事项，预算安排不影响企业正常的生产进度。

方案1：第一年预算400万元，第二年预算为460万元。

方案2：第一年预算为240万元，第二年预算为620万元。根据上述资料，分析如下：

方案1：第一年发生的技术开发费400万元，如上可加计扣除50%即200万元，则可税前扣除600万元。

应纳税所得额＝400－（400＋200）＝－200＜0

所以该年度不缴企业所得税，亏损留至下一年弥补。

第二年发生的技术开发费460万元，加上可加计扣除50%即230万元，则可税前扣除额为690万元。

应纳税所得额＝1 000－（460＋230）－200＝110（万元）

应交所得税 110×25%＝27.5（万元）

方案2：第一年发生的技术开发费240万元，加上可加计扣除的50%即120万元，则可税前扣除额360万元。

应纳所得税额＝400－（240＋120）＝40（万元）

应交所得税＝40×25%＝10（万元）

第二年发生的技术开发费620万元，加上可加计扣除的50%即310万元，则可税前扣除额930万元。

应纳所得税额＝1 000－（620＋310）＝70（万元）

应缴所得税 $=70\times25\%=17.5$（万元）

由上例可以看出，尽管企业技术开发费享受加计扣除优惠总额相同，但由于发生时间不同，造成企业每一年度应缴所得税额不同。

二、直接投资的税务管理

（一）直接投资税务管理的主要内容

直接投资可以分为对内直接投资和对外直接投资。对内直接投资是企业将资金投向生产经营性资产以期获得收益的行为，如投资固定资产、垫付营运资金等。对外直接投资如企业间的合作、联营。

1. 投资方向的税务管理

税收作为重要的经济杠杆，体现着国家的经济政策和税收政策。为了优化产业结构，国家往往通过税收政策影响企业投资方向的选择。如税法规定，对于国家重点扶持的高新技术企业，按15%的税率征收企业所得税；对于创业投资企业从事国家需要重点扶持和鼓励的投资，可以按投资额的一定比例抵扣应纳所得税额。

2. 投资地点的税务管理

企业进行投资决策时，需要对投资地点的税收待遇进行考虑，充分利用优惠政策。国家为了支持某些地区的发展，在一定时期内实行税收政策倾斜。如税法规定，对设在西部地区国家鼓励类产业的内资企业，在2001年到2010年期间，按15%的税率征收企业所得税。

3. 投资方式的税务管理

企业可以采取货币、实物、知识产权、土地使用权等投资方式。根据税法对不同投资方式的规定，合理选择投资方式，可以达到减轻税收负担的目的。

4. 企业组织形式的税务管理

企业在发展到一定规模后需要设立分支机构，分支机构是否具有法人资格决定了企业所得税的纳税方式。如果具有法人资格，则独立申报企业所得税，如果不具有法人资格，则需由总机构汇总计算并缴纳企业所得税。根据企业分支机构可能存在的盈亏不均、税率差别等因素来决定分支机构的设立形式，将会合理、合法地降低税收成本。

（二）直接投资税收筹划

【例6-30】某企业（非房地产开发企业）准备将一处房地产转让给另一家企业乙，房地产公允市价为6 000万元，城建税及教育费附加分别为7%和3%。企业面临两种选择；一种是直接销售房地产；另一种是将房地产作价6 000万元投入乙企业，然后将持有的股权以6 000万元转让给乙公司的母公司，站在节税减负角度，哪种方式更合适（不考虑土地增值税，假定印花税税率为0.5%）？

根据上述资料，分析如下：

方案1：企业直接销售房地产。

应缴营业税、城建税及教育费附加 $=6\,000\times5\%\times(1+7\%+3\%)=330$（万元）

应缴印花税 $=6\,000\times0.05\%=3$（万元）

方案2：企业先将房地产投入然后转让其股权。

企业以房地产作为出资投入并承担投资风险和分享利润，按照营业税规定无需缴纳营业税投资后转让其持有的股权时仍不需缴纳流转税，但需缴纳印花税。

企业应交纳的税费：

房产投资时应缴印花税 $=6\,000\times0.05\%=3$（万元）

股权转让时应缴印花税 $=6\,000\times0.05\%=3$（万元）

合计应缴税金 $=3+3=6$（万元）

所以从节税减负角度看，企业采用第二种投资方式更合适。

【例6-31】某企业为扩大产品销售，谋求市场竞争优势，打算在A地和B地设销售代表处。根据企业财务预测：2008年A地代表处将盈利200万元，而B地代表处由于竞争对手众多，2008年将暂时亏损90万元，同年总部将盈利350万元。公司高层正在考虑设立分公司形式还是子公司形式对企业发展更有利？假设不考虑应纳所得税的调整因素，企业所得税税率为25%。

根据上述资料，分析如下：

（1）假设两分支机构采取分公司形式设立销售代表处，则均不具备独立纳税人条件，年企业所得税额需要汇总到企业总部集中纳税。

则2008年公司总部所得税为 $[(200-90+350)\times25\%]=115$（万元）

（2）假设A分支机构采取分公司形式设立，B分支机构采取子公司形式设立。

则企业总部应缴所得税为 $[(200+350)\times25\%]=137$（万元）

B分支机构当年亏损所以不需要缴纳所得税，其亏损额需留至下一年度税前弥补。

（3）假设A分支机构采取子公司形式设立，B分支机构采取分公司形式设立。

则企业总部当年应缴纳所得税为 $[(-90+350)\times25\%]=65$（万元）

A分支机构当年应缴纳所得税为 $200\times25\%=50$（万元）

（4）假设两分支机构都采取子公司形式设立销售代表处，则均为独立法人，具备独立的纳税条件从而实行单独纳税。

则企业总部当年应缴纳所得税为 $350\times25\%=87.5$（万元）

A分支机构当年应缴纳所得税为 $200\times25\%=50$（万元）

B分支机构当年亏损所以不需要缴纳所得税，其亏损额需留至下一年度税前弥补。

通过上述分析比较，B分支机构设立为分公司形式对企业更有利。

本章小结

本章主要介绍了投资概述、项目投资的现金流量分析、项目投资决策评价指标及计算、项目投资决策评价指标的运用、项目投资风险处置的方法、考虑期权价值的投资决策及项目投资的税务管理。其主要内容包括：

（1）投资概述。项目投资是一种以特定建设项目为对象，直接与新建项目或更新改造项目有关的长期投资行为。项目的原始投资包括建设投资和流动资金投资两项内容，项目的投资额等于原始投资与建设期资本利息的和。项目计算期是指投资项目从投资建设开始到最终清理结束整个过程的全部时间。要进行项目投资必须掌握项目投资决策评价的基本原理。

（2）项目投资现金流量分析。项目投资是一种以特定建设项目为对象，直接与新建项目和更新改造项目有关的长期投资行为。要正确进行项目投资可行性评价，其关键就是正确确定现金流量，现金流量是指投资项目在其计算期内各项现金流入量与现金流出量的总称。现金流入量包括：营业收入、固定资产余值回收、流动资金回收、补贴收入等；现金流出量包括：建设投资、营运资金投资、经营成本、各项税款等；净现金流量是指在项目计算期内由每年现金流入量与同年现金流出量之间的差额所形成的序列指标。要掌握现金流量的估算方法，在估算现金流量时必须考虑所得税和通货膨胀对现金流量的影响。最后计算项目投资的各年净现金流量，为项目投资决策提供依据。

（3）项目投资决策评价指标计算及其运用。项目投资决策评价指标是指用于衡量和比较投资项目可行性，以便据以进行方案决策的定量化标准与尺度，投资决策评价指标主要包括静态投资回收期、投资收益率、净现值、净现值率、获利指数、内部收益率。其中计算时不考虑时间价值的为静态指标，如静态投资回收期、投资收益率；考虑时间价值的为动态指标如净现值、净现值率、获利指数、内部收益率；越大越好的为正指标，越小越好的为反指标。

运用上述指标对投资项目的财务可行性进行评价时，对于独立方案财务可行性评价与投资决策可以同时完成；互斥方案的决策必须以方案具备财务可行性为前提，运用项目投资多方案比较决策的方法进行决策，这些方法主要包括净现值法、净现值率法、年等额净回收额法、差额投资内部收益率法和计算期统一法等。

（4）项目投资风险处置的方法。在项目投资中风险是客观存在的，因此必须运用一定的方法对可能包含的风险进行估量，通过考虑风险对投资价值的影响进行科学的决策。这些方法主要有：风险调整贴现率法、风险调整现金流量法、系统性风险的估计。

第七章 证券及金融衍生工具投资

学习目标

本章主要讲授股票与债券投资、期货投资、基金投资以及证券投资的税务管理等内容。通过本章学习，应重点掌握：

1. 理解股票与债券投资的目的和特点，证券投资组合的概念，掌握股票与债券投资的分析计算方法以及证券投资组合的预期收益率和β系数的测算。

2. 了解期货的分类，理解期货的含义及交易过程，掌握金融期货的决策过程及股指期货的特征与功能。

3. 理解基金的概念和基金投资的优缺点，掌握投资基金的价值与收益率的计算。

4. 了解证券投资税收管理的方式，掌握证券投资的税务筹划。

第一节　股票与债券投资

一、股票投资

（一）股票投资的目的和特点

企业进行股票投资的目的主要有两种：一是获利，即作为一般的证券投资，获取股利收入及股票买卖差价；二是控股，即通过购买某一企业的大量股票达到控制该企业的目的。

股票投资和债券投资都属于证券投资。股票投资相对于债券投资而言具有以下特点。

1. 股票投资是权益性投资

股票投资与债券投资虽然都是证券投资，但投资的性质不同：股票投资是权益性投资，股票是代表所有权的凭证，持有人作为发行公司的股东，有权参与公司的经营决策。

2. 股票投资的风险大

投资者购买股票后，不能要求股份公司偿还本金，只能在证券市场上转让。

因此股票投资者至少面临两方面的风险：一是股票发行公司经营不善所形成的风险；二是股票市场价格变动所形成的价差损失风险。

3. 股票投资的收益率高

由于投资的高风险性，股票作为一种收益不固定的证券，其收益率一般高于债券。

（二）股票投资的基本分析法

股票价格是股票在市场上出售的价格。它的具体价格及其波动受制于各种经济、政治等方面的因素，并受到投资心理和交易技术等的影响。概括起来说，影响股票价格及其波动的因素，主要可以分为两大类：一个是基本因素；另一个是技术因素。

所谓基本因素，是指来自股票的市场以外的经济、政治因素以及其他因素，其波动和变化往往会对股票的市场价格趋势产生决定性影响。一般地说，基本因素主要包括经济性因素、政治性因素、人为操纵因素和其他因素等。

基本分析法，也称为基本面分析方法，主要是通过对影响证券市场供求关系的基本要素进行分析，评价有价证券的真正价值，判断证券的市场价格走势，为投资者进行证券投资提供参考依据。基本分析法主要适用于周期相对较长的个别股票价格的预测和相对成熟的股票市场。

1. 宏观分析

宏观分析是通过对一国政治形势是否稳定、经济形势是否繁荣等的分析，判断宏观环境对证券市场和证券投资活动的影响。宏观分析包括政治因素分析和宏观经济因素分析。

2. 行业分析

行业分析主要探讨产业和区域经济对股票价格的影响，主要包括行业的市场结构分析、行业的经济周期分析、行业生命周期分析等。

3. 公司分析

公司分析主要是对特定上市公司的行业选择、成长周期、内部组织管理、经营状况、财务状况及营业业绩等进行全面分析。

公司分析是基本分析法的重点。通过对发行证券的公司进行全面分析，能较准确预测该公司证券的价格及其变动趋势，为证券投资决策提供依据。

股票投资的基本分析法是证券市场分析方法的基础。在既定环境下进行股票投资的基本分析，应重点关注微观层次的公司分析，这是基本分析法的重点和难点。财务分析是基本分析法中的一种具体方法；运用资本资产定价模型等理论进行公司分析，在股票投资中是常见的做法。

【例 7-1】某公司股票的 β 系数为 2.5，无风险的利率为 6%，市场所有股票的平均报酬率为 10%。

要求：（1）计算该公司股票的预期收益率；

(2) 若该股票为固定成长股，成长率为6%，预计一年后的股利为2.0元，则该股票的价值为多少？

(1) 根据资本资产定价模型。

该公司股票的预期收益率 = 6% + 2.5 × (10% − 6%) = 16%

(2) 根据固定成长股票的估价模型。

该股票价值 = 2.0/(16% − 6%) = 20(元)

【例7-2】某公司于2005年3月1日购入甲、乙、丙三个公司的股票。其中，甲公司股票准备长期持有，乙公司和丙公司的股票预计持有5年。甲公司股票的β系数为1.2，该股票每年发放股利3.32元，股利增长速度为零，购入时无风险报酬率为7%；乙公司股票为固定成长股票，股利年增长率为5%，今年发放的股利为每股3元，乙公司的投资报酬为15%；丙公司的股票估计在未来3年内股利将高速增长，股利增长率为20%，以后转为正常增长，增长率为8%，公司最近支付的股利为1.5元。假设公司要求的投资报酬率为15%。

要求：计算三种股票目前的内在价值。

(1) 计算甲公司股票的内在价值。

甲公司的预期报酬率 = 7% + 1.2 × (15% − 7%) = 16.6%

甲公司股票目前的内在价值 = 3.32/16.6% = 20(元)

(2) 计算乙公司股票目前的内在价值 = 3 × (1 + 5%) / (15% − 5%) = 31.5(元)

(3) 计算丙公司股票目前的内在价值。

前三年的股利现值 = $1.5 \times (1+20\%) \times 0.869 + 1.5 \times (1+20\%)^2 \times 0.756 + 1.5 \times (1+20\%)^3 \times 0.658 = 4.9$(元)

第三年底股票的内在价值 = $1.5 \times (1+20\%)^3 \times (1+8\%) \div (15\% - 8\%) = 39.99$(元)

前三年底股票的内在价值 = 39.99 × (P/F，15%，3) = 39.99 × 0.658 = 26.31(元)

丙公司股票的内在价值 = 4.9 + 26.31 = 31.21(元)

【例7-3】甲公司持有A、B、C三种股票，在由上述股票组成的证券投资组合中，各股票所占的比重分别为50%，30%和20%，其β系数分别为2.0，1.0和0.5。市场收益率为15%，无风险收益率为10%。A股票当前每股市价为12元，刚收到上一年度派发的每股1.2元的现金股利，预计股利以后每年将增长8%。

要求：

(1) 计算以下指标：

①甲公司证券组合的β系数；

②甲公司证券组合的风险收益率(Rp)；

③甲公司证券组合的必要投资收益率(K)；

④投资A股票的必要投资收益率。

(2) 利用股票估价模型分析当前出售A股票是否对甲公司有利。

解：

（1）①$\beta = 50\% \times 2 + 30\% \times 1 + 20\% \times 0.5 = 1.4$

②$Rp = 1.4 \times (15\% - 10\%) = 7\%$

③$K = 10\% + 1.4 \times 5\% = 17\%$

④$KA = 10\% + 2 \times 5\% = 20\%$

（2）$VA = 1.2 \times (1 + 8\%) / (20\% - 8\%) = 10.8$ 元

A 股票当前每股市价 12 元大于 A 股票的价值，因而出售 A 股票对甲公司有利。

（三）股票投资的技术分析法

股票投资的技术分析法是以预测市场价格变化的未来趋势为目的，以图表、技术指标为主要手段对市场行为进行研究的方法。在成熟的证券市场中，股票的投资价值一般能从其价格、成交量等方面反映出来，因此，技术分析法实际上是对市场一段时间的价、量关系做出分析，以预测其未来走势的一系列方法，其最终分析的对象是价格、成交量、时间、空间。其中，价格反映了股票市场变化方向；成交量反映了市场对价格变化方向的认同程度；时间是指一种行情或者走势持续的时间跨度；空间是指某一趋势可能达到的高点或者低点，股市行情在高点或者低点很可能变盘。时空分析的目的是寻找买卖时机。

基本分析的目的是为了判断股票现行股价的价位是否合理并描绘出它长远的发展空间，而技术分析主要是预测短期内股价涨跌的趋势。

1. 技术分析法的含义

技术分析法是从市场行为本身出发，运用数理系统和心理学等理论和方法，根据证券市场已有的价格、成交量等历史资料来分析价格变动趋势的方法。

2. 技术分析法的理论基础

技术分析法的理论基础主要包括三个假设。

（1）市场行为包含一切信息。影响证券市场的信息包括公开信息和非公开信息。价格、成交量等是市场参与者对所有公开和非公开信息做出反应的结果。

（2）价格沿趋势运动。价格的运动和变化总是遵循一定的趋势，这个趋势所体现的规律正是技术分析法的核心。

（3）历史会重演。根据心理学研究，人类在类似情况下会产生既定的反应；虽然人类的行为十分复杂，不会出现完全相同的行为组合，市场也不会有完全相同的表现，但其显示的类似特点足以让技术分析者根据历史资料判断价格变动的趋势。

3. 技术分析法的内容

（1）指标法。是根据市场行为的各种情况建立数学模型，按照一定的数学计算公式，得到一个体现股票市场某个方面内在实质的数字，即指标值。指标的具体数值和相互关系直接反映了股市所处的状态，为具体操作提供方向性指导。

指标反映的东西大多是从股市行情报表中不能直接看到的。

（2）K线法。K线法的研究侧重于若干条K线的组合情况，通过推测股票市场多空双方力量的对比来判断股票市场多空双方谁占优势，是暂时的还是决定性的。K线图是进行各种技术分析的最重要图表。

（3）形态法。是指根据价格图表中过去一段时间价格轨迹的形态预测股价的未来趋势的方法。

（4）波浪法。是指把股价的上下变动和不同时期的持续上涨、下降看成似波浪的上下起伏。股票的价格也遵循波浪起伏的规律。

二、债券投资

（一）债券投资的目的和特点

企业进行短期债券投资的目的主要是为了合理利用暂时闲置资金，调节现金余额，获得收益。当企业现金余额太多时，便投资债券，收回现金，使现金余额提高。企业进行长期债券投资的目的主要是为了获得稳定的收益。

债券投资的特点体现在以下几个方面。

1. 投资期限方面

不论长期债券投资，还是短期债券投资，都有到期日，债券到期应当收回本金，投资应考虑期限的影响。

2. 权利义务方面

从投资权利来说，在各种投资方式中，债券投资者的权利最小，无权参与被投资企业经营管理，只有按约定取得利息，到期收回本金的权利。

3. 收益与风险方面

债券投资收益通常是事先预定的，收益率通常不及股票高，但是有较强的稳定性，投资风险较小。

（二）债券投资决策

债券投资决策主要是对投资的时机、投资的期限、拟购入的债券等做出选择的过程，决策过程中应该考虑一系列约束条件的限制，包括可支配的资金数额约束、投资收益率要求、投资风险偏好等。债券投资决策的结果应该是在符合约束条件要求的情况下，尽可能实现投资目标。

债券投资决策中可以考虑消极的投资策略和积极的投资策略两种思路。消极的投资策略是指投资者在买入债券后的一段时间内，很少进行买卖或者不进行买卖，只要求获取不超过目前市场平均收益水平的收益。典型的消极投资策略主要就是买入债券并持有至到期。这种策略的现金流是确定的，投资中选取信用程度较高的债券即可。积极的投资策略是指投资者根据市场情况不断调整投资行为，以期获得超过市场平均水平的收益率。积极的投资策略包括：（1）通过对预期利率的变动主动交易。预计利率下降时，买进债券或增持期限较长的债券；预计利率上升时，卖出债券，或增加期限较短的债券比例。(2) 控制收益率曲线法。由于期限较长的债券一般有较高的收益率，所以投资人购买债券并持有至到期前卖出债券，再购入另一个同样期限的债券，从而能够始终获得较高的收益率。

1. 利用债券内在价值进行决策

确定债券内在价值即对债券估价（债券估价已在第二章述及此处不再赘述）。进行证券投资的前提是债券的价值大于其购买价格，反之，不应该进行投资。

【例7－4】某公司准备发行面值为500元的企业债券，年利率为8%，期限为5年。就下列条件分别计算债券价值。(1) 每年计息一次请分别计算市场利率在6%、8%、10%的条件下的企业债券价值。(2) 到期一次还本付息（单利）分别计算市场利率在6%、8%、10%的条件下的企业债券价值。(3) 到期一次还本付息分别计算市场利率在6%、8%、10%的条件下的企业债券价值。假定此时该债券市场价为480元，是否应该购买？(4) 无息折价债券分别计算市场利率在6%、8%、10%的条件下的企业债券价值。

(1) 每年计息一次。

市场利率6%的债券价值 $=500\times(P/F, 6\%, 5)+500\times8\%\times(P/A, 6\%, 5)$
$=500\times0.7473+500\times8\%\times4.2124=542.15$（元）

市场利率8%的债券价值 $=500\times(P/F, 8\%, 5)+500\times8\%\times(P/A, 8\%, 5)$
$=500\times0.6806+500\times8\%\times3.9927=500.00$（元）

市场利率10%的债券价值 $=500\times(P/F, 10\%, 5)+500\times8\%\times(P/A, 10\%, 5)$
$=500\times0.6209+500\times8\%\times3.7908=462.37$（元）

(2) 到期一次还本付息（单利）。

市场利率6%的债券价值 $=500\times(1+8\%\times5)\times(P/F, 6\%, 5)=500\times(1+8\%\times5)\times0.7473=523.11$（元）

市场利率8%的债券价值 $=500\times(1+8\%\times5)\times(P/F, 8\%, 5)=500\times(1+8\%\times5)\times0.6806=476.42$（元）

市场利率10%的债券价值 $=500\times(1+8\%\times5)\times(P/F, 10\%, 5)=500\times(1+8\%\times5)\times0.6209=434.63$（元）

(3) 到期一次还本付息。

市场利率6%的债券价值 $=500\times(F/P, 8\%, 5)\times(P/F, 6\%, 5)=500\times1.4693\times0.7473=549.00$（元）

市场利率8%的债券价值 $=500\times(F/P, 8\%, 5)\times(P/F, 8\%, 5)=500\times1.4693\times0.6806=500.00$（元）

市场利率10%的债券价值 $=500\times(F/P, 8\%, 5)\times(P/F, 10\%, 5)=500\times1.4693\times0.6209=456.14$（元）

当市场利率为6%和8%时，应该购买，因为债券的价值大于其购买价格480元，市场利率为10%时，不应该购买，因为债券的价值小于其购买价格。

(4) 无息折价发行。

市场利率 6% 的债券价值 = 500 × (P/F, 6%, 5) = 500 × 0.7473 = 373.65 (元)

市场利率 8% 的债券价值 = 500 × (P/F, 8%, 5) = 500 × 0.6806 = 340.30 (元)

市场利率 10% 的债券价值 = 500 × (P/F, 10%, 5) = 500 × 0.6209 = 310.45 (元)

2. 利用债券收益率进行决策

就是利用债券预期收益率与投资者要求的必要收益率进行比较，如果债券预期收益率大于投资者要求的必要收益率或市场利率，投资该债券会增加企业价值或投资者财富，反之则会减少企业价值。

【例 7-5】已知：某公司发行票面金额为 1 000 元、票面利率为 8% 的 3 年期债券，该债券每年计息一次，到期归还本金，当时的市场利率为 10%。

要求：

(1) 计算该债券的理论价值。

(2) 假定投资者甲以 940 元的市场价格购入该债券，准备一直持有至期满，若不考虑各种税费的影响，计算到期收益率。

(3) 假定该债券约定每季度付息一次，投资者乙以 940 元的市场价格购入该债券，持有 9 个月收到利息 60 元，然后 980 元将该债券卖出。计算：①持有期收益率；②持有期年均收益率。

(1) 该债券的理论价值 = 1 000 × 8% × (P/A, 10%, 3) + 1 000 × (P/F, 10%, 3) = 950.25 (元)

(2) 设到期收益率为 k，则 940 = 1 000 × 8% × (P/A, k, 3) + 1 000 × (P/F, k, 3)

当 k = 12% 时：1 000 × 8% × (P/A, k, 3) + 1 000 × (P/F, k, 3) = 903.94 (元)

利用内插法可得：

$$(940-903.94)/(950.25-903.94)=(k-12\%)/(10\%-12\%)$$

解得：k = 10.44%

(3) 持有期收益率 = (60 + 980 − 940) /940 × 100% = 10.64%

持有期年均收益率 = 10.64% / (9/12) = 14.19%

三、证券组合投资

投资组合理论是指若干种证券组成的投资组合，其收益是这些证券收益的加权平均数，但是其风险不是这些证券风险的加权平均风险，投资组合能降低非系统性风险。

【例 7-6】一个投资者拥有 10 万元现金进行组合投资，共投资十种股票且各占十分之一即 1 万元。如果这十种股票的 β 值皆为 1.18，则组合的 β 值为 β_P = 1.18。该组合的风险比市场风险大，即其价格波动的范围较大，收益率的变动也较大。现在假设完全售出其中的一种股票且以一种 $\beta=0.9$ 的股票取代之。此时，股票组合的 β 值为：

$$\beta_P = 0.9 \times 1.18 + 0.1 \times 0.9 = 1.152$$

【例 7－7】英特尔（Intel）公司是专业生产芯片的厂商。该公司在纳斯达克市场上市交易代码为 INTC。设该公司的系数为 1.5，美国股市的市场组合的收益率为 8%，当前美国国债的利率是 3%，求解英特尔公司股票的预期收益。

$$r_i = \beta(r_m - r_f) + R_f = 1.5 \times (8\% - 3\%) + 3\% = 10.5\%$$

【例 7－8】公司拟依照 4∶6 的比例投资于甲、乙两种证券，预期收益率分别为 8% 和 9%。假设资本资产定价模型成立，如果证券市场平均收益率是 13%，无风险利率是 5%，计算该投资组合的预期收益率和 β 是多少？

组合的预期收益率 $= 0.4 \times 8\% + 0.6 \times 9\% = 8.6\%$

根据资本资产定价模型：$8.6\% = 5\% + \beta \times (13\% - 5\%)$

$\beta = 0.45$

第二节　期货投资

一、商品期货

（一）期货与期货交易

期货是相对现货而言的。它们的交割方式不同。现货是现钱现货，期货是合同交易，也就是合同的相互转让。期货的交割是有期限的，在到期以前是合同交易，而到期日却是要兑现合同进行现货交割的。

期货交易是合同交易，每次交易只需付出相应商品实价的定金——保证金就可以了。具体的保证金比例由期货交易所根据市场情况定，各期货公司也会有所调整。

（二）商品期货的含义

商品期货是标的物为实物商品的一种期货合约，是关于买卖双方在未来某个约定的日期以签约时约定的价格买卖某一数量的实物商品的标准化协议。商品期货交易是在期货交易所内买卖特定商品的标准化合同的交易方式。

商品期货细分为以下三类：

（1）农产品期货。农产品期货是最早进行期货交易的品种，农产品包括的范围是谷物、畜产品、林产品以及一些经济作物。

（2）能源期货。能源期货是新兴的期货合约交易品种，其重要性仅次于农产品和利率期货，超过了贵金属期货。

（3）金属产品期货。金属包括黑色金属和有色金属两大组成部分。黑色金属，是指钢铁产品；有色金属，是指黑色金属以外所有金属的总称。

（三）商品期货的投资决策

1. 商品期货投资的特点

期货的炒作方式与股市十分相似，但又有十分明显的区别。

（1）以小搏大。股票是全额交易，即有多少钱只能买多少股票，而期货是保证金制，即只需缴纳成交额的5%至10%，就可进行100%的交易。比如投资者有1万元，买10元一股的股票能买1 000股，而投资期货就可以成交10万元的商品期货合约，这就是以小搏大。

（2）双向交易。股票是单向交易，只能先买股票，才能卖出；而期货既可以先买进也可以先卖出，这就是双向交易。

（3）时间制约。股票交易无时间限制，如果被套可以长期平仓，而期货必须到期交割，否则交易所将强行平仓或以实物交割。

（4）盈亏实际。股票投资回报有两部分，其一是市场差价，其二是分红派息，而期货投资的盈亏在市场交易中就是实际盈亏。

（5）风险巨大。期货由于实行保证金制、追加保证金制和到期强行平仓的限制，从而使其更具有高报酬、高风险的特点，投资者要慎重投资。

2. 商品期货投资决策的基本步骤

（1）选择适当的经纪公司和经纪人。作为非商品交易所会员的企业和个人，只能通过会员在交易所进行期货交易。因此，要进行期货投资，首先必须选择一个适当的经纪公司和经纪人作为自己的交易代理机构和代理人。由于各个期货经纪公司和期货经纪人在自身素质和外在条件等方面都存在较大差异，而且这种差异可能对客户的交易风险和盈亏产生重大影响，因此，选择经纪公司和经纪人必须慎重。一般而言，选择经纪人应考虑资本雄厚、信誉好、市场信息灵通、服务质量好、保证金和佣金收取合理的公司。

（2）选择适当的交易商品。在期货市场上买卖的商品种类很多，初入市者须选择恰当的商品期货作为投资目标。选择交易商品的基本原则为：①必须选择自己最熟悉和最感兴趣的商品；②交易的商品种类不能太多。投资商品期货应集中精力了解一两种商品的市场状况，同时，选择有限的商品种类可保证交易有足够的资金支持；③在自己所投资的有限商品种类中，必须充分考虑商品品种的多元化，有限的商品种类是为了集中精力把握市况，而多元化策略则是为了回避风险；④选择价格走势比较明朗的商品。

（3）设定止损点。止损点是期货交易者为避免过大损失、保全已获利润，并使利润不断扩大而制定的买入或卖出的价格最高点或最低点。止损点的设定与使用，在操作计划的制定中极具实用价值。因交易方式的不同，设定止损点的方法也有所不同。①当天交易。当天交易的止损点设定包括：反向操作，根据当时行情的高低设立止损点；顺势操作，以当天的第一支撑点或阻力点设定卖出止损点或买入止损点；根据前一天的最高或最低点设定止损点；利用整数设定止损点，如5 800、5 850等；②较长线交易。持有期货合约一周左右的期货交易，设定止损点的方法还有：以第二支撑点或阻力点设定止损点；以前五个交易日的最高或最低点设定止损点；利用移动平均线和趋势线作为设定止损的标准；③长线交易。持有合约一个月左右的期货交易设定止损点的方法还有：以重要支撑点或阻力点设定止损点；以前十个交易日的最高或最低点设定止损点；按操作计划中盈亏的预定标准设定止损点；以期货价格线形态完成时的颈线以上点或以下点设定止损点；以期货价格走向线的大波段的最高点或最低点设定止损点；以每笔交易可承担的最大损失额不超过全部金额的百分之几作为标准，设立移动止损点。

【例7－9】2005年3月1日，甲投资者预计大豆价钱将会下跌，于是以1 200元/吨的价钱抛出20手同年7月合约（每手合计10吨），保证金比率为5%。5月13日价钱跌至1 180元/吨，于是买入平仓了结交易。

要求：计算甲投资者投资大豆期货的资金利润率。

甲投资者卖出合约使用的资金＝1 200×20×10×5%＝12 000（元）

甲投资者获得价差＝（1 200－1 180）×20×10＝4 000（元）

资金利润率＝4 000÷12 000×100%＝33.33%

甲投资者动用12 000元资金做成了总价款为240 000元的大豆交易，体现了期货交易以小搏大的特性；该投资获得4 000元投资利润，说明期货交易有较好的杠杆效应。

二、金融期货

金融期货是买卖双方在有组织的交易所内，以公开竞价的方式达成协议，约定在未来某一特定的时间交割标准数量特定金融工具的交易方式。金融期货一直在衍生金融工具市场上占有重要的地位，目前，金融期货交易在许多方面已经走在商品期货交易的前面，占整个期货市场交易量的80%以上，是投资者回避风险的有力武器和套取利润的有效工具。金融期货一般包括利率期货、外汇期货、股票期货、股指期货等。

投资金融期货的目的一般是规避风险、追求较高投资回报。金融期货投资可采用的投资策略包括套期保值和套利等。

（一）套期保值

套期保值是金融期货实现规避和转移风险的主要手段，具体包括买入保值和卖出保值。买入保值是交易者预计在未来将会购买一种资产，为了规避这个资产价格上升后带来的经济损失，而事先在期货市场买入期货的交易策略。卖出保值则是为了避免未来出售资产的价格下降而事先卖出期货合约来达到保值的目的。在具体实务中，如果被套期的商品与用于套期的商品相同，属于直接保值的形式；如果被套期的商品和套期的商品不相同，但是价格联动关系密切，则属于交叉保值的形式。

（二）套利策略

由于供给与需求之间的暂时不平衡，或是由于市场对各种证券的反映存在时滞，将导致在不同的市场之间或不同的证券之间出现暂时的价格差异，一些敏锐的交易者能够迅速地发现这种情况，并立即买入过低定价的金融工具或期货合约，同时卖出过高定价的工具或期货合约，从中获取无风险的或几乎无风险的利润，这是金融期货投资的套利策略。套利一般包括跨期套利、跨品种套利、跨市套利等形式。

【例7-10】假设2008年1月1日美元对人民币的即期汇率为7.25，美元的一年期远期汇率合约的汇率为7.2。在货币市场上的一年期贷款利率，美元为6%，人民币为4%；甲投资者可获得的贷款额度为100万美元（或相当金额人民币贷款），该款项全部用于套利。

要求：

（1）如果现在借入人民币725万元，期限为一年，计算一年后需要偿还的本息和。

（2）如果把上述725万元人民币兑换为美元并贷出，计算一年后可收回的本息和以及按照7.2的汇率卖出之后可获得的人民币。

（3）计算套利获得的利润。

（4）说明套利的过程。

解：

（1）一年后需要偿还人民币借款的本息和 = 725 ×（1 + 4%）= 754（万元）。

（2）可兑换的美元金额 = 725/7.25 = 100（万美元）

美元贷款一年后可收回本息和 = 100 ×（1 + 6%）= 106（万美元）

卖出之后可以获得人民币106 × 7.2 = 763.2（万元）。

（3）套利获得的利润 = 763.2 - 754 = 9.2（万元）。

（4）套利的过程是：先借入725万元人民币，然后兑换成100万美元并贷出，一年后收回美元的本利和为106万元，折合人民币763.2万元，扣除人民币贷款的本利和754万元，差额9.2万元即为套利获得的利润。

三、股票指数期货

（一）股票指数期货的含义

股票指数期货交易指的是以股票指数为交易标的的期货交易，买卖双方根据事先约定，同意在未来某一特定时间以约定价格进行股票指数的交易。

2010年3月24日，中国证监会印发《关于同意中国金融期货交易所上市沪深300股票指数期货合约的批复》，同意中国金融期货交易所（简称中金所）上市沪深300股票指数期货合约。中国股指期货上市启动仪式于2010年4月8日举行，首批四个沪深300股票指数期货合约于2010年4月16日上市交易。

(二) 股票指数期货交易流程

1. 开户

股指期货的开户包括寻找合适的期货公司，填写开户材料和资金入账三个阶段。期货公司是投资者和交易所之间的纽带，除交易所自营会员外，所有投资者要从事股指期货交易都必须通过期货公司进行。

2. 交易

股指期货的交易在原则上与证券一样，按照价格优先、时间优先的原则进行计算机集中竞价。交易指令也与证券一样，有市价、限价和取消三种指令。与证券不同之处在于股指期货是期货合约，买卖方向非常重要。

3. 结算

因为期货交易是按照保证金进行交易的，所以需要对投资者每天的资产进行无负债结算。期货交易的账户计算比股票交易要复杂。首先，计价基础是当日结算价，它是指某一合约最后一小时成交量的加权平均价，若这个小时出现无量涨跌停，则以涨跌停板价为结算价；若这个小时无成交，则以前一个小时成交量的加权平均价计。在期货交易账户计算中，盈亏计算、权益计算、保证金计算以及资金余额是四项最基本的内容。在进行差额计算时，注意不是当日权益减去持仓保证金就是资金余额。如果当日权益小于持仓保证金，则意味着资金余额是负数，同时也意味着保证金不足了。按照规定，期货公司会通知投资者在下一交易日开市前将保证金补足，这是追加保证金。如果投资者没有及时将保证金补足，期货公司可以对该账户所有人的持仓实施部分或全部的强制平仓，直至留存的保证金符合规定的要求。买入股票后，只要不卖出，盈亏都是账面的，可以不管。但期货是保证金交易，每天都要结算盈亏，账面盈利可以提走，但账面亏损就要补足保证金。

4. 交割

股指期货的交割也与股票不同，一般股票投资者习惯了现货买卖，而容易忽视股指期货合约到期需要以当日的合约交割价进行现金结算，所以想要持有头寸需要持有非现货月合约。

(三) 指数期货的特征与功能

1. 指数期货的特征

股价指数期货是以股价指数为交易标的物的期货产品，除了具备保证金交易和每日结算等期货市场的共性外，还具有以下几个特点：

（1）指数期货标的物为相对应的股价指数，是一种和实物资产相对应的虚拟资产。

（2）指数期货报价单位以指数点数计算，合约的价格以一定的货币乘数与股价指数报价的乘积来表示。

(3) 指数期货的交割采用现金交割。

2. 指数期货的功能

期货交易的对象并不是真正的商品(标的物)实体,而是商品(标的物)的标准化合约。一般来说,期货交易真正进行实物交割的只占期货合约总交易量很小的比例,而指数期货交易完全以现金交割,其交易的真正目的是为了转移价格风险或获取风险利润。指数期货也具有期货市场投机、避险及价格发现等基本功能。

(1) 套期保值。投资者在股票市场上面临两种风险:系统风险和非系统风险。通过分散化的投资组合,投资者可以较好地规避个股的非系统风险,但却不能有效地规避股市整体下跌的系统风险。作为成熟证券市场的美国、英国股票市场的系统性风险占总风险的比例分别为26.8%和34%,而中国股票市场系统性风险占总风险比例却高达40%。指数期货的引入,为投资者提供了风险转移的途径,通过利用指数期货和指数现货的反向操作(买入指数期货、卖空指数现货,或者卖空指数期货,买入指数现货),可以使得指数期货的收益(损失)与指数现货的损失(收益)相互对冲,从而规避市场的系统波动风险,实现资产的套期保值。

(2) 价格发现。价格发现是指新信息透过投资者交易反映到证券市场价格的过程。理论上,期货市场和现货市场均以股票或者股票的集合为交易标的,它们反映新信息的时间应该是一致的。因为交易成本低、杠杆性高、现金交割等特性,指数期货的价格往往能够领先于现货市场价格的变动,因此,指数期货可以起到指数现货市场晴雨表的作用,承担指数现货的价格发现功能。

(3) 平抑波动。按照经济学的"一价定律",指数期货和现货具有相同的标的和信息来源,它们应该具有完全相同的价格。即使考虑交易成本,指数期货和现货之间的价差不应超过进行套利交易时须付出的交易成本。当指数期货和现货之间的价格偏离时,套利交易者将会进场实施跨市场交易,迫使价格回归其内在价值,从而平抑异常波动。

(4) 活跃市场。指数期货20年来的发展历程证明,它和指数现货交易具有相辅相成、相互促进的关系,指数期货的设立能够显著增加证券市场的流动性。指数期货的买卖非常便利,使得机构投资者利用指数期货进行套利、套期保值等交易成为可能,从而间接引发对指数现货的需求;反过来,当活跃的指数现货市场上出现定价偏差时,也会引发套利和套期保值交易的需求。

第三节　基金投资

一、投资基金的含义

投资基金,是一种收益共享、风险共担的集合投资方式,即通过发行基金股份或受益凭证等有价证券聚集众多的不确定投资者的出资，交由专业投资机构经营运作，以规避投资风险并谋取投资收益的证券投资工具。

二、投资基金的种类

按照不同标准可将投资基金划分为不同的种类。

1. 根据基金单位是否可增加或赎回，投资基金可分为开放式基金和封闭式基金

开放式基金是指基金设立后，投资者可以随时申购或赎回基金单位，基金规模不固定的投资基金；封闭式基金是指基金规模在发行前已确定，在发行完毕后的规定期限内，基金规模固定不变的投资基金。

2. 根据组织形态的不同，投资基金可分为公司型投资基金和契约型投资基金

公司型投资基金是具有共同投资目标的投资者组成以盈利为目的的股份制投资公司，并将资产投资于特定对象的投资基金；契约型投资基金也称信托型投资基金，是指基金发起人依据其与基金管理人、基金托管人订立的基金契约，发行基金单位而组建的投资基金。

3. 根据投资风险与收益的不同，投资基金可分为成长型投资基金、收入型投资基金和平衡型投资基金

成长型投资基金是指把追求资本的长期成长作为其投资目的的投资基金；收入型基金是指以能为投资者带来高水平的当期收入为目的的投资基金；平衡型投资基金是指以支付当期收入和追求资本的长期成长为目的的投资基金。

4. 根据投资对象的不同，投资基金可分为股票基金、债券基金、货币市场基金、期货基金、期权基金，指数基金和认股权证基金等

股票基金是指以股票为投资对象的投资基金；债券基金是指以债券为投资对象的投资基金；货币市场基金是指以国库券、大额银行可转让存单、商业票据、公司债券等货币市场短期有价证券为投资对象的投资基金：期货基金是指以各类期货品种为主要投资对象的投资基金；期权基金是指以能分配股利的股票期权为投资对象的投资基金：指数基金是指以某种证券市场的价格指数为投资对象的投资基金；认股权证基金是指以认股权证为投资对象的投资基金。

5. 根据投资货币种类，投资基金可分为美元基金、日元基金和欧元基金等

美元基金是指投资于美元市场的投资基金；日元基金是指投资于日元市场的投资基金；欧元基金是指投资于欧元市场的投资基金。

三、基金投资的优缺点

（一）基金投资的优点

基金投资的最大优点是能够在不承担太大风险的情况下获得较高收益，原因在于投资基金具有专家理财优势，具有资金规模优势。

（二）基金投资的缺点

（1）无法获得很高的投资收益。投资基金在投资组合过程中，在降低风险的同时，也丧失了获得巨大收益的机会。

（2）在大盘整体大幅度下跌的情况下，投资人可能承担较大风险。

四、投资基金的价值、报价与基金收益率

投资基金的估价涉及三个概念：基金的价值、基金单位净值、基金报价。

基金的价值取决于基金净资产的现在价值。由于投资基金不断变换投资组合，未来收益较难预测，再加上资本利得是投资基金的主要收益来源，变幻莫测的证券价格使得对资本利得的准确预计非常困难，因此基金的价值主要由基金资产的现有市场价值决定。

基金单位净值也称为单位净资产值或单位资产净值，是在某一时点每一基金单位（或基金股份）所具有的市场价值，是评价基金价值的最直观指标。基金单位净值的计算公式为：

基金单位净值 = 基金净资产价值总额 / 基金单位总份数　　（公式 7－1）

式中，基金净资产价值总额等于基金资产总额减基金负债总额；基金负债包括以基金名义对外融资借款以及应付给投资者的分红、应付给基金管理人的经理费等。

基金的报价理论上是由基金的价值决定的。基金单位净值高，基金的交易价格也高。具体而言，封闭型基金在二级市场上竞价交易，其交易价格由供求关系和基金业绩决定，围绕基金单位净值上下波动；开放基金的柜台交易价格则完全以基金单位净值为基础，通常采用两种报价形式：认购价（卖出价）和赎回价（买入价）。

基金认购价 = 基金单位净值 + 首次认购费　　（公式 7－2）

基金赎回价 = 基金单位净值 － 基金赎回费　　（公式 7－3）

基金收益率是反映基金增值情况的指标，它通过基金净资产的价值变化来衡量。基金净资产的价值是以市价计量的，基金资产的市场价值增加，意味着基金的投资收益增加，基金投资者的权益也随之增加。

基金收益率 =（年末持有份数 × 基金单位净值年末数 － 年初持有份数 × 基金单位净值年初数）/（年初持有份数 × 基金单位净值年初数）　　（公式 7－4）

式中，持有份数是指基金单位的持有份数。如果年末和年初基金单位的持有份数相同，基金收益率就简化为基金单位净值在本年内的变化幅度。

年初的基金单位净值相当于是购买基金的本金投资，基金收益率也就相当于一种简便的投资报酬率。

【例 7－11】某开放型基金首次认购费为 0.2 元/份，基金赎回费为 0.1 元/份，2006 年初总份数为 1 000 万份，基金资产总额的账面价值为 5 000 万元，其

市场价值为8 000万元，基金的负债总额为6 000万元，2006年末总份数为800万份，基金资产总额的账面价值为4 000万元，其市场价值为7 000万元，基金的负债总额为4 600万元，甲投资人2006年初时持有该基金10 000份，年末时持有9 800份。

要求：(1) 计算2006年初和年末基金净资产价值总额。

(2) 计算2006年初和年末的基金单位净值。

(3) 计算该基金2006年初的认购价和2006年末的赎回价。

(4) 计算甲投资人2006年度投资于该基金获得的基金收益率。

解：

(1) 2006年初基金净资产价值总额＝8 000－6 000＝2 000（万元）；2006年末基金净资产价值总额＝7 000－4 600＝2 400（万元）

(2) 2006年初基金单位净值＝2 000/1 000＝2（元/份）；2006年末基金单位净值＝2 400/800＝3（元/份）

(3) 2006年初的认购价＝2＋0.2＝2.2（元/份）；2006末的赎回价＝3－0.1＝2.9（元/份）

(4) 基金收益率＝（9 800×3－10 000×2）/（10 000×2）×100%＝47%

第四节　证券投资的税务管理

一、证券投资基金税收管理

1. 营业税

(1) 以发行基金方式募集资金不属于营业税的征税范围，不征收营业税。

(2) 基金管理人运用基金买卖股票、债券的差价收入，在2000年年底以前暂免征收营业税。

(3) 金融机构（包括银行和非银行金融机构）买卖基金的差价收入征收营业税；个人和非金融机构买卖基金单位的差价收入不征收营业税。

2. 印花税

(1) 基金管理人运用基金买卖股票按照4‰的税率征收印花税。

(2) 对投资者（包括个人和企业，下同）买卖基金单位，在1999年年底前暂不征收印花税。

3. 所得税

(1) 对基金从证券市场中取得的收入，包括买卖股票、债券的差价收入，股票的股息、红利收入，债券的利息收入及其他收入，暂不征收企业所得税。

(2) 对个人投资者买卖基金单位获得的差价收入，在对个人买卖股票的差价收入未恢复征收个人所得税以前，暂不征收个人所得税；对企业投资者买卖基金单位获得的差价收入，应并入企业的应纳税所得额，征收企业所得税。

（3）对投资者从基金分配中获得的股票的股息、红利收入以及企业债券的利息收入，由上市公司和发行债券的企业在向基金派发股息、红利、利息时代扣代缴20%的个人所得税，基金向个人投资者分配股息、红利、利息时，不再代扣代缴个人所得税。

（4）对投资者从基金分配中获得的国债利息、储蓄存款利息以及买卖股票价差收入，在国债利息收入、个人储蓄存款利息收入以及个人买卖股票差价收入未恢复征收所得税以前，暂不征收所得税。

（5）对个人投资者从基金分配中获得的企业债券差价收入，应按税法规定对个人投资者征收个人所得税，税款由基金在分配时依法代扣代缴；对企业投资者从基金分配中获得的债券差价收入，暂不征收企业所得税。

4. 对基金管理人、基金托管人从事基金管理活动取得的收入，依照税法的规定征收营业税、企业所得税以及其他相关税收

二、证券投资的税收筹划

证券投资，是企业用资金购买股票、债券等金融资产而不直接参与其他企业生产经营管理的一种投资活动。相比直接投资，间接投资考虑的税收因素较少，但也有税收筹划的空间。企业所得税法规定，国债利息收益免缴企业所得税，而购买企业债券取得的收益需要缴纳企业所得税，连续持有居民企业公开发行并上市流通的股票不足12个月取得的投资收益也应缴纳企业所得税。

【例7－12】某企业目前有2 000万元的闲置资金，欲进行投资。该企业有两种选择：一是进行国债投资，已知国债年利率为4%；二是投资金融债券，已知金融债券年利率为5%，企业所得税税率为25%。要求：从税务角度看哪种投资方式更合适。

（1）投资国债。

投资收益＝2 000×4%＝80（万元）

根据税法规定，国债利息收益免缴企业所得税，这样，

税后收益＝80（万元）

（2）投资金融债券。

投资收益＝2 000×5%＝100（万元）

税后收益＝100×（1－25%）＝75（万元）

通过以上计算可以看出，从税务角度看进行国债投资，对该企业更合适。

本章小结

1. 股票与债券投资

股票投资的目的和特点，股票投资的基本分析法与技术分析法；债券投资的目的和特点，

债券投资决策。

证券投资组合基本理论是若干种证券组成的投资组合，其收益是这些证券收益的加权平均数，但是其风险不是这些证券风险的加权平均风险，投资组合能降低非系统性风险。

2. 期货投资

商品期货投资的特点：以小搏大、双向交易、时间制约、盈亏实际、风险巨大。

金融期货投资可采用的投资策略包括套期保值和套利等。

股票指数期货交易流程包括：开户、交易、结算与交割。

指数期货的特征：标的物为相对应的股价指数；报价单位以指数点数计算；交割采用现金交割。

指数期货的功能：套期保值、价格发现、平抑波动、活跃市场。

3. 基金投资

基金投资的优点：基金投资的最大优点是能够在不承担太大风险的情况下获得较高收益。

基金投资的缺点：无法获得很高的投资收益；在大盘整体大幅度下跌的情况下，投资人可能承担较大风险。

投资基金的估价涉及三个概念：基金的价值、基金单位净值、基金报价。基金的价值取决于基金净资产的现在价值。基金单位净值也称为单位净资产值或单位资产净值，是在某一时点每一基金单位（或基金股份）所具有的市场价值，是评价基金价值的最直观指标。基金的报价理论上是由基金的价值决定的。基金单位净值高，基金的交易价格也高。

4. 证券投资的税务管理

证券投资基金税收与证券投资的税务筹划。

第八章 营运资金管理

学习目标

本章主要讲授营运资金管理概述、现金管理、应收账款管理、存货管理、流动负债筹资和营运资金的税务管理。通过本章学习，要求如下：

1. 理解营运资金的含义和特点；理解营运资金的管理原则和营运资金战略。
2. 掌握现金的持有动机和成本；掌握最佳现金持有量的计算。
3. 掌握应收账款的功能和成本；掌握信用政策的构成与决策。
4. 掌握存货的功能和成本；掌握存货的控制方法。
5. 熟悉流动负债筹资方式。
6. 熟悉企业在采购、生产和销售过程中税务管理的内容。

第一节　营运资金管理概述

营运资金管理属于短期财务决策，它涉及流动资产和流动负债项目的管理。事实上，许多公司破产的主要原因是它们不能满足营运资金的需求。因此，正确的营运资金管理是企业得以生存的必要条件。

一、营运资金的特征

营运资金又称营运资本，有广义和狭义两种概念。广义的营运资金又称总营运资本，是指在企业正常生产经营活动中占用在流动资产上的资金。狭义的营运资金是指净营运资金，即流动资产减流动负债后的差额。本章所指营运资金管理是狭义的营运资金概念。

为了有效地管理企业的营运资金，必须研究营运资金的特征，以便有针对性地进行管理。营运资金的特点体现在以下几个方面。

（一）营运资金的周转具有流动性

流动性是营运资金的本质特征。企业占用在流动资产上的资金通常会在一年或一个营业周期内实现循环和周转，并在循环和周转过程中实现增值。正是营运资金的不断流动，才能使企业不断地实现销售收入并产生利润。

（二）营运资金的数量具有波动性

流动资产的数量会随企业内外条件的变化而变化，其资金占用量的波动很大。

（三）营运资金的实物形态具有易变性和变动性

短期投资、应收账款、存货等流动资产一般具有较强的变现能力，这对财务上应付临时性资金需求具有重要意义。此外，营运资金的实物形态也是经常变化的，一般在现金、材料、在产品、产成品、应收账款、现金之间顺序变化。

（四）营运资金的来源具有灵活多样性

与筹集长期资金的方式相比，企业筹集营运资金的方式较为灵活多样。

二、营运资金的管理原则

（一）保证合理的资金需求，节约资金的使用成本

企业营运资金的需求数量与企业生产经营活动有直接关系，营运资金的管理必须把满足正常合理的资金需求作为首要任务，同时在保证生产经营需要的前提下，尽量降低资金的使用成本。

（二）加速营运资金周转，提高资金使用效率

营运资金周转是指企业的营运资金从现金投入生产经营开始，到最终转化为现金的过程。这一过程又称为现金周转期。它主要包括以下三个方面：（1）存货周转期，是指将原材料转化成产成品并出售所需要的时间；（2）应收账款周转期，是指将应收账款转换成现金所需要的时间；（3）应付账款周转期，是指从原材料采购开始到现金支出之间所用的时间。上述三个方面与营运资金周转期之间的关系如下式所示：

营运资金周转期 = 现金周转期 = 存货周转期 + 应收账款周转期 − 应付账款周转期

要加速营运资金的周转，就应缩短营运资金周转期。通常可以采用以下途径加速营运资金的周转，提高营运资金的使用效率：（1）缩短存货周转期和应收账款周转期；（2）延长应付账款周转期。

（三）保证足够的短期偿债能力

偿债能力的强弱可以反映企业财务风险的高低。流动资产与流动负债两者之间的关系能较好地反映企业的短期偿债能力，因此合理安排流动资产与流动负债的比例关系，保持流动资产与流动负债结构的合理性，从而保证企业有足够的短期偿债能力是营运资金管理的原则之一。

三、营运资金战略

营运资金战略包括营运资金的投资战略和营运资金的融资战略。

（一）流动资产的投资战略

企业的不确定性和对风险忍受的程度决定了其在流动资产上的投资规模，该

投资规模的大小通常以其占销售收入的比率高低来衡量，据此将营运资金投资战略划分为紧缩的营运资金投资战略和宽松的营运资金投资战略两种形式。

1. 紧缩的流动资产投资战略

在紧缩的营运资金投资战略下，企业将维持流动资产与销售收入的低比率。这时企业将保持低水平的现金余额，不投资于有价证券；小规模的存货投资；不允许赊销，没有应收账款。

紧缩的流动资产投资战略可能伴随着更高风险和产生更高的收益。这种风险或源于严紧的信用政策和存货管理，或源于现金的缺乏不能偿还应付账款。只要不可预见的事件没有破坏企业的流动性而导致严重的问题发生，则紧缩的营运资金投资战略就会提高企业效益。

2. 宽松的流动资产投资战略

在宽松的流动资产投资战略下，企业将维持流动资产与销售收入的高比率。这时企业将持有大量的现金余额和有价证券；保持高水平的存货投资；放宽信用条件，从而持有高水平的应收账款。

宽松的流动资产投资战略可能伴随着低风险和产生较低的收益。因为在该种战略下，流动资产的持有水平最高，虽然提高了资产的流动性，降低了企业的运营风险，但同时也降低了企业的盈利能力。

（二）流动资产的融资战略

流动资产的融资策略指的是如何配置流动资产与其资本来源。

企业的流动资产一般分为临时性流动资产（波动性流动资产）和永久性流动资产两部分。由于永久性流动资产的水平具有相对的稳定性，因此一般是通过长期资本（长期负债和股权资本）筹资满足企业永久性流动资产和固定资产的需要；而临时性流动资产的水平具有波动性，因此一般是通过短期负债筹资满足企业临时性流动资产的需要。根据临时性流动资产和永久性流动资产对其资金来源的需求不同，可以将流动资产的融资战略划分为以下三种类型：

1. 平稳型（期限匹配型或折中型）融资战略

在平稳型融资战略中，企业的长期资本融通了全部永久性资产（包括永久性流动资产和固定资产）；短期负债融通了全部临时性流动资产。

与其他融资策略相比较，该策略是一种风险、收益、成本均适中的一种融资策略，介于保守型和激进型之间。这种策略要求公司负债的到期结构与公司资产的寿命周期相匹配，这是一种理想的筹资策略，难以在现实经济活动中得到实现。

2. 保守型（稳健型）融资战略

在保守型融资战略中，企业的长期资本不但融通了全部永久性资产，而且还融通了部分临时性流动资产；短期负债仅融通了剩余的临时性流动资产。

与其他融资策略相比较，该策略是一种风险小、收益低、成本高的融资策略。这种策略通常适合于企业长期资本多余，但又找不到更好的投资机会的企业。

3. 激进型（积极型）融资策略

在激进型融资策略中，企业的长期资本仅融通了部分永久性资产；而短期负债不但融通了全部临时性流动资产，还融通了剩余的永久性资产。

与其他融资策略相比较，该策略是一种风险大、收益高、成本低的融资策略。这种策略一般适合于企业长期资本来源不足，或短期负债成本较低的企业。

第二节　现金管理

一、现金管理目标

现金有广义和狭义之分。广义的现金是指在生产经营过程中以货币形态存在的资金，包括库存现金、银行存款和其他货币资金等。狭义的现金仅指库存现金。本章所讲现金是广义的现金。

（一）持有现金的动机

企业持有现金主要出于三种需求：交易性需求、预防性需求和投机性需求。

1. 交易性需求

这是指企业为了维持日常周转及正常商业活动所需持有的现金。企业在日常经营活动中，每天发生的现金流入量和现金流出量不但在数量上不相等而且在时间上也不同步，因此，企业必须持有一定数量的现金来调节，才能使生产经营活动正常进行。一般来说，企业为满足该动机所持有的现金余额主要取决于企业的销售水平。

2. 预防性需求

这是指为应付意外事件的发生而持有的现金。这种意外事件可能源自于政治环境的变化，或者是与企业相关的某一利益群体的某种行为所引发的。企业为应付意外情况所持有的现金余额主要取决于：①企业愿意承担风险的程度；②企业预测现金收支可靠的程度；③企业临时筹资的能力。

3. 投机性动机

这是指企业为了抓住突然出现的获利机会而持有的现金。如在证券市场价格剧烈波动时，进行证券投机所需要的现金。企业为满足该动机所持有的现金余额主要取决于企业对待风险的态度以及市场上投机机会的多少。

（二）现金的成本

企业持有现金的成本通常由以下四个部分组成。

1. 机会成本

现金的机会成本，是指企业因持有一定现金余额而丧失的再投资收益。再投资收益是企业不能同时用该资金进行有价证券投资所产生的机会成本，这种成本在数额上等于资金成本。现金的机会成本属于变动成本，它与现金持有量的多少成正比例关系。

2. 管理成本

现金的管理成本，是指企业因持有一定数量的现金而发生的管理费用。这种费用具有固定成本的性质，一般认为是一种固定成本，它在一定范围内与现金持有量之间没有明显的比例关系。

3. 转换成本

现金的转换成本是指企业用现金购入有价证券以及用有价证券换取现金时付出的交易费用，即现金同有价证券之间相互转换的成本。如买卖佣金、手续费、证券过户费、印花税、实物交割费等。转换成本可以分为两类：一是与委托金额相关的转换成本，这种转换成本的多少与证券变现次数无关；二是与委托金额无关，只与证券变现次数有关的转换成本，这种转换成本的多少与证券变现次数成正比例关系，而与现金持有量即有价证券变现额的多少呈反向变化的关系。

4. 短缺成本

现金的短缺成本，是指企业在发生现金短缺的情况下所造成的损失，包括直接损失和间接损失。短缺成本与现金持有量成反方向变动关系。

（三）现金管理的目标

现金是企业的一项重要流动资产，企业缺少现金，日常的交易活动就会发生困难，但是，现金这种资产的收益性很差。因此，企业现金管理的目标就是在保证生产经营活动所需现金的同时，尽可能节约现金，减少现金的持有量，而将闲置的现金用于投资以获取一定的收益。总之，现金管理就是要在降低企业风险与增加收益之间寻求一个平衡点，确定最佳现金持有量。

二、最佳现金持有量的确定

为了实现现金管理的目标，需要根据企业对现金的需求情况，确定最佳现金持有量。下面介绍四种常用的确定现金持有量的方法。

（一）成本分析模型

成本分析模式是根据现金有关成本，分析预测其总成本最低时现金持有量的一种方法。运用该模式确定现金最佳持有量，只考虑因持有现金所产生的机会成本、管理成本和短缺成本，不考虑转换成本。其计算公式为：

最佳现金持有量 = min（管理成本 + 机会成本 + 短缺成本）

其中，管理成本属固定成本，机会成本与现金持有量正相关，短缺成本与现金持有量负相关。它们与现金持有量之间的关系可以从图 8 – 1 中反映出来。

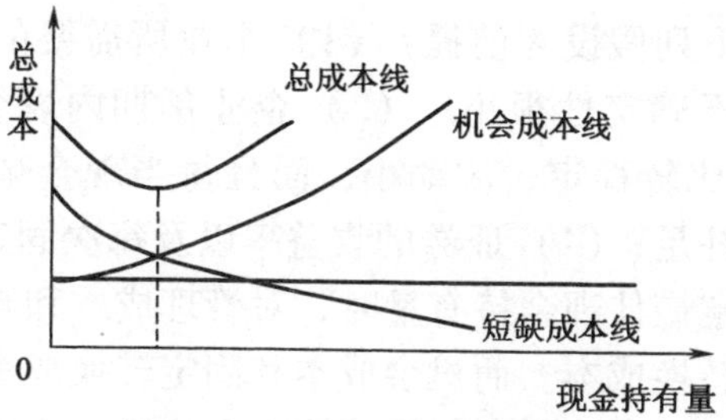

图 8－1 持有现金的总成本

从图 8－1 可以看出，由于各项成本同现金持有量的变动关系不同，使得总成本曲线呈现抛物线型，抛物线的最低点，即为总成本最低点。成本分析模式就是要找到由机会成本、管理成本和短缺成本所组成的总成本曲线中最低点所对应的现金持有量，把它作为最佳现金持有量。

【例 8－1】某企业有甲、乙、丙、丁四种现金持有方案，有关成本资料如表 8－1所示。

表 8－1 现金持有量备选方案 单位：元

项目	甲	乙	丙	丁
平均现金持有量	20 000	30 000	40 000	50 000
机会成本率（%）	10	10	10	10
管理成本	2 000	2 000	2 000	2 000
短缺成本	6 000	2 500	1 300	400

根据表 8－1 编制该企业最佳现金持有量测算表如表 8－2 所示。

表 8－2 最佳现金持有量测算表 单位：元

方案及平均现金持有量	机会成本	管理成本	短缺成本	总成本
甲（20 000）	2 000	2 000	6 000	10 000
乙（30 000）	3 000	2 000	2 500	7 500
丙（40 000）	4 000	2 000	1 300	7 300
丁（50 000）	5 000	2 000	400	7 400

通过比较各方案的总成本可知，丙方案的总成本最低，表明企业平均持有 40 000 元的现金时，各方面的总代价最低，40 000 元为最佳现金持有量。

（二）存货模型

存货模式是将存货经济订货批量模型原理用于确定最佳现金持有量，其着眼点也是现金相关成本之和最低。

运用存货模式以下列假设为前提：（1）企业所需要的现金可通过证券变现取的，且证券变现的不确定性很小；（2）企业预期内现金需要总量可以预测；（3）现金的支出过程比较稳定、波动小，而且每当现金余额降至零时，均可通过部分证券变现得以补足；（4）证券的收益率以及每次固定转换成本可以获悉。

利用存货模式确定最佳现金持有量时，对管理成本和缺货成本不予考虑，只考虑机会成本和固定转换成本。而机会成本和固定转换成本与现金持有量呈现出相反的变动趋向（图 8－2），因此，能够使现金的机会成本与转换成本之和保持最低的现金持有量，即为最佳现金持有量。

现金管理相关总成本＝机会成本 ＋ 固定转换成本

即：$TC = \frac{Q}{2}K_c + \frac{D}{Q}K$ （公式 8－1）

式中：TC 代表现金总成本；Q 代表最佳现金持有量（亦即每次证券变现的数量）；K_c 代表有价证券收益率（机会成本）；D 代表一个周期内现金总需求量；K 代表每次转换有价证券的固定成本。

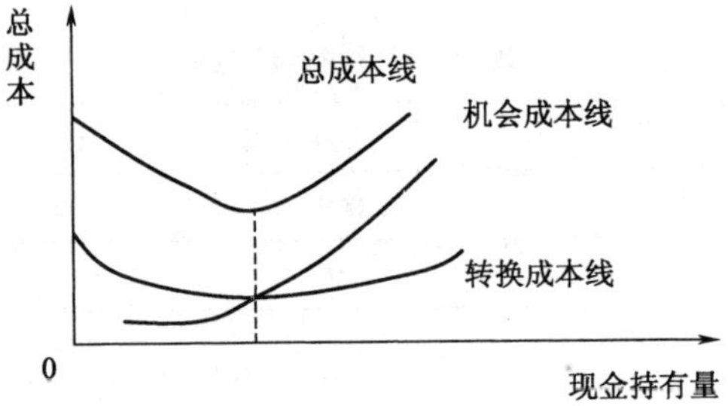

图 8－2 现金的成本构成

从图 8－2 可以看出，现金管理的相关总成本与现金持有量成凹形曲线关系。只有当现金的机会成本与固定转换成本相等时，现金的相关总成本达到最低，此时的现金持有量为最佳现金持有量，即：

$$Q = \sqrt{\frac{2DK}{K_c}}$$ （公式 8－2）

将（公式 8－2）代入（公式 8－1）得：

最低现金管理相关总成本为：$TC = \sqrt{2KDK_c}$ （公式 8－3）

其中：有价证券交易次数（N）$= \frac{D}{Q}$ （公式 8－4）

有价证券交易间隔期（T）$= \frac{360}{N}$ （公式 8－5）

【例 8－2】某企业现金收支情况比较稳定，预计全年（按 360 天计算）需要现金 400 000 元，现金与有价证券的转换成本为每次 200 元，有价证券的年利率为 10%，则：

$$最佳现金持有量(Q)=\sqrt{\frac{2\times400\,000\times200}{10\%}}=40\,000\ (元)$$

$$最低现金管理相关总成本=\sqrt{2\times400\,000\times200\times10\%}=4\,000(元)$$

$$有价证券交易次数(N)=\frac{400\,000}{40\,000}=10\ (次)$$

$$有价证券交易间隔期(T)=\frac{360}{10}=36\ (天)$$

（三）随机模型（米勒－奥尔模型）

对企业来讲，现金需求量往往波动大且难以预知，具有很大的不确定性。随机模型就是在现金需求量难以预知的情况下进行现金持有量控制的方法。

随机模型假设每日现金净流量服从正态分布，每日现金净流量可能等于期望值，也可能高于或低于期望值，其变化是随机的（图 8－3）。

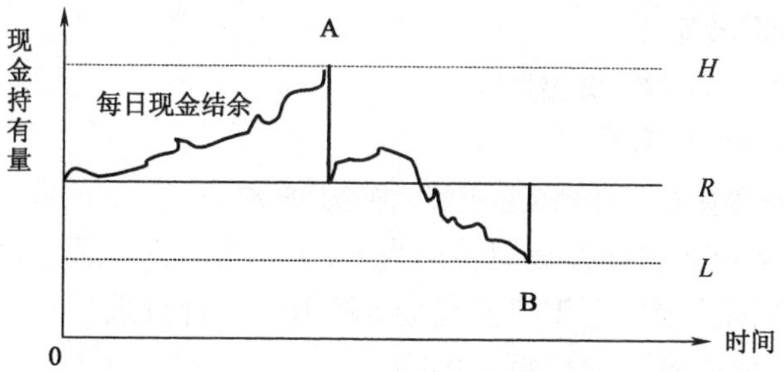

图 8－3　现金持有量的随机模式

图 8－3 说明了随机模型的基本原理。该模型建立在对控制上限（H）和控制下线（L）以及目标现金余额（R）这三者进行分析的基础之上。当现金余额在上限和下线之间波动时，表明企业现金持有量处于合理的水平，无需进行调整；当现金余额升至 H 时，表明现金余额过多，企业将购入 $H-R$ 单位的有价证券，此时现金余额降至 R；当现金余额降至 L 时，表明现金余额不足，企业将售出 $R-L$ 单位有价证券，使现金余额回升到 R。

当给定企业设定的 L（其数额由部门经理在综合考虑短缺现金的风险程度、公司借款能力、公司日常周转所需资金、银行要求的补偿性余额等因素的基础上确定），则目标现金余额 R、控制上限 H，可按下列公式计算：

$$R=\sqrt[3]{\frac{3b\sigma^2}{4i}}+L \qquad (公式 8－6)$$

$$H=3R-2L \qquad (公式 8－7)$$

式中：b 代表每次有价证券的固定转换成本；σ 代表每日现金流变动的标准差；i 代表有价证券日利率（机会成本）。

【例 8－3】假设某公司有价证券的年收益率为 9%，每次转换有价证券的固定成本为50元，公司负责人决定现金持有量的下线L值应为1 500元，估计公司现金流量的标准差为800元。试计算最佳现金余额、最佳现金持有上限金额。

$$R=\sqrt[3]{\frac{3\times 50\times 800^2}{4\times 9\%/360}}+1\ 500=6\ 079\text{（元）}$$

$$H=3\times 6\ 079+2\times 1\ 500=21\ 237\text{（元）}$$

运用随机模型确定现金最佳持有量符合随机思想，所以适用于所有企业现金最佳持有量的测算。此外，随机模型建立在企业的现金未来需求总量和收支不可预测的前提下，因此，计算出来的现金持有量比较保守。

（四）现金周转模型

现金周转模型是从现金周转的角度出发，根据现金周转速度来测算最佳现金持有量的一种模式。利用该模式确定最佳现金持有量，包括以下三个步骤：

1. 计算现金周转期

现金周转期 = 存货周转期 + 应收账款周转期 − 应付账款周转期

2. 计算现金周转率

现金周转率 = 360 / 现金周转期

3. 计算最佳现金持有量

最佳现金持有量 = 年现金需求额 / 现金周转率

【例8－4】某企业预计存货周转期为85天，应收账款周转期为35天，应付账款周转期为30天，预计全年需要现金860万元，计算最佳现金余额如下：

$$\text{现金周转期}=85+35-30=90\text{（天）}$$

$$\text{现金周转率}=\frac{360}{90}=4\text{（次）}$$

$$\text{最佳现金持有量}=\frac{860}{4}=215\text{（万元）}$$

三、现金日常收支管理

（一）收款管理

1. 建立现金收支的内部控制制度

（1）明确现金收支的职责分工及内部牵制制度。

（2）明确现金支出的批准界限。

（3）做好收支凭证的管理及账目的核对。

2. 遵守现金收支结算纪律

3. 加速收款

（1）增加现款销售，减少赊销，如果经济上可行，尽量采用现金折扣。

（2）建立科学有效的收账政策，避免欠款逾期和出现坏账。

（3）采用安全快捷的结算方式，加速客户付款的速度。

（4）收到支票后尽快处理，指定专人办理大额款等。

（二）控制付款

1. 使用现金浮游量

现金浮游量是指企业账户上的现金余额和银行账户上的企业存款余额之间的差额。

2. 推迟应付款的支付

3. 汇票代替支票

4. 争取现金流入与现金流出同步

第三节　应收账款管理

一、应收账款管理目标

（一）应收账款功能与成本

1. 应收账款功能

（1）增加销售功能。在激烈的市场竞争中，赊销已成为企业扩大销售的手段之一，通过提供赊销会带来企业销售收入和利润的增加。

（2）减少存货功能。企业持有产成品存货，会相应地占用资金，形成仓储费用、管理费用等支出，相反，企业持有应收账款，则无须上述支出。因此，当企业的产成品存货较多时，一般会采用较优惠的信用条件进行赊销，把存货转化为应收账款，减少产成品存货，节约各种支出。

2. 应收账款成本

（1）应收账款机会成本。应收账款机会成本（亦即应收账款占用资金的应计利息），是指企业将资金投放于应收账款而放弃其他投资所带来的收益。这一成本的大小通常与应收账款资金占用量、资金成本率（或最低投资报酬率）有关。计算公式为：

$$应收账款机会成本 = 应收账款占用资金 \times 资金成本率$$

其中：

$$\begin{aligned}应收账款占用资金 &= 应收账款平均余额 \times 变动成本率\\&= \frac{年销售额}{360} \times 平均收现期 \times 变动成本率\\&= \frac{年销售额 \times 变动成本率}{360} \times 平均收现期\\&= \frac{变动成本}{360} \times 平均收现期\end{aligned}$$

在上述分析中，假设企业的成本水平保持不变（即单位变动成本不变，固定成本总额不变），因此，随着赊销业务的扩大，只有变动成本总额随之上升。

（2）应收账款管理成本。应收账款管理成本是指企业对应收账款进行管理而发生的支出，主要包括对客户的资信调查费用、应收账款账簿记录费用、收账费用及其他费用。

（3）应收账款坏账成本。应收账款坏账成本是指因应收账款无法收回而产生的坏账损失。坏账成本与应收账款数量成正比。

（二）应收账款管理目标

应收账款作为企业扩大销售和盈利的一项投资，也会发生一定的成本。因此，企业进行应收账款管理的目标应该是在应收账款所增加的盈利和所增加的成本之间进行权衡，在充分发挥应收账款功能的基础上，降低应收账款投资的成本，使赊销带来的盈利增加大于应收账款投资产生的成本增加，最终使企业现金收入增加，企业价值上升。

为了实现应收账款管理目标，通常需做好以下工作：①信用政策的制定；②企业收账政策的制定；③应收账款的日常管理。

二、信用政策

信用政策亦即应收账款政策，是指企业为对应收账款进行规划与控制而确立的基本原则与行为规范，是企业财务政策的一个重要组成部分。企业信用政策包括：信用标准、信用条件两部分内容。

（一）信用标准

信用标准是指客户获得企业商业信用所应具备的最低条件。客户如果达不到信用标准，便不能享受企业的信用或只能享受较低的信用优惠。

信用标准通常以预期的坏账损失率表示。坏账损失率高，表明信用等级低，要求的信用标准就越严格；坏账损失率低，表明信用等级高，要求的信用标准就宽松。企业制定信用标准时通常从定性和定量两方面来进行。

1. 信用标准的定性分析

信用标准的定性分析一般从企业自身和客户两方面进行。

（1）从企业自身方面分析。企业在考虑自身状况制定信用政策时，主要考虑以下因素：①同行业竞争对手情况；②企业承担违约风险的能力。

（2）从客户方面面分析。客户资信状况的好坏主要取决于五个因素，简称“5C ”评估法。

“5C”评估法是指评估客户信用品质的五个方面（即：品质、能力、资本、抵押、条件）的一种方法。

①品质。指客户的信誉，亦即履行偿债义务的可能性。品质反映了客户在过去的还款中所体现的还款意图和愿望。

②能力。指客户的偿债能力。可以使用流动比率和现金流预测等方法评价客户的还款能力。

③资本。是指当客户的现金流不足以还债时，在短期和长期内可供使用的财务资源。

④抵押。是指当客户不能满足还款条款时，可以用做债务担保的资产或其他担保物。

⑤条件。是指影响顾客还款能力和还款意图的经济环境。

2. 信用标准的定量分析

信用标准的定量分析方法主要有信用评分法和信用评级法两种。

（1）信用评分法。信用评分法是先对客户一系列财务比率和信用情况指标进行评分，然后通过对各项得分进行加权平均计算出客户的综合信用分数，并据此进行信用评估的方法。

在进行信用评分时，如果客户的综合信用分数在 80～100 分，说明企业的信用状况良好，预计坏账损失率低，信用等级较高；分数在 60～80 时，说明客户的信用状况一般，预计坏账损失率一般，信用等级中等；分数在 60 分以下时，说明企业的信用状况较差，预计坏账损失率较高，信用等级偏低。

表 8－3 是某企业潜在客户信用评分表：

表 8－3　　某企业潜在客户的信用状况评价表

评分项目	评分项目值	得　分	权　重	加权平均数
流动比率	2∶1	100	0.11	11
速动比率	0.79∶1	80	0.11	8.8
净流动资本	500 000 元	70	0.05	3.5
产权比率	4.5∶1	50	0.05	2.5
总资产	12 000 000 元	100	0.03	3
应收账款周转率	11 次/年	90	0.15	13.5
存货周转率	4 次/年	80	0.12	9.6
总销售收入	55 000 000 元	100	0.05	5
总应付款	620 000 元	75	0.15	11.25
赊销支付情况	偶有延期	70	0.18	12.6
综合信用得分	—	—	—	80.75

该企业的综合信用得分为 80.75 分，表明其信用状况良好。

（2）信用评级法。信用评级是以各指标所决定的累计风险系数（以坏账损失率为标准），从反面角度来制定信用等级，即累计风险系数越高，信用水平越低，反之则越高。

信用评级的基本步骤：①设定信用等级的评定标准。首先企业选择若干财务比率指标作为信用风险指标（所选择的财务比率指标应该能够反映客户的付款能力和财务状况）；其次，根据数年内最坏年景的情况，分别找出信用好和信用差两类客户上述比率的平均值，以此作为企业评价客户的信用标准（表 8－4）。

表 8-4　　某行业信用标准一览表

指　标	信用标准	
	信用好	信用差
流动比率	2.6∶1	1.7∶1
速动比率	1.2∶1	0.9∶1
现金比率	0.5∶1	0.3∶1
产权比率	1.9∶1	4∶1
已获利息倍数	3.2∶1	1.7∶1
应收账款周转天数	27	40
存货周转率（次）	7	4
总资产报酬率（%）	36	20
赊购付款履约情况	及时	拖欠

②利用企业潜在客户的财务报表数据，按着设定的信用风险指标项目，计算出相应的指标数值，并与上述标准进行比较。比较的方法是：若企业潜在客户的某项指标值等于或低于差的信用标准，则该客户的拒付风险系数（即坏账损失率）增加 10 个百分点；若客户的某项指标值介于好与差的信用标准之间，则该客户的拒付风险系数（即坏账损失率）增加 5 个百分点；若客户的某项指标值等于或高于好的信用标准时，则该客户的拒付风险系数为 0。最后，将客户的各项指标的拒付风险系数累加，即作为该客户发生坏账损失的总比率（表 8-5）。

③进行风险排队，确定各有关客户的信用等级。根据上述风险系数的分析数据，按照客户累计风险系数从小到大进行排序，然后结合企业承受违约风险的能力及市场竞争的需要，具体划分客户的信用等级，如果累计拒付风险系数在 5% 以内的为 A 级客户，在 5% 与 10% 之间的为 B 级客户等。对于不同信用等级的客户，分别采取不同的信用对策。

表 8-5　　企业潜在客户信用状况评价表

指　标	指标值	拒付风险系数（%）
流动比率	2.6∶1	0
速动比率	1.3∶1	0
现金比率	0.4∶1	5
产权比率	1.7∶1	0
已获利息倍数	3.2∶1	0
应收账款周转天数	30	5

续表

指　标	指 标 值	拒付风险系数（%）
存货周转率（次）	8	0
总资产报酬率（%）	36	0
赊购付款履约情况	及时	0
累计拒付风险系数（%）	—	10

（二）信用条件

信用条件是指企业要求客户支付赊销货款的条件，主要包括信用期限和现金折扣。

1. 信用期限

信用期限是指企业允许客户从购货到付款之间的时间限定。如企业允许客户在购货后的30天内付款（表现方式为n/30），则信用期为30天。产品销售与信用期限之间存在着一定的依存关系。信用期过短，不足以吸引客户，在竞争中会使销售额下降；信用期过长，对销售额增加固然有利，但必须考虑由此带来的应收账款成本的增加。可见，只顾及销售增长而盲目放宽信用期，所得到的收益有时会被增长的费用抵消，甚至造成利润减少。所以，企业必须慎重研究，确定出恰当的信用期。

信用期的确定，主要是分析改变现行信用期对收入和成本的影响，企业必须将改变信用期限后收益的增加与成本的增加进行比较，然后做出决策。只有改变信用期限后收益的增加大于成本的增加时，才可以改变信用条件，否则不应改变。

【例8－5】M公司目前采用的是n/30的信用期限，拟将信用期限放宽到n/60。假设等风险投资的最低报酬率为10%，其他有关数据如表8－6所示。请为M公司是否应改变信用期限做出决策。

表8－6　信用期决策数据

项　目		n/30	n/60
年销售量（件）	①	120 000	150 000
单价（元/件）	②	5	5
单位变动成本（元/件）	③	4	4
固定成本（元）	④	60 000	60 000
可能发生的收账费用（元）	⑤	4 000	5 000
可能发生的坏账损失（元）	⑥	6 000	9 000

分析：① 根据上表资料分别计算出两个方案的信用成本前收益和应收账款

成本，如表 8－7 所示。

表 8－7　　　　信用期决策分析表

项　目		$n/30$	$n/60$
年销售额（元）	⑦＝①×②	600 000	750 000
年变动成本（元）	⑧＝①×③	480 000	600 000
信用成本前收益	⑨＝⑦－⑧	120 000	150 000
应收账款机会成本（元）	⑩	4 000	10 000
可能发生的收账费用（元）	⑪	4 000	5 000
可能发生的坏账损失（元）	⑫	6 000	9 000
应收账款成本（元）	⑬＝⑩＋⑪＋⑫	14 000	24 000

表 8－7 中应收账款机会成本的计算过程如下：

$n/30$ 信用期：应收账款机会成本 $=\frac{480\ 000}{360}\times 30\times 10\%\approx 4\ 000$（元）

$n/60$ 信用期：应收账款机会成本 $=\frac{600\ 000}{360}\times 60\times 10\%\approx 10\ 000$（元）

②计算改变信用期后增加的收益和增加的应收账款成本。

改变信用期后增加的收益 $=150\ 000-120\ 000=30\ 000$（元）

改变信用期后增加的应收账款成本 $=24\ 000-14\ 000=10\ 000$（元）

③进行决策。由于改变信用期后收益的增加大于成本的增加，两者之差20 000元即为改变信用期限的税前损益。由于可获得税前损益，因此应该改变信用期限，采用 60 天的信用期。

上述信用期分析的方法可以满足一般制定信用政策的需要。

2. 现金折扣

现金折扣是企业对客户在商品价格上所做的扣减。向客户提供这种价格上的优惠，主要目的是吸引客户为享受优惠而提前付款，缩短企业的平均收账期。此外，现金折扣也能吸引一些视折扣为减价出售的客户前来购货，借此扩大销售量。折扣的表示常采用如 2/10，$n/30$ 这样一些符号形式。

企业采用什么程度的现金折扣，要与信用期间结合起来考虑。不论是信用期间还是现金折扣，都可能给企业带来收益，但也会增加成本。因此，当企业决定是否提供以及提供多大比率的现金折扣时，应考虑提供现金折扣后所得的收益是否大于现金折扣的成本。如果前者大于后者，表明应该采取现金折扣政策；否则不应采取现金折扣政策。

【例 8－6】接上例表 8－6 信用期决策数据，若 M 公司在放宽信用期的同时，为吸引客户尽早付款，提出了 1/30，$n/60$ 的现金折扣条件，估计会有 50% 的客户（按 60 天信用期所能实现的销售量计算）将享受现金折扣优惠。问：该现金折扣措施是否可行？

分析：表8－8计算出了两个方案的信用成本前收益和应收账款成本：

表8－8　　　　现金折扣政策分析表

项　目		n/30	1/30，n/60
年销售额	⑦=①×②	600 000	750 000
年变动成本	⑧=①×③	480 000	600 000
信用成本前收益	⑨=⑦－⑧	120 000	150 000
应收账款机会成本	⑩	4 000	7 500
可能的收账费用	⑪	4 000	5 000
可能的坏账损失	⑫	6 000	9 000
现金折扣成本	⑬	0	3 750
应收账款成本	⑭=⑩+⑪+⑫+⑬	14 000	25 250

表8－8中：（1）现金折扣政策下应收账款机会成本的计算过程：

①应收账款平均收账期 $=50\% \times 30+50\% \times 60=45$（天）；

②应收账款机会成本 $=\frac{600\ 000}{360} \times 45 \times 10\% \approx 7\ 500$（元）。

（2）现金折扣成本 $=750\ 000 \times 50\% \times 1\% =3\ 750$（元）

根据表8－8计算提供现金折扣后增加的收益和增加的成本，其中：增加的收益 = 150 000 － 120 000 = 30 000（元）；增加的成本 = 252 50 － 14 000 = 11 250（元）。

可见：提供现金折扣后增加的收益大于增加的成本，两者之差18 750元即为提供现金折扣后的税前损益。由于可获得税前损益，因此应当放宽信用期，提供现金折扣。

三、收账政策

收账政策是指企业给客户提供的信用条件被违反时，企业采取的收账策略。企业对拖欠的应收账款，无论采用何种方式进行催收，都需要付出一定的代价，即收账费用。一般而言，收账费用支出越多，坏账损失越少，但两者并不一定存在线性关系。两者关系一般表现为：开始花费一些收账费用，应收账款和坏账损失有较小程度的降低；随着收账费用继续增加，应收账款和坏账损失明显减少；但收账费用达到某一限度后，应收账款和坏账损失的减少就不再明显了，这个限度称为饱和点。

企业在制定和选择收账政策时，应权衡增加收账费用与减少应收账款和坏账损失之间的得失，若前者小于后者，表明制定的收账政策是可行的。

【例8-7】M公司2009年的销售收入为864万元（全部为赊销），变动成本率为70%，资金成本率为20%，假设收账政策对销售收入没有影响。该公司在不同的收账政策条件下的有关资料如表8-9所示，问：该公司是否应改变现行的收账政策？

表8-9　　M公司不同收账政策条件下的有关资料

项目	现行收账政策	拟改变的收账政策
年收账费用（万元）	6	12
平均收账期（天）	60	40
坏账损失率（%）	5	4

根据表8-9中的资料，计算应收账款各项成本如表8-10所示。

表8-10　　应收账款成本计算表　　单位：万元

项目	现行收账政策	拟改变的收账政策
应收账款机会本	864/360×60×70%×20%=20.16	864/360×40×70%×20%=13.44
坏账损失	864×5%=43.2	864×4%=34.56
年收账费用	6	12

根据上表资料得知：

①改变收账政策增加的年收账费用=12-6=6（万元）

②改变收账政策减少的机会成本=20.16-13.44=6.72（万元）

改变收账政策减少的坏账损失=43.2-34.56=8.64（万元）

可见：改变收账政策减少的机会成本与改变收账政策减少的坏账损失之和（15.36万元）大于改变收账政策增加的年收账费用（6万元），所以，改变现行的收账政策是可行的。

四、应收账款的日常管理

应收账款日常管理主要包括对客户的信用调查、信用评估及应收账款的监控三方面内容。

（一）信用调查

信用调查包括直接调查和间接调查两种方法。

1. 直接调查

直接调查是指调查人员直接与被调查单位接触，通过当面采访、询问、观看、记录等方式获取信用资料的一种方法。这种方法的特点是能保证收集资料的准确性和及时性，但如果得不到被调查单位的合作，则会使调查资料不完整。

2. 间接调查

间接调查是以被调查单位以及其他单位保存的有关原始记录和核算资料为基础，通过加工整理获得被调查单位信用资料的一种方法。具体包括以下几种方式：

（1）财务报表。有关单位的财务报表是信用资料的重要来源。

（2）信用评估机构。专门的信用评估机构通常评估方法先进，评估调查细致，评估程序合理，可信程度高。

（3）银行。许多银行都设有信用部，为其顾客提供服务。

（4）其他。财税部门、消协、工商管理部门、企业的上级主管部门、证券交易部门等都可能提供有关客户的信用情况。

（二）信用评估

常见的信用评估的方法主要有5C评估法和信用评分法两种。由于前面在讲述信用标准的定性分析时已提到过这两种方法，在此不再赘述。

（三）应收账款的监控

在应收账款的监控过程中，可以采用的方法主要有两种。

1. 账龄分析法

应收账款账龄分析即应收账款账龄结构分析。通过账龄分析可以确定不同账龄的应收账款投资额及其所占的比重，可以反映应收账款的分布和被拖欠情况，便于企业加强对应收账款的管理，账龄分析表的形式见表8－11。

表8－11　　账龄分析表

账　龄	账户金额（元）	比重（%）
信用期内	8 000 000	51
逾期半年内	5 000 000	32
逾期半年至一年	1 500 000	9
逾期1~2年	800 000	5
逾期2年以上	500 000	3
应收账款总计	15 800 000	100

2. 平均收现期法

平均收现期（亦即应收账款周转天数）法是通过计算应收账款从形成到收回平均所经历的时间，并将其与目标值（如规定的信用期限）进行比较分析，为加强应收账款监控提供依据。计算公式如下：

平均收现期 = 期末应收账款 / 平均日销售额

平均逾期天数 = 平均收现期 - 平均信用期天数

【例8-8】假设M公司2009年6月末的应收账款为300 000万元，信用条件为$n/60$。上半年平均每日的销售收入为4 000元。则：

$$平均收现期 = \frac{300\,000}{4\,000} = 75(天)$$

平均逾期天数 = 75 - 60 = 10(天)

第四节　存货管理

存货是指企业在生产经营过程中为销售或者耗用而储备的物资，包括材料、燃料、低值易耗品、在产品、半成品、产成品、协作件、商品等。企业持有充足的存货不但可以为企业的生产和销售提供较大的机动性，同时也避免了因存货不足带来的机会损失。然而，存货的增加必然要占用更多的资金，将使企业付出更大的成本。因此加强存货的规划与控制，使存货保持在最优水平上，便成为财务管理的一项重要内容。

一、存货管理目标

（一）存货的功能

1. 保证生产、销售的正常进行

为了保证生产顺利进行，为了增强企业适应市场变化的能力，避免或减少出现停工待料、停业待货等事故，企业需要储存存货。

2. 获取规模效益

批量采购原材料在获得价格优惠的同时也降低了总的进货成本。

（二）存货的成本

1. 取得成本

取得成本指为取得某种存货而支出的成本，包括购置成本和订货成本。

（1）购置成本。购置成本亦即进货成本，是指存货本身的价值，其数额等于采购数量与采购单价的乘积。

（2）订货成本。订货成本亦即进货费用，是指取得订单的成本，如办公费、差旅费、邮资、电报电话费等支出。该种成本按其与订货次数是否相关进一步划分为固定性订货成本和变动性订货成本两种。

（1）固定性订货成本。固定性订货成本是指与订货次数无关的成本。

（2）变动性订货成本。变动性订货成本是指与订货次数相关的成本，如差旅费、邮资等。

2. 储存成本

储存成本是指企业因储存存货而发生的成本。该成本按其与储存数额是否相关进一步划分为固定性储存成本和变动性储存成本两种。

（1）固定性储存成本。固定性储存成本是指与存货储存数额的多少没有直接关系的储存成本。

（2）变动性储存成本。变动性储存成本是指与存货储存数额的多少有直接关系的储存成本。

3. 短缺成本

短缺成本是指因存货不足给企业造成的损失，包括材料供应中断造成的停工损失、产成品库存缺货造成的拖欠发货损失和丧失销售机会的损失等。

（三）存货管理目标

综上所述，企业持有存货既有利也有弊，因此，存货管理的目标便是在各种存货成本与存货功能（收益）之间进行权衡，使两者达到最佳的结合。为了实现存货管理目标，必须进行合理的存货决策。

二、存货决策

（一）经济订货量基本模型

经济订货量是指能够使一定时期存货的总成本达到最低点的进货数量。

经济订货量基本模型需要设立的假设条件是：

（1）企业能够及时补充存货，即需要订货时便可立即取得存货。在这一假设条件下，不存在缺货成本。

（2）能集中到货，而不是陆续入库。

（3）需求总量是已知常数且存货单价不变，不考虑折扣。

（4）存货均衡耗用。

（5）企业现金充足，不会因现金短缺而影响进货。

（6）所需存货市场供应充足，不会因买不到需要的存货而影响其他。

在上述假设条件下：

存货相关总成本 = 变动性订货成本 + 变动性储存成本

即：$TC = \frac{D}{Q}K + \frac{Q}{2}K_c$ （公式 8－8）

式中：TC 代表与订货批量有关的每期存货总成本；D 代表每期对存货的总需求；Q 代表每次订货批量；K 代表每次订货成本；K_c 代表每期单位存货年储存成本。

能使 TC 最小的批量 Q 即为经济订货量 Q^*。利用数学知识，可推导出：

$$Q^* = \sqrt{\frac{2DK}{K_c}}$$ （公式 8－9）

公式 8－9 称为经济订货量基本模型，求出的每次订货批量，可使 TC 达到最小值。

将（公式 8－9）代入（公式 8－8），可求出与经济订货量有关的存货总成本公式为：

$$TC^* = \sqrt{2KDK_c}$$ （公式 8－10）

这个基本模型还可以演变为其他形式：

每年最佳订货次数：$N^* = \frac{D}{Q^*}$ （公式 8－11）

订货间隔期：$t^* = \frac{1}{N^*}$ （公式 8－12）

经济订货量占用资金：$I^* = \frac{Q^*}{2}P$（式中：P 表示存货的采购单价） （公式 8－13）

存货总成本与变动性订货成本 、变动性储存成本的关系如图 8－4 所示。

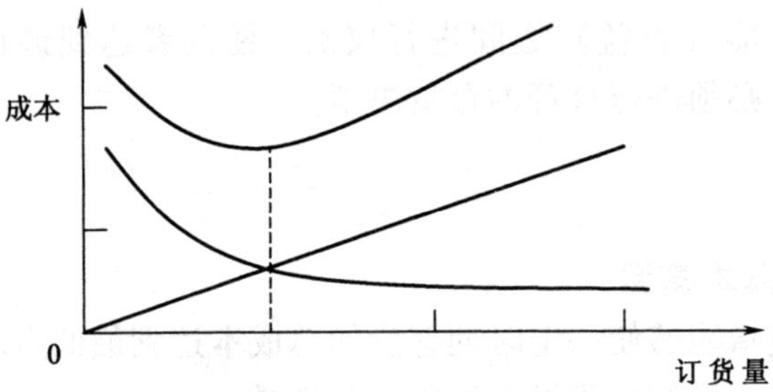

图 8－4 存货成本关系图

【例 8－9】M 公司每年需耗用 A 种材料 3 600 件，单位买价为 25 元，每次订货成本为 50 元，单位存货年储存成本为 4 元。计算 A 材料的经济采购量、与批量有关的总成本、每年最佳订货次数、每年最佳订货次数和经济订货量占用资金。

根据上述资料计算如下：

$$Q^* = \sqrt{\frac{2 \times 3\,600 \times 50}{4}} = 300（件）$$

$$TC = \sqrt{2 \times 3\,600 \times 50 \times 4} = 1\,200（元）$$

$$N^* = \frac{3\,600}{300} = 12（次）$$

$$t^* = \frac{1}{12}（年）$$

$$I^* = \frac{300}{2} \times 25 = 3\,750（元）$$

（二）基本模型的扩展

1. 提前订货期模型

提前订货期亦即再订货点，是指在提前订货的情况下，企业再次发出订货单时，尚有存货的库存量，用 R 表示。再订货点的数量等于订货期（L）和存货每天需要量（d）的乘积。公式如下：

$$R = L \times d$$ （公式 8－14）

【例8－10】接上例，假设M公司A材料订货期为20天，平均每日存货需要量为10件，计算企业再订货点的数量。

再订货点（R）$=20\times10$

$=200$（件）

即在企业尚存200件存货时，就应当再次订货。此时，有关存货的每次订货批量、订货次数、订货间隔时间不变。这表明订货提前期对经济订货量并无影响。

2. 保险储备模型

保险储备，是指为防止耗用量突然增加或交货延期等意外情况而进行的储备。

保险储备的存在不影响经济订货批量，但会影响再订货点。在设置保险储备的情况下，订货提前期模型中的再订货点公式可扩展为：

$$R = L \times d + B \tag{公式8－15}$$

式中：B代表保险储备量，其他符号同上。

保险储备的存在虽然可以降低缺货损失，但也增加了存货的持有成本。企业应该保持多少保险储备才合适，取决于存货中断的概率和存货中断的损失。最佳的保险储备应该是使缺货损失和保险储备的持有成本之和达到最低。

【例8－11】某公司计划年度耗用某材料150 000千克，材料单价50元，经济订货量30 000千克，全年订货5次（150 000/30 000），订货点为1 200千克。单位材料年持有成本为材料单价的20%，单位材料缺货损失25元。在交货期内，生产需用量及其概率如下：

生产需用量（千克）	概率
1 000	0.1
1 100	0.2
1 200	0.4
1 300	0.2
1 400	0.1

该公司最佳保险储备的计算如表8－12所示。

表8－12　保险储备分析　　单位：元

保险储备量	缺货量	缺货概率	缺货损失	保险储备的持有成本	总成本
0	0	0.1	0		
	0	0.2	0		
	0	0.4	0		
	100	0.2	$5\times100\times0.2\times25=2\,500$		

续表

保险储备量	缺货量	缺货概率	缺货损失	保险储备的持有成本	总成本
	200	0.1	5×200×0.1×25=2 500 缺货损失期望值=5 000	0	5 000
100	0	0.1	0		
	0	0.2	0		
	0	0.4	0		
	0	0.2	0		
	100	0.1	5×100×0.1×25=1 250 缺货损失期望值=1 250	100×50×20% =1 000	2 250
200	0	0.1			
	0	0.2			
	0	0.4			
	0	0.2			
	0	0.1	缺货损失期望值=0	200×50×20% =2 000	2 000

注：缺货损失=每年订货次数×缺货数量×缺货概率×单位缺货损失

从表8－12中可以看出，当保险储备为200千克时，缺货损失与持有成本之和最低。因此，该企业保险储备为200千克较合适。

3. 存货陆续供应和使用模型

在建立基本模型时，是假设存货一次全部入库，故存货增加时存量变化为一条垂直的直线。一次性全部入库的情形可用图8－5表示。事实上，各批存货可能陆续入库，存量陆续增加。尤其是产成品入库和在产品转移，几乎总是陆续供应和陆续耗用的。在这种情况下，存货数量的变化如图8－6所示。

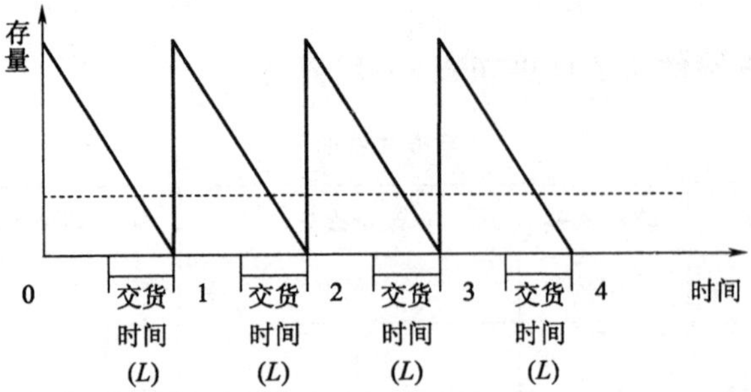

图8－5　集中到货情况下存货存量与订货时间的关系

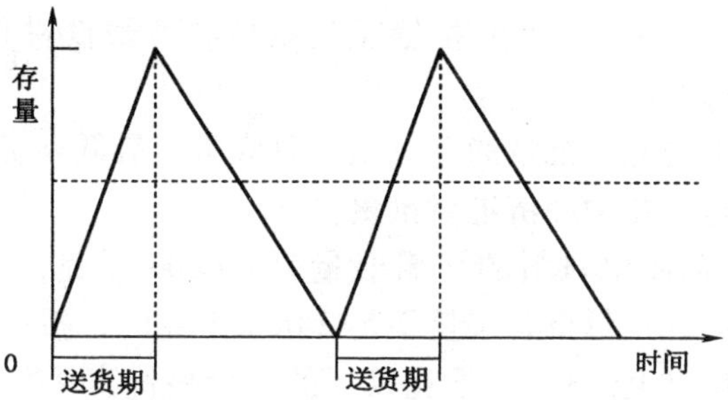

图 8－6　陆续供应情况下存货存量与订货时间的关系

在存货陆续供应和使用的条件下，与存货批量有关的总成本为：

$$TC = \frac{D}{Q}K + \frac{Q}{2}\left(1 - \frac{d}{P}\right)K_c$$

式中：P 代表每日送货量；d 代表每日耗用量；其他符号意义同上。

当订货成本与储存成本相等时，TC 有最小值。此时，经济订货量公式为：

$$Q^* = \sqrt{\frac{2DK}{K_c} \times \frac{P}{P-d}} \qquad \text{（公式 8－16）}$$

$$TC^* = \sqrt{2KDK_c\left(1 - \frac{d}{P}\right)} \qquad \text{（公式 8－17）}$$

【例 8－12】某零件需用量为 8 000 件，每日送货量为 70 件，每日耗用量为 30 件，单价为 10 元，每次进货费用为 60 元，单位变动储存成本为 2 元。试计算存货的经济批量和经济批量下的总成本。

经济批量：$Q^* = \sqrt{\frac{2 \times 8\,000 \times 60 \times 70}{2 \times (70-30)}} \approx 917$（件）

经济批量总成本：$TC = \sqrt{2 \times 8\,000 \times 60 \times 2 \times (1 - \frac{30}{70})} \approx 1\,047$（元）

4. 数量折扣条件下的经济进货批量模型

购货企业接受数量折扣有利也有弊。所以，企业是否接受数量折扣条件，必须在购置成本和订货成本降低与储存成本上升之间进行权衡，通过计算接受或不接受数量折扣的总成本，将最低的年总成本对应的进货批量视为实行数量折扣的经济进货批量。

在经济进货批量基本模型其他各种假设条件均具备的前提下，存在数量折扣时的存货总成本为：

存货总成本＝存货购置成本＋变动订货成本＋变动储存成本

实行数量折扣的经济进货批量具体确定步骤如下：

第一步，按照基本经济进货批量模型确定经济进货批量；

第二步，计算按经济进货批量进货时的存货总成本；

第三步，计算按给予数量折扣的进货批量进货时的存货总成本；

如果给予数量折扣的进货批量是一个范围，如进货数量在1 000～1 999千克之间可享受2%的价格优惠，此时按给予数量折扣的最低进货批量，即按1 000千克计算存货相关总成本；

第四步，比较不同进货批量的存货相关总成本，最低存货总成本对应的进货批量，就是实行数量折扣的经济进货批量。

【例8－13】某企业甲材料的年需要量为20 000千克，每千克标准价为25元。销售企业规定：客户每批购买量不足2 000千克的，按照标准价格计算；每批购买量2 000千克以上，3 000千克以下的，价格优惠2%；每批购买量3 000千克以上的，价格优惠3%。已知每批进货费用500元，单位材料的年储存成本20元。试计算在实行数量折扣的条件下经济进货批量是多少？

解题步骤：（1）按经济进货批量基本模型确定的经济进货批量为：

$$Q^{*}=\sqrt{\frac{2\times 20\,000\times 500}{20}}=1\,000\text{（千克）}$$

（2）每次进货1 000千克时的存货总成本为：

$$TC=20\,000\times 25+\frac{20\,000}{1\,000}\times 500+\frac{1\,000}{2}\times 20=520\,000\text{（元）}$$

（3）计算确定实行数量折扣的经济进货批量。

① 每次进货2 000千克时的存货总成本为：

$$TC=20\,000\times 25\times(1-2\%)+\frac{20\,000}{2\,000}\times 500+\frac{2\,000}{2}\times 20=515\,000\text{（元）}$$

②每次进货3 000千克时的存货总成本为：

$$TC=20\,000\times 25\times(1-3\%)+\frac{20\,000}{3\,000}\times 500+\frac{3\,000}{2}\times 20\approx 518\,333\text{（元）}$$

（4）决策。通过比较发现，每次进货为2 000千克时的存货相关总成本最低，所以此时最佳经济进货批量为2 000千克。

5. 允许缺货时的经济进货批量模型

允许缺货的情况下，企业对经济进货批量的确定，不仅要考虑变动性进货费用与变动性储存成本，而且还必须对可能的缺货成本加以考虑，即能够使三项成本总和最低的批量便是经济进货批量。这样企业的年度存货成本就表示为三种成本之和，即：

年存货成本＝订货成本＋储存成本＋缺货成本

设缺货量为S，单位缺货成本为R，其他符号同上。则有：

$$Q^{*}=\sqrt{\frac{2DK\times(K_c+R)}{K_c\times R}} \quad\text{（公式8－18）}$$

$$S=\frac{Q^{*}\times K_c}{K_c+R} \quad\text{（公式8－19）}$$

（三）ABC分类管理

ABC分类管理就是按照一定的标准，将企业的存货划分为A、B、C三类，分别实行分品种重点管理、分类别一般控制和按总额灵活掌握的存货管理方法。

1. 存货 ABC 分类的标准

分类的标准主要有两个：一是金额标准；二是品种数量标准。其中金额标准是最基本的，品种数量标准仅作为参考。A 类存货的特点是金额巨大，但品种数量较少；B 类存货金额一般，品种数量相对较多；C 类存货品种数量繁多，但价值金额却很小。一般而言，三类存货的金额比重大致为 A∶B∶C＝0.7∶0.2∶0.1，而品种数量比重大致为 A∶B∶C＝0.1∶0.2∶0.7。

2. ABC 分类法在存货管理中的运用

通过对存货进行 ABC 分类，可以使企业分清主次，采取相应的对策进行有效的管理、控制。对 A、B 两类存货可以分别按品种、类别进行管理。对 C 类存货只需灵活掌握即可。此外，企业还可以在这种分类的基础上研究各类消费者的消费倾向、档次等，对各档次的需要量（额）加以估算，并购进相应数量的存货，使存货的购进与销售工作有效地建立在市场调查的基础上，从而收到良好的控制效果。

第五节 流动负债管理

企业短期资本来源一般可以通过各种流动负债方式取得。本节主要介绍短期银行借款、商业信用和短期融资券的管理。

一、短期借款

短期借款指企业向银行和其他非银行金融机构借入的期限在 1 年以内的借款。

1. 短期借款的种类

我国目前的短期借款按用途不同，分为周转借款、临时借款、结算借款。按借款有无担保，分为信用借款和抵押借款。按利息支付方法的不同，分为收款法借款、贴现法借款和加息法借款等。

企业在申请借款时，应根据各种借款的条件和需要加以选择。

2. 借款的取得

企业举借短期借款，首先必须提出申请，经审查同意后借贷双方签订借款合同，注明借款的用途、金额、利率、期限、还款方式、违约责任等；然后企业根据借款合同办理借款手续；借款手续完毕，企业便可取得借款。

3. 借款的信用条件

按照国际通行做法，银行发放短期借款往往带有一些信用条件，主要有：

①信贷限额。信贷限额是银行与借款人之间达成的一种无法律约束的非正式的协议，它规定银行愿意借给客户的最高贷款额。信贷限额的有效期限通常为 1

年，但根据情况也可延期1年。一般来讲，企业在批准的信贷限额内，可随时使用银行借款。但是，银行并不承担必须提供全部信贷限额的义务。如果企业信誉恶化，即使银行曾同意过按信贷限额提供贷款，企业也可能得不到借款。这时，银行不会承担法律责任。

②周转信贷协定。周转信贷协定是银行具有法律义务地承诺提供不超过某一最高限额的贷款协定。在协定的有效期内，只要企业的借款总额未超过最高限额，银行必须满足企业任何时候提出的借款要求。企业享用周转信贷协定，通常要就贷款限额的未使用部分付给银行一笔承诺费。

【例8－14】某周转信贷额为1 000万元，承诺费率为0.5%，借款企业年度内使用了800万元，余额200万元，借款企业该年度就要向银行支付承诺费1万元（200×0.5%）。这是银行向企业提供此项贷款的一种附加条件。

③补偿性余额。补偿性余额是银行要求借款企业在银行中保持按贷款限额或实际借用额一定百分比（一般为10%～20%）的最低存款余额。从银行的角度讲，补偿性余额可降低贷款风险，补偿遭受的贷款损失。对于借款企业来讲，补偿性余额则提高了借款的实际利率。

补偿性余额实际利率的计算公式为：

$$\text{实际利率}=\frac{\text{名义利率}}{1-\text{补偿性余额比例}} \qquad \text{（公式8－20）}$$

【例8－15】某企业按年利率8%向银行借款10万元，银行要求维持贷款限额15%的补偿性余额，则该项借款的实际利率则为：

$$\text{实际利率}=\frac{8\%}{1-15\%}=9.4\%$$

④借款抵押。银行向财务风险较大的企业或对其信誉不甚有把握的企业发放贷款，有时需要有抵押品担保，以减少自己蒙受损失的风险。短期借款的抵押品经常是借款企业的应收账款、存货、股票、债券等。银行接受抵押品后，将根据抵押品的面值决定贷款金额，一般为抵押品面值的30%～90%。这一比例的高低，取决于抵押品的变现能力和银行的风险偏好。抵押借款的成本通常高于非抵押借款，这是因为银行主要向信誉好的客户提供非抵押贷款，而将抵押贷款看成是一种风险投资，故而收取较高的利率；同时银行管理抵押贷款要比管理非抵押贷款困难，为此往往另外收取手续费。

企业向贷款人提供抵押品，会限制其财产的使用和将来的借款能力。

⑤偿还条件。贷款的偿还有到期一次偿还和在贷款期内定期（每月、季）等额偿还两种方式。一般来讲，企业不希望采用后一种偿还方式，因为这会提高借款的实际利率；而银行不希望采用前一种偿还方式，原因是这会加重企业的财务负担，增加企业的拒付风险，同时会降低实际贷款利率。

⑥其他承诺。银行有时还要求企业为取得贷款而作出其他承诺，如及时提供财务报表、保持适当的财务水平（如特定的流动比率），等等。如企业违背所作

出的承诺，银行可要求企业立即偿还全部贷款。

4. 短期借款利率及其支付方法

（1）借款利率。

①优惠利率。优惠利率是银行向财力雄厚、经营状况好的企业贷款时收取的名义利率，为贷款利率的最低限。

②浮动优惠利率。这是一种随其他短期利率的变动而浮动的优惠利率，即随市场条件的变化而随时调整变化的优惠利率。

③非优惠利率。银行贷款给一般企业时收取的高于优惠利率的利率。这种利率经常在优惠利率的基础上加一定的百分比。非优惠利率与优惠利率之间差距的大小，由借款企业的信誉、与银行的往来关系及当时的信贷状况所决定。

（2）借款利息的支付方法。

①收款法。收款法是在借款到期时向银行支付利息的方法。银行向工商企业发放的贷款大都采用这种方法收息。采用这种方法，借款的名义利率等于实际利率。

②贴现法。贴现法是银行向企业发放贷款时，先从本金中扣除利息部分，而到期时借款企业则要偿还贷款全部本金的一种计息方法。采用这种方法，企业可利用的贷款额只有本金减去利息部分后的差额，因此贷款的实际利率高于名义利率。贴现法借款实际利率的计算公式为：

$$\text{实际利率}=\frac{\text{名义利率}}{1-\text{名义利率}} \qquad \text{（公式 8－21）}$$

【例 8－16】某企业从银行取得借款 10 000 元，期限 1 年，年利率（即名义利率）为 10%，按照贴现法付息，则该项贷款的实际利率为：

$$\text{实际利率}=\frac{10\%}{1-10\%}=11.1\%$$

③加息法。加息法是银行发放分期等额偿还贷款时采用的利息收取方法。在分期等额偿还贷款的情况下，银行要将根据名义利率计算的利息加到贷款本金上，计算出贷款的本息和，要求企业在贷款期内分期偿还本息之和的金额。由于贷款分期均衡偿还，借款企业实际上只平均使用了贷款本金的半数，却支付全额利息。这样，企业所负担的实际利率便高于名义利率大约 1 倍。加息法实际利率的计算公式为：

$$\text{实际利率}=\frac{\text{利息}}{\text{本金}\div 2} \qquad \text{（公式 8－22）}$$

【例 8－17】某企业借入（名义）年利率为 10% 的贷款 20 000 元，分 12 个月等额偿还本息。该项借款的实际利率为：

$$\text{实际利率}=\frac{20\,000\times 10\%}{20\,000/2}\times 100\%=20\%$$

5. 短期借款筹资的特点

与长期借款相比较而言，短期借款筹资特点包括：（1）筹资速度快；（2）筹资弹性大；（3）筹资风险大；（4）使用期限短。

二、商业信用

商业信用是指在商品交易中由于延期付款或预收货款所形成的企业间的借贷关系，是企业之间的直接信用行为，属于“自发性筹资”，是企业短期资金的重要来源。商业信用的具体形式主要有应付账款、应计未付款、预收账款。

1. 商业信用形式

（1）应付账款。应付账款是企业购买货物暂未付款而欠对方的账项，即卖方允许买方在购货后一定时期内支付货款的一种形式。对卖方而言，利用这种方式来促销，但对买方来说延期付款则等于向卖方借用资金购进商品，可以满足短期的资金需要。

利用应付账款筹资按其是否支付代价，分为免费筹资（免费信用）、有代价筹资（有代价信用）和展期信用三种。

① 免费信用。如果卖方（供应商）不提供现金折扣，则买方在信用期内任何时间支付货款均无代价；如果卖方提供现金折扣，则买方在折扣期内支付货款也没有成本。这两种情况通常称为免费信用。

② 有代价信用。如果买方放弃现金折扣，在折扣期限外信用期限内支付货款，则称为有代价信用。在这种情况下，企业可获得最长为信用期的免费资金，其信用额度为商品总购价。但由于放弃了现金折扣，从而产生了信用成本（机会成本）。其信用成本的计算公式为：

$$\text{放弃折扣的信用成本率} = \frac{\text{折扣}\%}{1-\text{折扣}\%} \times \frac{360}{\text{信用期}-\text{折扣期}} \qquad \text{（公式 8-23）}$$

上述公式表明，影响信用成本的因素包括折扣百分比、信用期和折扣期三个因素。其中折扣百分比与折扣期和信用成本呈同向变化的关系；信用期与信用成本呈反向变化的关系。

【例8－18】假设某公司按“2/10，*n*/30”的条件购买一批商品，价值20 000元。则：

$$\text{放弃折扣的信用成本率} = \frac{2\%}{1-2\%} \times \frac{360}{30-10} = 36.73\%$$

以上结果表明，如果公司放弃现金折扣，为取得这笔为期20天的资金使用权，是以承担36.73%的年利率为代价的。

在附有信用条件的情况下，因为获得不同信用要负担不同的代价，买方企业需要在利用哪种信用之间作出决策。一般说来：

如果能以低于放弃折扣的隐含利息成本（实质是一种机会成本）的利率借入资金，便应在现金折扣期内用借入的资金支付货款，享受现金折扣。反之，企业应放弃折扣。

如果在折扣期内将应付账款用于短期投资，所得的投资收益率高于放弃折扣的隐含利息成本，则应放弃折扣而去追求更高的收益。当然，假使企业放弃折扣优惠，也应将付款日推迟至信用期内的最后一天。

如果企业因缺乏资金而欲展延付款期，则需在降低了的放弃折扣成本与展延付款带来的损失之间作出选择。

如果面对两家以上提供不同信用条件的卖方，应通过衡量放弃折扣成本的大小，选择信用成本最小（或所获利益最大）的一家。

③展期信用。展期信用是指买方超过规定的信用期推迟付款而强制获得的信用。展期信用的信用成本虽然比有代价信用成本低，但由此会带来一定的风险或潜在的筹资成本，主要包括：①信用损失；②利息罚金；③停止送货；④法律追索。

（2）应计未付款。应计未付款是企业在生产经营和利润分配过程中已经计提但尚未以货币支付的款项。主要包括应付职工薪酬、应缴税金、应付利润或应付股利等。应计未付款随着企业规模的扩大而增加，企业使用这些自然形成的资金无须付出任何代价。应计未付款的期限具有强制性，不能由企业自由斟酌使用，所以，企业尽管可以充分利用应计未付款项，但不能总拖欠这些款项。

（3）预收货款。预收货款是卖方企业在交付货物之前向买方预先收取部分或全部货款的信用形式。对于紧俏商品买方往往乐于采用这种方式购货；对于生产周期长、造价较高的商品，卖方往往采用这种方式销货，以缓和本企业资金占用过多的矛盾。

2. 商业信用筹资的特点

商业信用筹资最大的优越性在于容易取得；其次，如果没有现金折扣或企业不放弃现金折扣，商业信用筹资不负担成本。缺陷是期限较短；如果放弃现金折扣则需付出较高的资金成本。

三、短期融资券

1. 短期融资券的含义及种类

短期融资券，又称商业票据或短期债券，是由企业发行的无担保短期本票。在我国短期融资券是指企业依照《短期融资券管理办法》的条件和程序在银行间债券市场发行和交易的、并约定在期限不超过 1 年内还本付息的有价证券，是企业筹措短期（1 年以内）资金的直接融资方式。中国人民银行对融资券的发行、交易、登记、托管、结算、兑付进行监督管理。

短期融资券按不同标准有以下分类：

（1）按发行方式分类，可将短期融资券分为经纪人代销的融资券和直接销售的融资券。

（2）按发行人的不同分类，可将短期融资券分为金融企业的融资券和非金融企业的融资券。

2. 短期融资券的发行条件

（1）发行人为非金融企业。

（2）发行和交易的对象为银行间债券市场的机构投资者，不向社会公众发行和交易。

（3）短期融资券的发行由符合条件的金融机构承销，企业不得自行销售融资券，发行短期融资券募集的资金用于本企业的生产经营。

（4）对融资券实行余额管理，待偿还融资券余额不超过企业净资产的40%。

（5）融资券采用实名记账方式在中央国债登记结算有限责任公司（简称中央结算公司）登记托管，中央结算公司负责提供有关服务。

（6）融资券在债权债务登记日的次一工作日，即可以在全国银行间债券市场的机构投资者之间流通转让。

3. 短期融资券的发行程序

（1）公司作出发行短期融资券的决策。

（2）办理发行短期融资券的信用评级。

（3）向有关审批机构（中国人民银行）提出发行申请。

（4）审批机关对企业提出的申请进行审查和批准。

（5）正式发行短期融资券，取得资金。

4. 短期融资券筹资的特点

（1）短期融资券的筹资成本较低。与发行公司债券相比较，发行短期融资券的筹资成本较低。

（2）短期融资券筹资数额比较大。与银行借款筹资相比较，短期融资券一次性的筹资数额比较大。

（3）发行短期融资券的条件比较严格。发行短期融资券的公司必须是具备一定信用等级的实力强的公司。

第六节　营运资金的税务管理

企业产、购、销活动中，采用不同的结算方式、购销方式、计价核算方式等，会导致企业在税收待遇和税收负担上存在差异。所以，为了降低税收负担、实现企业价值最大化目标，企业在产、购、销过程中，要充分考虑税收因素。

一、采购的税务管理

（一）采购过程税务管理的主要内容

采购是企业日常经营中供、产、销的“供应”部分。采购主要影响流转税中增值税进项税额，企业采购过程中需要注意以下税收问题。

1. 购货对象的税务管理

按照会计核算和经营规模不同，增值税纳税人分为一般纳税人和小规模纳税人两类，分别采取不同的增值税计税方法。企业从不同类型的纳税人采购货物，所承担的税收负担不一样。例如，由于小规模纳税人不能开具增值税专用发票，一般纳税人从小规模纳税人采购的货物，增值税不能抵扣（由税务机关代开的除外）。因此，企业采购时不仅需要考虑产品的价格、质量、付款时间和方式，还要从进项税能否抵扣等税收方面进行综合考虑。

2. 购货运费的税务管理

按照我国增值税管理规定，购进免税产品的运费不能抵扣增值税额，而购进材料的运费则可以抵扣。企业采购时应注意区分免税产品和应税产品，同时注意对于随运费支付的装卸费、保险费等杂费能否抵扣增值税额的区别。

3. 代购方式的税务管理

企业在生产经营中需要大量购进各种原、辅材料，由于购销渠道限制，常常需要委托商业企业代购各种材料。委托代购业务可分为受托方只收取手续费和受托方按正常购销价格结算两种形式。虽然两种代购形式都不影响企业生产经营，但财务核算和税收管理却不相同。

4. 结算方式的税务管理

结算方式有赊购、现金、预付等方式。当赊购与现金或预付采购没有价格差异时，则对企业税负不产生影响。当赊购价格高于现金采购价格时，在获得推迟付款好处的同时，也会导致纳税增加。此时企业需要进行税收筹划以权衡利弊。

5. 采购时间的税务管理

由于增值税采用购进扣税法，因此当预计销项税额大于进项税额时，适当提前购货可以推迟纳税。因此应综合权衡由于推迟纳税所获得的时间价值与提前购货付款所失去的时间价值。

6. 增值税专用发票管理

在采购商品、接受服务以及从事其他经营活动支付款项时，应当向销售方索取符合规定的增值税专用发票，不符合规定的发票，不得作为抵扣凭证。同时需要注意增值税一般纳税人申报抵扣的时间，必须自专用发票开具之日起 90 日内到税务机关认证，否则不予抵扣进项税额。

（二）采购过程税收筹划举例

【例 8－19】某服装生产企业为增值税一般纳税人，适用增值税率 17%，预计每年可实现含税销售收入 2 500 万元，同时需要外购棉布 1 000 吨。现有甲、乙两个企业提供货源，其中甲为生产棉布的一般纳税人，能够开具增值税专用发票，适用税率 17%，乙为生产棉布的小规模纳税人（2009 年起小规模纳税人增值税征收率 3%），能够委托主管税务局代开增值税征收率为 3% 的专用发票，甲、乙两个企业提供的棉布质量相同，但是含税价格却不同，分别为每吨2万元、1.5万元，作为财务人员，为降低增值税纳税额应当如何选择？

根据上述资料，分析如下：

从甲企业购进：

$$应纳增值税额=2\,500\div(1+17\%)\times17\%-1\,000\times2\div(1+17\%)\times17\%=72.65\ (万元)$$

从乙企业购进：

$$应纳增值税额=2\,500\div(1+17\%)\times17\%-1\,000\times1.5\div(1+3\%)\times3\%=319.55\ (万元)$$

可以看出，由于采购对象不同，造成企业应纳增值税税额差异较大。

【例8－20】某企业（一般纳税人）采购货物时面临两种运输方式：直接由销货方运输和自行选择运输公司运输。若自行选择运输公司，则货物采购价格为600万元，运费54万元，若由销货方运输，则货物采购和运费合计660万元（可开具一张货物销售发票），增值税税率17%，则企业应如何选择？

根据上述资料，分析如下：

若由销货方运输，企业可以抵扣的增值税为：

$$660\times17\%=112.2\ (万元)$$

若由运输公司运输，企业可以抵扣的增值税为：

$$600\times17\%+54\times7\%=105.78\ (万元)$$

可见，企业由销货方运输相应抵扣的增值税较多。

二、生产的税务管理

企业生产过程实际上是各种原材料、人工工资和相关费用转移到产品的过程。生产过程中企业需要注意以下税收问题。

（一）生产过程税务管理的主要内容

1. 存货的税务管理

我国企业会计准则规定，存货计价可以采用先进先出法、加权平均法、个别计价法等计价方法。不同的计价方法为税收筹划提供了可操作空间。如果企业处在所得税的免税期，可以选择先进先出法，以减少当期材料成本，扩大当期利润。如果企业盈利能力很强，为减轻税负可以采用加大产品中材料费用的存货计价方法以减少当期利润，推迟纳税。

2. 固定资产的税务管理

企业可以采用直线折旧法或加速折旧法进行固定资产后续计量，不同的折旧方法影响当期费用和产品成本。如果采用直线折旧法，企业各期税负均衡；如果采用加速折旧法，企业生产前期利润较少、从而纳税较少，生产后期利润较多、从而纳税较多，加速折旧法起到了延期纳税的作用。

3. 人工工资的税务管理

企业所得税法规定，企业实际发生的合理工资薪金支出，在企业所得税税前扣除时，不再受计税工资或工效挂钩扣除限额的限制，可以全额据实扣除。因此，企业在安排工资、薪金支出的同时，应当充分考虑工资、薪金支出对企业所得税和个人所得税的影响。

4. 费用的税务管理

不同的费用分摊方法会扩大或缩小产品成本，从而影响企业利润水平和税收，企业可以通过选择有利的分摊方法来进行税收筹划。

（二）生产过程税收筹划

【例8－21】某企业2008年先后进货两批，数量相同，进价分别为200万元和300万元。2009年和2010年各出售一半，售价均为500万元。所得税税率为25%，假设不存在纳税调整项。试比较采用加权平均法和先进先出法两种不同计价方法对企业所得税和净利润的影响。

根据上述资料，分析如下：

在加权平均法和先进先出法下，营业成本、企业所得税和净利润的计算如表8－13所示。

表8－13　　不同计价方法影响税金情况表　　单位：万元

项　目	加权平均法		先进先出法	
	2009年	2010年	2009年	2010年
销售收入	500	500	500	500
销售成本	250	250	200	300
税前利润（应纳税所得额）	250	250	300	200
所得税费用	62.5	62.5	75	50
净利润	187.5	187.5	225	150

从表8－13可知，虽然各项数据的两年合计相等，但不同的计价方法对当年企业所得税和净利润影响不同。显然，在经济处于通货紧缩的时期，采用先进先出法比较合适，而在经济比较稳定的时期，采用加权平均法比较合适。

【例8－22】某企业购进一台机器，价格为40 000元，预计使用5年，残值率为5%，假设每年末未扣除折旧的税前利润为40万元，不考虑其他因素，企业所得税税率为25%。根据上述条件，分别采用直线法、双倍余额递减法、年数总和法和缩短折旧年限法计算各年的折旧及其缴纳所得税的情况。

根据上述资料，分析如下：

方案1：采取直线法计提折旧，如表8－14所示。

表 8-14 直线法 单位：元

①年数	②每年折旧额	③应纳税所得额 =40 000 - ②	④应纳所得税 =③×25%
1	7 600	32 400	8 100
2	7 600	32 400	8 100
3	7 600	32 400	8 100
4	7 600	32 400	8 100
5	7 600	32 400	8 100
合计	38 000	162 000	40 500

方案2：采取双倍余额递减法计提折旧，如表 8-15 所示。

表 8-15 双倍余额递减法 单位：元

①年数	②每年折旧额	③应纳税所得额 =40 000 - ②	④应纳所得税 =③×25%
1	16 000	24 000	6 000
2	9 600	30 400	7 600
3	5 760	34 240	8 560
4	3 320	36 680	9 170
5	3 320	36 680	9 170
合计	38 000	162 000	40 500

方案3：采取年数总和法计提折旧，如表 8-16 所示。

表 8-16 年数总和法 单位：元

①年数	②每年折旧额	③应纳税所得额 =40 000 - ②	④应纳所得税 =③×25%
1	12 666. 67	27 333. 33	6 833. 33
2	10 133. 33	29 866. 67	7 466. 67
3	7 600	32 400	8 100
4	5 066. 67	34 933. 33	8 733. 33
5	2 533. 33	37 466. 67	9 366. 67
合计	3 8000	16 2000	40 500

方案4：采取缩短折旧年限法计提折旧。

根据固定资产采取缩短折旧年限方法的最低折旧年限不得低于税法规定折旧年限60%的规定，我们采取最低折旧年限为 3 年，残值率仍为 5%，如表 8-17 所示。

表 8－17　　缩短折旧年限法　　单位：元

①年数	②每年折旧额	③应纳税所得额 =2 000 000－② 或 2 000 000	④应纳所得税 =③×25%
1	12 666. 67	27 333. 33	6 833. 33
2	12 666. 67	27 333. 33	6 833. 33
3	12 666. 67	27 333. 33	6 833. 33
4	0	40 000	10 000
5	0	40 000	10 000
合计	38 000	162 000	40 500

根据上面计算可以看出，尽管在设备整个使用期间的企业所得税应纳税额是相同的，但不同的折旧方法在每一年度缴纳的企业所得税不同。需要注意的是，无论采用哪种方法，企业都必须取得税务机关的批准，不能擅自改变折旧方法。

三、销售的税务管理

（一）销售过程税务管理的主要内容

销售在企业经营管理中占有非常重要的地位，销售收入的大小不仅关系到当期流转税额，也关系到企业所得税额，是影响企业税收负担的主要因素。企业销售过程中需要注意以下税收问题。

1. 销售实现方式的税务管理

销售方式多种多样，总体上主要有两种类型，现销方式和赊销方式。不同销售结算方式纳税义务的发生时间是不同的，这就为企业进行税收筹划提供了可能。企业在不能及时收到货款的情况下，可以采用委托代销、分期收款等销售方式，等收到货款时再开具发票、承担纳税义务，从而起到延缓纳税的作用。

2. 促销方式的税务管理

让利促销是商业企业在零售环节常用的销售策略。常见的让利方式包括打折销售、购买商品赠送实物、购买商品赠送现金等。对于消费者而言，购买 100 元商品享受八折优惠和购买 100 元商品送 20 元实物或送 20 元现金感觉差别不大，但对企业来讲，三种不同促销方式的税收负担不相同。

3. 特殊销售行为的税务管理

企业多元化经营必然造成企业的兼营和混合销售，税法对兼营与混合销售视同销售等经营行为作了比较明确的规定，企业如果能在经营决策前作出合理筹划，则可以减少税收支出。

（二）销售过程税收筹划

【例 8－23】某大型商场，为增值税一般纳税人，企业所得税实行查账征收方式，适用税率25%。假定每销售200元（含税价，下同）的商品其成本为120元（含税价），购进货物有增值税专用发票，为促销拟采用以下三种方案中的一种：

方案1：商品7折销售（折扣销售，并在同一张发票上分别注明）；

方案2：购物200元，赠送60元的商品（成本36元，含税价）；

方案3：对购物满200元消费者返还60元现金。

假定企业单笔销售了200元的商品，试计算三种方案的纳税情况和利润情况（由于城建税和教育费附加对结果影响较少，因此计算时不予考虑）。

根据上述资料，分析如下：

方案1：这种方式下，企业销售价格200元的商品由于折扣销售只收取140元，所以销售收入为140元（含税价），其成本为120元（含税价）。

增值税情况：

应纳增值税额 = 140 ÷ (1 + 17%) × 17% − 120 ÷ (1 + 17%) × 17% = 2.92（元）

企业所得税情况：

销售利润 = 140 ÷ （1 + 17%） − 120 ÷ （1 + 17%） = 17.1（元）

应纳企业所得税 = 17.1 × 25% = 4.28（元）

税后净利润 = 17.1 − 4.28 = 12.82（元）

方案2：购物满200元，赠送60元商品。

根据税法规定，赠送行为视同销售，应计算销项税额，缴纳增值税。视同销售的销项税由商场承担，赠送商品成本不允许在企业所得税前扣除。按照个人所得税制度的规定，企业还应代扣代缴个人所得税。其纳税及盈利情况如下：

增值税情况：

应纳增值税额 = 200 ÷ (1 + 17%) × 17% − 120 ÷ (1 + 17%) × 17% = 11.62（元）

按照增值税暂行条例规定，赠送60元商品应该视同销售，其增值税的计算如下：

应纳增值税额 = 60 ÷ （1 + 17%） × 17% − 36 ÷ （1 + 17%） × 17% = 3.48（元）

合计应纳增值税 = 11.62 + 3.48 = 15.1（元）

个人所得税情况：

根据个人所得税规定，为其他单位和部门的有关人员发放现金、实物等应按规定代扣代缴个人所得税，税款由支付单位代扣找缴。为保证让利顾客60元，商场赠送的价值60元的商品为不含个人所得税额的金额，该税应由商场承担。

商场需代顾客缴纳偶然所得的个人所得税额 = 60 ÷ （1 − 20%） × 20% = 15（元）

企业所得税情况：

赠送商品成本不允许在企业所得税前扣除，同时代顾客缴纳的个人所得税款也不允许税前扣除，因此：

企业利润总额 = 200 ÷ （1 + 17%） − 120 ÷ （1 + 17%） − 36 ÷ （1 + 17%） − 15
= 22.6（元）

应纳所得税额 = 200 ÷ （1 + 17%） − 120 ÷ （1 + 17%） = 17.1（元）

税后净利润 = 22.6 - 17.1 = 5.5（元）

方案3：购物满200元，返还现金60元。

在这种方式下，返还的现金属于赠送行为，不允许在企业所得税前扣除，而且按照个人所得税制度的规定，企业还应代扣代缴个人所得税。为保证让顾客得到30元的实惠，商场赠送的30元现金应不含个人所得税，是税后净收益，该税应由商场承担。因此，和方案2一样，赠送现金的商场在缴纳增值税和企业所得税的同时还需为消费者代扣个人所得税。

增值税：

应纳增值税税额 = 200 ÷（1 + 17%）× 17% - 120 ÷（1 + 17%）× 17% = 11.62（元）

个人所得税：

应代顾客缴纳个人所得税15元（计算方法同方案2）

企业所得税：

企业利润总额 =（200 - 120）÷（1 + 17%）- 60 - 15 = -6.62（元）

应纳所得税额 =（200 - 120）÷（1 + 17%）× 25% = 17.1（元）

税后利润 = -6.62 - 17.1 = -23.72（元）

从以上计算可以得出各方案综合税收负担比较如表8-18所示。

表8-18　各方案税收负担综合比较表　　单位：元

方案	增值税	企业所得税	个人所得税	税后净利润
1	2.9	4.28	—	12.82
2	15.1	17.1	15	5.5
3	11.62	17.1	15	-23.72

通过比较可以得出，从税收负担角度看，第一种方案最优，第二种方案次之，第三种方案，即采取返还现金方式销售的方案最不可取。

由此可见，采用不同的促销方式不仅税收负担截然不同，对商家利润的影响也显而易见。

【例8-24】某有限责任公司（增值税一般纳税人）下设3个非独立核算的业务经营部门：零售商场、供电器材加工厂、工程安装施工队。前两个部门主要是生产和销售货物，工程安装施工队主要是对外承接供电线路的架设、改造和输电设备的安装、维修等工程作业。并且，此安装工程是包工包料式的安装。从工程安装施工队的包工包料安装收入看，其每一笔收入的构成，都是由货物销售（设备和材料价款）以及非增值税应税劳务两部分合成的。企业为了实现专业化经营，打算把工程安装施工队独立出来，单独办理营业执照，单独核算，使它成为公司所属的二级法人，从节税减负角度不知是否合理（建筑安装业营业税税率为3%）。

根据上述资料，分析如下：

（1）现假设公司2008年度取得包工包料安装收入900万元，其中设备及材料价款600万元，安装劳务费收入300万元。施工队独立前，应按混合销售缴纳增值税：

$$销项税额=\frac{900}{1-17\%}\times17\%=130.74（万元）$$

假设可抵扣进项税额51万元，则：应纳增值税 =130.74 -51 =79.74（万元）

（2）若施工队独立核算后，施工队只负责承接安装工程作业，只就安装劳务费收入300万元单独开票收款，并按营业税征税规定计税。此时，设备及材料价款600万元由原企业缴纳增值税，即：

$$应纳增值税=\frac{600}{1-17\%}\times17\%-51=36.18（万元）$$

而劳务费收入300万元，由新独立的施工公司缴纳营业税，即：应纳营业税 = 300 ×3% =9（万元）

两税加在一起，则公司应纳税金额为：36.18 +9 =45.18（万元）

与机构独立前相比，可节省税款金额为：79.74 -45.18 =34.56（万元）

本章小结

（1）营运资金又称营运资本，有广义和狭义两种概念。广义的营运资金是指在企业正常生产经营活动中占用在流动资产上的资金。狭义的营运资金是指净营运资金，即流动资产减流动负债后的差额。营运资金的本质特征是流动性，其管理策略包括营运资金的投资策略和营运资金的筹资策略。营运资金的投资策略包括紧缩性战略和宽松型战略两种；营运资金的筹资策略包括平稳型、保守型和激进型战略三种。

（2）现金是指生产经营过程中暂时停留在货币形态上的资金，企业持有现金的动机是基于交易、预防和投机的需求。常用的现金决策模型主要有成本分析模型、存货模型、随机模型和现金周转模型等。

（3）信用政策即应收账款管理政策。企业的信用政策主要包括信用标准和信用条件两部分。理想的信用政策就是企业采取或松或紧的信用政策时所带来的收益最大的政策。

（4）存货是指企业在生产经营过程中为销售或耗用而储备的物资。存货成本包括购置成本、订货成本、储存成本和缺货成本，存货成本是决定存货经济批量，即使一定时期存货的总成本达到最低点的进货数量的主要因素。

最佳存货决策模型包括经济订货量基本模型、订货提前期模型、保险储备量模型、陆续供货条件下的经济批量模型等。

存货的其他控制方法包括ABC分类法。ABC分类管理是按照一定的标准，将企业的存货划分为A、B、C三类，分别实行分品种重点管理、分类别一般控制和按总额灵活掌握的存货管理方法。

（5）流动负债筹资包括短期借款、商业信用和短期融资券。

（6）营运资金的税务管理包括采购过程的税务管理、生产过程的税务管理和销售过程的税务管理。

第九章 收益分配

学习目标

本章主要讲授收益分配的基本原则、收益分配政策的确定以及收益分配的税务管理。通过本章的学习应重点掌握：

1. 了解股利理论
2. 掌握各种股利政策的制定
3. 掌握股利支付的程序和方式
4. 熟练应用收益分配的相关税收政策

第一节 收益分配概述

企业的收益分配有广义的收益分配和狭义的收益分配两种。广义的收益分配是指对企业的收入和收益总额进行分配的过程，包含两个层次的内容：第一层次是对企业收入的分配；第二层次是对企业净利润的分配。狭义的收益分配则仅仅是指对企业净利润的分配。本章所指收益分配是指企业净利润的分配。

一、收益分配的基本原则

（一）依法分配原则

企业的收益分配必须依法进行。为了规范企业的收益分配行为，维护各利益相关者的合法权益，国家颁布了若干相关法规。这些法规规定了企业收益分配的基本要求、一般程序和重要比例，企业应当认真执行，不得违反。

（二）资本保全原则

企业的收益分配必须以资本的保全为前提。企业的收益分配是对投资者投入资本的增值部分所进行的分配，不是投资者资本金的返还。以企业的资本金进行的分配，属于一种清算行为，而不是收益的分配。

（三）兼顾各方面利益原则

收益分配是利用价值形式对社会产品所进行的分配，直接关系到有关方面的切身利益。生产决定分配，而分配又对生产起着积极促进作用。在收益分配中要坚持全局观念，兼顾各方面利益，正确处理它们之间的关系。

（四）分配与积累并重原则

企业进行收益分配，应正确处理长远利益和眼前利益的关系，将两者有机结合起来，坚持分配与积累并重。企业通过经营活动赚取收益，既要保证企业简单再生产的持续进行，又要不断积累企业扩大再生产的财力基础。恰当处理分配与积累之间的关系，留存一部分净收益以供未来分配之需，能够增强企业抵抗风险的能力，同时，也可以提高企业经营的稳定性与安全性。

（五）投资与收益对等原则

企业进行收益分配应当体现“谁投资谁受益”、受益大小与投资比例相对等的原则。这是正确处理投资者利益关系的关键。企业在向投资者分配收益时，应本着平等一致的原则，按照投资者投资额的比例进行分配，不允许发生任何一方随意多分多占的现象，以从根本上实现收益分配中的公开、公平和公正，保护投资者的利益。

二、确定收益分配政策时应考虑的因素

（一）法律因素

为了保护债权人和股东的利益，国家有关法律法规就公司的收益分配作出了规定，公司的收益分配政策必须符合相关法律规范的要求。相关要求主要体现在以下几个方面。

1. 资本保全约束

资本保全是企业财务管理应遵循的一项重要原则。企业发放股利或分红不能侵蚀资本，即当企业没有可供分配的利润时，不得派发股利。资本保全的目的，在于防止企业任意减少资本结构中的所有者权益的比例，以保护债权人利益。

2. 资本积累约束

企业在分配收益时，必须按一定的比例和基数提取各种公积金。在进行股利分配时，贯彻“无利不分”的原则，即当企业出现年度亏损时，一般不得分配股利。

3. 偿债能力约束

偿债能力是指企业按时足额偿付各种到期债务的能力。对股份公司而言，就是保证在现金股利分配后公司仍能保持较强的偿债能力。

4. 超额累积利润约束

规定企业不能过度地进行利润积累。公司通过过度积累利润，虽然减少了股东的股利收入，但由于盈余的积累增加，提高了公司股价，从而使股东的资本利得可以增加。所以，过度积累利润，实质上是一种避税行为。因此，西方国家在法律上明确规定公司不得超额累计利润，当公司留存收益超过法律认可的水平将

被加征额外的税款。但我国法律目前对此尚未作出规定。

（二）公司因素

公司在确定收益分配政策时，出于长期发展和短期经营的考虑，需要考虑以下因素。

1. 现金流量

公司盈余与现金流量并非完全同步，净收益的增加不一定意味着可供分配的现金流量的增加。企业在进行收益分配时，必须充分考虑企业的现金流量，而不仅仅是企业的净收益。

2. 投资需求

有良好投资机会的公司需要强大的资金支持，因而往往采取低股利政策，将大部分盈余用于投资；缺乏良好投资机会的公司，保留大量现金会造成资金闲置，往往倾向于高股利政策，支付较高的股利。

3. 筹资能力

具有较强的融资能力的企业，因为能够及时筹措到所需的资金，可能采取较宽松的股利政策；而举债能力较弱的企业，应保留较多的盈余，采取比较低的分配政策。

4. 资产的流动性

支付较多的现金股利，会减少公司的现金持有量，降低资产的流动性和变现能力。如果企业的资产有较强的流动性，现金来源较宽裕，则公司具有较强的股利支付能力。

5. 盈利的稳定性

企业的收益分配政策一般受其盈利能力大小的影响。一般来讲，一个公司盈利越稳定，则其股利支付水平越高。盈余不稳定只能采取低股利政策，减少因盈余下降而造成的股利无法支付、股价急剧下降的风险，还可以将更多的盈余用于再投资，提高公司权益资本比重，降低财务风险。

6. 筹资成本

留存收益与发行新股或举债相比，具有成本低的优点。因此，很多企业在确定收益分配政策时，往往将企业的净利润作为首选的筹资渠道，特别是负债资金较多，资本结构欠佳的时期，以保留盈余进行筹资，会增加公司权益资本比重，降低财务风险，便于低成本举债。

7. 股利政策惯性

如果企业历年采取的股利政策具有一定的连续性和稳定性，那么重大的股利政策调整有可能对企业的声誉、股票价格等产生影响。另外，靠股利来生活和消费的股东不愿意投资于股利波动频繁的股票。

8. 其他因素

一般朝阳行业处于调整成长期，甚至能以数倍于经济发展速度的水平发展，因此就可能进行较高比例的股利支付；而夕阳产业则由于处于发展的衰退期，会随着经济的高增长而萎缩，就难以进行高比例的分红。

（三）股东因素

股东从自身的经济利益出发，对公司的股利分配政策会产生影响。

1. 稳定的收入

股东的收益包括两部分，即股利收入和资本利得。对依靠股利维持生活的股东要求支付稳定的股利，认为公司留用利润带来的新收益或股票交易价格上升产生的资本利得有很大的不确定性。

2. 税赋

一般来讲，股利收入的税率要高于资本利得的税率，因此，很多股东出于税赋因素的考虑，偏好于低股利支付水平。

3. 控制权

如果公司的股利支付率高，必然导致保留盈余减少，这又意味着将来发行新股的可能性加大，而发行新股会稀释公司的控制权。从控制权的角度考虑，具有控制权的股东往往希望少分股利而愿意较多地保留盈余，以防止控制权旁落。

4. 投资机会

公司再投资报酬率低于股东个人投资报酬率，股东倾向于多发现金股利。

（四）债务契约与通货膨胀

1. 债务契约

为了保证自己的利益不受侵害，债权人通常会在借款合同、债券契约以及租赁合同中加入关于借款公司股利政策条款，以限制公司股利的发放。股利支付水平越高，留存收益越少，公司破产风险就加大，就越有可能侵害到债权人的利益。

2. 通货膨胀

在通货膨胀情况下，会出现货币购买力下降，固定资产重置资金会出现缺口，为了弥补缺口，企业往往少发放现金股利。因此，在通货膨胀时期，企业一般采用偏紧的利润分配政策。

三、股利理论

股利政策关系到公司在市场上、在投资者中间的形象，成功的股利政策有利于提高公司的市场价值。关于股利与股票市价间的关系，存在着不同的观点，并形成了不同的股利理论。

（一）股利无关论

股利无关论认为，在一定的假设条件限制下，股利政策不会对公司的价值或股票的价格产生任何影响，投资者不关心公司股利的分配。公司市场价值的高低，是由公司所选择的投资决策的获利能力和风险组合所决定的，而与公司的利润分配政策无关。

假定条件有：（1）不存在个人或公司所得税；（2）不存在股票的发行和交易费用（即不存在股票筹资费用）；（3）公司的投资决策与股利决策彼此独立（即投资决策不受股利分配的影响）；（4）公司的投资者和管理当局可相同地获得关于未来投资机会的信息。上述假定描述的是一种完美无缺的市场，因而股利无关论又被称为完全市场理论。

（二）股利相关论

与股利无关理论相反，股利相关理论认为，企业的股利政策会影响股票价格和公司价值。在现实生活中，不存在无关论提出的假定前提。

1.“手中鸟”理论

该理论认为，用留存收益再投资给投资者带来的收益具有较大的不确定性，并且投资的风险随着时间的推移会进一步增大。投资者更喜欢现金股利，而不愿意将收益留存在公司内部，去承担未来的投资风险。

2. 信号传递理论

该理论认为，在信息不对称的情况下，公司可以通过股利政策向市场传递有关公司未来盈利能力的信息，从而会影响公司的股价。一般来讲，预期未来盈利能力强的公司往往愿意通过相对较高的股利支付水平，把自己同预期盈利能力差的公司区别开来，以吸引更多的投资者。对于市场上的投资者来讲，股利政策的差异或许是反映公司预期获利能力的有价值的信号。

3. 所得税差异理论

该理论认为，由于普遍存在的税率的差异及纳税时间的差异，资本利得收入比股利收入更有助于实现收益最大化目标，企业应当采用低股利政策。一般来说，对资本利得收入征收的税率低于对股利收入征收的税率；再者，即使两者没有税率上的差异，由于投资者对资本利得收入的纳税时间选择更具有弹性，投资者仍可以享受延迟纳税带来的收益差异。

4. 代理理论

该理论认为，股利政策有助于减缓管理者与股东之间的代理冲突，即股利政策是协调股东与管理者之间代理关系的一种约束机制。该理论认为，股利的支付能够有效地降低代理成本。首先，股利的支付减少了管理者对自由现金流量的支配权，这在一定程度上可以抑制公司管理者的过度投资或在职消费行为，从而保护外部投资者的利益；其次，较多的现金股利发放，减少了内部融资，导致公司进入资本市场寻求外部融资，从而公司将接受资本市场上更多的、更严格的监督，这样便通过资本市场的监督减少了代理成本。因此，高水平的股利政策降低了企业的代理成本，但同时增加了外部融资成本，理想的股利政策应当使两种成本之和最小。

第二节 股利政策

股利政策是指在法律允许的范围内，企业是否发放股利、发放多少股利以及何时发放股利的方针及对策。支付给股东的盈余与留在企业的保留盈余，存在此消彼长的关系。所以，股利政策的关键问题是确定分配和留存的比例。通常可供选择的股利政策包括：剩余股利政策、固定或稳定增长股利政策、固定股利支付率政策及低正常股利加额外股利政策。

一、剩余股利政策

剩余股利政策，是指公司生产经营所获得的净收益首先应满足公司的权益资金需求，如果还有剩余，则派发股利；如果没有剩余，则不派发股利。

采用剩余股利政策时，应遵循四个步骤：（1）设定目标资本结构，即确定权益资本与债务资本的比率，在此资本结构下，加权平均资本成本将达到最低水平；（2）确定目标资本结构下投资所需的股东权益数额；（3）最大限度地使用保留盈余来满足投资方案所需的权益资本数额：（4）投资方案所需权益资本已经满足后若有剩余盈余，再将其作为股利发放给股东。

【例 9－1】某公司 2009 年税后净利润为 2 000 万元，2010 年的投资计划需要资金 3 000 万元，公司的目标资本结构为权益资本占 60%，债务资本占 40%。该公司当年流通在外的普通股为 1 000 万股，则每股股利是多少？

公司投资方案所需的自有资金：$3\,000 \times 60\% = 1\,800$（万元）

公司可以发放的股利额为：$2\,000 - 1\,800 = 200$（万元）

每股股利为：$200 \div 1\,000 = 0.2$（元/股）

剩余股利政策的优点：留存收益优先保证再投资的需要，保持理想的资本结构，使加权平均资本成本最低，实现企业价值的长期最大化。

剩余股利政策的缺点：股利发放额每年随投资机会和盈利水平的波动而波动。在盈利水平不变的前提下，股利发放额与投资机会的多寡呈反方向变动；而在投资机会维持不变的情况下，股利发放额将与公司盈利呈同方向波动。剩余股利政策不利于投资者安排收入与支出，也不利于公司树立良好的形象。

剩余股利政策一般适用于公司初创阶段。

二、固定或持续增长的股利政策

固定或稳定增长股利政策，是指公司将每年派发的股利额固定在某一特定水平或是在此基础上维持某一固定比率逐年稳定增长。只有在确信公司未来的盈利增长不会发生逆转时，才会宣布实施固定或稳定增长的股利政策。在固定或稳定增长的股利政策下，首先确定的是股利分配额，而且该分配额一般不随资金需求的波动而波动。

1. 固定或稳定增长股利政策的优点

（1）稳定的股利向市场传递着公司正常发展的信息，有利于树立公司良好形象，增强投资者对公司的信心，稳定股票的价格。

（2）稳定的股利额有利于投资者安排股利收入和支出，特别是对那些对股利有着很高依赖性的股东更是如此。而股利忽高忽低的股票，则不会受这些股东的欢迎，股票价格会因此而下降。

（3）稳定的股利政策可能会不符合剩余股利理论，但考虑到股票市场会受到多种因素的影响，其中包括股东的心理状态和其他要求，因此为了使股利维持在稳定的水平上，即使推迟某些投资方案或者暂时偏离目标资本结构，也可能要比降低股利或降低股利增长率更为有利。

2. 固定或稳定增长股利政策的缺点

（1）固定或稳定增长股利政策下的股利分配只升不降，股利支付与公司盈利相脱离，即不论公司盈利多少，均要按固定的乃至固定增长的比率派发股利。

（2）在公司的发展过程中，难免会出现经营状况不好或短暂的困难时期，如果这时仍执行固定或稳定增长的股利政策，那么派发的股利金额大于公司实现的盈利，必将侵蚀公司的留存收益，影响公司的后续发展，甚至侵蚀公司现有的资本，给公司的财务运作带来很大压力，最终影响公司正常的生产经营活动。

固定或稳定增长股利政策一般适用于经营比较稳定或正处于成长期的企业，且很难被长期采用。

三、固定股利支付率政策

固定股利支付率政策，是公司确定一个股利占盈余的比率，长期按此比率支付股利的政策。股利支付率一经确定，一般不得随意变更。在这一股利政策下，只要公司的税后利润一经计算确定，所派发的股利也就相应确定了。固定股利支付率越高，公司留存的净利润越少。

1. 固定股利支付率的优点

（1）采用固定股利支付率政策，股利与公司盈余紧密地配合，体现了“多盈多分、少盈少分、无盈不分”的股利分配原则。

（2）采用固定股利支付率政策，公司每年按固定的比例从税后利润中支付现金股利，从企业支付能力的角度看，这是一种稳定的股利政策。

2. 固定股利支付率的缺点

（1）传递的信息容易成为公司的不利因素。大多数公司每年的收益很难保持稳定不变，如果公司每年收益状况不同，固定支付率的股利政策将导致公司每年股利分配额的频繁变化。而股利通常被认为是公司未来前途的信号传递，那么波动的股利向市场传递的信息就是公司未来收益前景不明确、不可靠等，很容易给投资者留下公司经营状况不稳定、投资风险较大的不良印象。

（2）容易使公司面临较大的财务压力。因为公司实现的盈利越多，并不代表公司有充足的现金派发股利，只能表明公司盈利状况较好而已。如果公司的现金流量状况并不好，却还要按固定比率派发股利的话，就很容易给公司造成较大的财务压力。

（3）合适的固定股利支付率的确定难度大。如果固定股利支付率确定得较低，不能满足投资者对投资收益的要求；而固定股利支付率确定得较高，没有足够的现金派发股利时会给公司带来巨大财务压力。另外，当公司发展需要大量资金时，也要受其制约。所以，确定较优的股利支付率的难度很大。

（4）缺乏财务弹性。股利支付率是公司股利政策的主要内容，模式的选择、政策的制定是公司的财务手段和方法。在不同阶段，根据财务状况制定不同的股利政策，会更有效地实现公司的财务目标。但在固定股利支付率政策下，公司丧失了利用股利政策的财务方法，缺乏财务弹性。

固定股利支付率政策只是比较适用于那些处于稳定发展且财务状况也较稳定的公司。

四、低正常股利加额外股利政策

低正常股利加额外股利政策，是公司一般情况下每年只支付固定的、数额较低的股利；在盈余多的年份，再根据实际情况向股东发放额外股利。但额外股利并不固定化，不意味着公司永久地提高了规定的股利率。

1. 低正常股利加额外股利政策的优点

（1）赋予公司较大的灵活性，使公司在股利发放上留有余地，并具有较大的财务弹性。公司可根据每年的具体情况，选择不同的股利发放水平，以稳定和提高股价，进而实现公司价值的最大化。

（2）使那些依靠股利度日的股东每年至少可以得到虽然较低但比较稳定的股利收入，从而吸引住这部分股东。

2. 低正常股利加额外股利政策的缺点

（1）由于年份之间公司盈利的波动使得额外股利不断变化，造成分派的股利不同，容易给投资者收益不稳定的感觉。

（2）当公司在较长时间持续发放额外股利后，可能会被股东误认为正常股利，一旦取消，传递出的信号可能会使股东认为这是公司财务状况恶化的表现，进而导致股价下跌。

低正常股利加额外股利政策适用于盈利水平随着经济周期而波动较大的公司或行业。

第三节　股利支付的程序和方式

一、股利支付的程序

公司股利的发放必须遵守相关的要求，按照日程安排来进行。其过程主要经历：股利宣告日、股权登记日、除息日和股利支付日。

股利宣告日：即公司董事会将股利支付情况予以公告的日期。公告中将宣布每股支付的股利、股权登记期限、股利支付日期等事项。

股权登记日，即有权领取本期股利的股东资格登记截止日期。凡是在此指定日期收盘之前取得公司股票，成为公司在册股东的投资者都可以作为股东享受公司分派的股利。在这一天之后取得股票的股东则无权领取本次分派的股利。

除息日，股票的所有权和领取股息的权利分离的日子。股利权利不再从属于股票，所以在这一天购入公司股票的投资者不能享有已宣布发放的股利。另外，由于失去了“附息”的权利，除息日的股价会下跌，下跌的幅度约等于分派的股息。

股利支付日：即向股东发放股利的日期。

【例 9－2】某公司 2009 年 11 月 15 日发布公告：“本公司董事会在 2009 年 11 月 15 日的会议上决定，本年度发放每股为 2 元的股利；本公司将于 2010 年 1 月 5 日将上述股利支付给已在 2009 年 12 月 15 日登记为本公司股东的人士。”

上例中，2009 年 11 月 15 日为该公司的股利宣告日；2009 年 12 月 15 日为其股权登记日；2009 年 12 月 16 日为除息日；2010 年 1 月 5 日则为其股利支付日。

二、股利支付的方式

（一）现金股利

现金股利是以现金支付的股利，它是股利支付的最常见的方式。这种分配方式会大量增加公司的现金流出，给公司造成现金支付的压力。公司选择发放现金股利除了要有足够的留存收益外，还要有足够的现金，而现金充足与否往往会成为公司发放现金股利的主要制约因素。

（二）财产股利

财产股利，是以现金以外的其他资产支付的股利，主要是以公司所拥有的其他公司的有价证券，如债券、股票等，作为股利支付给股东。财产股利不易为广大股东接受，因为股东持有股票的目的是为了获得现金收入，而不是为了分得实物。以实物支付股利会严重影响公司形象，投资者会普遍认为公司财务状况不好，资产变现能力下降，资金周转不畅，从而对公司的发展缺乏信心，由此导致股票市价大跌。

（三）负债股利

负债股利，是以负债方式支付的股利，通常以公司的应付票据支付给股东，有时也以发放公司债券的方式支付股利。负债股利方式只是公司的一种权宜之计，投资者一般也不大欢迎这种股利支付方式。

财产股利和负债股利实际上是现金股利的替代，但这两种股利支付形式在我国公司实务中很少使用。

（四）股票股利

股票股利，是公司以增发股票的方式所支付的股利。股票股利对公司来说，并没有现金流出企业，也不会导致公司的财产减少，而只是将公司的留存收益转化为股本，并不直接增加股东的财富，不导致公司资产的流出或负债的增加，因而不是公司资金的使用；同时也并不因此而增加公司的财产，但会引起所有者权益各项目的结构发生变化。

【例 9－3】某上市公司在发放股票股利前的股东权益账户情况如表 9－1 所示。公司股票市价每股 20 元，假定公司决定按每 20 股送 1 股的方案发放股票股利。

表 9－1 单位：万元

普通股（面值 5 元，发行在外 100 万股）	500
资本公积	200
未分配利润	850
股东权益合计	1 550

发放的股票股利 $100 \div 20 = 5$（万股）

从未分配利润中转出的资金是：$5 \times 20 = 100$（万元）

普通股股本增加 $5 \times 5 = 25$（万元）

资本公积增加 $100 - 25 = 75$（万元）

股票股利发放后的股东权益部分如表 9－2 所示。

表 9－2 单位：万元

普通股（面值 5 元，发行在外 105 万股）	525
资本公积	275
未分配利润	750
股东权益合计	1 550

假设某股东在公司派发股票股利之前持有公司的普通股 10 万股，那么，他所拥有的股权比例为：

10 万股 ÷ 100 万股 = 10%

派发股利之后，他所拥有的股票数量和股份为：

100 000 + 100 000 ÷ 20 = 105 000（股）

105 000 ÷ 1 050 000 = 10%

可见，发放股票股利，不会对公司股东权益总额产生影响，但会引起资金在各股东权益项目间的再分配。而股票股利派发前后每一位股东的持股比例也不会发生变化。需要说明的是，例题中股票股利以市价计算价格的做法，是很多西方国家所通行的，但在我国，股票股利价格则是按照股票面值来计算的。

发放股票股利虽不直接增加股东的财富，也不增加公司的价值，但对股东和公司都有特殊意义。

对股东来讲，股票股利的优点主要有：

（1）派发股票股利后，理论上每股市价会成比例下降，但实务中这并非必然结果。因为市场和投资者普遍认为，发放股票股利往往预示着公司会有较大的发展和成长，这样的信息传递会稳定股价或使股价下降比例减少甚至不降反升，股东便可以获得股票价值相对上升的好处。

（2）由于股利收入和资本利得税率的差异，如果股东把股票股利出售，还会给他带来资本利得纳税上的好处。

对公司来讲，股票股利的优点主要有：

（1）发放股票股利不需要向股东支付现金，这使公司留存了大量现金，在再投资机会较多的情况下，公司就可以为再投资提供成本较低的资金，从而有助于公司的发展。

（2）在盈余和现金股利不变的情况下，发放股票股利可以降低公司股票的市场价格，既有利于促进股票的交易和流通，又有利于吸引更多的投资者成为公司股东，进而使股权更为分散，有效地防止公司被恶意控制。

（3）股票股利的发放可以传递公司未来发展前景良好的信息，从而增强投资者的信心，在一定程度上稳定股票价格。

第四节　收益分配的税务管理

一、企业所得税的税务管理

（一）企业所得税税务管理的主要内容

企业所得税的计税依据是应纳税所得额，应纳税所得额是指企业每一纳税年度的收入总额，减除不征税收入、免税收入、各项扣除以及允许弥补的以前年度亏损后的余额。其计算公式为：

$$\text{应纳税所得额} = \text{收入总额} - \text{不征税收入} - \text{免税收入} - \text{各项准予扣除项目} - \text{允许弥补的以前年度亏损} \quad \text{（公式9-1）}$$

$$\text{应交企业所得税} = \text{应纳税所得额} \times 25\% \quad \text{（公式9-2）}$$

应纳税所得额的合理确定是应缴所得税筹划的关键。所得税税收筹划需要注意以下问题：

1. 应税收入的税务管理

企业已经发生的销售业务，其销售收入应适时入账。对于不应该归入收入类账目的，不能入账；尚未发生的销售业务，不应预先入账。

2. 不征税收入和免税收入的管理

企业应积极利用不征税收入和免税收入的规定，降低税负。

3. 税前扣除项目的税务管理

对扣除项目进行筹划是企业所得税筹划的重点。企业应在税法允许的范围内，严格区分并充分列支业务招待费、广告费和业务宣传费等，做好各项费用的测算和检查，用足抵扣限额。

4. 企业所得税优惠政策的管理

企业应充分利用投资地点、投资方向等优惠领域进行税收策划，以获取税收优惠，降低税负水平。

（二）企业所得税税收筹划

【例9－4】某工业企业2008年度实现产品销售收入6 000万元，企业当年账面列支广告费1 000万元，业务宣传费100万元，税前会计利润总额为200万元（假设无其他纳税调整项）。请为企业进行所得税的税收筹划。

根据上述资料，分析如下：

税法规定：企业发生的符合条件的广告费和业务宣传费支出，不超过当年销售（营业）收入15%的部分，准予扣除；超过部分，准予在以后纳税年度结转扣除。

按税法规定，企业可扣除的广告费和业务宣传费限额为：

$$6\,000\times15\%=900\text{（万元）}$$

企业广告费和业务宣传费超支额为：

$$1\,000+100-900=200\text{（万元）}$$

该企业总计应纳税所得额为：$200+200=400$（万元）

应纳所得税额为：$400\times25\%=100$（万元）

如果该企业设立一个独立核算的销售公司，将产品以5 500万元的价格销售给销售公司，销售公司再以6 000万元的价格对外销售，并使广告费与业务宣传费在工业企业与销售公司间进行分配。

假设工业企业承担广告费和业务宣传费为800万元，销售公司承担广告费和业务宣传费为300万元。假设工业企业的税前利润为90万元，销售公司的税前利润为100万元，则：

工业企业：

可列支的广告费和业务宣传费限额为：$5\,500\times15\%=825$（万元），广告费

和业务宣传费总额未超过税法规定的标准

应纳企业所得税为：90×25%=22.5（万元）

销售公司：

可列支的广告费和业务宣传费限额为：6 000×15%=900（万元），广告费和业务宣传费总额未超过税法规定的标准

应纳企业所得税为：100×25%=25（万元）

整个企业集团：

共计缴纳企业所得税为：22.5+25=47.5（万元），企业设立销售公司后，缴纳的企业所得税减少了100-47.5=52.5（万元）。

【例9-5】某企业2009年取得销售（营业）收入200 000万元，管理费用中列支业务招待费800万元，企业如何才能充分利用税收政策？

根据上述资料，分析如下：

根据企业所得税法规定，纳税人发生的与其经营业务直接相关的业务招待费支出，应按照实际发生额的60%扣除，但最高不得超过当年销售（营业）收入的5‰。

按照规定，企业2009年业务招待费税前只能扣除800×60%=480万元，对于销售（营业收入）200 000万元的企业来讲，只要不超过扣除限额200 000×5‰=1 000万元，那么所发生的业务招待费都是可以税前列支的。

假设销售额为X，业务招待费发生额为Y，则$X\times5‰=Y\times60\%$；$X=Y\times60\%/5‰=120Y$

即销售额是业务招待费的120倍，因此，纳税人可以根据企业当年的销售计划，按照销售额的1/120确定当年的业务招待费的最高限额。如果当年实际发生的业务招待费小于该限额，则说明税前扣除额没有被充分利用，从而多缴了所得税；如果当年实际发生的业务招待费大于该限额，则说明税前扣除额虽然被充分利用了，但是由于超过了最高限额，超过的部分要调整增加应纳税所得额，也要多缴纳所得税。最理想的状态应该是发生业务招待费的最高限额。

【例9-6】某企业2009年预计可实现应纳税所得额（等于利润总额）25 000万元，企业所得税税率为25%，企业为提高其产品知名度决定向灾区捐赠3 000万元。企业提出两种方案：

方案（1）：直接向灾区群众进行捐赠。

方案（2）：通过境内非营利的社会团体、国家机关向灾区捐赠。

根据上述资料，分析如下：

方案（1）中，直接捐赠不符合税法规定的公益性捐赠条件，所以捐赠支出不能税前扣除。

企业2009年应当缴纳的企业所得税为：25 000×25%=6 250（万元）

方案（2）中，按照规定，企业发生的公益性捐赠支出在年度利润总额12%

以内的部分，准予在计算应纳税所得额时扣除，超过部分不能扣除。企业应当缴纳所得税为：

$$(25\,000-25\,000\times12\%)\times25\%=5\,500\text{（万元）}$$

方案（2）比方案（1）少缴企业所得税 6 250 - 5 500 = 750 万元。

纳税人进行捐赠应当符合税法规定条件。即应当通过特定的机构进行捐赠，而不能自行捐赠，应当用于公益性目的，而不能用于其他目的。

（三）亏损弥补的税务管理

根据企业所得税法规定，企业纳税年度发生的亏损准予向以后年度结转，用以后年度所得弥补，但弥补期限最长不得超过五年，五年内不论是盈利还是亏损，都作为实际弥补年限计算。

税法关于亏损弥补的规定为纳税人进行税收筹划提供了空间，纳税人可以充分利用亏损结转的规定，尽可能早地弥补亏损，获得税收利益。

【例 9 - 7】某企业 2003 年发生年度亏损 150 万元，假设该企业 2003—2009 年度应纳税所得额如表 9 - 3 所示。

表 9 - 3　　某企业 2003—2009 年度应纳税所得额　　单位：万元

年度	2003 年	2004 年	2005 年	2006 年	2007 年	2008 年	2009 年
应纳税所得额	-150	30	40	20	20	20	40

请计算该企业 2009 年度应当缴纳的企业所得税，并提出筹划方案。

根据上述资料，分析如下：

根据税法关于亏损结转的规定，该企业 2003 年的 150 万元亏损，可分别用 2004—2008 年的 30 万元、40 万元、20 万元、20 万元和 20 万元来弥补，由于 2004 年到 2008 年的应纳税所得额为 130 万元，低于 2003 年的亏损。这样从 2003 年到 2008 年，该企业都不需要缴纳企业所得税。

在 2009 年，该年度的应纳税所得额只能弥补 5 年以内的亏损，也就是说，不能弥补 2003 年度的亏损。由于 2004 年以来该企业一直没有亏损，因此，2009 年度应当缴纳企业所得税为 40 万元 × 25% = 10 万元。

从企业 2003 年到 2009 年的应纳税所得额来看，该企业生产经营一直朝好的方向发展，2008 年度应纳税所得额比较少，可能是因为增加了投资或者间接增加了费用支出等造成。由于 2003 年仍有未弥补完的亏损，因此，若企业在 2008 年度进行税收筹划，压缩成本和支出、增加企业收入，提高 2008 年度应纳税所得额到 40 万元，2009 年度的应纳税所得额为 20 万元，2009 年度应当缴纳企业所得税 20 万元 × 25% = 5 万元，从而减少企业的应纳税额 10 - 5 = 5（万元）。

二、股利分配的税务管理

股利分配涉及税收事项主要包括是否分配股利以及采取何种股利支付方式。

对于公司来说，它会影响公司的市场形象和未来价值，对于股东来说，获得股利的股东需要缴纳个人所得税。公司在分配股利时，财务管理人员应该注重税收对股东财富的影响，合理选择股利支付方式，增加股东财富。

【例9-8】某公司目前发行在外的普通股为3 000万股，每股市价10元。假设现有7 500万元的留存收益可供分配，公司拟采用下列方案中的一种：

方案（1）：发放现金股利7 500万元，每股股利2.5元（7 500/3 000）。

方案（2）：发放股票股利，每10股发放1股，股票面值1元，共300万股，除权价约等于每股9.09元［10/（1+0.1）］。

根据上述资料，分析如下：

根据个人所得税法及实施条例规定，利息、股息、红利所得适用税率为20%，并由支付所得单位按照规定履行扣缴义务。另外，根据《财政部、国家税务总局关于股息红利个人所得税有关政策的通知》（财税［2005］102号）及《财政部、国家税务总局关于股息红利有关个人所得税有关政策的补充通知》（财税［2005］107号）规定，上市公司自2005年6月13日起，对个人投资者从上市公司取得的股息红利所得，暂减按50%计入个人应纳税所得额，依照现行税法规定计征个人所得税。但股利的形式有现金股利和股票股利，在计税时有所不同。现金股利按20%缴纳个人所得税，股票股利以派发红利的股票票面金额为收入额，按利息、股息、红利项目计征个人所得税。所以：

方案（1）：应纳个人所得税=7 500×50%×20%=750（万元）

方案（2）：应纳个人所得税=300×50%×20%=30（万元）

显然，对于股东来讲，更希望公司发放股票股利，因为其承担的税负相比发放现金股利的税负轻。

本章小结

本章主要介绍了各种股利分配理论和股利分配政策、股利支付形式以及收益分配的税收筹划。主要内容有以下几个方面。

1. 股利理论及股利政策

股利分配理论是指人们对股利分配的客观规律的科学认识与总结，其核心问题是股利政策与公司价值的关系问题。

股利无关论认为，在一定的假设条件限制下，股利政策不会对公司的价值或股票的价格产生任何影响，投资者不关心公司股利的分配。公司市场价值的高低，是由公司所选择的投资决策的获利能力和风险组合所决定的，而与公司的利润分配政策无关。该理论是建立在完全资本市场理论之上的。“手中鸟”理论认为公司的股利政策与公司的股票价格是密切相关的，即当公司支付较高的股利时，公司的股票价格会随之上升，公司的价值将得到提高。信号传递理论认为在信息不对称的情况下，公司可以通过股利政策向市场传递有关公司未来获利能力的信息，从而会影响公司的股价。所得税差异理论认为由于普遍存在的税率的差异及纳税时间的差异，资本利得收入比股利收入更有助于实现收益最大化目标，企业应当采用低股利政策。代理理论认为高水平的股利政策降低了企业的代理成本，但同时增加了外部融资成本，理想的股利政策应当使两种成本之和最小。

股利分配政策由企业在不违反国家有关法律、法规的前提下，根据本企业具体情况制定。股利政策既要保持相对稳定，又要符合公司财务目标和发展目标。通常有以下几种股利政策可供选择：剩余股利政策；固定或稳定增长的股利政策；固定股利支付率政策；低正常股利加额外股利政策。公司的初创阶段一般适用剩余股利政策，经营比较稳定或正处于成长期的企业适用固定或稳定增长的股利政策，处于稳定发展并且财务状态也比较稳定的公司则适用固定股利支付率政策，盈利随着经济周期而波动较大的公司或者盈利与现金流量很不稳定的公司适用低正常股利加额外股利政策。

2. 股利支付形式

股利支付形式可以分为不同的种类，主要有四种：现金股利、财产股利、负债股利、股票股利。股票股利对公司来说，并没有现金流出企业，也不会导致公司的财产减少，而只是将公司的留存收益转化为股本。但股票股利会增加流通在外的股票数量，同时降低股票的每股价值。它不改变公司股东权益总额，但会改变股东权益的构成。可见，发放股票股利，不会对公司股东权益总额产生影响，但会引起资金在各股东权益项目间的再分配，而股票股利派发前后每一位股东的持股比例也不会发生变化。

3. 收益分配的税收筹划

税务管理的目标是规范企业纳税行为、科学降低税收支出，有效防范纳税风险。企业税务管理的重要内容是税收筹划。收益分配是资金运动的最终环节，科学的税收筹划，选择最佳的纳税方案来降低税收负担，才符合企业价值最大化的现代企业财务管理目标。收益分配的税务管理主要从企业所得税、亏损的弥补以及股利分配三方面进行。

第十章

财务成本控制

学习目标

本章主要讲授内部控制、财务控制、成本控制等内容。通过本章学习，要求如下：

1. 掌握内部控制的目标和基本要素；掌握财务控制的方法及与内部控制的关系
2. 掌握成本中心、利润中心和投资中心的含义、类型、特点及考核指标
3. 掌握标准成本控制的含义、标准成本的制定、成本差异的计算和分析方法
4. 熟悉内部控制的原则与方法
5. 熟悉内部结算价格、结算方式和责任成本的内部结转
6. 熟悉责任预算、责任报告的编制方法和业绩考核的要求
7. 了解财务控制的意义与特征，了解财务控制的基本原则、种类与方法
8. 了解作业成本控制的基本原理

第一节　内部控制概述

一、内部控制的目标与基本要素

（一）内部控制的目标

内部控制，是指由企业董事会（或者由企业章程规定的经理、厂长办公会等类似的决策、治理机构，以下简称董事会）、管理层和全体员工共同实施的、旨在合理保证实现企业基本目标的一系列控制活动。

一般而言，内部控制的目标有以下几个方面：

（1）企业战略。

（2）经营的效率和效果。

（3）财务会计报告及管理信息的真实可靠。

（4）资产的安全完整。

（5）遵循国家法律法规和有关监管要求。

（二）内部控制的基本要素

1. 内部环境

是影响、制约企业内部控制制度建立与执行的各种内部因素的总称，是实施内部控制的基础。内部环境主要包括治理结构、组织机构设置与权责分配、企业文化、人力资源政策、内部审计机制、反舞弊机制等内容。

2. 风险评估

是及时识别、科学分析影响企业战略和经营管理目标实现的各种不确定因素并采取应对策略的过程，是实施内部控制的重要环节和内容。风险评估主要包括目标设定、风险识别、风险分析和风险应对。

3. 控制措施

是根据风险评估结果、结合风险应对策略所采取的确保企业内部控制目标得以实现的方法和手段，是实施内部控制的具体方式和载体。控制措施结合企业具体业务和事项的特点与要求制定，主要包括职责分工控制、授权控制、审核批准控制、预算控制、财产保护控制、会计系统控制、内部报告控制、经济活动分析控制、绩效考评控制、信息技术控制等。

4. 信息与沟通

是及时、准确、完整地收集与企业经营管理相关的各种信息，并使这些信息以适当的方在企业有关层级之间进行及时传递、有效沟通和正确应用的过程，是实施内部控制的重要条件。信息与沟通主要包括信息的收集机制及在企业内部与企业外部有关方面的沟通机制等。

5. 监督检查

是企业对其内部控制制度的健全性、合理性和有效性进行监督检查与评估，形成书面报告并做出相应处理的过程，是实施内部控制的重要保证。监督检查主要包括对建立并执行内部控制制度的整体情况进行持续性监督检查，对内部控制的某一方面或者某些方面进行专项监督检查以及提交相应的检查报告、提出有针对性的改进措施等。企业内部控制自我评估是内部控制监督检查工作中的一项重要内容。

二、内部控制制度设计的原则

现代企业在建立和设计内部控制框架时必须遵循和依据的客观规律和基本法则，称为内部控制的基本原则，同时，这些原则也是外部人员判断一个企业内部控制制度设计状况的基本依据。

1. 合法性原则

是指内部控制制度应当符合法律、行政法规的规定和有关政府监管部门的监管要求。

2. 全面性原则

是指内部控制制度在层次上应当涵盖企业决策层、管理层和全体员工，在对象上应当覆盖企业各项业务和管理活动，在流程上应当渗透到决策、执行、监督、反馈等各个环节，避免内部控制出现空白和漏洞。

3. 重要性原则

是指内部控制制度应当在兼顾全面的基础上突出重点，针对重要业务与事项、高风险领域与环节采取更为严格的控制措施，确保不存在重大缺陷。

4. 有效性原则

是指内部控制制度应当能够为内部控制目标的实现提供合理保证。企业全体员工应当自觉维护内部控制制度的有效执行。内部控制制度建立和实施过程中存在的问题应当能够得到及时地纠正和处理。

5. 制衡性原则

是指企业的机构、岗位设置和权责分配应当科学合理并符合内部控制的基本要求，确保不同部门、岗位之间权责分明和有利于相互制约、相互监督。履行内部控制监督检查职责的部门应当具有良好的独立性。任何人不得拥有凌驾于内部控制之上的特殊权力。

6. 合理性原则

是指内部控制制度应当合理体现企业经营规模、业务范围与特点、风险状况以及所处具体环境等方面的要求。

7. 适应性原则

是指内部控制制度应当随着企业外部环境的变化、经营业务的调整、管理要求的提高等不断改进和完善。

8. 成本效益原则

是指内部控制制度应当在保证内部控制有效性的前提下，合理权衡成本与效益的关系，争取以合理的成本实现更为有效的控制。

三、内部控制的一般方法

内部控制的一般方法通常包括职责分工控制、授权控制、审核批准控制、预算控制、财产保护控制、会计系统控制、内部报告控制、经济活动分析控制、绩效考评控制、信息技术控制等。

1. 职责分工控制

要求根据企业目标和职能任务，按照科学、精简、高效的原则，合理设置职能部门和工作岗位，明确各部门、各岗位的职责权限，形成各司其职、各负其责、便于考核、相互制约的工作机制。

企业在确定职责分工过程中，应当充分考虑不相容职务相互分离的制衡要求。不相容职务通常包括：授权批准、业务经办、会计记录、财产保管、稽核检查等。

2. 授权控制

要求企业根据职责分工，明确各部门、各岗位办理经济业务与事项的权限范围、审批程序和相应责任等内容。企业内部各级管理人员必须在授权范围内行使职权和承担责任，业务经办人员必须在授权范围内办理业务。

授权一般包括常规性授权和临时性授权。常规性授权是指企业在日常经营管理活动中按照既定的职责和程序进行的授权。临时性授权，是指企业在特殊情况、特定条件下进行的应急性授权。

3. 审核批准控制

要求企业各部门、各岗位按照规定的授权和程序，对相关经济业务和事项的真实性、合规性、合理性以及有关资料的完整性进行复核与审查，通过签署意见并签字或者盖章，做出批准、不予批准或者其他处理的决定。

4. 预算控制

要求企业加强预算编制、执行、分析、考核等各环节的管理，明确预算项目，建立预算标准，规范预算的编制、审定、下达和执行程序，及时分析和控制预算差异，采取改进措施，确保预算的执行。

5. 财产保护控制

要求企业限制未经授权的人员对财产的直接接触和处置，采取财产记录、实物保管、定期盘点、账实核对、财产保险等措施，确保财产的安全完整。

6. 会计系统控制

要求企业根据《中华人民共和国会计法》、《企业会计准则》和国家统一的会计制度，制定适合本企业的会计制度，明确会计凭证、会计账簿和财务会计报告以及相关信息披露的处理程序，规范会计政策的选用标准和审批程序，建立、完善会计档案保管和会计工作交接办法，实行会计人员岗位责任制，充分发挥会计的监督职能，确保企业财务会计报告真实、准确、完整。

7. 内部报告控制

要求企业建立和完善内部报告制度，明确相关信息的收集、分析、报告和处理程序，及时提供业务活动中的重要信息，全面反映经济活动情况，增强内部管理的时效性和针对性。内部报告方式通常包括例行报告、实时报告、专题报告、综合报告等。

8. 经济活动分析控制

要求企业综合运用生产、购销、投资、财务等方面的信息，利用因素分析、对比分析、趋势分析等方法，定期对企业经营管理活动进行分析，发现存在的问题，查找原因，并提出改进意见和应对措施。

9. 绩效考评控制

要求企业科学设置业绩考核指标体系，对照预算指标、盈利水平、投资回报率、安全生产目标等业绩指标，对各部门和员工当期业绩进行考核和评价，兑现奖惩，强化对各部门和员工的激励与约束。

10. 信息技术控制

要求企业结合实际情况和计算机信息技术应用程度，建立与本企业经营管理业务相适应的信息化控制流程，提高业务处理效率，减少和消除人为操纵因素，同时加强对计算机信息系统开发与维护、访问与变更、数据输入与输出、文件储存与保管、网络安全等方面的控制，保证信息系统安全、有效运行。

第二节 财务控制

一、财务控制的原则和方法

（一）财务控制的意义与特征

财务控制，是指根据企业财务目标，按照一定的程序与方法，确保企业及其内部机构和人员全面落实和实现财务预算的过程。财务控制是内部控制的一个重要组成部分，是内部控制的核心，是内部控制在资金和价值方面的体现。

财务控制的特征有：以价值形式为控制手段；以不同岗位、部门和层次的不同经济业务为综合控制对象；以控制日常现金流量为主要内容。

（二）财务控制的基本原则

财务控制的基本原则包括以下几个方面。

1. 目的性原则

财务控制作为一种财务管理职能，必须具有明确的目的性，为企业理财目标服务。

2. 充分性原则

财务控制的手段对于目标而言，应当是充分的，应当足以保证目标的实现。

3. 及时性原则

财务控制的及时性要求及时发现偏差，并能及时采取措施加以纠正。

4. 认同性原则

财务控制的目标、标准和措施必须为相关人士所认同。

5. 经济性原则

财务控制的手段应当是必要的，没有多余，财务控制所获得的价值应大于所需费用。

6. 客观性原则

管理者对绩效的评价应当客观公正，防止主观片面。

7. 灵活性原则

财务控制应当含有足够灵活的要素，以便在出现任何失常情况下，都能保持对运行过程的控制，不受环境变化、计划疏忽、计划变更的影响。

8. 适应性原则

财务控制的目标、内容和方法应与组织结构中的职位相适应。

9. 协调性原则

财务控制的各种手段在功能、作用、方法和范围方面不能相互制约，而应相互配合，在单位内部形成合力，产生协同效应。

10. 简明性原则

控制目标应当明确，控制措施与规章制度应当简明易懂，易为执行者所理解和接受。

（三）财务控制的种类

1. 按照财务控制的内容，可分为一般控制和应用控制两类

一般控制是指对企业财务活动赖以进行的内部环境所实施的总体控制，包括组织控制、人员控制、财务预算、业绩评价、财务记录等项内容；应用控制是指作用于企业财务活动的具体控制，包括业务处理程序中的批准与授权、审核与复核以及为保证资产安全而采取的限制措施等项控制。

2. 按照财务控制的功能，可分为预防性控制、侦查性控制、纠正性控制、指导性控制和补偿性控制

预防性控制，是指为防范风险、错弊和非法行为的发生，或减少其发生机会所进行的控制；侦查性控制，是指为了及时识别已经存在的风险、已经发生的错弊和非法行为，或增强识别能力所进行的控制；纠正性控制是对那些通过侦查性控制查出来的问题所进行的调整和纠正；指导性控制是为了实现有利结果而进行的控制；补偿性控制是针对某些环节的不足或缺陷而采取的控制措施。

3. 按照财务控制的时序，可分为事前控制、事中控制和事后控制三类

事前控制，是指企业为防止财务资源在质和量上发生偏差，而在行为发生之前所实施的控制；事中控制，是指财务活动发生过程中所进行的控制；事后控制，是指对财务活动的结果所进行的分析、评价。

（四）财务控制的方法

财务控制是内部控制的一个重要环节，财务控制要以消除隐患、防范风险、规范经营、提高效率为宗旨，建立全方位的财务控制体系和多元的财务监控措施。

全方位的财务控制，是指财务控制必须渗透到企业的法人治理结构与组织管理的各个层次、生产业务全过程、各个经营环节，覆盖企业所有的部门、岗位和员工。

多元的财务监控措施，是指既有事后的监控措施，更有事前、事中的监控手段、策略；既有约束手段，也有激励的安排；既有财务上资金流量、存量预算指标的设定、会计报告反馈信息的跟踪，也有人事委派、生产经营一体化、转移价格、资金融通的策略。

二、责任中心

建立责任中心、编制和执行责任预算、考核和监控责任预算的执行情况是企业实行财务控制的一种有效手段。

(一) 责任中心的特征

责任中心就是承担一定经济责任，并享有一定权利和利益的企业内部（责任）单位。企业为了实行有效的内部协调和控制，通常都按照统一领导、分级管理的原则，在其内部合理划分责任单位，明确各责任单位应承担的经济责任、应有的权利，促使各责任单位尽其责任协同配合实现企业总目标。同时，为了保证预算的贯彻落实和最终实现，必须把总预算中的目标和任务，按照责任中心逐层进行指标分解，形成责任预算，使各个责任中心据以明确目标和任务。建立责任中心是实行责任预算和责任会计的基础。

责任中心具有以下特征：

(1) 责任中心是一个责权利结合的实体。它意味着每个责任中心都要对一定的财务指标承担完成的责任；同时，赋予责任中心与其所承担责任的范围大小相适应的权利，并规定出相应的业绩考核标准和利益分配标准。

(2) 责任中心具有承担经济责任的条件。它有两个方面的含义：一是责任中心要有履行经济责任中各条款的行为能力，二是责任中心一旦不能履行经济责任，能对其后果承担责任。

(3) 责任中心所承担的责任和行使的权力都应是可控的。每个责任中心只能对其责权范围内可控的成本、收入、利润和投资负责，在责任预算和业绩考评中也只应包括它们能控制的项目。可控是相对于不可控而言的，不同的责任层次，其可控的范围并不一样。一般而言，责任层次越高，其可控范围也就越大。

(4) 责任中心具有相对独立的经营业务和财务收支活动。它是确定经济责任的客观对象，是责任中心得以存在的前提条件。

(5) 责任中心便于进行责任会计核算或单独核算。责任中心不仅要划清责任而且要单独核算，划清责任是前提，单独核算是保证。只有既划清责任又能进行单独核算的企业内部单位，才能作为一个责任中心。

根据企业内部责任中心的权责范围及业务活动的特点不同，责任中心可以分为成本中心、利润中心和投资中心三大类型。

(二) 责任中心的类型和考核指标

1. 成本中心

(1) 成本中心的含义。成本中心是对成本或费用承担责任的责任中心，它不会形成可以用货币计量的收入，因而不对收入、利润或投资负责。成本中心一般包括负责产品生产的生产部门、劳务提供部门以及给予一定费用指标的管理部门。

成本中心的应用范围最广，从一般意义出发，企业内部凡有成本发生，需要对成本负责，并能实施成本控制的单位，都可以成为成本中心。工业企业，上至工厂一级，下至车间、工段、班组，甚至个人都有可能成为成本中心。成本中心的规模不一，多个较小的成本中心共同组成一个较大的成本中心，多个较大的成本中心又能共同构成一个更大的成本中心。从而，在企业形成一个逐级控制，并层层负责的成本中心体系。规模大小不一和层次不同的成本中心，其控制和考核的内容也基本相同。

（2）成本中心的类型。成本中心分为技术性成本中心和酌量性成本中心。技术性成本是指发生的数额通过技术分析可以相对可靠地估算出来的成本，如产品生产过程中发生的直接材料、直接人工、间接制造费用等。其特点是这种成本的发生可以为企业提供一定的物质成果，投入量与产出量之间有着密切的联系。技术性成本可以通过弹性预算予以控制。

酌量性成本是否发生以及发生数额的多少是由管理人员的决策所决定的，主要包括各种管理费用和某些间接成本项目，如研究开发费用、广告宣传费用、职工培训费用等。这种费用发生主要是为企业提供一定的专业服务，一般不能直接产生可以用货币计量的成果。投入量与产出量之间没有直接关系。酌量性成本的控制应着重于预算总额的审批上。

（3）成本中心的特点。成本中心相对于其他责任中心有其自身的特点，主要表现在：

① 成本中心只考评成本费用而不考评收益。成本中心一般不具备经营权和销售权，其经济活动的结果不会形成可以用货币计量的收入，有的成本中心可能有少量的收入，但从整体上讲，其产出与投入之间不存在密切的对应关系，因而，这些收入不作为主要的考核内容，也不必计算这些货币收入。概括地说，成本中心只以货币形式计量投入，不以货币形式计量产出。

② 成本中心只对可控成本承担责任。成本费用依其责任主体是否能控制分为可控成本与不可控成本。凡是责任中心能控制其发生及其数量的成本称为可控成本；凡是责任中心不能控制其发生及其数量的成本称为不可控成本。具体来说，可控成本必须同时具备以下四个条件：一是可以预计。即成本中心能够事先知道将发生哪些成本以及在何时发生；二是可以计量。即成本中心能够对发生的成本进行计量；三是可以施加影响。即成本中心能够通过自身的行为来调节成本；四是可以落实责任。即成本中心能够将有关成本的控制责任分解落实，并进行考核评价。凡不能同时具备上述四个条件的成本通常为不可控成本。属于某成本中心的各项可控成本之和即构成该成本中心的责任成本。从考评的角度看，成本中心工作成绩的好坏，应以可控成本作为主要依据，不可控成本核算只有参考意义。在确定责任中心的成本责任时，应尽可能使责任中心发生的成本成为可控成本。

成本的可控与不可控是以特定的责任中心和特定的时期作为出发点的，这与责任中心所处管理层次的高低、管理权限及控制范围的大小和经营期间的长短有直接关系。第一，成本的可控与否，与责任中心的权力层次有关。对企业来说，几乎所有的成本都是可控的，而对于企业下属各层次、各部门乃至个人来说，则既有可控成本，又有不可控成本。第二，成本的可控与否，与责任中心的管辖范围有关。某项成本就某一责任中心来看是不可控的，而对另一个责任中心可能是可控的，这不仅取决于该责任中心的业务内容，也取决于该责任中心所管辖的业务内容的范围。如产品试制费，从产品生产部门看是不可控的，而对研发部门来说就是可控的。但如果新产品试制也归口由生产部门负责进行，则试制费又成为了生产部门的可控成本。第三，某些从短期看属于不可控的成本、从较长的期间看，又成为了可控成本。例如，现有生产设备的折旧，就具体使用它的部门来说，折旧是不可控的；但要用新的设备来代替它时，由于新设备的折旧取决于设备更新所选用设备的价格及正常使用寿命，因此，新设备的折旧又成为可控成本。

另外，在责任控制中，应尽可能把各项成本落实到各成本中心，使之成为各成本中心的可控成本。面对那些一时难以确认为某一特定成本中心的可控成本，则可以通过各种方式与有关成本中心协商，共同承担风险，借以克服由于风险责任或难以控制而产生的种种问题和避免出现相互推诿和扯皮现象。对确实不能确认为某一成本中心的成本费用，则由企业控制或承担。

（4）成本中心的考核指标。成本中心的考核指标主要采用相对指标和比较指标，包括成本（费用）变动额和变动率两个指标，其计算公式是：

$$成本(费用)变动额 = 实际责任成本(或费用) - 预算责任成本(或费用)$$

（公式 10－1）

$$成本(费用)变动率 = \frac{成本(费用)变动额}{预算责任成本(费用)} \times 100\%$$

（公式 10－2）

在进行成本中心考核时，如果预算产量与实际产量不一致，应注意按弹性预算的方法先行调整预算指标，再按上述公式计算。

【例 10－1】某企业内部某车间为成本中心，生产甲产品，预算产量 70 000 件，单位成本 100 元，实际产量 80 000 件，单位成本 95 元。计算成本变动额和变动率。

$$成本变动额 = 95 \times 80\,000 - 100 \times 80\,000 = -400\,000（元）$$

$$成本变动率 = [-400\,000/(100 \times 80\,000)] \times 100\% = -5\%$$

计算结果表明，该成本中心的成本降低额为 35000 元，降低率为 5%。

2. 利润中心

（1）利润中心的含义。利润中心往往处于企业内部的较高层次，如分公司、分店。它有独立或相对独立的收入和生产经营决策权。利润中心与成本中心相比，其权利和责任相对较大，它不仅要降低成本，而且要寻求收入的增长，并使之超过成本的增长。

（2）利润中心的类型。利润中心分为自然利润中心和人为利润中心。

①自然利润中心。它是指可以直接对外销售产品并取得收入的利润中心。这种利润中心本身直接面对市场，具有产品销售权、价格制定权、材料采购权和生产决策权。它虽然是企业内部的一个部门，但其功能同独立企业相近。例如公司内部的事业部，每个事业部均有销售、生产、采购的机能，有很大的独立性，能独立地控制成本并取得收入。

②人为利润中心。它是指只对内部责任单位提供产品或服务，而取得“内部销售收入”的利润中心。这种利润中心一般不直接对外销售产品。成为人为利润中心应具备两个条件：一是该中心可以向其他责任中心提供产品或服务；二是能为该中心的产品确定合理的内部转移价格，以实现公平交易、等价交换。例如工业企业的大多数成本中心都可以转化为人为利润中心。人为利润中心一般也应具备相对独立的经营权，即能自主决定本利润中心的产品或服务的种类、产品或服务的质量、作业方法、人员调配和资金的使用等。

（3）利润中心的成本计算。利润中心对利润负责，必然要考核和计算成本，以便正确计算利润，作为对利润中心业绩评价与考核的可靠依据。对利润中心的成本计算，通常有两种方式可供选择：

第一种方式是利润中心只计算可控成本，不分担不可控成本，亦即不分摊共同成本。这种方式主要适应于共同成本难以合理分摊或无须进行共同成本分摊的场合，按这种方式计算出的盈利不是通常意义上的利润，而是相当于“边际贡献总额”。企业各利润中心的“边际贡献总额”之和，减去未分配的共同成本，经过调整后才是企业的利润总额。采用这种成本计算方式的“利润中心”，实质上已不是完整和原来意义上的利润中心，而是边际贡献中心。人为利润中心适合采取这种计算方式。

第二种方式是利润中心不仅计算可控成本，也计算不可控成本。这种方式适合于共同成本易于合理分摊或不存在共同成本分摊的场合。这种利润中心在计算时，如果采用变动成本法，应先计算出边际贡献，再减去固定成本，才是税前利润；如果采用完全成本法，利润中心可以直接计算出税前利润。各利润中心的税前利润之和，就是整个企业的利润总额。自利润中心适合采取这种计算方式。

（4）利润中心的考核指标。利润中心的考核指标为利润，通过比较一定期间实际实现的利润与责任预算所确定的利润，可以评价其责任中心的业绩。但由于成本计算方式不同，各利润中心的利润指标的表现形式也不相同。

①当利润中心不计算共同成本或不可控成本时，其考核指标是：

利润中心边际贡献总额 = 该利润中心销售收入总额 − 该利润中心可控成本总额（或变动成本总额）　　（公式 10 − 3）

②当利润中心计算共同成本或不可控成本，并采取变动成本法计算成本时，其考核指标包括：利润中心边际贡献总额；利润中心负责人可控利润总额；利润

中心可控利润总额等。

$$利润中心边际贡献总额 = \text{该利润中心销售收入总额} - \text{该利润中心变动成本总额} \quad (公式10-4)$$

$$\text{利润中心负责人可控利润总额} = \text{该利润中心边际贡献总额} - \text{该利润中心负责人可控固定成本} \quad (公式10-5)$$

$$\text{利润中心可控利润总额} = \text{该利润中心负责人可控利润总额} - \text{该利润中心负责人不可控固定成本} \quad (公式10-6)$$

【例10-2】某企业的某车间是一个人为利润中心。本期实现内部销售收入120万元，销售变动成本为85万元，该中心负责人可控固定成本为8万元，中心负责人不可控应由该中心负担的固定成本为9万元。

则该中心实际考核指标分别为：

利润中心边际贡献总额 = 1 200 000 - 850 000 = 35（万元）

利润中心负责人可控利润总额 = 350 000 - 80 000 = 27（万元）

利润中心可控利润总额 = 270 000 - 90 000 = 18（万元）

3. 投资中心

（1）投资中心含义。投资中心是指既对成本、收入和利润负责，又对投资效果负责的责任中心。投资中心同时也是利润中心。但与利润中心相比，投资中心的权利和考核办法不同。投资中心是最高层次的责任中心，它具有最大的决策权，也承担最大的责任。投资中心的管理特征是较高程度的分权管理。由于投资中心独立性较高，它一般应向公司的总经理或董事会直接负责。对于投资中心不应干预过多，应使其享有投资权和较为充分的经营权；投资中心在资产和权益方面应与其他责任中心划分清楚。

通常，大型集团所属的子公司、分公司、事业部往往都是投资中心，在这组织形式上，成本中心一般不是独立法人，利润中心可以是、也可以不是独立法人，而投资中心一般是独立法人。

（2）投资中心的考核指标。为了准确地计算各投资中心的经济效益，应该对各投资中心共同使用的资产划定界限；对共同发生的成本按适当的标准进行分配；各投资中心之间相互调剂使用的现金、存货、固定资产等均应计息清偿，实行有偿使用。在此基础上，计算和分析投资利润率和剩余收益。

①投资利润率。又称投资收益率，是指投资中心所获得的利润与投资额之间的比率，可用于评价和考核由投资中心掌握、使用的全部净资产的获利能力。其计算公式为：

$$投资利润率 = \frac{利润}{投资额} \times 100\% \quad (公式10-7)$$

投资利润率还可以进一步展开：

$$投资利润率 = \frac{销售收入}{投资额} \times \frac{成本费用}{销售收入} \times \frac{利润}{成本费用}$$

$$= 资本周转率 \times 销售成本率 \times 成本费用利用率 \quad (公式10-8)$$

以上公式中投资额是指投资中心的总资产扣除负债后的余额，即投资中心的净资产。所以，该指标也可以称为净资产利润率，它主要说明投资中心运用“公司产权”供应的每一元资产对整体利润贡献的大小，或投资中心对所有者权益的贡献程度。

为了考核投资中心的总资产运用状况，也可以计算投资中心的总资产息税前利润率。计算公式为：

$$投资利润率=\frac{息税前利润}{平均总资产}\times 100\% \quad （公式10-9）$$

投资利润率是广泛采用的评价投资中心业绩的指标，它的优点如下：一是投资利润率能反映投资中心的综合获利能力。二是投资利润率具有横向可比性。三是投资利润率可以作为选择投资机会的依据，有利于调整资产的存量，优化资源配置。四是以投资利润率作为评价投资中心经营业绩的尺度，可以正确引导投资中心的经营管理行为，使其行为长期化。

总的说来，投资利润率的主要优点是能促使管理者像控制费用一样地控制资产占用或投资额的多少，综合反映一个投资中心全部经营成果。但是该指标也有其局限性。一是世界性的通货膨胀，使企业资产账面价值失真、失实，以致相应的折旧少计，利润多计，使计算的投资利润率无法揭示投资中心的实际经营能力。二是使用投资利润率往往会使投资中心只顾本身利益而放弃对整个企业有利的投资机会，造成投资中心的近期目标与整个企业的长远目标相背离。三是投资利润率的计算与资本支出预算所用的现金流量分析方法不一致，不便于投资项目建成投产后与原定目标的比较。四是由于一些共同费用无法为投资中心所控制，投资利润率的计量不全是投资中心所能控制的。为了克服投资利润率的某些缺陷，应采用剩余收益作为评价指标。

②剩余收益。剩余收益是一个绝对数指标，是指投资中心获得的利润扣减其最低投资收益后的余额。最低投资收益是投资中心的投资额（或资产占用额）按规定或预期的最低报酬率计算的收益。其计算公式如下：

$$\begin{aligned}剩余收益&=利润-投资额或净资产占用额\times 规定或预期的最低投资报酬率\\&=投资额\times（投资利润率-规定或预期的最低投资报酬率）\end{aligned}$$

（公式10-10）

如果预期指标是总资产息税前利润率时，则剩余收益计算公式应作相应调整，其计算公式如下：

$$剩余收益=息税前利润-总资产占用额\times 预期总资产息税前利润率$$

（公式10-11）

这里所说的预期的最低报酬率或总资产息税前利润率通常是指企业为保证其生产经营正常、持续进行所必须达到的最低报酬水平。

以剩余收益作为投资中心业绩评价指标时，只要投资中心的某项投资，其投资利润率大于预期的最低投资报酬率（或者投资中心的总资产息税前利润率大于预期的最低总资产息税前利润率)，那么该项投资便是可行的。

剩余收益具有两个特点：一是体现投入产出关系。由于减少投资（或降低资产占用）同样可以达到增加剩余收益的目的，因而与投资利润率一样，该指标也可以用于全面评价和考核投资中心的业绩。二是避免本位主义。剩余收益指标避免了投资中心狭隘的本位倾向，即单纯追求投资利润率而放弃一些对企业整体有利的投资机会。以剩余收益作为衡量投资中心工作成果的尺度，投资中心将会尽量提高剩余收益，也就是说只要有利于增加剩余收益绝对额，投资行为就是可取的，而不只是尽量提高投资利润率。

【例10-3】某公司下设投资中心甲和投资中心乙，该公司加权平均最低投资利润率为10%，现准备追加投资。有关资料如表10-1所示。

表10-1　投资中心指标计算表　单位：万元

项目		投资额	利润	投资利润率	剩余收益
追加投资前	甲	100	5	5%	5-100×10%=-5
	乙	150	22.5	15%	22.5-150×10%=+7.5
	Σ	250	27.5	11%	27.5-250×10%=+2.5
向投资中心甲追加投资50万	甲	150	9	6%	9-150×10%=-6
	乙	150	22.5	15%	22.5-150×10%=+7.5
	Σ	300	31.5	10.5%	31.5-300×10%=+1.5
向投资中心乙追加投资100万	甲	100	5	5%	5-100×10%=-5
	乙	250	37	14.8%	37-250×10%=+12
	Σ	350	42	12%	42-350×10%=+7

根据表10-1的资料评价甲、乙两个投资中心的经营业绩，可知：如以投资利润率作为考核指标，追加投资后甲中心的利润率由5%提高到了6%，乙中心的利润率由15%下降到了14.8%，按此指标向甲中心投资比向乙中心投资好。

但是如果以剩余收益作为考核指标，甲中心的剩余收益由原来的-5万元变成了-6万元，乙中心的剩余收益由原来的7.5万元增加到了12万元，由此向乙中心投资较好。

如果从整个公司进行评价，就会发现向甲中心追加投资时，全公司总体投资利润率由11%下降到10.5%，剩余收益由2.5万元下降到1.5万元；而向乙中心追加投资时，全公司总体投资利润率由11%上升到12%，剩余收益由2.5万元上升到7万元，这和剩余收益指标评价各投资中心的业绩的结果一致。所以，以剩余收益作为评价指标可以保持各投资中心获利目标与公司总的获利目标达成一致。

在以剩余收益作为考核指标时，所采用的预期最低投资报酬率的高低对剩余收益的影响很大，通常可以用公司的平均利润率（或加权平均利润率）作为基准收益率。

三、责任预算

（一）责任预算的含义

责任预算是指以责任中心为主体，以可控成本、收入、利润和投资等为对象编制的预算。它是企业总预算的补充和具体化。

责任预算由各种责任指标组成。责任指标包括：①主要指标：上述责任中心所涉及的考核指标，也是必须保证实现的指标；②其他指标：为保证主要指标的完成而设定的，或是根据企业其他总目标分解的指标，通常有劳动生产率、设备完好率、出勤率、材料消耗率和职工培训等指标。

（二）责任预算的编制程序

责任预算的编制程序有两种：一是以责任中心为主体，将企业总预算在各责任中心之间层层分解而形成各责任中心的预算。它实质是由上而下实现企业总预算目标。这种自上而下、层层分解指标的方式是一种常用的预算编制程序。其优点是使整个企业浑然一体，便于统一指挥和调度。不足之处是可能会遏制责任中心的积极性和创造性；二是各责任中心自行列示各自的预算指标、层层汇总，最后由企业专门机构或人员进行汇总和调整，确定企业总预算。这是一种自下而上、层层汇总、协调的预算编制程序，其优点是有利于发挥各责任中心的积极性，但往往各责任中心只注意本中心的具体情况或多从自身利益角度考虑，容易造成彼此协调困难，互相支持少以致冲击企业的总体目标。而且，层层汇总、协调，工作量大，协调难度大，影响预算质量和编制时效。

四、责任报告

责任报告是对各个责任中心执行责任预算情况的系统概括和总结。责任报告亦称业绩报告、绩效报告，它是根据责任会计记录编制的反映责任预算实际执行情况，揭示责任预算与实际执行差异的内部会计报告。责任会计以责任预算为基础，对责任预算的执行情况进行系统的反映，用实际完成情况同预算目标对比，可以评价和考核各个责任中心的工作成果。责任中心的业绩评价和考核应通过编制责任报告来完成。

责任报告的形式主要有报表、数据分析和文字说明等。

五、责任业绩考核

责任业绩考核是指以责任报告为依据，分析、评价各责任中心责任预算的实际执行情况，找出差距，查明原因，借以考核各责任中心工作成果，实施奖罚，促使各责任中心积极纠正行为偏差，完成责任预算的过程。

责任中心的业绩考核有狭义和广义之分。狭义的业绩考核仅指对各责任中心的价值指标，如成本、收入、利润以及资产占用等责任指标的完成情况进行考评。广义的业绩考评除这些价值指标外，还包括对各责任中心的非价值责任指标的完成情况进行考核。

1. 成本中心业绩考核

成本中心业绩考核是以责任报告为依据，将实际成本与预算成本或责任成本进行比较，确定两者差异的性质、数额以及形成的原因，并根据差异分析的结果，对各成本中心进行奖罚，以督促成本中心努力降低成本。

2. 利润中心业绩考核

在考核利润中心业绩时，也只是计算和考评本利润中心权责范围内的收入和成本。凡不属于本利润中心权责范围内的收入和成本，尽管已由本利润中心实际收进或支付，仍应予以剔除，不能作为本利润中心的考核依据。

3. 投资中心业绩考核

从管理层次看，投资中心是最高一级的责任中心，业绩考核的内容或指标涉及各个方面，是一种较为全面的考核。考核时通过将实际数与预算数的比较，找出差异，进行差异分析，查明差异的成因和性质，并据以进行奖罚。由于投资中心层次高、涉及的管理控制范围广，内容复杂，考核时应力求原因分析深入、依据确凿、责任落实具体，这样才可以达到考核的效果。

六、责任结算与核算

（一）内部转移价格

内部转移价格是指企业内部各责任中心之间进行内部结算和责任结转时所采用的价格标准。

制定内部转移价格时，必须考虑全局性原则、公平性原则、自主性原则和重要性原则。

内部转移价格的类型包括：

1. 市场价格

市场价格是根据产品或劳务的市场价格作为基价的价格。采用市场价格，一般假定各责任中心处于独立自主的状态，可自由决定从外部或内部进行购销，同时产品或劳务有客观的市价可采用。

2. 协商价格

协商价格也可称为议价，是企业内部各责任中心以正常的市场价格为基础，通过定期共同协商所确定的为双方所接受的价格。采用协商价格的前提是责任中心转移的产品应有在非竞争性市场买卖的可能性，在这种市场内买卖双方有权自行决定是否买卖这种中间产品。如果买卖双方不能自行决定，或当价格协商的双方发生矛盾而又不能自行解决，或双方协商订价不能导致企业最优决策时，企业高一级的管理层要进行必要的干预。协商价格的上限是市价，下限是单位变动成本，具体价格应由各相关责任中心在这一范围内协商议定。当产品或劳务没有适当的市价时，也只能采用议价方式来确定。通过各相关责任中心的讨价还价，形成企业内部的模拟“公允市价”，作为计价的基础。

3. 双重价格

双重价格就是针对责任中心各方面分别采用不同的内部转移价格所制定的价格。如对产品（半成品）的供应方，可按协商的市场价格计价；对使用方则按供应方的产品（半成品）的单位变动成本计价。其差额最终进行会计调整。之所以采用双重价格是因为内部转移价格主要是为了对企业内部各责任中心的业绩进行评价、考核，故各相关责任中心所采用的价格并不需要完全一致，可分别选用对责任中心最有利的价格为计价依据。双重价格有两种形式：①双重市场价格，就是当某种产品或劳务在市场上出现几种不同价格时，供应方采用最高市价，使用方采用最低市价；②双重转移价格，就是供应方按市场价格或议价作为基础，而使用方按供应方的单位变动成本作为计价的基础。

双重价格的好处是既可较好满足供应方和使用方的不同需要，也能激励双方在经营上充分发挥主动性和积极性。

4. 成本转移价格

成本转移价格就是以产品或劳务的成本为基础而制定的内部转移价格。由于成本的概念不同，成本转移价格也有多种不同形式，其中用途较为广泛的成本转移价格有三种：①标准成本，即以产品（半成品）或劳务的标准成本作为内部转移价格。它适用于成本中心产品或半成品的转移。②标准成本加成，即按产品（半成品）或劳务的标准成本加计一定的合理利润作为计价的基础。③标准变动成本，它是以产成品（半成品）或劳务的标准变动成本作为内部转移价格，这种方式能够明确揭示成本与产量的关系，便于考核各责任中心的业绩，也利于经营决策。不足之处是产品（半产品）或劳务中不包含固定成本，不能反映劳动生产率变化对固定成本的影响，不利于调动各责任中心提高产量的积极性。

（二）内部结算

内部结算是指企业各责任中心清偿因相互提供产品或劳务所发生的、按内部转移价格计算的债权、债务。

按照结算的手段不同，可分别采取内部支票结算、转账通知单和内部货币结算等方式。

1. 内部支票结算方式

内部支票结算方式是指由付款一方签发内部支票通知内部银行从其账户中支付款项的结算方式。内部支票结算方式主要适用于收、付款双方直接见面进行经济往来的业务结算，它可使收付双方明确责任。

2. 转账通知单方式

转账通知单方式是由收款方根据有关原始凭证或业务活动证明签发转账通知单，通知内部银行将转账通知单转给付方，让其付款的一种结算方式。这种结算方式适用于质量与价格较稳定的往来业务，它手续简便，结算及时，但因转账通知单是单向发出指令，付款方若有异议，可能拒付，需要交涉。

3. 内部货币结算方式

内部货币结算方式是使用内部银行发行的限于企业内部流通的货币（包括内部货币、资金本票、流通券、资金券等）进行内部往来结算的一种方式。这一结算方式比银行支票结算方式更为直观，可强化各责任中心的价值观念、核算观念、经济责任观念。但是，它也带来携带不便，清点麻烦，保管困难的问题。所以，一般情况下，小额零星往来业务以内部货币结算，大宗业务以内部银行支票结算。

（三）责任成本的内部结转

责任成本的内部结转又称责任转账，是指在生产经营过程中，对于因不同原因造成的各种经济损失，由承担损失的责任中心对实际发生或发现损失的责任中心进行损失赔偿的账务处理过程。

责任转账的目的是为了划清各责任中心的成本责任，使不应承担损失的责任中心在经济上得到合理补偿。进行责任转账的依据是各种准确的原始记录和合理的费用定额。在合理计算出损失金额后，应编制责任成本转账表，作为责任转账的依据。

责任转账的方式有直接的货币结算方式和内部银行转账方式。前者是以内部货币直接支付给损失方，后者只是在内部银行所设立的账户之间划转。

第三节 成本控制

一、成本控制的含义

成本控制是对企业生产经营过程中发生的各种耗费进行控制。它有广义和狭义之分。广义的成本控制就是成本经营，强调对企业生产经营的各个环节和方面进行全过程的控制。广义的成本控制包括成本预测、成本计划、成本日常控制、成本分析和考核等一系列环节。狭义的成本控制也称成本的日常控制，主要是指对生产阶段产品成本的控制。即运用一定的方法将生产过程中构成产品成本的一切耗费限制在预先确定的计划成本范围内，然后通过分析实际成本与计划成本之间的差异，找出原因，采取对策以降低成本。本节侧重于狭义的成本控制。

二、成本控制的类型和内容

（一）成本控制按照成本形成的过程可分为事前成本控制、事中成本控制和事后成本控制

事前成本控制是指在投产前的设计、试制阶段，对影响成本的各有关因素进行事前控制。主要是确定成本目标，制定成本计划，明确成本归口分级管理及责任，目的在于防患于未然。

事中成本控制是指产品生产过程中，从安排生产、采购原辅材料、生产准备、生产，直到产品完工入库整个过程的成本控制。主要是对制造产品实际耗费的控制，包括材料耗费的控制、人工耗费的控制、制造费用的控制以及其他费用的控制。

事后成本控制是指完工后的成本控制。主要是根据事先确定的控制标准，对实际形成的成本进行控制、分析和评价，包括成本差异分析、确定责任归属。其目的是为未来的事前成本控制和事中成本控制打下基础。

（二）按照成本费用的构成可将成本控制分为生产成本控制和非生产成本控制

生产成本控制是指控制生产过程中为制造产品而发生的成本。主要包括直接材料成本控制、直接人工成本控制和制造费用的成本控制。

非生产成本控制是指控制生产成本以外的非生产成本。主要包括销售费用的控制、管理费用的控制和财务费用的控制。

三、标准成本控制

（一）标准成本控制的含义

标准成本控制是成本控制中应用最为广泛和有效的一种成本控制方法，也称为标准成本制度、标准成本会计或标准成本法。它是以制定的标准成本为基础，将实际发生的成本与标准成本进行对比，揭示成本差异形成的原因和责任，采取相应措施，实现对成本的有效控制。

（二）标准成本的制定

标准成本是指运用技术测定等方法制定的，在有效的经营条件下应该实现的成本，是根据产品的耗费标准和耗费的标准价格预先计算的产品成本。一般情况下，在制定标准成本时，企业可以根据自身的技术条件和经营水平，在以下三种类型中进行选择：

①理想标准成本，是指在现有条件下所能达到的最优的成本水平，即在资源无浪费、设备无故障、产品无废品、工时全有效的假设条件下而制定的成本标准。制定依据是理论上的业绩标准、生产要素的理想价格和可能实现的最高生产经营能力利用水平。

②历史平均成本，是指过去较长时间内所达到的成本的实际水平。它反映了

企业过去的实际成本水平，受当时特定情况影响较大。

③正常标准成本，是指在正常情况下企业经过努力可以达到的成本标准，这一标准考虑了生产过程中不可避免的损失故障和偏差。

通常，正常标准成本大于理想标准成本，但小于历史平均成本。正常标准成本具有客观性、现实性、激励性和稳定性等特点，因此被广泛地运用于下列具体的标准成本的制定过程中。

1. 直接材料标准成本的制定

某单位产品耗用的直接材料的标准成本是由材料的用量标准和价格标准两项标准确定的。用量标准是指单位产品耗用原料及主要材料的数量的多少，通常也称为材料消耗定额。一般应根据企业产品的设计、生产和工艺的现状，结合企业的经营管理水平的情况和成本降低任务的要求，考虑材料在使用过程中发生的必要损耗等。价格标准通常采用企业编制的计划价格，企业在制定计划价格时，通常是以订货合同的价格为基础，并考虑到将来各种变动情况按各种材料分别计算的。因此，直接材料标准成本可利用下述公式计算：

$$\text{单位产品耗用的第 } i \text{ 种材料的标准成本} = \text{材料 } i \text{ 的价格标准} \times \text{材料 } i \text{ 的用量标准} \quad \text{（公式 10-12）}$$

$$\text{单位产品直接材料的标准成本} = \sum \text{材料 } i \text{ 的价格标准} \times \text{材料 } i \text{ 的用量标准} \quad \text{（公式 10-13）}$$

【例 10-4】假定某企业甲产品耗用 A、B、C 三种直接材料，其直接材料标准成本的计算如表 10-2 所示。

表 10-2　　甲产品直接材料标准成本

标　　准	材料 A	材料 B	材料 C
用量标准（1）	120 千克/件	75 千克/件	30 千克/件
价格标准（2）	2 元/千克	3 元/千克	10 元/千克
成本标准（3）	240 元/件	225 元/件	300 元/件
单位产品直接材料标准成本 Σ（3）	765 元		

2. 直接人工标准成本的规定

直接人工标准成本是由直接人工的价格标准和直接人工用量标准两项因素决定的。

直接人工的价格标准就是标准工资率，通常由劳动工资部门根据用工情况制定，它是由标准工资总额除以标准总工时来计算的，公式如下：

$$\text{标准工资率} = \frac{\text{标准工资总额}}{\text{标准总工时}} \quad \text{（公式 10-14）}$$

人工用量标准就是工时用量标准，也称工时消耗定额，是指企业在现有的生产技术条件、工艺方法和技术水平的基础上，考虑提高劳动生产率的要求，采用一定的方法，按照产品生产加工所经过的程序，确定的单位产品所需耗用的生产工人工时数。直接人工的标准成本可按照下面的公式来计算：

单位产品直接人工标准成本 = 标准工资率 × 工时用量标准　　（公式 10 – 15）

【例 10 – 5】仍按【例 10 – 4】中的企业，甲产品直接人工标准成本的计算如表 10 – 3 所示。

表 10 – 3　甲产品直接人工成本

项　目	标　准
月标准总工时（1）	160 000 小时
月标准总工资（2）	2 560 000 元
标准工资率（3） =（2）/（1）	16 元/小时
单位产品工时用量标准（4）	1.5 小时
直接人工标准成本（5） =（4） ×（3）	24 元

3. 制造费用标准成本的制定

制造费用的标准成本是由制造费用价格标准和制造费用用量标准两项因素决定的。

制造费用价格标准，也就是制造费用的分配率标准。其计算公式为：

$$制造费用分配率标准 = \frac{标准制造费用总额}{标准总工时}$$（公式 10 – 16）

制造费用用量标准，就是工时用量标准，其含义与直接人工用量标准相同。其计算公式为：

制造费用标准成本 = 工时用量标准 × 制造费用分配率标准　　（公式 10 – 17）

值得说明的是，成本按照其性态分为变动成本和固定成本。变动成本随着产量的变动而变动；固定成本相对固定，不随产量的变动而变动。所以，制定制造费用标准成本时，也应分别制定变动制造费用的标准成本和固定制造费用的标准成本。

【例 10 – 6】仍按【例 10 – 4】中的企业，甲产品制造费用的标准成本的计算如表 10 – 4 所示。

表 10 – 4　甲产品制造费用标准成本

项　目	标　准
月标准总工时（1）	160 000 小时
标准变动制造费用总额（2）	480 000 元
标准变动制造费用分配率（3） =（2）/（1）	3 元/小时
单位产品工时标准（4）	1.5 小时

续表

项　目	标　准
变动制造费用标准成本（5）＝（4）×（3）	4.5 元
标准固定制造费用总额（6）	1 600 000 元
标准固定制造费用分配率（7）＝（6）/（1）	10 元/小时
固定制造费用标准成本（8）＝（4）×（7）	12 元
单位产品制造费用标准成本（9）＝（5）＋（8）	16.5 元

4. 单位产品标准成本卡

制定了上述各项内容的标准成本后，企业通常要为每一产品设置一张标准成本卡，并在该卡中分别列明各项成本的用量标准与价格标准，通过直接汇总的方法来得出单位产品的标准成本。

【例 10－7】根据【例 10－4】、【例 10－5】、【例 10－6】中的有关资料，列示出甲产品标准成本卡如表 10－5 所示。

表 10－5　　甲产品标准成本卡

成本项目		用量标准	价格标准	单位标准成本
直接材料	A	120 千克/件	2 元/千克	240 元
	B	75 千克/件	3 元/千克	225 元
	C	30 千克/件	10 元/千克	300 元
	小计			765 元
直接人工		1.5 小时	16 元/小时	24 元
变动制造费用		1.5 小时	3 元/小时	4.5 元
固定制造费用		1.5 小时	10 元/小时	12 元
甲产品单位标准成本				805.5 元

（三）成本差异的含义和类型

1. 成本差异的含义

在标准成本制度下，成本差异，是指一定时期生产一定数量的产品所发生的实际成本与相关的标准成本之间的差额。

2. 成本差异的类型

成本差异按照不同标准可分为以下类型：

（1）用量差异与价格差异。用量差异是反映由于直接材料、直接人工和变动性制造费用等要素实际用量消耗与标准用量消耗不一致而产生的成本差异。其计算公式如下：

用量差异 = 标准价格 ×（实际产量下的实际用量 - 实际产量下的标准用量）

（公式 10 - 18）

注意：此处的标准用量是总量概念，与标准成本制定过程中使用的“用量标准”不同。后者是单位产品的用量标准，是单位概念。

价格差异是反映由于直接材料、直接人工和变动性制造费用等要素实际价格水平与标准价格水平不一致而产生的成本差异。其计算公式为：

价格差异 =（实际价格 - 标准价格）× 实际产量下的实际用量　（公式 10 - 19）

其中的“标准价格”与标准成本制定过程中使用的“价格标准”相同，都属于单位概念。

（2）纯差异与混合差异。从理论上讲，任何一类差异在计算时都需要假定某个因素变动时，其他因素固定在一定基础上不变。把其他因素固定在标准的基础上，计算得出的差异就是纯差异。与纯差异相对立的差异就是混合差异。混合差异又叫联合差异，是指总差异扣除所有的纯差异后的剩余差异。

（3）有利差异与不利差异。有利差异，是指因实际成本低于标准成本而形成的节约差。不利差异，则指因实际成本高于标准成本而形成的超支差。但这里的有利与不利是相对的，并不是有利差异越大越好。例如，不能为了盲目追求成本的有利差异，而不惜以牺牲质量为代价。

（4）可控差异与不可控差异。可控差异，是指受主观努力程度影响而形成的差异，又叫主观差异。它是成本控制的重点所在。不可控差异，是指与主观努力程度关系不大，主要受客观原因影响而形成的差异，又叫客观差异。

（四）成本差异的计算和分析

在标准成本制度下，成本差异计算与分析是实现成本反馈控制的主要手段。凡实际成本大于标准成本或预算成本的称为超支差异；凡实际成本小于标准成本或预算成本的则称为节约差异。

1. 直接材料成本差异

直接材料成本差异是指在实际产量下直接材料实际总成本与实际产量下直接材料标准总成本之间的差额。它可分解为直接材料用量差异和直接材料价格差异两部分。有关计算公式如下：

直接材料成本差异

= 实际产量下的实际成本 - 实际产量下的标准成本

= 实际用量 × 实际价格 - 标准用量 × 标准价格

=（实际用量 - 标准用量）× 标准价格 +（实际价格 - 标准价格）× 实际用量

= 直接材料用量差异 + 直接材料价格差异　（公式 10 - 20）

（1）直接材料用量差异。直接材料用量差异是指由于材料实际用量与标准用量的不同而导致的差异。其计算公式如下：

直接材料用量差异 =（实际产量下实际用量 - 实际产量下标准用量）× 标准价格

（公式 10 - 21）

直接材料用量差异的形成原因是多方面的，有生产部门原因，也有非生产部门的原因；工人用料的责任心强弱、工人技术状况、废品率的高低、设备工艺状况、材料质量状况、材料规格的适应程度等都会导致材料用量的差异。材料用量差异的责任需要通过具体分析才能确定，但主要责任往往应由生产部门承担。

（2）直接材料价格差异。直接材料价格差异是指实际产量下，由于材料的实际价格与标准价格的不同而导致的差异。其计算公式如下：

直接材料价格差异 =（实际价格 − 标准价格）× 实际产量下实际用量

（公式 10 − 22）

材料价格差异的形成受各种主客观因素的影响，较为复杂，如市场价格的变动、供货厂商变动、运输方式的变动、采购批量的变动等，都可以导致材料的价格差异。但由于它与采购部门的关系更为密切，所以其主要责任部门是采购部门。

【例 10 − 8】假定【例 10 − 7】中企业本月投产甲产品 8 000 件，领用 A 种材料 1 000 000 千克，其实际价格为每千克 2.1 元。根据该产品标准成本卡所列，该产品 A 材料的用量标准为 120 千克/件，标准价格为 2 元/千克。则其直接材料成本差异计算如下：

直接材料成本差异 = 1 000 000 × 2.1 − 8 000 × 120 × 2 = +180 000（元）

其中：材料用量差异 =（1 000 000 − 8 000 × 120）× 2 = +80 000（元）

材料价格差异 =（2.1 − 2）× 1 000 000 = +100 000（元）

通过以上计算，可以看出，甲产品本月耗用 A 材料发生 180 000 元超支差异。由于生产部门耗用材料超过标准，导致超支 80 000 元，应该查明材料用量超标的具体原因，以便改进工作，节约材料耗费。从材料价格而言，由于材料价格上升超支了 100 000 元，也应查明原因，从而解决直接材料成本超支的问题。

2. 直接人工成本差异

直接人工成本差异是指在实际产量下，直接人工实际成本与实际产量下直接人工标准成本之间的差异，可分解为直接人工效率差异和工资率差异。计算公式如下：

直接人工成本差异 = 实际产量下的实际成本 − 实际产量下的标准成本
= 实际工时 × 实际工资率 − 标准工时 × 标准工资率
=（实际产量下实际工时 − 实际产量下标准工时）× 标准工资率
+（实际工资率 − 标准工资率）× 实际工时
= 直接人工效率差异 + 直接人工工资率差异　（公式 10 − 23）

（1）直接人工效率差异。直接人工的效率差异即直接人工的用量差异，由于在既定产量下的人工用量的多少，反映着效率的高低。所以，人工效率差异的计算公式如下：

直接人工效率差异 =（实际产量下实际人工工时 − 实际产量下标准人工工时）× 标准工资率

（公式 10 − 24）

直接人工效率差异的形成原因是多方面的，工人技术状况、工作环境和设备条件的好坏等，都会影响效率的高低，但其主要责任部门还是在生产部门。

（2）直接人工工资率差异。工资率差异即直接人工的价格差异。人工的价格表现为小时工资率。其计算公式如下：

直接人工工资率差异 =（实际工资率 - 标准工资率）× 实际产量下实际人工工时

（公式 10 - 25）

工资率差异的形成原因也比较复杂，工资制度的变动、工人的升降级、加班或临时工的增减等，都将导致工资率差异。一般而言，这种差异的责任不在生产部门，劳动人事部门更应对其承担责任。

【例 10 - 9】假定【例 10 - 8】中企业本月甲产品实际生产 8 000 件，用工 11 500小时，实际应付直接人工工资 188 000 元。根据甲产品标准成本卡所列，该产品工时标准为 1.5 小时/件，标准工资率为 16 小时，工资标准为 24 元/件。其直接人工成本差异计算如下：

直接人工成本差异 = 188 000 - 8 000 × 24 = -4 000（元）

其中：直接人工效率差异 =（11 500 - 8000 × 1.5）× 16 = -8 000 元

直接人工工资率差异 =（188 000 ÷ 11 500 - 16）× 11 500 = +4 000 元

通过以上计算可以看出，该产品的直接人工成本总体上节约 4 000 元。其中人工效率差异节约 8 000 元，但工资率差异超支 4 000 元。工资率超过标准，可能是为了提高产品质量，调用了一部分技术等级和工资级别较高的工人，使小时工资率增加了 0.347（188 000/11 500 - 16）元。但也因此在提高产品质量的同时，提高了效率，使工时的耗用由标准的 12 000（8 000 × 1.5）小时降为 11 500 小时，节约工时 500 小时，从而导致了最终的成本节约。可见生产部门在生产组织上的成绩是应该肯定的。

3. 变动制造费用成本差异

变动制造费用成本差异是指实际产量下实际发生的变动制造费用与实际产量下的标准变动制造费用的差异，可以分解为效率差异和耗费差异两部分。其计算公式如下：

变动制造费用成本差异 = 实际产量下实际变动制造费用 - 实际产量下标准变动制造费用

= 实际工时 × 变动制造费用实际分配率 - 标准工时 × 变动制造费用标准分配率

=（实际工时 - 标准工时）× 标准分配率 +（实际分配率 - 标准分配率）× 实际工时

= 变动制造费用效率差异 - 变动制造费用耗费差异（公式 10 - 26）

（1）效率差异。变动制造费用效率差异即变动制造费用的用量差异，它是因实际耗用工时脱离标准而导致的成本差异。其计算公式如下：

变动制造费用效率差异 =（实际产量下实际工时 - 实际产量下标准工时）× 变动制造费用标准分配率（公式 10 - 27）

式 10－27 中的工时既可以是人工工时，也可以是机器工时，这取决于变动制造费用的分配方法；式中的标准工时是指实际产量下的标准总工时。

变动制造费用效率差异的形成原因与直接人工效率差异的形成原因基本相同。

（2）耗费差异。变动制造费用耗费差异即变动制造费用的价格差异，它是因变动制造费用或工时的实际耗费脱离标准而导致的成本差异，也称变动制造费用分配率差异。其计算公式为：

变动制造费用耗费差异 =（实际分配率 － 标准分配率）× 实际产量下实际工时

（公式 10－28）

【例 10－10】假定【例 10－9】中企业本月甲产品实际发生变动制造费用 38 000元。根据该产品标准成本卡所示，其工时标准为 1.5 小时/件，标准费用分配率为 3 元/小时。其变动制造费用成本差异计算如下：

变动制造费用成本差异 = 38 000 － 8 000 × 1.5 × 3 = ＋2 000（元）

其中：变动制造费用效率差异 =（11 500 － 8 000 × 1.5）× 3 = －1 500（元）

变动制造费用耗费差异 =（38 000 ÷ 11 500 － 3）× 11 500 = ＋3 500（元）

通过以上计算可以看出，甲产品制造费用超支 2 000 元，这是由于费用分配率由 3 提高为 3.3（即 38 000 /11 500）元，使变动制造费用发生超支，但由于提高效率，工时由 12 000（8 000 × 1.5）小时降为 11 500 小时的结果。从而抵消了一部分变动制造费用的超支额，应该查明费用分配率提高的具体原因。

4. 固定性制造费用成本差异分析

固定性制造费用成本差异是指实际产量下固定制造费用与实际产量下标准固定制造费用的差异。其计算公式为：

固定制造费用成本差异 = 实际产量下实际固定制造费用 － 实际产量下标准固定制造费用

= 实际分配率 × 实际工时 － 标准分配率 × 实际产量下标准工时

（公式 10－29）

其中：标准分配率 = 固定制造费用预算总额 ÷ 预算产量下标准总工时（公式 10－30）

式中的成本差异是在实际产量的基础上算出的。由于固定制造费用相对固定，一般不受产量的影响，因此，产量变动会对单位产品所分配的固定制造费用产生影响，所以，实际产量与预算产量的差异会对单位产品所应承担的固定制造费用产生影响。这样一来，固定制造费用成本差异的分析方法与其他费用成本差异的分析方法有所区别，通常分为两差异分析法和三差异分析法。

（1）两差异法。两差异法是将总差异分解为耗费差异和能量差异两部分，它们的计算公式如下：

固定制造费用耗费差异 = 实际产量下实际固定制造费用 － 预算产量下的标准固定制造费用

= 实际固定制造费用 － 预算产量 × 工时标准 × 标准分配率

$$=\text{实际固定制造费用}-\text{预算产量标准工时}\times\text{标准分配率}$$

（公式 10－31）

$$\text{固定制造费用能量差异}=\text{预算产量下的标准固定制造费用}-\text{实际产量下的标准固定制造费用}$$

$$=(\text{预算产量下的标准工时}-\text{实际产量下的标准工时})\times\text{标准分配率}$$

（公式 10－32）

【例 10－11】假定【例 10－10】中企业甲产品预算产量为 9 600 件，实际固定制造费用为 120 000 元。根据甲产品标准成本卡所列工时标准为 1.5 小时/件，固定制造费用标准分配率为 10 元/小时，其固定制造费用的成本差异计算如下：

固定制造费用的成本差异 = 120 000 − 8 000 × 1.5 × 10 = 0（元）

其中：耗费差异 = 120 000 − 9 600 × 1.5 × 10 = −24 000（元）

能量差异 =（9 600 × 1.5 − 8 000 × 1.5）× 10 = +24 000（元）

通过以上分析，可以看出，该企业甲产品固定制造费用没有发生变化，但是实际产量小于预算产量，生产能力利用不足仍是需要分析解决的问题。

（2）三差异法。三差异法将固定性制造费用成本总差异分解为耗费差异、能力差异（又称产量差异）和效率差异三种，其中耗费差异与两差异法中的耗费差异概念和计算都相同，三差异法与两差异法的不同只在于它进一步将两差异法中的能量差异分解为产量差异和效率差异。相关的计算公式分别是：

$$\text{固定制造费用耗费差异}=\text{实际产量下实际固定制造费用}-\text{预算产量下的标准固定制造费用}$$

$$=\text{实际固定制造费用}-\text{预算产量}\times\text{工时标准}\times\text{标准分配率}$$

$$=\text{实际固定制造费用}-\text{预算产量标准工时}\times\text{标准分配率}$$

（公式 10－33）

$$\text{固定制造费用产量差异}=(\text{预算产量下的标准工时}-\text{实际产量下的实际工时})\times\text{标准分配率}$$

（公式 10－34）

$$\text{固定制造费用效率差异}=(\text{实际产量下的实际工时}-\text{实际产量下的标准工时})\times\text{标准分配率}$$

（公式 10－35）

【例 10－12】依据上例中有关数据，计算其固定制造费用的成本差异如下：

固定制造费用的成本差异：120 000 − 8 000 × 1.5 × 10 = 0（元）

其中：耗费差异 = 120 000 − 9 600 × 1.5 × 10 = −24 000（元）

产量差异 =（9 600 × 1.5 − 11 500）× 10 = +29 000（元）

效率差异 =（11 500 − 8 000 × 1.5）× 10 = −5 000（元）

采用三差异法，能够更好地说明生产能力利用程度和生产效率高低所导致的成本差异情况，便于分清责任。

【例 10－13】某企业适用标准成本法控制成本，甲产品每月的正常生产量为 2 000 件，每件产品直接材料的标准用量是 0.6 千克，每千克的标准价格为 100

元；每件产品标准耗用工时 3 小时，每小时标准工资率为 10 元；制造费用预算总额为 18 000 元，其中变动制造费用 6 000 元，固定制造费用 12 000 元。

本月实际生产了 1 875 件，实际材料价格为 105 元/千克，全月实际领用 1 200千克；本月实际耗用总工时 6 000 小时，每小时支付的平均工资为 9.8 元；制造费用实际发生额为 18 900 元（其中变动制造费用为 6 900 元，固定制造费用为 12 000 元）。

要求：（1）编制甲产品标准成本卡。

（2）计算和分解直接材料、直接人工、制造费用的成本差异（固定制造费用成本差异分析采用三差异法）。

解：（1）编制甲产品的标准成本卡如表 10－6 所示。

表 10－6 甲产品标准成本卡 单位：元

项目	用量标准	价格标准	单位标准成本
直接材料	0.6 千克/件	100 元/千克	60 元
直接人工	3 小时/件	10 元/小时	30 元
变动制造费用	3 小时/件	1［6 000/（3×2 000）］	3 元
固定制造费用	3 小时/件	2［12 000/（3×2 000）］	6 元
单位标准成本			99 元

（2）计算成本差异。

①首先列示实际单位成本（表 10－7）。

表 10－7 单位：元

项目	实际用量	实际价格	实际单位成本
直接材料	0.64 千克/件（1 200/1 875）	105 元/千克	67.2 元
直接人工	3.2 小时/件（6 000/1 875）	9.8 元/小时	31.36 元
变动制造费用	3.2 小时/件	1.15 元/小时（6 900/6 000）	3.68 元
固定制造费用	3.2 小时/件	2 元/小时（12 000/6 000）	6.4 元
单位成本			108.64 元

②直接材料成本差异＝67.2×1 875－60×1 875＝13 500（元）

其中，用量差异＝（1 200－1 875×0.6）×100＝7 500（元）

价格差异＝（105－100）×1 200＝6 000（元）

③直接人工成本差异＝31.36×1 875－30×1 875＝2 550（元）

其中，效率差异＝（6 000－3×1 875）×10＝3 750（元）

工资率差异＝（9.8－10）×6 000＝－1 200（元）

④变动制造费用成本差异＝6 900－3×1 875＝1 275（元）

其中，效率差异 =（6 000 − 1 875 ×3） ×1 =375（元）

耗费差异 =（1.15 −1） ×6 000 =900（元）

⑤固定制造费用成本差异 =12 000 −6 ×1 875 =750（元）

其中，耗费差异 =12 000 −6 ×2 000 =0

产量差异 =（2 000 ×3 −6 000） ×2 =0

效率差异 =（6 000 −1 875 ×3） ×2 =750（元）

或者：

（1）实际数 12 000

（2）预算数 2 000 ×3 ×2

（3）实际工时 × 标准分配率 6 000 ×2

（4）标准工时 × 标准分配率 1 875 ×3 ×2

耗费差异 =1 200 −2 000 ×3 ×2 =0

产量差异 =2 000 ×3 ×2 −6 000 ×2 =0

效率差异 =6 000 ×2 −1 875 ×3 ×2 =750（元）

四、作业成本管理

作业成本计算法，最开始只是作为一种产品成本的计算方法，其对传统成本计算方法的改进，主要表现在采用多重分配标准分配制造费用的技术变革上。随着成本计算方法的完善，它也开始兼顾对制造费用和销售费用的分析以及对价值链成本的分析，并将成本分析的结果应用到战略管理中，从而形成了作业成本管理。

（一）作业成本计算法及相关概念

所谓作业，是指在一个组织内为了某一目的而进行的耗费资源的工作，它是作业成本计算系统中最小的成本归集单元。作业贯穿产品生产经营的全过程，从产品设计、原料采购、生产加工，直至产品的发运销售。在这一过程中，每个环节、每道工序都可以视为一项作业。

成本动因，亦称成本驱动因素，是指导致成本发生的因素，即成本的诱因。成本动因通常以作业活动耗费的资源来进行度量，如质量检查次数、用电度数等。在作业成本法下，成本动因是成本分配的依据。成本动因又可以分为资源动因和作业动因。资源动因反映作业量与耗费之间的因果关系，而作业动因反映产品产量与作业成本之间的因果关系。按照统一的作业动因，将各种资源耗费项目归结在一起，便形成了作业中心，也称成本库。

通过对所有作业活动动态地追踪反映，进行作业和成本对象的成本计量，并评价作业业绩和资源利用情况的方法，即为作业成本计算法。它基于资源耗用的因果关系进行成本分配，根据作业耗用资源的情况，将资源分配给作业，再依照成本对象消耗作业的情况，把作业成本分配给成本对象。其成本模型可以用图 10 −1来简单地表示。

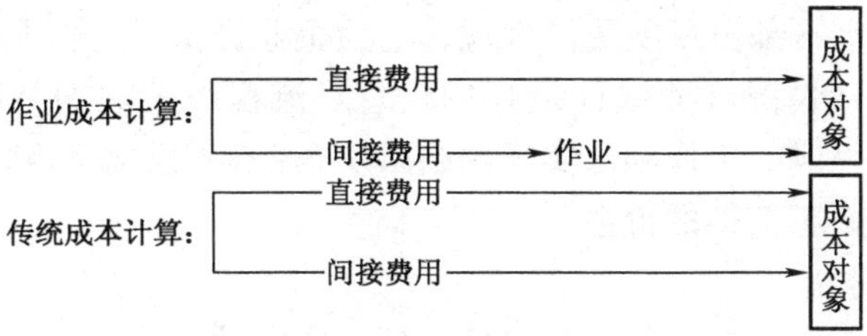

图 10－1　作业成本计算法与传统成本计算法

在作业成本法下，对于直接费用的确认和分配与传统的成本计算方法一样，而间接费用的分配对象不再是产品，而是作业。分配时，首先根据作业中心对资源的耗费情况将资源耗费的成本分配到作业中心去，然后再将上述分配至作业中心的成本按照各自的成本动因，依据作业的耗用数量分配到各产品。作业成本法很好地克服了传统成本方法中间接费用责任划分不清的缺点，使以往一些不可控的间接费用变为可控，这样可以更好地发挥决策、计划和控制的作用，以促进作业管理和成本控制水平的不断提高。

（二）作业成本管理

作业成本管理是以提高客户价值、增加企业利润为目的，基于作业成本法的新型集中化管理方法。它通过对作业及作业成本的确认、计量，最终计算产品成本，同时将成本计算深入到作业层次，对企业所有作业活动进行追踪并动态反映。此外还要进行成本链分析，包括动因分析、作业分析等，从而为企业决策提供准确的信息，指导企业有效地执行必要的作业，消除和精简不能创造价值的作业，以达到降低成本、提高效率的目的。作业成本管理是一种符合战略管理思想要求的现代成本计算和管理模式。它既是精确的成本计算系统，也是改进业绩的工具。作业成本管理包含两个维度的含义：成本分配观和流程观，如图 10－2 所示。

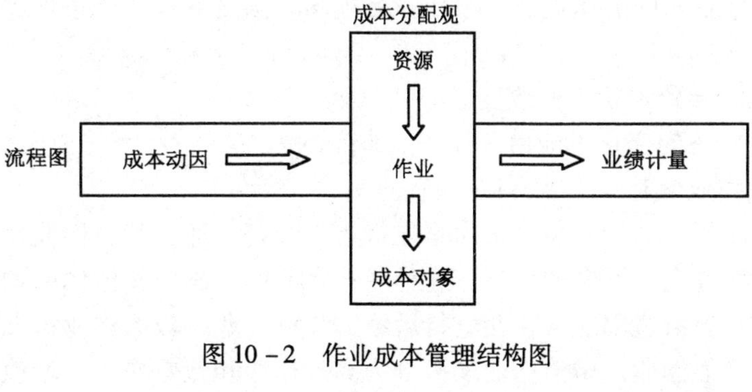

图 10－2　作业成本管理结构图

图 10－2 中垂直部分反映了成本分配观，它说明成本对象引起作业需求，而作业需求又引起资源的需求。因此，成本分配是从资源到作业，再从作业到成本

对象，而这一流程正是作业成本计算的核心。

图10－2中水平部分反映了流程观，它为企业提供引起作业的原因（成本动因）以及作业完成情况（业绩计量）的信息。流程观关注的是确认作业成本的根源、评价已经完成的工作和已实现的结果。企业利用这些信息，可以改进作业链，提高从外部顾客获得的价值。

（三）流程价值分析

流程价值分析关心的是作业的责任，包括成本动因分析、作业分析和业绩考核三个部分。其基本思想是：以作业来识别资源，将作业分为增值作业和非增值作业，并把作业和流程联系起来，确认流程的成本动因，计量流程的业绩，从而促进流程的持续改进。

1. 成本动因分析

要进行作业成本管理，必须找出导致作业成本的原因。每项作业都有投入和产出。作业投入是为取得产出而由作业消耗的资源，而作业产出则是一项作业的结果或产品。比如说，原料搬运，搬运到指定地点的材料数量，则是该“搬运”作业的产出量，也可以称为作业动因。然而，产出量指标不一定是作业发生的根本原因，必须进一步进行动因分析，找出形成作业成本的根本原因。例如：搬运材料的根本原因，可能是车间布局不合理造成的。一旦得知了根本原因，就可以采取相应的措施改善作业，如改善车间布局，减少搬运成本。

2. 作业分析

作业分析的主要目标是认识企业的作业过程，以便从中发现持续改善的机会及途径。分析和评价作业、改善作业和消除非增值作业构成了流程价值分析与管理的基本内容。改进流程首先要将每一份作业分为增值作业和非增值作业，明确增值成本和非增值成本，然后再进一步确定如何将非增值成本降至最小。

按照顾客价值的贡献，作业可以分为增值作业和非增值作业。

所谓增值作业，就是那些顾客认为可以增加其购买的产品或服务的有用性，有必要保留在企业中的作业。一项作业必须同时满足下列三个条件才可以断定为增值作业。

（1）作业导致了状态的改变。

（2）该状态的变化不能由其他作业来完成。

（3）该作业使其他作业得以进行。

例如，印刷厂的最后装订工序是先裁边再装订，那么裁边作业使所有纸张整齐划一，从而改变了原来的状态。这种状态之前的印刷或其他作业均不能实现该目的，而且只有裁边以后，才能进行后续的装订作业。裁边作业符合上述全部条件，因此为增值作业。增值作业又可分为高效作业和低效作业。增值成本即是那些以完美效率执行增值作业所发生的成本，或者说，是高效增值作业产生的成本。而那些增值作业中因为低效率所发生的成本则属于非增值成本。

非增值作业，是指即便消除也不会影响产品对顾客服务的潜能，不必要的或可消除的作业。如果一项作业不能同时满足增值作业的三个条件，就可断定其为非增值作业。例如检验作业，只能说明产品是否符合标准，而不能改变其形态，不符合第一个条件；次品返工作业是重复作业，在其之前的加工作业本就应提供符合标准的产品，因此也属于非增值作业。执行非增值作业发生的成本全部是非增值成本。持续改进和流程再造的目标就是寻找非增值作业，将非增值成本降至最低。

在区分了增值成本与非增值成本之后，企业要尽量消除或减少非增值成本，最大化利用增值作业，以减少不必要的耗费，提升经营效率。作业成本管理中进行成本节约的途径，主要有以下四种形式：

（1）作业消除。消除非增值作业或不必要的作业，降低非增值成本。

（2）作业选择。对所有能够达到同样目的的不同作业，选取其中最佳的方案。

（3）作业减少。以不断改进的方式降低作业消耗的资源或时间。

（4）作业共享。利用规模经济来提高增值作业的效率。

作业分析是流程价值分析的核心。通过对作业的分析研究，进而采取措施，消除非增值作业，改善低效作业，优化作业链，对于削减成本、提高效益具有非常重要的意义。

3. 作业业绩考核

实施作业成本管理，其目的在于找出并消除所有非增值作业，提高增值作业的效率，削减非增值成本。当利用作业成本计算系统识别出流程中的非增值作业及其成本动因后，就为业绩改善指明了方向。若要评价作业和流程的执行情况，必须建立业绩指标，可以是财务指标，也可以是非财务指标，以此来评价是否改善了流程。财务指标主要集中在增值成本和非增值成本上，可以提供增值与非增值报告以及作业成本趋势报告。而非财务指标主要体现在效率、质量和时间三个方面，如投入产出比、次品率和生产周期等。

本章小结

本章主要介绍了内部控制、财务控制、成本控制的有关概念和方法。主要内容包括：

（1）内部控制的概念以及内部控制的一般方法。内部控制，是指由企业董事会（或者由企业章程规定的经理、厂长办公会等类似的决策、治理机构，以下简称董事会）、管理层和全体员工共同实施的、旨在合理保证实现企业基本目标的一系列控制活动。内部控制的一般方法通常包括职责分工控制、授权控制、审核批准控制、预算控制、财产保护控制、会计系统控制、内部报告控制、经济活动分析控制、绩效考评控制、信息技术控制等。

（2）财务控制的意义与特征、财务控制与内部控制的关系、财务控制的方法。财务控制，是指根据企业财务目标，按照一定的程序与方法，确保企业及其内部机构和人员全面落实和实现财务预算的过程。财务控制的特征是：以价值形式为控制手段；以不同岗位、部门和层次的不同经济业务为综合控制对象；以控制日常现金流量为主要内容。财务控制是内部控制的一个重要组成部分，是内部控制的核心，是内部控制在资金和价值方面的体现。财务控制的方法是建立全方位的财务控制体系和多元的财务监控措施。

（3）成本中心、利润中心和投资中心及考核指标。成本中心是对成本或费用承担责任的责任中心，成本中心只对成本费用进行考核，考核指标包括成本（费用）变动额和变动率。利润中心是既对成本费用负责又对利润负责的责任中心，其考核指标是边际贡献总额，当利润中心计算共同成本或不可控成本时，考核指标包括边际贡献总额、利润中心负责人可控利润总额和利润中心可控利润总额。投资中心是指既对成本、收入和利润负责，又对投资效果负责的责任中心。投资中心除考核利润指标外还考核投资利润率和剩余收益。

（4）责任预算、责任报告和业绩考核。责任预算是指以责任中心为主体，以可控成本、收入、利润和投资等为对象编制的预算。责任报告是对各个责任中心执行责任预算情况的系统概括和总结。责任业绩考核是指以责任报告为依据，分析、评价和考核各责任中心责任预算实际执行情况的过程。

（5）内部转移价格、内部结算方式以及责任成本的内部结转。内部转移价格是指企业内部各责任中心之间进行内部结算和责任结转时所采用的价格标准。主要包括市场价格、协商价格、双重价格、成本价格等。内部结算可采用内部支票结算、转账通知单和内部货币结算等方式。责任成本的内部结转又称责任转账，是指在生产经营过程中，对于因不同原因造成的各种经济损失，由承担损失的责任中心对实际发生或发现损失的责任中心进行损失赔偿的账务处理过程。

（6）标准成本的含义、标准成本的制定以及标准成本法下成本差异的计算和分析。标准成本是指运用技术测定等方法制定的，在有效的经营条件下应该实现的成本，是根据产品的耗费标准和耗费的标准价格预先计算的产品成本。一般情况下，制定标准成本应参照正常的标准成本。成本差异是一定时期生产一定数量的产品所发生的实际成本与标准成本的差额。分析和计算成本差异时，通常采用用量差异和价格差异。

第十一章 财务分析

学习目标

本章主要讲授财务分析的概念及方法、财务指标分析、财务综合分析等内容。通过本章学习，要求如下：

1. 掌握财务分析的含义、内容及其局限性
2. 掌握财务分析方法的种类、含义、原理及应注意的问题
3. 掌握分析偿债能力、运营能力、获利能力和发展能力的指标与方法
4. 掌握杜邦财务分析体系的应用
5. 熟悉财务综合指标分析的含义及特点
6. 了解沃尔比重评分法的含义和基本原理

第一节　财务分析概述

一、财务分析的意义

财务分析是以企业的基本活动为对象，以财务报告及其他相关资料为主要依据，对企业的财务状况、经营成果和现金流量情况进行评价和剖析，反映企业在运营过程中的利弊得失和发展趋势，从而为改进企业财务管理工作和优化经济决策提供重要的财务信息。

财务分析是评价财务状况、衡量经营业绩的重要依据；是挖掘潜力、改进工作、实现理财目标的重要手段；是合理实施投资决策的重要步骤。

二、财务分析的内容

财务分析信息的需求者主要包括企业所有者、企业债权人、企业经营决策者和政府等。不同主体出于不同的利益考虑，对财务分析信息有着各自不同的要求。

企业所有者作为投资人，关心其资本的保值和增值状况，因此较为重视企业获利能力指标。

企业债权人因不能参与企业剩余收益分享，首先关注的是其投资的安全性，因此更重视企业偿债能力指标。主要进行企业偿债能力分析，同时也关注企业盈利能力分析。

企业经营决策者必须对企业经营理财的各个方面，包括运营能力、偿债能力、获利能力及发展能力的全部信息予以详尽的了解和掌握。

政府兼具多重身份，既是宏观经济管理者，又是国有企业的所有者和重要的市场参与者，因此政府对企业财务分析的关注点因所具身份不同而异。

总的来看，财务分析的基本内容包括偿债能力分析、运营能力分析、获利能力分析、发展能力分析和综合能力分析等五个方面。

三、财务分析的局限性

财务分析的局限性主要表现为资料来源的局限性、分析方法的局限性和分析指标的局限性。其中，资料来源的局限性包括数据缺乏可比性、缺乏可靠性和存在滞后性等。

四、财务分析的方法

开展财务分析，需要运用一定的方法。财务分析的方法主要包括趋势分析法、比率分析法和因素分析法。

（一）趋势分析法

趋势分析法，是通过对比两期或连续数期财务报告中的相同指标，确定其增减变动的方向、数额和幅度，来说明企业财务状况或经营成果的变动趋势的一种方法。

趋势分析法的具体运用主要有三种方式：一是重要财务指标的比较；二是会计报表的比较；三是会计报表项目构成的比较。

1. 重要财务指标比较

这是将不同时期财务报告中的相同指标或比率进行比较，直接观察其增减变动情况及变动幅度，考察其发展趋势，预测其发展前景。

对不同时期财务指标的比较，可以有以下两种方法：

（1）定基动态比率。定基动态比率，是以某一时期的数额为固定的基期数额而计算出来的动态比率。其计算公式如下：

$$定基动态比率 = \frac{分析期数额}{固定基期数额} \times 100\%$$

（2）环比动态比率。环比动态比率，是以每一分析期的前期数额为基期数额而计算出来的动态比率。其计算公式如下：

$$环比动态比率 = \frac{分析期数额}{前期数额} \times 100\%$$

2. 会计报表的比较

这是指将连续数期的会计报表的金额并列起来，比较其相同指标的增减变动金额和幅度，据以判断企业财务状况和经营成果发展变化的一种方法。会计报表的比较，具体包括资产负债表比较、利润表比较和现金流量表比较等。比较时，既要计算出表中有关项目增减变动的绝对额，又要计算出其增减变动的百分比。

3. 会计报表项目构成的比较

这种方法是在会计报表比较的基础上发展而来的，是以会计报表中的某个总体指标作为100%，再计算出其各组成项目占该总体指标的百分比，从而比较各个项目百分比的增减变动，以此来判断有关财务活动的变化趋势。这种方法比前述两种方法更能准确地分析企业财务活动的发展趋势，既可用于同一企业不同时期财务状况的纵向比较，又可用于不同企业之间的横向比较；同时能消除不同时期（不同企业）之间业务规模差异的影响，有利于分析企业的耗费水平和盈利水平。

但采用趋势分析法时，必须注意以下问题：第一，用于进行对比的各个时期的指标，在计算口径上必须一致；第二，剔除偶发性项目的影响，使作为分析的数据能反映正常的经营状况；第三，应运用例外原则，对某项有显著变动的指标作重点分析，研究其产生的原因，以便采取对策，趋利避害。

（二）比率分析法

比率分析法是通过计算各种比率指标来确定财务活动变动程度的分析方法。比率是相对数，采用这种方法，能够把某些条件下的不可比指标变为可比指标，以利于进行分析。

比率指标可以有不同的类型，主要有三类：一是构成比率；二是效率比率；三是相关比率。

1. 构成比率

构成比率又称结构比率，它是某项财务指标的各组成部分数值占总体数值的百分比，反映部分与总体的关系。例如，流动资产占资产总额的比率等。其计算公式为：

$$构成比率 = \frac{某个组成部分数值}{总体数值} \times 100\% \qquad （公式 11-1）$$

比如，企业资产中流动资产、固定资产和无形资产占资产总额的百分比（资产构成比率），企业负债中流动负债和长期负债占负债总额的百分比（负债构成比率）等。利用构成比率，可以考察总体中某个部分的形成和安排是否合理，以便协调各项财务活动。

2. 效率比率

效率比率是某项财务活动中所费与所得的比例，反映投入与产出的关系。利用效率比率指标，可以进行得失比较，考察经营成果，评价经济效益。比如，将利润项目与销售成本、销售收入、资本金等项目加以对比，可计算出成本利润率、销售利润率以及资本金利润率等利润率指标，可以从不同角度观察比较企业获利能力的高低及其增减变化情况。

一般而言，涉及利润的有关比率指标基本上均为效率比率，如营业利润率、成本费用利润率等。

3. 相关比率

相关比率是以某个项目和与其有关但又不同的项目加以对比所得的比率，反映有关经济活动的相互关系。利用相关比率指标，可以考察企业有联系的相关业务安排得是否合理，以保障运营活动顺畅进行。比如，将流动资产与流动负债加以对比，计算出流动比率，据以判断企业的短期偿债能力。

比率分析法的优点是计算简便，计算结果也比较容易判断，而且可以使某些指标在不同规模的企业之间进行比较，甚至也能在一定程度上超越行业间的差别进行比较。但采用比率分析法时应该注意以下几点：

（1）对比项目的相关性。计算比率的子项和母项必须具有相关性，把不相关的项目进行对比是没有意义的。在构成比率指标中，部分指标必须是总体指标这个大系统中的一个小系统；在效率比率指标中，投入和产出必须有因果关系；在相关比率指标中，两个对比指标也要有内在联系，才能评价有关经济活动之间是否协调均衡，安排是否合理。

（2）对比口径的一致性。计算比率子项和母项必须在计算时间、范围等方面保持口径一致。

（3）衡量标准的科学性。运用比率分析，需要选用一定的标准与之对比，以便对企业的财务状况进行评价。通常而言，科学合理的对比标准有：①预定目标，如预算指标、设计指标、定额指标、理论指标等；②历史标准，如上期实际、上年同期实际、历史先进水平以及有典型意义时期的实际水平等；③行业标准如主管部门或行业协会颁布的技术标准、国内外同类企业的先进水平、国内外同类企业的平均水平等；④公认标准。

（三）因素分析法

因素分析法是依据分析指标与其影响因素的关系，从数量上确定各因素对分析指标影响方向和影响程度的一种方法。采用这种方法的出发点在于，当有若干因素对分析指标发生影响作用时，假定其他各个因素都无变化，顺序确定每一个因素单独变化所产生的影响。

因素分析法具体有两种，一为连环替代法；二为差额分析法。

1. 连环替代法

连环替代法是将分析指标分解为各个可以计量的因素，并根据各个因素之间的依存关系，顺次用各因素的比较值（通常即实际值）替代基准值（通常即标准值或计划值），据以测定各因素对分析指标的影响。

【例11－1】某企业2010年6月某种原材料费用的实际数是66 000元，而其计划数是52 500元。实际比计划增加13 500元。用连环替代法分析产品产量、单位产品材料消耗用量和材料单价三个因素对材料费用总额的影响程度。

表11－1　　原材料费用的计划数与实际数

项目	单位	计划数	实际数
产品产量	件	1 000	1 200
单位产品材料消耗量	千克	10.5	10
材料单价	元	5	5.5
材料费用总额	元	52 500	66 000

根据表11－1中资料，材料费用总额实际数较计划数增加13 500元，运用连环替代法，可以计算各因素变动对材料费用总额的影响程度如下：

计划指标：1 000×10.5×5＝52 500（元）　①

第一次替代：1 200×10.5×5＝63 000（元）　②

第二次替代：1 200×10×5＝60 000（元）　③

实际指标：1 200×10×5.5＝66 000（元）　④

②－①＝63 000－52 500＝10 500（元）产量增加的影响

③－②＝60 000－63 000＝－3 000（元）材料节约的影响

④－③＝66 000－60 000＝6 000（元）价格提高的影响

10 500－3 000＋6 000＝13 500（元）全部因素的影响

2. 差额分析法

差额分析法是连环替代法的一种简化形式，它是利用各个因素的比较值与基准值之间的差额，来计算各因素对分析指标的影响。

【例11－2】仍以表12－1所列数据为例，可采用差额分析法计算确定各因素变动对材料费用的影响。

（1）由于产量增加对材料费用的影响为：

（1 200－1 000）×10.5×5＝10 500（元）

（2）由于材料消耗节约对材料费用的影响为：

1 200×（10－10.5）×5＝－3 000（元）

（3）由于价格提高对材料费用的影响为：

1 200×10×（5.5－5）＝13 500（元）

3. 因素分析法注意问题

因素分析法的优点是可以全面分析各因素对某一经济指标的影响，又可以单独分析某个因素对某一经济指标的影响，在财务分析中应用颇为广泛。但在应用这一方法时必须注意以下几个问题：

（1）因素分解的关联性。即确定构成经济指标的因素，必须是客观上存在着的因果关系，要能够反映形成该项指标差异的内在构成原因，否则就失去了其存在的价值。

（2）因素替代的顺序性。替代因素时，必须按照各因素的依存关系，排列成一定的顺序并依次替代，不可随意加以颠倒，否则就会得出不同的计算结果。一般而言，确定正确排列因素替代程序的原则是，按分析对象的性质，从诸因素相互依存关系出发，并使分析结果有助于分清责任。

（3）顺序替代的连环性。因素分析法在计算每一个因素变动的影响时，都是在前一次计算的基础上进行的，并采用连环比较的方法确定因素变化影响结果。因为只有保持计算程序上的连环性，才能使各个因素影响之和等于分析指标变动的差异，以全面说明分析指标变动的原因。

（4）计算结果的假定性。由于因素分析法计算的各因素变动的影响数，会因替代计算顺序的不同而有差别，因而计算结果不免带有假定性，即它不可能使每个因素计算的结果都达到绝对的准确。它只是在某种假定前提下的影响结果，离开了这种假定前提条件，也就不会是这种影响结果。为此，分析时应力求使这种假定是合乎逻辑的假定，是具有实际经济意义的假定。这样，计算结果的假定性，才不至于妨碍分析的有效性。

第二节　财务指标分析

总结和评价企业财务状况与经营成果的分析指标包括偿债能力指标、营运能力指标、盈利能力指标和发展能力指标。

为了便于说明财务指标的计算和分析方法，本章将使用江电股份有限公司的财务数据为例。该公司资产负债表和利润表如表 11 - 2、表 11 - 3 所示。

一、偿债能力指标

偿债能力是指企业偿还到期债务（包括本息）的能力。偿债能力指标包括短期偿债能力指标和长期偿债能力指标。

（一）短期偿债能力指标

短期偿债能力是指企业流动资产对流动负债及时足额偿还的保证程度，是衡量企业当前财务能力，特别是流动资产变现能力的重要标志。短期偿债能力的衡量指标主要有流动比率、速动比率、现金流动负债比率等。

1. 流动比率

流动比率是指流动资产与流动负债的比率，它表明企业每百元流动负债有多少流动资产作为偿还保证，反映企业用可在短期内转变为现金的流动资产偿还到期流动负债的能力。其计算公式为：

$$流动比率 = \frac{流动资产}{流动负债} \times 100\% \qquad （公式 11 - 2）$$

一般情况下，流动比率越高，反映企业短期偿债能力越强，债权人的权益越有保证。国际上通常认为，流动比率的下限为100%；而流动比率等于200%时较为适当，它表明企业财务状况稳定可靠，除了满足日常生产经营的流动资金需要外，还有足够的财力偿付到期短期债务。如果比率过低，则表示企业可能捉襟见肘，难以如期偿还债务。但是，流动比率也不可以过高，过高则表明企业流动资产占用较多，会影响资金的使用效率和企业的筹资成本，进而影响获利能力。究竟应保持多高水平的流动比率，主要视企业对待风险与收益的态度予以确定。

运用流动比率时，必须注意以下几个问题：

（1）虽然流动比率越高，企业偿还短期债务的流动资产保证程度越强，但这并不等于说企业已有足够的现金或存款用来偿债。原因在于流动资产的质量如何影响企业真实的偿债能力。比如，流动比率高，也可能是存货积压、应收账款增加且收款期延长以及待处理财产损失增加所致。而真正可用来偿债的现金和存款却严重短缺。所以，企业应在分析流动比率的基础上，进一步对现金流量加以考虑。

表 11－2　　资产负债表

编制单位：江电股份有限公司　　2009年12月31日　　单位：万元

资产	年末余额	年初余额	负债及股东权益	年末余额	年初余额
流动资产：			流动负债：		
货币资金	6 850	5 100	短期借款	20 200	18 200
交易性金融资产	4 800	9 300	应付账款	10 600	9 100
应收账款	9 100	8 600	预收账款	4 100	3 100
预付账款	15 600	10 450	其他应付款	800	800
存货	34 700	29 200	流动负债合计	35 700	31 200
其他流动资产	500	400	非流动负债：		
流动资产合计	71 550	63 050	长期借款	25 000	21 000
非流动资产：			非流动负债合计	25 000	21 000
持有至到期投资	3 000	3 000	负债合计	60 700	52 200
固定资产	101 000	91 000	股东权益：		
无形资产	4 350	4 100	实收资本（或股本）	75 000	75 000
非流动资产合计	108 350	98 100	盈余公积	15 000	15 000
			未分配利润	29 200	18 950
			股东权益合计	119 200	108 950
资产总计	179 900	161 150	负债及股东权益总计	179 900	161 150

表 11-3　　利润表

编制单位：江电股份有限公司　　2009 年度　　单位：万元

项　目	本年金额	上年金额
一、营业收入	162 500	147 500
减：营业成本	105 000	94 000
营业税金及附加	10 000	9 000
销售费用	11 000	9 750
管理费用	7 500	6 500
财务费用	2 250	1 950
加：投资收益	2 300	2 280
二、营业利润	29 050	28 580
加：营业外收入	11 130	3 150
减：营业外支出	4 250	4 000
三、利润总额	35 930	27 730
减：所得税费用	8 982.5	6 932.5
四、净利润	26 947.5	20 797.5

（2）从短期债权人的角度看，自然希望流动比率越高越好。但从企业经营角度看，过高的流动比率通常意味着企业闲置现金的持有量过多，必然造成企业机会成本的增加和获利能力的降低。因此，企业应尽可能将流动比率维持在不使货币资金闲置的水平。

（3）流动比率是否合理，不同企业以及同一企业不同时期的评价标准是不同的。因此，不应用统一的标准来评价各企业流动比率合理与否。

（4）应剔除一些虚假因素的影响。

【例 11-3】根据表 11-2 资料，该公司 2009 年的流动比率计算如下：

$$\text{年初流动比率} = \frac{63\,050}{31\,200} \times 100\% = 202.08\%$$

$$\text{年末流动比率} = \frac{71\,550}{35\,700} \times 100\% = 200.42\%$$

该公司 2009 年年初和年末流动比率都超过 200%，表明该公司具有较强的短期偿债能力。

2. 速动比率

速动比率是指企业速动资产与流动负债的比率，它假设速动资产是可以用于偿债的资产，表明每百元流动负债有多少速动资产作为偿还保障。所谓速动资产，是指可以在较短时间内变现的资产，包括货币资金、交易性金融资产和各种应收、预付款项等。另外的流动资产，包括存货、待摊费用、一年内到期的非流动资产及其他流动资产等，称为非速动资产。由于剔除了存货等变现能力较弱且不稳定的资产，因此，速动比率较之流动比率能够更加准确、可靠地评价企业资产的流动性及其偿还短期负债的能力。其计算公式为：

$$速动比率 = \frac{速动资产}{流动负债} \times 100\% \qquad （公式 11-3）$$

$$速动资产 = 货币资金 + 交易性金融资产 + 应收账款 + 应收票据$$
$$= 流动资产 - 存货 - 预付账款 - 一年内到期的非流动资产 - 其他流动资产$$

一般情况下，速动比率越高，表明企业偿还流动负债的能力越强。国际上通常认为，速动比率等于 100% 时较为适当。如果速动比率小于 100%，必使企业面临很大的偿债风险；如果速动比率大于 100%，尽管债务偿还的安全性很高，但却会因企业现金及应收账款资金占用过多而大大增加企业的机会成本。

影响速动比率可信性的重要因素是应收账款的变现能力。账面上的应收账款不一定都能变成现金，实际坏账可能比计提的准备要多；季节性的变化可能使报表上的应收账款数额不能反映平均水平。这些情况，外部分析人不易了解，而内部人员却有可能作出估计。

【例 11-4】根据表 11-2 资料，该公司 2009 年的速动比率如下：

$$年初速动比率 = \frac{5\,100 + 9\,300 + 8\,600 + 10\,450}{31\,200} \times 100\% = 107.21\%$$

$$年末速动比率 = \frac{6\,850 + 4\,800 + 9\,100 + 15\,600}{35\,700} \times 100\% = 101.82\%$$

该公司 2009 年年初和年末速动比率都超过 100%，表明该公司具有较强的短期偿债能力。

在分析时需注意的是，尽管速动比率较之流动比率更能反映出流动负债偿还的安全性和稳定性，但并不能认为速动比率较低的企业的流动负债到期绝对不能偿还。实际上，如果企业存货流转顺畅，变现能力较强，即使速动比率较低，只要流动比率高，企业仍然有望偿还到期的债务本息。

3. 现金流动负债比率

现金流动负债比率是指企业一定时期的经营现金净流量与流动负债的比率，表明每 1 元流动负债的经营现金流量保障程度，它可以从现金流量角度来反映企业当期偿付短期负债的能力。其计算公式为：

$$现金流动负债比率 = \frac{年经营现金净流量}{年末流动负债} \times 100\% \qquad （公式 11-4）$$

公式中的“年经营现金净流量”，通常使用现金流量表中的“经营活动产生的现金流量净额”。它代表了企业产生现金的能力，已经扣除了经营活动自身所需的现金流出，是可以用来偿债的现金流量。

现金流动负债比率从现金流入和流出的动态角度对企业的实际偿债能力进行考察。由于有利润的年份不一定有足够的现金（含现金等价物）来偿还债务，所以利用以收付实现制为基础计量的现金流动负债比率指标，能充分体现企业经营活动所产生的现金净流量可以在多大程度上保证当期流动负债的偿还，直观地反映出企业偿还流动负债的实际能力。用该指标评价企业偿债能力更加谨慎。该指标越大，表明企业经营活动产生的现金净流量越多，越能保障企业按期偿还到期债务，但也并不是越大越好，该指标过大则表明企业流动资金利用不充分，盈利能力不强。

【例11－5】根据表11－2资料，并假设2008年度和2009年度的经营现金净流量为30 000和40 000万元，该公司2008年度和2009年度的现金流动负债比率如下：

$$2008\text{年度现金流动负债比率}=\frac{30\ 000}{31\ 200}\times 100\%=96.15\%$$

$$2009\text{年度现金流动负债比率}=\frac{40\ 000}{35\ 700}\times 100\%=120.45\%$$

该公司2009年度的现金流动负债比率与2008年度的相比有明显提高，表明公司流动负债的经营现金流量保障程度有所提高。

（二）长期偿债能力指标

长期偿债能力，指企业偿还长期负债的能力。衡量长期偿债能力的指标主要有资产负债率、产权比率、权益乘数、已获利息倍数和带息负债比率等。

1. 资产负债率

资产负债率又称负债比率，指企业负债总额与资产总额的比率。它表明企业资产总额中，债权人提供资金所占的比重以及企业资产对债权人权益的保障程度。其计算公式为：

$$\text{资产负债率}=\frac{\text{负债总额}}{\text{资产总额}}\times 100\% \qquad (\text{公式}11-5)$$

一般情况下，资产负债率越小，表明企业长期偿债能力越强。但是，也并非说该指标对谁都是越小越好。从债权人来说，该指标越小越好，这样企业偿债越有保证。从企业所有者来说，如果该指标较大，说明利用较少的自有资本投资形成了较多的生产经营用资产，不仅扩大了生产经营规模，而且在经营状况良好的情况下，还可以利用财务杠杆的原理，得到较多的投资利润；如果该指标过小则表明企业对财务杠杆利用不够。但资产负债率过大，则表明企业的债务负担重，企业资金实力不强，不仅对债权人不利，而且企业有濒临倒闭的危险。此外，企业的长期偿债能力与盈利能力密切相关，因此企业的经营决策者应当将偿债能力指标（风险）与盈利能力指标（收益）结合起来分析，予以平衡考虑。保守的观点认为资产负债率不应高于50%，而国际上通常认为资产负债等于60%时较为适当。

【例11－6】根据表11－2资料，该公司2009年的资产负债率如下：

$$\text{年初资产负债率}=\frac{52\ 200}{161\ 150}=32.39\%$$

$$年末资产负债率 = \frac{60\ 700}{179\ 900} = 33.74\%$$

该公司资产负债率小于50%，说明偿债能力较强。

2. 产权比率和权益乘数

产权比率和权益乘数是资产负债率的另外两种表现形式，它和资产负债率的性质一样。产权比率表明1元股东权益借入的债务数额。权益乘数表明1元股东权益拥有的总资产。它们是两种常用的财务杠杆计量，可以反映特定情况下总资产净利率和净资产收益率之间的倍数关系。财务杠杆表明债务的多少，与偿债能力有关，并且可以表明净资产收益率的风险，也与盈利能力有关。其计算公式为：

$$产权比率 = \frac{负债总额}{所有者权益总额} \times 100\% \qquad （公式11-6）$$

$$权益乘数 = \frac{资产总额}{股东权益} = 1 + 产权比率 = \frac{1}{1-资产负债率} \qquad （公式11-7）$$

一般情况下，产权比率越低，表明企业的长期偿债能力越强，债权人权益的保障程度越高，承担的风险越小，但企业不能充分地发挥负债的财务杠杆效应。所以，企业在评价产权比率适度与否时，应从提高获利能力与增强偿债能力两个方面综合进行，即在保障债务偿还安全的前提下，应尽可能提高产权比率。权益乘数越大，表明所有者投入企业的资本占全部资产的比重越大，企业的负债程度越低，债权人权益受保护的程度也越高。

【例11-7】根据表11-2资料，该公司2009年的产权比率和权益乘数如下：

$$年初产权比率 = \frac{52\ 200}{108\ 950} = 47.91\%$$

$$年末产权比率 = \frac{60\ 700}{119\ 200} = 50.92\%$$

$$年初权益乘数 = \frac{161\ 150}{108\ 950} = 1.48$$

$$年末权益乘数 = \frac{179\ 900}{119\ 200} = 1.51$$

该公司2009年资产负债率和产权比率都不高，同资产负债率的计算结果可以相互印证，表明该公司长期偿债能力较强，债权人的保障程度较高。

3. 已获利息倍数

已获利息倍数是指企业一定时期息税前利润为利息费用的倍数，反映了获利能力对债务偿付的保证程度。其计算公式为：

$$已获利息倍数 = \frac{息税前利润总额}{利息支出} \qquad （公式11-8）$$

其中：息税前利润总额 = 利润总额 + 利息支出

= 净利润 + 所得税 + 利息支出 （公式11-9）

通常，可以用财务费用的数额作为利息支出，也可以根据报表附注资料确定更准确的利息费用数额。

已获利息倍数不仅反映了企业获利能力的大小，而且反映了获利能力对偿还到期债务的保证程度，它既是企业举债经营的前提依据，也是衡量企业长期偿债能力大小的重要标志。一般情况下，已获利息倍数越高，表明企业长期偿债能力越强。国际上通常认为，该指标为3时较为适当。从长期来看，若要维持正常偿债能力，利息保障倍数至少应当大于1，如果利息保障倍数过小，企业将面临亏损以及偿债的安全性与稳定性下降的风险。究竟企业已获利息倍数应是多少，才算偿付能力强，这要根据往年经验结合行业特点来判断。

【例11－8】根据表11－3资料，同时假定表中财务费用全部为利息支出，该公司2008年度和2009年度的已获利息倍数如下：

$$2008\text{年度的已获利息倍数} = \frac{4\,660 + 390}{390} = 13$$

$$2009\text{年度的已获利息倍数} = \frac{4\,760 + 450}{450} = 12$$

从以上的计算结果来看，该公司2008年度和2009年度的已获利息倍数都较高，有较强的偿付负债利息的能力。

4. 或有负债比率

或有负债比率是指企业或有负债总额与股东权益总额的比率，反映企业股东权益应对可能发生的或有负债的保障程度。其计算公式为：

$$\text{或有负债比率} = \frac{\text{或有负债余额}}{\text{所有者权益总额}} \times 100\% \qquad \text{（公式11－10）}$$

其中，或有负债余额＝已贴现商业承兑汇票金额＋对外担保金额＋未决诉讼、未决仲裁金额（除贴现与担保引起的诉讼或仲裁）＋其他或有负债金额

一般情况下，或有负债比率越低，表明企业的长期偿债能力越强，股东权益应对或有负债的保障程度越高；或有负债比率越高，表明企业承担的相关风险越大。

【例11－9】根据表11－2资料，并假设2009年年初和年末的或有事项只有对外提供债务担保，担保金额分别为1 500万元和1 200万元（或有负债的有关信息可以从财务报表附注中获得），江电股份有限公司2009年的或有负债比率如下：

$$\text{年初或有负债比率} = \frac{1\,500}{108\,950} = \times 100\% = 1.38\%$$

$$\text{年末或有负债比率} = \frac{1\,200}{119\,200} = \times 100\% = 1.01\%$$

江电股份有限公司年末或有负债比率与年初的相比有所降低，说明公司应对或有负债可能引起的连带偿还等风险的能力增强。

5. 带息负债比率

带息负债比率是指企业某一时点的带息负债金额与负债总额的比率，反映企业负债中带息负债的比重，在一定程度上体现了企业未来的偿债（尤其是偿还利

息）压力。其计算公式为：

$$带息负债比率 = \frac{带息负债总额}{负债总额} \times 100\% \qquad （公式 11-11）$$

带息负债总额 = 短期借款 + 一年内到期的长期负债 + 长期借款 + 应付债券 + 应付利息

一般情况下，带息负债比率越低，表明企业的偿债压力越低，尤其是偿还债务利息的压力越低；带息负债比率越高，表明企业承担的偿债风险和偿还利息的风险较大。

【例 11-10】根据表 11-3 资料，并假设 2009 年初和年末的短期借款和长期借款均为带息负债，该公司 2009 年的带息负债比率如下：

$$年初带息负债比率 = \frac{18\,200 + 21\,000}{52\,200} \times 100\% = 75.10\%$$

$$年末带息负债比率 = \frac{20\,200 + 25\,000}{60\,700} \times 100\% = 74.46\%$$

江电股份有限公司年末带息负债比率与年初的相比略低，但带息负债占负债总额的比重较大，表明公司承担了较大的偿还债务及其利息的压力。

二、运营能力指标

企业拥有或控制的生产资料表现为各项资产占用。因此，生产资料的营运能力实际上就是企业的总资产及其各个组成要素的营运能力。资产营运能力的强弱关键取决于资产的周转速度。一般说来，周转速度越快，资产的使用效率越高，则资产营运能力越强；反之，营运能力就越差。资产周转速度通常用周转率和周转期表示。所谓周转率，即企业在一定时期内资产的周转额与平均余额的比率，它反映企业资产在一定时期的周转次数。周转次数越多，表明周转速度越快，资产营运能力越强。这一指标的反指标是周转天数，它是周转次数的倒数与计算期天数的乘积，反映资产周转一次所需要的天数。周转天数越少，表明周转速度越快，资产营运能力越强。两者的计算公式分别为：

$$周转率（周转次数）= \frac{周转额}{资产平均余额} \qquad （公式 11-12）$$

$$周转期（周转天数）= \frac{计算期天数}{周转次数} = \frac{资产平均余额}{周转额 \div 计算期天数} \qquad （公式 11-13）$$

具体地说，营运能力分析包括流动资产周转情况分析、非流动资产周转情况分析以及总资产周转情况分析。

（一）流动资产周转情况分析

反映流动资产周转情况的指标主要有应收账款周转率、存货周转率和流动资产周转率。

1. 应收账款周转率

应收账款周转率是企业一定时期内营业收入与平均应收账款余额的比率，是反映应收账款周转速度的指标。其计算公式为：

$$\text{应收账款周转率(周转次数)} = \frac{\text{营业收入}}{\text{平均应收账款余额}} \quad \text{(公式 11 - 14)}$$

$$\text{应收账款周转期(周转天数)} = \frac{360}{\text{周转次数}} = \frac{\text{平均应收账款余额} \times 360}{\text{营业收入}}$$

(公式 11 - 15)

$$\text{应收账款平均余额} = \frac{\text{应收账款余额年初数} + \text{应收账款余额年末数}}{2} \quad \text{(公式 11 - 16)}$$

应收账款周转率反映了企业应收账款变现速度的快慢及管理效率的高低，周转率高表明：①收账迅速，账龄较短；②资产流动性强，短期偿债能力强；③可以减少收账费用和坏账损失，从而相对增加企业流动资产的投资收益。同时借助应收账款周转期与企业信用期限的比较，还可以评价购买单位的信用程度以及企业原订的信用条件是否适当。

在计算和使用应收账款周转率时应注意以下问题：

第一，公式中的应收账款包括会计核算中“应收账款”和“应收票据”等全部赊销账款在内；

第二，如果应收账款余额的波动性较大，应尽可能使用更详尽的计算资料，如按每月的应收账款余额来计算其平均占用额；

第三，分子、分母的数据应注意时间的对应性。

【例 11 - 11】根据表 11 - 2 和表 11 - 3 资料，并假设 2007 年年末的应收账款余额为 8 000 万元，该公司 2008 年度和 2009 年度应收账款周转率的计算如表 11 - 4所示。

表 11 - 4　　应收账款周转率计算表　　单位：万元

项　目	2007 年	2008 年	2009 年
营业收入		147 500	162 500
应收账款年末余额	8 000	8 600	9 100
平均应收账款余额		8 300	8 850
应收账款周转率/次		17.77	18.36
应收账款周转期/天		20.26	19.6

江电股份有限公司 2009 年度应收账款周转率比 2008 年度有所提高，周转天数缩短了 0.66 天，说明公司的营运能力有所提高。

2. 存货周转率

存货周转率是企业一定时期内营业成本与平均存货余额的比率，是反映企业流动资产流动性的一个指标，也是衡量企业生产经营各环节中存货运营效率的一个综合性指标。其计算公式为：

$$\text{存货周转率(周转次数)} = \frac{\text{营业成本}}{\text{平均存货余额}}$$

$$\text{平均存货余额} = \frac{360}{\text{周转次数}} = \frac{\text{平均存货余额} \times 360}{\text{营业成本}} \quad \text{（公式 11－17）}$$

$$\text{平均存货余额} = \frac{\text{存货余额年初数} + \text{存货余额年末数}}{2} \quad \text{（公式 11－18）}$$

存货周转速度的快慢，不仅反映出企业采购、储存、生产、销售各环节管理工作状况的好坏，而且对企业的偿债能力及获利能力产生决定性的影响。一般来讲，存货周转率越高越好，存货周转率越高，表明其变现的速度越快、周转额越大，资金占用水平越低。因此，通过存货周转分析，有利于找出存货管理存在的问题，尽可能降低资金占用水平。存货既不能储存过少，否则可能造成生产中断或销售紧张；又不能储存过多，形成呆滞、积压。一定要保持结构合理、质量可靠。其次，存货是流动资产的重要组成部分，其质量和流动性对企业流动比率具有举足轻重的影响，并进而影响企业的短期偿债能力。因此，一定要加强存货的管理，并提高其投资的变现能力和盈利能力。

在计算和使用存货周转率时应注意以下几个问题：

（1）存货计价方法对存货周转率具有较大影响，因此，在分析企业不同时期或不同企业的存货周转率时，应注意存货计价方法的口径是否一致。

（2）分子、分母的数据应注意时间上的应对性。

（3）存货周转天数不是越低越好。存货过多会浪费资金，存货过少不能满足流转需要，在特定的生产经营条件下存在一个最佳的存货水平，所以存货不是越低越好。

（4）应注意应付款项、存货和应收款（或销售）之间的关系。一般来说，销售增加会拉动应收账款、存货、应付账款增加，不会引起周转率的明显变化。但是，当企业接受一个大的订单时，先要增加采购，然后依次推动存货和应收账款增加，最后才引起收入上升。因此，在该订单没有实现销售以前，先表现为存货等周转天数增加。这种周转天数增加，没有什么不好。与此相反，预见到销售会萎缩时，先行减少采购，依次引起存货周转天数等下降。这种周转天数下降不是什么好事，并非资产管理的改善。因此，任何财务分析都以认识经营活动的本来面目为目的，不可根据数据的高低作简单结论。

（5）应关注构成存货的产成品、自制半成品、原材料、在产品和低值易耗品之间的比例关系。各类存货的明细资料以及存货重大变动的解释，在报表附注中应有披露。正常情况下，它们之间存在某种比例关系。如果产成品大量增加，其他项目减少，很可能是销售不畅，放慢了生产节奏。此时，总的存货金额可能并没有显著变动，甚至尚未引起存货周转率的显著变化。因此，在分析时既要重点关注变化大的项目，也不能完全忽视变化不大的项目，其内部可能隐藏着重要问题。

【例 11－12】根据表 11－2 和表 11－3 资料，并假设 2007 年年末的存货余额为 29 000 万元，该公司 2008 年度和 2009 年度存货周转率的计算如表 11－5 所示。

表 11－5　　　　存货周转率计算表　　　　单位：万元

项　目	2007 年	2008 年	2009 年
营业成本		94 000	105 000
存货年末余额	29 000	29 200	34 700
平均存货余额		29 100	31 950
存货周转率/次		3.23	3.29
存货周转期/天		111.46	109.42

江电股份有限公司 2009 年度存货周转率比 2008 年度的相比有所提高，周转天数缩短了 2.04 天，说明公司存货管理效率得到了提高。

3. 流动资产周转率

流动资产周转率是企业一定时期内营业收入与平均流动资产余额的比率，也是反映企业流动资产流动性的一个指标。其计算公式为：

$$流动资产周转率(周转次数)=\frac{营业收入}{平均流动资产余额} \quad (公式\ 11-19)$$

$$流动资产周转期(周转天数)=\frac{360}{流动资产周转次数}=\frac{平均流动资产余额\times 365}{营业收入} \quad (公式\ 11-20)$$

$$平均流动资产余额=\frac{流动资产余额年初数+流动资产余额年末数}{2} \quad (公式\ 11-21)$$

在一定时期内，流动资产周转次数越多，表明以相同的流动资产完成的周转额越多，流动资产利用效果越好。从流动资产周转天数来看，周转一次所需要的天数越少，表明流动资产在经历生产和销售各阶段时所占用的时间越短。生产经营任何一个环节上的工作改善，都会反映到周转天数的缩短上来。

【例 11－13】根据表 11－2 和表 11－3 资料，并假设 2007 年年末的流动资产余额为 60 000 万元，该公司 2008 年度和 2009 年度流动资产周转率的计算如表 11－6所示。

表 11－6　　　　流动资产周转率计算表　　　　单位：万元

项　目	2007 年	2008 年	2009 年
营业收入		147 500	162 500
流动资产年末余额	60 000	63 050	71 550
平均流动资产余额		61 525	67 300
流动资产周转率/次		2.4	2.41
流动资产周转期/天		150	149.38

江电股份有限公司2009年度流动资产周转率比2008年度有所上升，周转天数缩短了0.62天，流动资金占用略有减少。

（二）非流动资产周转情况分析

1. 固定资产周转情况

固定资产周转率是企业一定时期内营业收入与平均固定资产净值的比率。其计算公式为：

$$\text{固定资产周转率(周转次数)} = \frac{\text{营业收入}}{\text{平均固定资产净值}} \quad \text{（公式 11－22）}$$

$$\text{固定资产周转期(周转天数)} = \frac{\text{平均固定资产净值}}{\text{营业收入} \div 360} \quad \text{（公式 11－23）}$$

$$\text{平均固定资产净值} = \frac{\text{固定资产净值年初数} + \text{固定资产净值年末数}}{2} \quad \text{（公式 11－24）}$$

需要说明的是，与固定资产有关的价值指标有固定资产原价、固定资产净值和固定资产净额等。其中，固定资产原价是指固定资产的历史成本。固定资产净值为固定资产原价扣除已计提的累积折旧后的金额（即，固定资产净值＝固定资产原价－累计折旧）。固定资产净额则是固定资产原价扣除已计提的累计折旧以及已计提的减值准备后的余额（即，固定资产净额＝固定资产原价－累计折旧－已计提减值准备）。

一般情况下，固定资产周转率越高，表明企业固定资产利用充分，同时也能表明企业固定资产投资得当，固定资产结构合理，能够充分发挥效率。反之，如果固定资产周转率不高，则表明固定资产使用效率不高，提供的生产成果不多，企业的营运能力不强。

运用固定资产周转率时，需要考虑固定资产因计提折旧的影响其净值在不断地减少以及因更新重置其净值突然增加的影响。同时，由于折旧方法的不同，可能影响其可比性。故在分析时，一定要剔除掉这些不可比因素。

【例11－14】根据表11－2和表11－3资料，并假设表11－7中的固定资产金额均为固定资产净值（未计提固定资产减值准备），2007年年末的固定资产净值为90 000万元，该公司2008年度和2009年度固定资产周转率的计算如表11－7所示。

表11－7　　固定资产周转率计算表　　单位：万元

项　目	2007年	2008年	2009年
营业收入		147 500	162 500
固定资产年末余额	90 000	91 000	101 000
平均固定资产净值		90 500	96 000
固定资产周转率/次		1.63	1.69
固定资产周转期/天		220.86	213.02

江电股份有限公司2009年度固定资产周转率比2008年度有所提高，周转天数缩短了7.84天，说明公司固定资产的营运能力有所提高，其原因主要是平均固定资产净值的增长幅度（6.08%）小于营业收入的增长幅度（10.17%）。

2. 非流动资产周转率

非流动资产周转率是企业一定时期内营业收入与平均非流动资产余额的比率。其计算公式为：

$$非流动资产周转率(周转次数)=\frac{营业收入}{平均非流动资产余额} \quad （公式11-25）$$

$$非流动资产周转期(周转天数)=\frac{平均非流动资产余额}{营业收入\div 360} \quad （公式11-26）$$

$$平均非流动资产余额=\frac{非流动资产年初数+非流动资产年末数}{2} \quad （公式11-27）$$

非流动资产周转率反映非流动资产的管理效率。分析时主要针对投资预算和项目管理，分析投资与其竞争战略是否一致，收购和剥离政策是否合理等。

【例11-15】根据表11-2和表11-3资料，并假设2007年年末的非流动资产余额为92 000万元，该公司2008年度和2009年度非流动资产周转率的计算如表11-8所示。

表11-8　　非流动资产周转率计算表　　单位：万元

项　目	2007年	2008年	2009年
营业收入		147 500	162 500
非流动资产年末余额	92 000	98 100	108 350
平均非流动资产余额		95 050	103 225
非流动资产周转率/次		1.55	1.57
非流动资产周转期/天		232.26	229.30

江电股份有限公司2009年度非流动资产周转率比2008年度略有上升，周转天数缩短了2.96天，说明公司非流动资产的营运能力略有提高，其原因主要是固定资产净值的增加幅度低于营业收入增加幅度，表明公司营运能力有所提高。

（三）总资产周转情况分析

反映总资产周转情况的主要指标是总资产周转率，它是企业一定时期内营业收入与平均资产总额的比率，可以用来反映企业全部资产的利用效率。

1. 总资产周转率的计算

总资产周转率的计算公式为：

$$总资产周转率(周转次数)=\frac{营业收入}{平均资产总额} \quad （公式11-28）$$

$$总资产周转期(周转天数)=\frac{平均资产总额}{营业收入\div 360} \quad （公式11-29）$$

$$平均资产总额=\frac{资产总额年初数+资产总额年末数}{2} \quad (公式11-30)$$

总资产周转率越高，表明企业全部资产的使用效率越高；反之，如果该指标较低，则说明企业利用全部资产进行经营的效率较差，最终会影响企业的盈利能力。企业应采取各项措施来提高企业的资产利用程度，比如提高营业收入或处理多余的资产。

【例11－16】根据表11－2和表11－3资料，并根据前文假设的该公司2007年年末流动资产总额60 000万元和非流动资产总额92 000万元，那么总资产就为152 000万元，该公司2008年度和2009年度总资产周转率的计算如表11－9所示。

表11－9　　　　总资产周转率计算表　　　　单位：万元

项　目	2007年	2008年	2009年
营业收入		147 500	162 500
资产年末总额	152 000	161 150	179 900
平均资产总额		156 575	170 525
总资产周转率/次		0.94	0.95
总资产周转期/天		382.98	378.95

2. 总资产周转率的驱动因素

总资产是由各项资产组成的，在营业收入既定的条件下，总资产周转率的驱动因素是流动资产和非流动资产。表11－10列示了ABC公司资产的周转率变动。

表11－10　　　　ABC公司资产的周转率　　　　单位：万元

资　产	金额			平均资产与收入比		资产周转天数	
	2007年	2008年	2009年	2008年	2009年	2008年	2009年
流动资产合计	60 000	63 050	71 550	0.417	0.4142	150	149.38
非流动资产合计	92 000	98 100	108 350	0.644	0.635	232.26	229.30
资产总计	152 000	161 150	179 900	1.062	1.049	382.98	378.95

江电股份有限公司2009年度的总资产周转期比2008年度有所缩短，周转天数缩短了4.03天，说明公司的营运能力有所提高，其原因主要是平均非流动资产余额的增长幅度低于营业收入的增长幅度。

（四）其他资产质量指标

不良资产比率和资产现金回收率等指标也能够反映资产的质量状况和资产的利用效率，从而在一定程度上体现生产资料的营运能力。其计算公式分别为：

$$不良资产比率 = \frac{资产减值准备余额 + 应提未提和应摊未摊的潜亏挂账 + 未处理资产损失}{资产总额 + 资产减值准备余额} \times 100\%$$

（公式 11－31）

$$资产现金回收率 = \frac{经营现金净流量}{平均资产总额} \times 100\%$$ （公式 11－32）

需要说明的是，在上述指标的计算中均以年度作为计算期，在实际中，计算期应视分析的需要而定，但应保持分子与分母在时间口径上的一致。如果资金占用的波动性较大，企业应采用更详细的资料进行计算。如果各期占用额比较稳定，波动不大，季度、年度的平均资金占用额也可以直接用（期初数＋期末数）/2 的公式来计算。

三、盈利能力指标

盈利能力就是企业资金增值的能力，它通常体现为企业收益数额的大小与水平的高低。盈利能力分析包括经营盈利能力分析、资产盈利能力分析、资本盈利能力分析和收益质量分析。

（一）经营盈利能力分析

经营盈利能力分析是指通过对企业生产过程中的产出、耗费和利润之间的比例关系，来研究和评价企业获利能力，其衡量指标主要有营业毛利率、营业利润率、营业净利率和成本费用利润率等。

1. 营业毛利率

营业毛利率是指企业一定时期毛利与营业收入的比率，表示 1 元营业收入扣除营业成本后，有多少钱可以用于各项期间费用和形成盈利。其计算公式为：

$$营业毛利率 = \frac{营业收入 - 营业成本}{营业收入} \times 100\%$$ （公式 11－33）

【例 11－17】根据表 11－3 资料，该公司 2008 年度和 2009 年度的营业毛利率如下：

$$2008\ 年度营业毛利率 = \frac{147\ 500 - 94\ 000}{147\ 500} \times 100\% = 36.27\%$$

$$2009\ 年度营业毛利率 = \frac{162\ 500 - 105\ 000}{162\ 500} \times 100\% = 35.38\%$$

江电股份有限公司 2009 年度营业毛利率与 2008 年度的相比略有下降，其原因主要是营业收入增长率（10.17%）略低于营业成本的增长率（11.7%）。

2. 营业利润率

营业利润率是指企业一定时期营业利润与营业收入的比率。其计算公式为：

$$营业利润率 = \frac{营业利润}{营业收入} \times 100\%$$ （公式 11－34）

营业利润率越高，表明企业市场竞争力越强，发展潜力越大，从而盈利能力更强。

【例 11－18】根据表 11－3 资料，该公司 2008 年度和 2009 年度的营业利润率如下：

$$2008\text{年度营业利润率}=\frac{28\ 580}{147\ 500}\times 100\%=19.37\%$$

$$2009\text{年度营业利润率}=\frac{29\ 050}{162\ 500}\times 100\%=17.88\%$$

江电股份有限公司 2009 年度营业利润率与 2008 年度的相比略有下降，其原因主要是 2009 年度成本费用的增加，由于下降幅度不大，可见公司的经营方向和产品结构仍符合现有市场需要。

3. 营业净利率

（1）营业净利率是指企业一定时期净利润与营业收入的比率，反映 1 元营业收入可以获得的净利润。其计算公式为：

$$\text{营业净利率}=\frac{\text{净利润}}{\text{营业收入}}\times 100\% \qquad \text{（公式 11－35）}$$

营业净利率越大，则企业的盈利能力越强。

【例 11－19】根据表 11－3 资料，该公司 2008 年度和 2009 年度的营业净利率如下：

$$2008\text{年度营业净利率}=\frac{20\ 797.5}{147\ 500}\times 100\%=14.1\%$$

$$2009\text{年度营业净利率}=\frac{26\ 947.5}{162\ 500}\times 100\%=16.58\%$$

（2）营业净利率的驱动因素。营业净利率的变动是由利润表的各个项目金额变动引起的。表 11－11 列示了江电股份有限公司利润表各项目的金额变动和结构变动数据。其中“本年结构”和“上年结构”，是各项目除以营业收入得出的百分比，“百分比变动”是指“本年结构”百分比与“上年结构”百分比的差额。该表称为利润表的同型报表，它排除了规模差异的影响，提高了数据的可比性。

表 11－11　　利润表结构百分比变动　　单位：万元

项目	上年金额	本年金额	变动金额	上年结构	本年结构	百分比变动
一、营业收入	147 500	162 500	15 000	100.00%	100.00%	0.00%
减：营业成本	94 000	105 000	11 000	63.73%	64.62%	0.89%
营业税金及附加	9 000	10 000	19 000	6.10%	6.15%	0.05%
销售费用	9 750	11 000	1 250	6.61%	6.77%	0.16%
管理费用	6 500	7 500	1 000	4.41%	4.62%	0.21%
财务费用	1 950	2 250	300	1.32%	1.38%	0.06%
投资收益	2 280	2 300	20	1.55%	1.42%	-0.13%

续表

项目	上年金额	本年金额	变动金额	上年结构	本年结构	百分比变动
二、营业利润	28 580	29 050	470	19.38%	17.88%	-1.50%
加：营业外收入	3 150	11 130	7 980	2.14%	6.85%	4.71%
减：营业外支出	4 000	4 250	250	2.71%	2.62%	-0.10%
三、利润总额	27 730	35 930	8 200	18.80%	22.11%	3.31%
减：所得税	6 932.5	8 982.5	2 050	4.70%	5.53%	0.83%
四、净利润	20 797.5	26 947.5	6 150	14.10%	16.58%	2.48%

①金额变动分析：2009 年度净利润增加了 6 150 万元。影响较大的因素主要有：营业收入增加 15 000 万元，营业外收入增加 7 980 万元；影响较大的不利因素主要有：营业成本增加 11 000 万元，营业税金及附加增加 19 000 万元。

②结构比率分析：营业净利率增加 2.48%，影响较大的有利因素是营业外收入率上升 4.71%，不利因素主要是营业成本率上升 0.89% 以及管理费用率上升 0.21%。

（3）利润表各项目分析。确定分析的重点项目之后，需要深入到各项目的内容进一步分析。此时，需要依靠财务报表附注提供的资料，以及其他可以收集到的资料。

4. 成本费用利润率

该指标是指企业一定时期利润总额与成本费用总额的比率，其计算公式为：

$$成本费用利润率=\frac{利润总额}{成本费用总额}\times 100\% \quad （公式 11-36）$$

其中，成本费用总额 = 营业成本 + 营业税金及附加 + 销售费用 + 管理费用 + 财务费用

该指标越高，表明企业为取得利润而付出的代价越小，成本费用控制得越好，盈利能力越强。

成本费用的计算口径也可以分为不同的层次，比如主营业务成本、营业成本等。在评价成本费用开支效果时，应当注意成本费用与利润之间在计算层次和口径上的对应关系。

【例 11-20】根据表 11-3 资料，该公司 2008 年度和 2009 年度的成本费用利润率如下：

$$2008\text{年度成本费用利润率}=\frac{20\,797.5}{94\,000+9\,000+9\,750+6\,500+1\,950}\times 100\%=17.16\%$$

$$2009\text{年度成本费用利润率}=\frac{26\,947.5}{105\,000+10\,000+11\,000+7\,500+2\,250}\times 100\%=19.85\%$$

江电股份有限公司 2009 年度成本费用利润率与 2008 年度的相比有所上升，

公司应当深入检查导致成本上升的因素，改进有关工作，以便更好地提高效益指标。

（二）资产盈利能力分析

资产盈利能力是指企业经济资源创造利润的能力，其衡量指标主要有总资产利润率、总资产报酬率和总资产净利率等。

1. 总资产利润率

该指标是指企业的利润总额与平均资产总额的比率，它反映企业综合运用所拥有的全部经济资源获得的效果，是一个综合性的效益指标。其计算公式为：

$$总资产利润率 = \frac{利润总额}{平均资产总额} \times 100\% \qquad （公式 11-37）$$

总资产利润率表现企业利用全部资产取得的综合效益。一般情况下，该指标越高，反映企业资产的利用效果越好。它受利润总额和平均资产总额的影响，要提高总资产利润率，一方面要加强销售业务，扩大经营，增加营业利润，另一方面要加强企业资产管理，提高资产利用率，降低总资产占用额。

【例 11－21】根据表 11－2 和表 11－3 资料，并假设该公司 2007 年年末资产总额为 152 000 万元，该公司 2008 年度和 2009 年度总资产利润率的计算如表 11－12所示。

表 11－12　总资产利润率计算表　单位：万元

项　目	2007 年	2008 年	2009 年
利润总额		27 730	35 930
资产年末总额	152 000	161 150	179 900
平均资产总额		156 575	170 525
总资产利润率		17.71%	21.07%

江电股份有限公司 2009 年度总资产的总资产利润率比 2008 年度提高 3.36%，说明资金利用效果较好。

2. 总资产报酬率

该指标是指企业一定时期内获得的报酬总额与平均资产总额的比率。它是反映企业资产综合利用效果的指标，也是衡量企业利用债权人和所有者权益总额所取得盈利的重要指标。其计算公式为：

$$总资产报酬率 = \frac{息税前利润}{平均资产总额} \times 100\% \qquad （公式 11-38）$$

$$息税前利润 = 利润总额 + 利息支出 = 净利润 + 所得税 + 利息支出$$

总资产报酬率全面反映了企业全部资产的获利水平，企业所有者和债权人对该指标都非常关心。一般情况下，该指标越高，表明企业的资产利用效益越好，整个企业盈利能力越强，经营管理水平越高。企业还可以将该指标与市场资本利率进行比较，如果前者较后者大，则说明企业可以充分利用财务杠杆，适当举债经营，以获得更多的收益。

【例 11－22】根据表 11－2 和表 11－3 资料，并假设该公司 2007 年年末资产总额为 152 000 万元，该公司 2008 年度和 2009 年度总资产报酬率的计算如表 11－13所示。

表 11－13　　总资产报酬率计算表　　单位：万元

项　目	2007 年	2008 年	2009 年
利润总额		27 730	35 930
利息支出		1 950	2 250
息税前利润总额		29 680	38 180
资产年末总额	152 000	161 150	179 900
平均资产总额		156 575	170 525
总资产利润率		18.96%	22.39%

江电股份有限公司 2009 年度总资产利润率比 2008 年度提高了 3.43%，说明资产综合利用效率有所提高。

3. 总资产净利率

该指标是指净利润与平均资产总额的比率，它反映公司从 1 元受托资产（不管资金来源）中得到的净利润。其计算公式为：

$$资产净利率 = \frac{净利润}{平均资产总额} \times 100\% \qquad （公式 11－39）$$

【例 11－23】根据表 11－2 和表 11－3 资料，并假设公司 2007 年年末资产总额为 152 000 万元，该公司 2008 年度和 2009 年度总资产净利率的计算如表 11－14所示。

表 11－14　　总资产净利率计算表　　单位：万元

项　目	2007 年	2008 年	2009 年
净利润		20 797.5	26 947.5
资产年末总额	152 000	161 150	179 900
平均资产总额		156 575	170 525
总资产净利率		13.28%	15.8%

江电股份有限公司 2009 年度总资产净利率与 2008 年度的相比有所提高，说明该公司的资产盈利能力有所上升。

影响总资产净利率的驱动因素是营业净利率和总资产周转率。

$$总资产净利率 = \frac{净利润}{平均资产总额} \times 100\% = \frac{净利润}{营业收入} \times \frac{营业收入}{平均资产总额}$$

$$= 营业净利润 \times 总资产周转率 \qquad （公式 11－40）$$

总资产周转次数是1元资产创造的营业收入，营业净利率是1元营业收入创造的净利润，两者共同决定了资产净利率，即1元资产创造的净利润。

根据江电股份有限公司的财务报表数据，并假设该公司2007年年末资产总额为152 000万元，有关总资产净利率因素分解的数据准备如表11－15所示。

表11－15　　总资产净利率的分解　　单位：万元

项　目	2007年	2008年	2009年
营业收入		147 500	162 500
净利润		20 797.5	26 947.5
总资产	152 000	161 150	179 900
平均资产总额		156 575	170 525
总资产净利率（%）		13.25	15.8
营业净利率（%）		14.1	16.58
总资产周转次数（%）		94.2	95.29

江电股份有限公司2009年度总资产净利率比2008年度上升了2.55个百分点，其原因是营业净利率和总资产周转率都上升了。哪一个原因更重要呢？可以使用连环替代法进行定量分析。

营业净利率变动影响＝营业净利率变动×2008年度总资产周转次数
＝（16.58%－14.1%）×94.2%
＝2.34%

总资产周转次数变动影响＝2009年度营业净利率×总资产周转次数变动
＝16.58%×（95.29%－94.2%）
＝0.18%

合计＝2.34%＋0.18%＝2.52%≈（95.29%－94.2%）

由于营业净利率上升，总资产净利率增加2.34%；由于总资产周转率上升，总资产净利率增加0.18%，两者共同作用使总资产净利率增加2.52%。

（三）资本盈利能力分析

资本盈利能力是指企业的所有者通过投入资本在生产经营过程中所取得利润的能力，其衡量指标主要有净资产收益率、资本收益率、每股收益、市盈率等。

1. 净资产收益率

该指标是指企业一定时期净利润与平均净资产的比率。其计算公式为：

$$净资产收益率=\frac{净利润}{平均净资产}\times 100\%=\frac{净利润}{平均所有者权益}\times 100\% \quad （公式11－41）$$

$$平均净资产=\frac{净资产年初数+净资产年末数}{2}$$

$$=\frac{所有者权益年初数+所有者权益年末数}{2} \quad （公式11－42）$$

净资产收益率是评价企业自有资本及其积累获取报酬水平的最具综合性与代表性的指标，反映企业资本运营的综合效益。该指标通用性强，适应范围广，不受行业限制，在国际上的企业综合评价中使用率非常高，通过对该指标的对比分析，可以看出企业的盈利能力在同行业中所处的地位以及与同类企业的差距水平。一般认为，净资产收益率越高，企业自有资本获取收益的能力越强，运营效益越好。对企业投资人和债权人的保证程度越高。

【例11－24】根据表11－2和表11－3资料，并假设该公司2007年年末净资产为100 500万元，该公司2008年度和2009年度净资产收益率的计算如表11－16所示。

表11－16　　净资产收益率计算表　　单位：万元

项　目	2007年	2008年	2009年
净利润		20 797.5	26 947.5
年末净资产	100 500	108 950	119 200
平均净资产		104 725	114 075
净资产收益率		19.86%	23.62%

江电股份有限公司2009年度净资产收益率比2008年度提高3.76%，其原因主要是净利润的增长幅度（29.57%）高于平均净资产额的增长幅度（8.93%）。

2. 资本收益率

该指标是指企业一定时期净利润与平均资本（即资本性投入及其资本溢价）的比率，反映企业实际获得投资额的回报水平。其计算公式为：

$$资本收益率=\frac{净利润}{平均资本}\times 100\% \qquad （公式11－43）$$

$$平均资本=\frac{\left[\begin{matrix}实收资本或\\（股本）年初数\end{matrix}+\begin{matrix}资本公积\\年初数\end{matrix}\right]+\left[\begin{matrix}实收资本或\\（股本）年末数\end{matrix}+\begin{matrix}资本公积\\年末数\end{matrix}\right]}{2}$$

（公式11－44）

其中，资本公积＝资本公积中的资本溢价（股本溢价）

需要说明的是，企业所有者权益的来源包括所有者投入的资本、直接计入所有者权益的利得和损益、留存收益等。其中，所有者投入的资本、反映在实收资本（股本）和资本公积（资本溢价或股本溢价）中；直接计入所有者权益的利得和损益反映在资本公积（其他资本公积）中，留存收益则包括未分配利润和盈余公积。换句话说，并非资本公积中的所有金额都属于所有者投入的资本，只有其中的资本溢价（股本溢价）属于资本性投入。

【例11－25】根据表11－2和表11－3资料，并假设该公司2007年年末股本为75 000万元，资本公积为0万元，该公司2008年度和2009年度资本收益率的计算如表11－17所示。

表 11－17　　资本收益率计算表　　单位：万元

项　目	2007 年	2008 年	2009 年
净利润		20 797.5	26 947.5
年末股本	75 000	75 000	75 000
年末资本公积	0	0	0
平均资本		75 000	75 000
资本收益率		27.73%	35.93%

江电股份有限公司 2009 年度资本收益率高于 2008 年度，由于公司资本没有发生变化，其主要是净利润上升引起的。

3. 每股收益

每股收益，也称每股利润或每股盈余，反映企业普通股股东持有每一股份所能享有的企业利润和承担的企业亏损，是衡量上市公司盈利能力时最常用的财务分析指标。每股收益越高，说明公司的盈利能力越强。每股收益的计算包括基本每股收益和稀释每股收益。

企业应当按照归属于普通股股东的当期净利润，除以当期发行在外普通股的加权平均数计算基本每股收益。其计算公式为：

$$\text{基本每股收益} = \frac{\text{归属于普通股股东的当期净利润}}{\text{当期发行在外普通股的加权平均数}} \quad \text{（公式 11－45）}$$

其中，当期发行在外普通股的加权平均数＝（期初发行在外普通股股数×报告期时间＋当期新发行普通股股数×已发行时间－当期回购普通股股数×已回购时间）÷报告期时间

（注：已发行时间、报告期时间和已回购时间一般按照天数计算，在不影响计算结果的前提下，也可以按月份简化计算。）

企业存在稀释性潜在普通股的，应当分别调整归属于普通股股东的当期净利润和发行在外普通股的加权平均数（即基本每股收益计算公式中的分子、分母），并据以计算稀释每股收益。其中，稀释性潜在普通股是指假设当期转换为普通股会减少每股收益的潜在普通股，主要包括可转换公司债券、认股权证和股票期权等。

假如说某公司发行认股权证 1 000 份（每份认股权证认股 1 股股票），行权价格为 10 元，目前股票的市场价格为 20 元。在这种情况下，行使转换权对于持有者是有利的，因为如果在市场上购买股票的话，每股 20 元，而行使认股权只需 10 元就可以获得 1 股。持有者行使认股权，则公司普通股可以增加 1 000 股。持有者行使转换权后，公司可以获得收入 1 000×10＝10 000 元。公司取得这笔收入后，到市场上购买本公司股票，只能购回 10 000÷20＝500 股。这样，就相当于转换后，公司股票增加了 500 股。随着股数的增加，公司每股收益必然会下

降。在准则中，把这种通过转换会导致每股收益减少的潜在普通股，就成为稀释性潜在普通股。

计算稀释每股收益，对基本每股收益分子的调整项目有：（1）当期已确认为费用的稀释性潜在普通股的利息；（2）稀释性潜在普通股转换时将产生的收益或费用。同时，将基本每股收益分母调整为当期发行在外普通股的加权平均数与假定稀释性潜在普通股转换为已发行普通股而增加的普通股股数的加权平均数之和。

每股收益是分析上市公司盈利能力的一个综合性较强的财务指标，可以分解为若干相互联系的财务指标。因此，在对每股收益进行分析时，可以运用前面介绍的连环替代法来分析各个要素对该指标的影响。下面是一个简化的分解公式，只是为了说明各财务指标之间的关系，并不是精确的计算公式：

$$
\begin{aligned}
\text{每股收益} &= \frac{\text{净利润}}{\text{普通股平均股数}} \\
&= \frac{\text{净利润}}{\text{平均股东权益}} \times \frac{\text{平均股东权益}}{\text{普通股平均股数}} \\
&= \text{股东权益收益率} \times \text{平均每股净资产} \\
&= \frac{\text{净利润}}{\text{平均资产总额}} \times \frac{\text{平均资产总额}}{\text{平均股东权益}} \times \frac{\text{平均股东权益}}{\text{普通股平均股数}} \\
&= \text{总资产净利率} \times \text{股东权益比率} \times \text{平均每股净资产} \\
&= \frac{\text{净利润}}{\text{营业收入}} \times \frac{\text{营业收入}}{\text{平均资产总额}} \times \frac{\text{平均资产总额}}{\text{平均股东权益}} \times \frac{\text{平均股东权益}}{\text{普通股平均股数}} \\
&= \text{营业净利率} \times \text{总资产周转率} \times \text{股东权益比率} \times \text{平均每股净资产}
\end{aligned}
$$

（公式 11 – 46）

【例 11 – 26】根据表 11 – 2 和表 11 – 3 资料，并假设该公司 2007 年年末资产额为 152 000 万元、年末净资产为 100 500 万元，2007 年度至 2009 年度发行在外的普通股股数均为 40 000 万股，该公司 2008 年度和 2009 年度每股收益的计算如表 11 – 18 所示。

表 11 – 18　　每股收益计算表　　单位：万元

项　目	2007 年	2008 年	2009 年
净利润		20 797. 5	26 947. 5
营业收入		147 500	162 500
年末资产总额	152 000	161 150	179 900
平均资产总额		156 575	170 525
年末股东权益总额	100 500	108 950	119 200
平均股东权益		104 725	114 075
年末普通股股数（万）	40 000	40 000	40 000

续表

项 目	2007年	2008年	2009年
普通股平均股数（万）		40 000	40 000
每股收益		0.52	0.67
营业净利率		14.1%	16.58%
总资产周转率（次）		0.94	0.95
股东权益比率		149.51%	149.49%
平均每股净资产		2.62	2.85

依据每股收益 = 营业净利率 × 总资产周转率 × 股东权益比率 × 平均每股净资产

2008年度指标 = 14.1% × 0.94 × 149.51% × 2.62 = 0.52 ①

第一次替代 = 16.58% × 0.94 × 149.51% × 2.62 = 0.61 ②

第二次替代 = 16.58% × 0.95 × 149.51% × 2.62 = 0.617 ③

第三次替代 = 16.58% × 0.95 × 149.49% × 2.62 = 0.616 9 ④

第四次替代 = 16.58% × 0.95 × 149.49% × 2.85 = 0.67 ⑤

② - ① = 0.61 - 0.52 = 0.09 营业净利率上升的影响

③ - ② = 0.617 - 0.61 = 0.007 总资产周转率上升的影响

④ - ③ = 0.616 9 - 0.617 = -0.000 1 股东权益比率上升的影响

⑤ - ④ = 0.67 - 0.616 9 = 0.153 1 平均每股净资产增加的影响

4. 市盈率

市盈率是上市公司普通股每股市价相当于每股收益的倍数，反映投资者对上市公司每元净利润愿意支付的价格，可以用来估计股票的投资报酬和风险。其计算公式为：

$$市盈率 = \frac{普通股每股市价}{普通股每股收益} \quad （公式11-47）$$

市盈率是反映上市公司盈利能力的一个重要财经比率，投资者对这个比率十分重视。这一比率是投资者作出投资决策的重要参考因素之一。一般来说，这一比率越高，意味着期望的未来收益较之于当前报告收益就越高，投资者对该公司的发展前景看好，愿意出较高的价格购买该公司股票，所以一些成长性较好的高科技公司股票的市盈率通常要高一些。当然，某一种股票在一特定年份市盈率过高的原因则至少可能有两种情况：一是当期报告利润暂时性下降；二是预期未来若干年利润的持续增长。此外，如果某一种股票的市盈率过高，也意味着这种股票具有较高的投资风险。

【例11-27】根据表11-2和表11-3资料，并假设该公司2007年度至2008年度发行在外的普通股股数均为40 000万股，2008年和2009年年末的每股市价分别为 25 元和 35 元，该公司 2008 年和 2009 年年末市盈率的计算如表 11－19所示。

表 11－19　　市盈率计算表　　单位：万元

项　目	2007 年	2008 年	2009 年
净利润		20 797.5	26 947.5
年末普通股股数	40 000	40 000	40 000
普通股平均股数		40 000	40 000
每股收益		0.52	0.67
年末每股市价		25	35
年末市盈率		48.08	52.24

江电股份有限公司 2009 年度市盈率与 2008 年度的相比有所提高，反映了投资者对该公司的发展前景进一步看好。

（四）收益质量分析

收益质量是指企业盈利的结构和稳定性，评价收益质量的主要指标是盈余现金保障倍数。

盈余现金保障倍数是企业一定时期经营现金净流量与净利润的比值，反映了企业当期净利润中现金收益的保障程度，真实反映了企业盈余的质量，是评价企业盈利状况的辅助指标。其计算公式为：

$$盈余现金保障倍数 = \frac{经营现金净流量}{净利润} \qquad （公式 11－48）$$

盈余现金保障倍数是从现金流入和流出的动态角度，对企业收益的质量进行评价，在收付实现制的基础上，充分反映出企业当期净利润中有多少是有现金保障的。一般来说，盈利企业的盈余现金保障倍数等于或大于 1，说明企业的利润具有相应的现金流量为保障。该指标越大，表明企业经营活动产生的净利润对现金的贡献越大。

四、发展能力分析

发展能力是企业在生存的基础上，扩大规模、壮大实力的潜在能力。发展能力分析包括盈利增长能力分析、资产增长能力分析、资本增长能力分析和技术投入增长能力分析。

（一）盈利增长能力分析

企业的价值主要取决于其盈利和增长能力，因而企业的盈利增长是反映企业发展能力的重要方面，其衡量指标主要有营业收入增长率、营业利润增长率、净利润增长率和营业收入三年平均增长率等。

1. 营业收入增长率

营业收入增长率是指企业本年营业收入增长额与上年营业收入总额的比率。

它反映企业营业收入的增减变动情况，是评价企业成长状况和发展能力的重要指标。其计算公式为：

$$营业收入增长率 = \frac{本年营业收入增长额}{上年营业收入总额} \times 100\% \qquad （公式11-49）$$

其中：本年营业收入增长额 = 本年营业收入总额 - 上年营业收入总额 （公式11-50）

营业收入增长率是衡量企业经营状况和市场占有能力、预测企业经营业务拓展趋势的重要标志，不断增加的营业收入是企业生存的基础和发展的条件。该指标若大于0，表示本年的营业收入有所增长，指标值越高，表明增长速度越快，企业市场前景越好；若该指标小于0，则说明产品或服务不适销对路，质次价高，或是在售后服务等方面存在问题，市场份额萎缩。该指标在实际操作时，应结合企业历年的营业收入水平、企业市场占有情况、行业未来发展及其他影响企业发展的潜在因素进行前瞻性预测，或者结合企业前三年的营业收入增长率作出趋势性分析判断。

【例11-28】根据表11-3资料，该公司2009年度的营业收入增长率如下：

$$营业收入增长率 = \frac{162\,500 - 147\,500}{147\,500} \times 100\% = 10.17\%$$

2. 营业利润增长率

营业利润增长率是指企业本年营业利润增长额与上年营业利润总额的比率，反映企业营业利润的增减变动情况。其计算公式为：

$$营业利润增长率 = \frac{本年营业利润增长额}{上年营业利润} \times 100\% \qquad （公式11-51）$$

其中：本年营业利润增长额 = 本年营业利润额 - 上年营业利润额 （公式11-52）

营业利润增长率越大，说明企业营业利润增长得越快，表明企业业务突出、业务扩张能力强；营业利润增长率越小，说明企业营业利润增长得越慢，表明企业业务发展停滞、业务扩张能力弱。

【例11-29】根据表11-3资料，该公司2009年度的营业利润增长率如下：

$$营业利润增长率 = \frac{29\,050 - 28\,580}{28\,580} \times 100\% = 1.64\%$$

3. 净利润增长率

净利润增长率是指企业本年净利润增长额与上年净利润的比率，是企业发展性的基本表现。其计算公式为：

$$净利润增长率 = \frac{本年净利润增长额}{上年净利润} \times 100\% \qquad （公式11-53）$$

其中：本年净利润增长额 = 本年净利润总额 - 上年净利润总额 （公式11-54）

净利润增长率越大，表明企业收益增长得越多，企业经营业绩突出，市场竞争力越强；相反，如果企业的净利润增长率越小，则说明企业收益增长得越少，企业经营业绩不佳，市场竞争能力越弱。

【例11-30】根据表11-3资料，该公司2009年度的净利润增长率如下：

$$净利润增长率 = \frac{26\,947.5 - 20\,797.5}{20\,797.5} \times 100\% = 29.57\%$$

4. 营业收入三年平均增长率

营业收入三年平均增长率表明企业营业收入连续三年的增长情况，体现企业的持续发展态势和市场扩张能力。其计算公式为：

$$营业收入三年平均增长率 = \left(\sqrt[3]{\frac{本年营业收入总额}{三年前营业收入总额}} - 1\right) \times 100\% \qquad（公式 11-55）$$

其中，三年前营业收入总额指企业三年前的营业收入总额数，比如在评价企业 2009 年的绩效状况时，则三年前营业收入总额是指 2006 年的营业收入总额。

营业收入是企业积累和发展的基础，该指标越高，表明企业积累的基础越牢，可持续发展能力越强，发展的潜力越大。利用营业收入三年平均增长率指标，能够反映企业的经营业务增长趋势和稳定程度，体现企业的连续发展状况和发展能力，避免因少数年份业务波动而对企业的发展潜力的错误判断。一般认为，该指标越高，表明企业经营业务持续增长势头越好，市场扩张能力越强。

（二）资产增长能力分析

资产的增长是企业发展的一个重要方面，也是企业价值增长的重要手段，其衡量指标主要是总资产增长率。

总资产增长率是企业本年总资产增长额与年初资产总额的比率，它反映企业资产规模的增长情况。其计算公式为：

$$总资产增长率 = \frac{本年资产增长额}{年初资产总额} \times 100\% \qquad（公式 11-56）$$

其中：本年总资产增长额 = 资产总额年末数 - 资产总额年初数

总资产增长率是从企业资产总量扩张方面衡量企业的发展能力，表明企业规模增长水平对企业发展后劲的影响。该指标越高，表明企业一定时期内资产经营规模扩张的速度越快。但在实际分析时，应注意考虑资产规模扩张的质和量的关系以及企业的后续发展能力，避免资产盲目扩张。

【例 11-31】根据表 11-2 资料，该公司 2009 年度的总资产增长率如下：

$$总资产增长率 = \frac{179\,900 - 161\,150}{161\,150} \times 100\% = 11.64\%$$

（三）资本增长能力分析

资本增长是企业发展强盛的标志，也是企业扩大再生产的源泉，展示了企业的发展水平，是评价企业发展能力的重要方面，其衡量指标主要有资本积累率、资本保值增值率和资本三年平均增长率等。

1. 资本积累率

资本积累率是指企业本年股东权益增长额与年初股东权益的比率。它反映企业当年资本的积累能力，是评价企业发展潜力的重要指标。其计算公式为：

$$资本积累率 = \frac{本年股东权益增长额}{年初股东权益} \times 100\% \qquad（公式 11-57）$$

其中：本年股东权益增长额 = 股东权益年末数 - 股东权益年初数

资本积累率是企业当年股东权益总的增长率，反映了股东权益在当年的变动水平，体现了企业资本的积累情况，是企业发展强盛的标志，也是企业扩大再生产的源泉，展示了企业的发展潜力。资本积累率还反映了投资者投入企业资本的保全性和增长性。该指标若大于0，则指标值越高表明企业的资本积累越多，应付风险、持续发展的能力越大；该指标若为负值，表明企业资本受到侵蚀，股东利益受到损害，应予充分重视。

【例 11 - 32】根据表 11 - 2 资料，该公司 2009 年度的资本积累率如下：

$$资本积累率 = \frac{119\ 200 - 108\ 950}{108\ 950} \times 100\% = 9.41\%$$

2. 资本保值增值率

资本保值增值率是指企业扣除客观因素后的本年年末股东权益总额与年初股东权益总额的比率，反映企业当年资本在企业自身努力下的实际增减变动情况。其计算公式为：

$$资本保值增值率 = \frac{扣除客观因素后的年末股东权益总额}{年初股东权益} \times 100\%$$

（公式 11 - 58）

一般认为，资本保值增值率越高，表明企业的资本保全状况越好，所有者权益增长越快，债权人的债务越有保障。该指标通常应当大于 100%。

【例 11 - 33】根据表 11 - 2 资料，并假设不存在客观因素，该公司 2009 年度的资本保值增值率如下：

$$资本保值增值率 = \frac{119\ 200}{108\ 950} \times 100\% = 109.41\%$$

3. 资本三年平均增长率

资本三年平均增长率表示企业资本连续三年的积累情况，在一定程度上体现了企业的持续发展水平和发展趋势。其计算公式为：

$$资本三年平均增长率 = \left(\sqrt[3]{\frac{年末股东权益总额}{三年前年末股东权益总额}} - 1\right) \times 100\%$$

（公式 11 - 59）

其中，三年前年末股东权益总额指企业三年前的股东权益年末数，比如在评价企业 2009 年的绩效状况时，则三年前股东权益年末数是指 2006 年的股东权益年末数。

由于一般增长率指标在分析时具有“滞后”性，仅反映当期情况，而利用该指标，能够反映企业资本积累或资本扩张的历史发展状况以及企业稳步发展的趋势。一般认为，该指标越高，表明企业所有者权益得到保障程度越大，企业可以长期使用的资金越充足，抗风险和持续发展的能力越强。

（四）技术投入增长能力分析

技术投入增长体现了企业研究开发和技术创新的重视程度和投入情况，是评价企业发展能力的重要方面，其衡量指标主要是技术投入比率。

技术投入比率是企业本年科技支出（包括用于研究开发、技术改造、科技创新等方面的支出）与本年营业收入金额的比率，反映企业在科技进步方面的投入，在一定程度可以体现企业的发展潜力。其计算公式为：

$$\text{技术投入比率} = \frac{\text{本年科技支出合计}}{\text{本年营业收入净额}} \times 100\% \qquad \text{（公式 11-60）}$$

技术投入比率越高，表明企业对新技术的投入越多，企业对市场的适应能力越强，未来竞争优势越明显，生存发展的空间越大，发展前景越好。

第三节　财务综合分析

财务分析的最终目的在于全方位地了解企业经营理财的状况，并借以对企业经济效益的优劣作出系统的、合理的评价。财务综合分析就是将偿债能力、营运能力、盈利能力和发展能力等诸方面的分析纳入一个有机的整体之中，全面地对企业财务状况、经营成果进行揭示与披露，从而对企业经济效益的优劣作出准确的评价与判断。

综合分析的意义在于能够全面、正确地评价企业的财务状况和经营成果，因为局部不能代替整体，某项指标的好坏不能说明整个企业经济效益的高低。除此之外，综合分析的结果在进行企业不同时期比较分析和不同企业之间比较分析时消除了时间上和空间上的差异，使之更具有可比性，有利于总结经验、吸取教训、发现差距、赶超先进。进而，从整体上、本质上反映和把握企业生产经营的财务状况和经营成果。

企业综合分析方法主要有杜邦分析法和沃尔评分法等。

一、杜邦财务分析体系

杜邦财务分析体系是利用各主要财务比率指标间的内在联系，对企业财务状况及经济效益进行综合系统分析评价的方法。该体系是以净资产收益率为起点，以总资产净利率和权益乘数为核心，重点揭示企业获利能力及权益乘数对净资产收益率的影响以及各相关指标间的相互影响作用关系。

（一）杜邦财务分析体系的核心比率

权益净利率是分析体系的核心比率，它有很好的可比性，可以用于不同企业之间的比较。由于资本具有逐利性，总是流向投资报酬率高的行业和企业，使得各企业的权益净利率趋于接近。如果一个企业的权益净利率经常高于其他企业，就会引来竞争者，迫使该企业的权益净利率回到平均水平。如果一个企业的权益净利率经常低于其他企业，就得不到资金，会被市场驱逐，使得幸存企业的股东权益净利率提升到平均水平。

权益净利率不仅有很好的可比性，而且有很强的综合性。为了提高股东权益净利率，管理者有三个可以使用的杠杆：

$$\text{权益净利率} = \frac{\text{净利润}}{\text{销售收入}} \times \frac{\text{销售收入}}{\text{总资产}} \times \frac{\text{总资产}}{\text{股东权益}}$$

$$= \text{销售净利率} \times \text{总资产周转率} \times \text{权益乘数}$$

无论提高其中的哪一个比率，权益净利率都会提升。其中，“销售净利率”是利润表的概括，“销售收入”在利润表的第一行，“净利润”在利润表的最后一行，两者相除可以概括全部经营成果；“权益乘数”是资产负债表的概括，表明资产、负债和股东权益的比例关系，可以反映最基本的财务状况；“总资产周转率”把利润表和资产负债表联系起来，使权益净利率可以综合整个企业的经营活动和财务活动的业绩。

（二）杜邦财务分析体系的基本框架

该体系是一个多层次的财务比率分解体系。各项财务比率，在每个层次上与本企业历史或同业的财务比率比较，比较之后向下一级分解。逐级向下分解，逐步覆盖企业经营活动的每一个环节，可以实现系统、全面评价企业经营成果和财务状况的目的。

第一层次的分解，是把权益净利率分解为销售利润率、总资产周转率和权益乘数。这三个比率在各企业之间可能存在显著差异。通过对差异的比较，可以观察本企业与其他企业的经营战略和财务政策有什么不同。

分解出来的销售利润率和总资产周转率，可以反映企业的经营战略。一些企业销售净利率较高，而资产周转率较低；另一些企业与之相反，资产周转率较高而销售净利率较低。两者经常呈反方向变化。这种现象不是偶然的。为了提高销售利润率，就是要增加产品的附加值，往往需要增加投资，引起周转率的下降。与此相反，为了加快周转，就要降低价格，引起销售净利率下降。通常，销售净利率较高的制造业，其周转率都较低；周转率很高的零售商业，销售利润率很低。采取“高盈利、低周转”还是“低盈利、高周转”的方针，是企业根据外部环境和自身资源做出的战略选择。正因为如此，仅从销售净利率的高低并不能看出业绩好坏，把它与资产周转率联系起来可以考察企业经营战略。真正重要的，是两者共同作用而得到的资产利润率。资产利润率可以反映管理者运用受托资产赚取盈利的业绩，是最重要的盈利能力。

分解出来的财务杠杆可以反映企业的财务政策。在资产利润率不变的情况下，提高财务杠杆可以提高权益净利率，但同时也会增加财务风险。如何配置财务杠杆是企业最重要的财务政策，本书还要专门讨论这个问题。一般说来，资产利润率较高的企业，财务杠杆较低，反之亦然。这种现象也不是偶然的。可以设想，为了提高权益净利率，企业倾向于尽可能提高财务杠杆。但是，贷款提供者不一定会同意这种做法。贷款提供者不分享超过利息的收益，更倾向于为预期未来经营现金流量比较稳定的企业提供贷款。为了稳定现金流量，企业的一种选择是降低价格以减少竞争，另一种选择是增加营运资本以防止现金流中断，这都会导致资产利润率下降。这就是说，为了提高流动性，只能降低盈利性。因此，我们实际看到的是，经营风险低的企业可以得到较多的贷款，其财务杠杆较高；经营风险高的企业，只能得到较少的贷款，其财务杠杆较低。资产利润率与财务杠杆呈现负相关，共同决定了企业的权益净利率。企业必须使其经营战略和财务政策相匹配。

二、沃尔评分法

企业一定时期的绩效结果通常都能在财务报表中得以反映，因而借助财务指标可以评价企业的财务绩效。接下来主要介绍以财务指标为依据进行企业财务绩效评价的沃尔评分法的原理及应用。

（一）沃尔评分法原理

沃尔评分法是选取若干反映企业财务绩效的财务指标，分别设定标准数值，并对实际数值与标准数值进行比较，综合评价企业财务绩效的方法。

沃尔评分法是由亚历山大·沃尔于20世纪初，根据七项财务比率指标之间的线性关系设计出来的，最初主要用于企业信用水平的评价，后来经过研究改进，亦用于企业财务绩效的比较评价。

运用沃尔评分法，评价企业财务绩效的过程，一般经过下列步骤：

（1）选取若干财务指标。从反映企业各个方面财务绩效的一系列财务指标中选择若干有代表性的财务指标。

（2）规定各项财务指标的评分数值。根据所选定财务指标的重要性及代表性程度，分别确定其评分数值或权重，综合为100或100%。在个别财务指标出现异常的情况下，还可规定其最高评分值和最低评分值，以免其对财务绩效评价结果产生不合理影响。

（3）设定各项财务指标的标准数值。根据行业等实际情况，为各项财务指标设定标准数值。

（4）计算各项财务指标的实际数值。根据企业一定时期的实际财务报表等资料，计算所选各项财务指标的实际数值。

（5）计算各项财务比率指标实际数值与标准数值的相对比率。各项财务指标的相对比率或关系比率，等于指标实际数值除以标准数值。

（6）求出各项财务指标的评分数与合计数。各项财务指标的评分数，是其相对比率与评分值的乘积，其合计数即作为评价企业财务绩效的依据。

一般而言，按照沃尔评分法，某企业的评分合计数，若为100或接近于100，表示该企业的财务绩效基本符合标准要求；若与100有较大差异，则表示该企业的财务绩效偏离标准要求较多。

（二）财务指标的选取及权重的规定

1. 财务指标的选取

反映企业财务绩效的财务比率指标众多，如何选取财务比率成为运用沃尔评分法有效评价企业财务绩效的一个关键环节。为此，应当综合考虑财务指标的代表性、相关性和可比性等因素，合理选取财务指标。

（1）财务指标的代表性

财务指标的代表性主要表现为全面性和综合性。企业的财务指标通常按照企业的各种财务能力，可分为反映偿债能力、营运能力、获利能力和发展能力等四类财务指标。运用沃尔评分法，需要分别从这四类财务指标中分别选取若干具有综合性和全面性的财务指标，以便有效地评价企业的财务绩效。譬如，企业获利能力类财务指标包括销售毛利率、营业利润率、资产报酬率、权益报酬率、每股收益等，其中销售毛利率仅从营销环节反映企业的销售绩效，每股收益仅从普通股股东角度反映企业的获利能力，均显得不够综合和全面；而营业利润率、资产报酬率和权益报酬率则分别从企业经营活动、全部资源和所有者权益的角度，反映企业的获利能力，比较综合和全面，它们更具有代表性。

（2）财务指标的相关性

在同类财务指标中，又有多项具体的财务指标，需要根据各项财务指标的相关性加以选取。譬如，在偿债能力类指标中，有流动比率、速动比率、现金比率、负债比率、权益比率和利息保障倍数等，其中速动比率仅反映流动负债与速动资产的关系，不如流动比率更为相关，现金比率则最为相关。

（3）财务指标的可比性

可比性是财务指标的一个重要质量要求。运用沃尔评分法，由于与行业标准进行比较评价，需要选取与行业标准指标口径一致的财务指标，保持可比性才能保证比较评价的可信性。

2. 财务指标权重的设定

沃尔评分法是从偿债能力、营运能力、获利能力和发展能力等四类财务指标中，选取最具有代表性、相关性和可比性的若干财务指标，用于综合评价企业的财务绩效。对于四种财务能力以及每类中选取的财务指标，需要根据重要性和代表性，并考虑企业规模等因素，赋予权重或评分数值，并使权重总和为 100 或 100%。譬如，鉴于获利能力和发展能力相对更为重要，偿债能力、营运能力、获利能力和发展能力之间的权重赋值比例为 20：20：40：20。再如，在选取的反映获利能力的财务指标中，营业利润率、资产报酬率和权益报酬率的权重赋值比例为 10：20：10。

（三）标准数值的设定及相对比率的计算

1. 标准数值的设定

财务指标的标准数值是企业在现时条件下的理想数值或目标数值。设定标准数值，应结合比较评价的目的及努力方向，可以考虑以下几种选择：

（1）根据企业战略规划目标设定，评价企业战略规划目标的实现程度；

（2）按照企业历史最好水平设定，评价与企业最好水平的差异程度；

（3）根据行业平均水平设定，评价与行业平均水平的差异程度；

（4）按照行业历史最好水平设定，评价与行业最好水平的差异程度。

2. 相对比率的计算

一般而言，各项财务指标的相对比率或关系比率，等于指标实际数值除以标准数值。具体而言，应根据各种财务指标的特殊性以及综合评分的同质性，分别计算：

（1）凡是实际数值大于标准数值属于理想的财务指标，其相对比率的计算公式为：

$$相对比率=\frac{实际数值}{标准数值} \quad （公式 11-61）$$

例如，营业利润率的实际数值为22%，标准数值为20%，则其相对比率计算为：

$$\frac{22\%}{20\%}=1.1$$

（2）凡是实际数值大于标准数值属于不理想的财务指标，其相对比率的计算公式为：

$$相对比率=\frac{标准数值-(实际数值-标准数值)}{实际数值} \quad （公式 11-62）$$

例如，资产周转天数的实际数值为360天，标准数值为300天，则其相对比率计算为：

$$\frac{300-(360-300)}{360}=0.8$$

（3）凡是实际数值大于或小于标准数值，均属于不理想的财务指标，其相对比率的计算公式为：

$$相对比率=\frac{标准数值-|实际数值-标准数值|}{标准数值} \quad （公式 11-63）$$

例如，负债比率的实际数值为60%，标准数值为50%，则其相对比率计算为：

$$\frac{50\%-|60\%-50\%|}{50\%}=0.8$$

再如，负债比率的实际数值为40%，标准数值为50%，则其相对比率计算为：

$$\frac{50\%-|40\%-50\%|}{50\%}=0.8$$

（四）沃尔评分法的应用

沃尔评分法在实际运用中，可以根据企业的财务会计报表的实际数据，经过分析判断选取财务指标，合理确定指标权重和标准数值，可以借助表格计算评分，并作出合理的比较评价。

1. 沃尔评分法的应用举例

【例 11-34】某企业采用沃尔评分法，评价2009年的财务绩效。根据2009

年度的会计报表实际数据，经分析判断，选取的财务指标包括反映偿债能力的指标有流动比率、现金比率、负债比率，反映营运能力的指标有存货周转率、应收账款周转率、资产周转率，反映获利能力的指标有营业利润率、资产报酬率、权益报酬率，反映发展能力的指标有营业增长率、利润增长率、净资产增长率。四类财务能力指标的权重比例设定为20∶20∶40∶20，标准数值按照行业平均水平确定。有关资料及计算如表11－20所示。

表11－20　　某企业2009年度沃尔评分表

财务指标	指标权重	标准数值	实际数值	相对比率	综合评分
偿债能力：	20				
流动比率	5	2.1	2	0.95	4.25
现金比率	5	4	5	1.25	6.25
负债比率	10	0.5	0.6	0.80	8.00
营运能力：	20				
存货周转率	5	9	10	1.11	5.55
应收账款周转率	10	12	12	1.00	10.00
资产周转率	5	1.1	1	0.91	4.55
盈利能力：	40				
营业利润率	10	0.21	0.2	0.95	9.50
资产报酬率	20	0.12	0.1	0.80	16.60
权益报酬率	10	0.25	0.3	1.20	12.00
发展能力：	20				
营业增长率	5	0.12	0.1	0.83	4.15
利润增长率	10	0.09	0.1	1.11	11.10
净资产增长率	5	0.22	0.2	0.91	4.55
合　计	100				96.90

按照沃尔评分法，该企业2009年度的综合评分合计为96.90分，与标准数值100分相比低3.1分，表明该企业2009年度的财务绩效未达到行业的平均水平。

进一步分析各项财务指标对综合总评分的影响，发现企业财务状况具有如下三个特点：

（1）应收账款周转率的实际数值与行业平均水平持平。

（2）现金比率、存货周转率、权益报酬率、利润增长率超过行业平均水平。

（3）流动比率、负债比率、资产周转率、营业利润率、资产报酬率、净资产增长率低于行业平均水平。

企业可以根据财务绩效的评价结果编制评价报告，包括评价过程、评价结果及重要事项说明等内容。评价报告附件应当包括：评价指标及结果计分表、评价基础数据及调整情况。

2. 使用沃尔评分法需要注意的问题

任何评价方法都不可能十分准确，沃尔评分法也不例外。使用沃尔评分法需要注意下列几个问题。

（1）财务指标的选取、指标权重的赋值和标准数值的确定应科学合理，并保持一致。

（2）在以行业水平为比较标准时，所选财务指标的计算口径应与所处行业保持一致，以保证指标的行业可比性。

（3）如有财务指标出现异常变动，可以分别设定上限和下限，以限制其不合理的影响。

（4）财务指标是根据财务会计报表计算的，受到财务会计政策变更的影响。因此，如有会计政策变更，应对财务指标进行相应的调整计算，以保证指标在不同时期和行业的可比性。

本章小结

本章主要介绍了财务分析的方法、财务指标分析的运用、综合分析方法的基本原理及应用。主要内容包括：

1. 财务分析的方法。财务分析的方法包括趋势分析法、比率分析法和因素分析法。

趋势分析法，是通过对比两期或连续数期财务报告中的相同指标，确定其增减变动的方向、数额和幅度，来说明企业财务状况或经营成果的变动趋势的一种方法。比率分析法是通过计算各种比率指标来确定财务活动变动程度的分析方法。比率是相对数，采用这种方法，能够把某些条件下的不可比指标变为可以比较的指标，以利于进行分析。因素分析法是依据分析指标与其影响因素的关系。从数量上确定各因素对分析指标影响方向和影响程度的一种方法。

2. 财务指标分析的运用。财务分析指标包括偿债能力指标、营运能力指标、盈利能力指标和发展能力指标。财务综合分析就是将诸方面的分析纳入一个有机的整体之中，全面地对企业财务状况、经营成果进行揭示与披露，从而对企业经济效益的优劣作出准确的评价与判断。企业综合分析方法主要有杜邦分析法和沃尔评分法等。

附　　录

附表一　　**复利终值系数表**

期数	1%	2%	3%	4%	5%	6%	7%	8%	9%	10%
1	1.0100	1.0200	1.0300	1.0400	1.0500	1.0600	1.0700	1.0800	1.0900	1.1000
2	1.0201	1.0404	1.0609	1.0816	1.1025	1.1236	1.1449	1.1664	1.1881	1.2100
3	1.0303	1.0612	1.0927	1.1249	1.1576	1.1910	1.2250	1.2597	1.2950	1.3310
4	1.0406	1.0824	1.1255	1.1699	1.2155	1.2625	1.3108	1.3605	1.4116	1.4641
5	1.0510	1.1041	1.1593	1.2167	1.2763	1.3382	1.4026	1.4693	1.5386	1.6105
6	1.0615	1.1262	1.1941	1.2653	1.3401	1.4185	1.5007	1.5869	1.6771	1.7716
7	1.0721	1.1487	1.2299	1.3159	1.4071	1.5036	1.6058	1.7138	1.8280	1.9487
8	1.0829	1.1717	1.2668	1.3686	1.4775	1.5938	1.7182	1.8509	1.9926	2.1436
9	1.0937	1.1951	1.3048	1.4233	1.5513	1.6895	1.8385	1.9990	2.1719	2.3579
10	1.1046	1.2190	1.3439	1.4802	1.6289	1.7908	1.9672	2.1589	2.3674	2.5937
11	1.1157	1.2434	1.3842	1.5395	1.7103	1.8983	2.1049	2.3316	2.5804	2.8531
12	1.1268	1.2682	1.4258	1.6010	1.7959	2.0122	2.2522	2.5182	2.8127	3.1384
13	1.1381	1.2936	1.4685	1.6651	1.8856	2.1329	2.4098	2.7196	3.0658	3.4523
14	1.1495	1.3195	1.5126	1.7317	1.9799	2.2609	2.5785	2.9372	3.3417	3.7975
15	1.1610	1.3459	1.5580	1.8009	2.0789	2.3966	2.7590	3.1722	3.6425	4.1772
16	1.1726	1.3728	1.6047	1.8730	2.1829	2.5404	2.9522	3.4259	3.9703	4.5950
17	1.1843	1.4002	1.6528	1.9479	2.2920	2.6928	3.1588	3.7000	4.3276	5.0545
18	1.1961	1.4282	1.7024	2.0258	2.4066	2.8543	3.3799	3.9960	4.7171	5.5599
19	1.2081	1.4568	1.7535	2.1068	2.5270	3.0256	3.6165	4.3157	5.1417	6.1159
20	1.2202	1.4859	1.8061	2.1911	2.6533	3.2071	3.8697	4.6610	5.6044	6.7275
21	1.2324	1.5157	1.8603	2.2788	2.7860	3.3996	4.1406	5.0338	6.1088	7.4002
22	1.2447	1.5460	1.9161	2.3699	2.9253	3.6035	4.4304	5.4365	6.6586	8.1403
23	1.2572	1.5769	1.9736	2.4647	3.0715	3.8197	4.7405	5.8715	7.2579	8.9543
24	1.2697	1.6084	2.0328	2.5633	3.2251	4.0489	5.0724	6.3412	7.9111	9.8497
25	1.2824	1.6406	2.0938	2.6658	3.3864	4.2919	5.4274	6.8485	8.6231	10.835
26	1.2953	1.6734	2.1566	2.7725	3.5557	4.5494	5.8074	7.3964	9.3992	11.918
27	1.3082	1.7069	2.2213	2.8834	3.7335	4.8223	6.2139	7.9881	10.245	13.110
28	1.3213	1.7410	2.2879	2.9987	3.9201	5.1117	6.6488	8.6271	11.167	14.421
29	1.3345	1.7758	2.3566	3.1187	4.1161	5.4184	7.1143	9.3173	12.172	15.863
30	1.3478	1.8114	2.4273	3.2434	4.3219	5.7435	7.6123	10.063	13.268	17.449
40	1.4889	2.2080	3.2620	4.8010	7.0400	10.286	14.975	21.725	31.409	45.259
50	1.6446	2.6916	4.3839	7.1067	11.467	18.420	29.457	46.902	74.358	117.39
60	1.8167	3.2810	5.8916	10.520	18.679	32.988	57.946	101.26	176.03	304.48

续表

期数	12%	14%	15%	16%	18%	20%	24%	28%	32%	36%
1	1.1200	1.1400	1.1500	1.1600	1.1800	1.2000	1.2400	1.2800	1.3200	1.3600
2	1.2544	1.2996	1.3225	1.3456	1.3924	1.4400	1.5376	1.6384	1.7424	1.8496
3	1.4049	1.4815	1.5209	1.5609	1.6430	1.7280	1.9066	2.0972	2.3000	2.5155
4	1.5735	1.6890	1.7490	1.8106	1.9388	2.0736	2.3642	2.6844	3.0360	3.4210
5	1.7623	1.9254	2.0114	2.1003	2.2878	2.4883	2.9316	3.4360	4.0075	4.6526
6	1.9738	2.1950	2.3131	2.4364	2.6996	2.9860	3.6352	4.3980	5.2899	6.3275
7	2.2107	2.5023	2.6600	2.8262	3.1855	3.5832	4.5077	5.6295	6.9826	8.6054
8	2.4760	2.8526	3.0590	3.2784	3.7589	4.2998	5.5895	7.2058	9.2170	11.703
9	2.7731	3.2519	3.5179	3.8030	4.4355	5.1598	6.9310	9.2234	12.167	15.917
10	3.1058	3.7072	4.0456	4.4114	5.2338	6.1917	8.5944	11.806	16.060	21.647
11	3.4785	4.2262	4.6524	5.1173	6.1759	7.4301	10.657	15.112	21.199	29.439
12	3.8960	4.8179	5.3503	5.9360	7.2876	8.9161	13.215	19.343	27.983	40.038
13	4.3635	5.4924	6.1528	6.8858	8.5994	10.699	16.386	24.759	36.937	54.451
14	4.8871	6.2613	7.0757	7.9875	10.147	12.839	20.319	31.691	48.757	74.053
15	5.4736	7.1379	8.1371	9.2655	11.974	15.407	25.196	40.565	64.359	100.71
16	6.1304	8.1372	9.3576	10.748	14.129	18.488	31.243	51.923	84.954	136.97
17	6.8660	9.2765	10.761	12.468	16.672	22.186	38.741	66.461	112.14	186.28
18	7.6900	10.575	12.376	14.463	19.673	26.623	48.039	85.071	148.02	253.34
19	8.6128	12.056	14.232	16.777	23.214	31.948	59.568	108.89	195.39	344.54
20	9.6463	13.744	16.367	19.461	27.393	38.338	73.864	139.38	257.92	468.57
21	10.804	15.668	18.822	22.575	32.324	46.005	91.592	178.41	340.45	637.26
22	12.100	17.861	21.645	26.186	38.142	55.206	113.57	228.36	449.39	866.67
23	13.552	20.362	24.892	30.376	45.008	66.247	140.83	292.30	593.20	1178.7
24	15.179	23.212	28.625	35.236	53.109	79.497	174.63	374.14	783.02	1603.0
25	17.000	26.462	32.919	40.874	62.669	95.396	216.54	478.90	1033.6	2180.1
26	19.040	30.167	37.857	47.414	73.949	114.48	268.51	613.00	1364.3	2964.9
27	21.325	34.390	43.535	55.000	87.260	137.37	332.96	784.64	1800.9	4032.3
28	23.884	39.205	50.066	63.800	102.97	164.84	412.86	1004.3	2377.2	5483.9
29	26.750	44.693	57.576	74.009	121.50	197.81	511.95	1285.6	3137.9	7458.1
30	29.960	50.950	66.212	85.850	143.37	237.38	634.82	1645.5	4142.1	10143
40	93.051	188.88	267.86	378.72	750.38	1469.8	5455.9	19427	66521	*
50	289.00	700.23	1083.7	1670.7	3927.4	9100.4	46890	*	*	*
60	897.60	2595.9	4384.0	7370.2	20555	56348	*	*	*	*

注：* >99 999

计算公式：复利终值系数 = $(1+i)^n$，$F=P(1+i)^n$

P 代表现值或初始值；i 代表报酬率或利率；n 代表计息期数；F 代表终值或本利和。

附表二

复利现值系数表

期数	1%	2%	3%	4%	5%	6%	7%	8%	9%	10%
1	0.9901	0.9804	0.9709	0.9615	0.9524	0.9434	0.9346	0.9259	0.9174	0.9091
2	0.9803	0.9612	0.9426	0.9246	0.9070	0.8900	0.8734	0.8573	0.8417	0.8264
3	0.9706	0.9423	0.9151	0.8890	0.8638	0.8396	0.8163	0.7938	0.7722	0.7513
4	0.9610	0.9238	0.8885	0.8548	0.8227	0.7921	0.7629	0.7350	0.7084	0.6830
5	0.9515	0.9057	0.8626	0.8219	0.7835	0.7473	0.7130	0.6806	0.6499	0.6209
6	0.9420	0.8880	0.8375	0.7903	0.7462	0.7050	0.6663	0.6302	0.5963	0.5645
7	0.9327	0.8706	0.8131	0.7599	0.7107	0.6651	0.6227	0.5835	0.5470	0.5132
8	0.9235	0.8535	0.7894	0.7307	0.6768	0.6274	0.5820	0.5403	0.5019	0.4665
9	0.9143	0.8368	0.7664	0.7026	0.6446	0.5919	0.5439	0.5002	0.4604	0.4241
10	0.9053	0.8203	0.7441	0.6756	0.6139	0.5584	0.5083	0.4632	0.4224	0.3855
11	0.8963	0.8043	0.7224	0.6496	0.5847	0.5268	0.4751	0.4289	0.3875	0.3505
12	0.8874	0.7885	0.7014	0.6246	0.5568	0.4970	0.4440	0.3971	0.3555	0.3186
13	0.8787	0.7730	0.6810	0.6006	0.5303	0.4688	0.4150	0.3677	0.3262	0.2897
14	0.8700	0.7579	0.6611	0.5775	0.5051	0.4423	0.3878	0.3405	0.2992	0.2633
15	0.8613	0.7430	0.6419	0.5553	0.4810	0.4173	0.3624	0.3152	0.2745	0.2394
16	0.8528	0.7284	0.6232	0.5339	0.4581	0.3936	0.3387	0.2919	0.2519	0.2176
17	0.8444	0.7142	0.6050	0.5134	0.4363	0.3714	0.3166	0.2703	0.2311	0.1978
18	0.8360	0.7002	0.5874	0.4936	0.4155	0.3503	0.2959	0.2502	0.2120	0.1799
19	0.8277	0.6864	0.5703	0.4746	0.3957	0.3305	0.2765	0.2317	0.1945	0.1635
20	0.8195	0.6730	0.5537	0.4564	0.3769	0.3118	0.2584	0.2145	0.1784	0.1486
21	0.8114	0.6598	0.5375	0.4388	0.3589	0.2942	0.2415	0.1987	0.1637	0.1351
22	0.8034	0.6468	0.5219	0.4220	0.3418	0.2775	0.2257	0.1839	0.1502	0.1228
23	0.7954	0.6342	0.5067	0.4057	0.3256	0.2618	0.2109	0.1703	0.1378	0.1117
24	0.7876	0.6217	0.4919	0.3901	0.3101	0.2470	0.1971	0.1577	0.1264	0.1015
25	0.7798	0.6095	0.4776	0.3751	0.2953	0.2330	0.1842	0.1460	0.1160	0.0923
26	0.7720	0.5976	0.4637	0.3607	0.2812	0.2198	0.1722	0.1352	0.1064	0.0839
27	0.7644	0.5859	0.4502	0.3468	0.2678	0.2074	0.1609	0.1252	0.0976	0.0763
28	0.7568	0.5744	0.4371	0.3335	0.2551	0.1956	0.1504	0.1159	0.0895	0.0693
29	0.7493	0.5631	0.4243	0.3207	0.2429	0.1846	0.1406	0.1073	0.0822	0.0630
30	0.7419	0.5521	0.4120	0.3083	0.2314	0.1741	0.1314	0.0994	0.0754	0.0573
35	0.7059	0.5000	0.3554	0.2534	0.1813	0.1301	0.0937	0.0676	0.0490	0.0356
40	0.6717	0.4529	0.3066	0.2083	0.1420	0.0972	0.0668	0.0460	0.0318	0.0221
45	0.6391	0.4102	0.2644	0.1712	0.1113	0.0727	0.0476	0.0313	0.0207	0.0137
50	0.6080	0.3715	0.2281	0.1407	0.0872	0.0543	0.0339	0.0213	0.0134	0.0085
55	0.5785	0.3365	0.1968	0.1157	0.0683	0.0406	0.0242	0.0145	0.0087	0.0053

续表

期数	12%	14%	15%	16%	18%	20%	24%	28%	32%	36%
1	0. 8929	0. 8772	0. 8696	0. 8621	0. 8475	0. 8333	0. 8065	0. 7813	0. 7576	0. 7353
2	0. 7972	0. 7695	0. 7561	0. 7432	0. 7182	0. 6944	0. 6504	0. 6104	0. 5739	0. 5407
3	0. 7118	0. 6750	0. 6575	0. 6407	0. 6086	0. 5787	0. 5245	0. 4768	0. 4348	0. 3975
4	0. 6355	0. 5921	0. 5718	0. 5523	0. 5158	0. 4823	0. 4230	0. 3725	0. 3294	0. 2923
5	0. 5674	0. 5194	0. 4972	0. 4761	0. 4371	0. 4019	0. 3411	0. 2910	0. 2495	0. 2149
6	0. 5066	0. 4556	0. 4323	0. 4104	0. 3704	0. 3349	0. 2751	0. 2274	0. 1890	0. 1580
7	0. 4523	0. 3996	0. 3759	0. 3538	0. 3139	0. 2791	0. 2218	0. 1776	0. 1432	0. 1162
8	0. 4039	0. 3506	0. 3269	0. 3050	0. 2660	0. 2326	0. 1789	0. 1388	0. 1085	0. 0854
9	0. 3606	0. 3075	0. 2843	0. 2630	0. 2255	0. 1938	0. 1443	0. 1084	0. 0822	0. 0628
10	0. 3220	0. 2697	0. 2472	0. 2267	0. 1911	0. 1615	0. 1164	0. 0847	0. 0623	0. 0462
11	0. 2875	0. 2366	0. 2149	0. 1954	0. 1619	0. 1346	0. 0938	0. 0662	0. 0472	0. 0340
12	0. 2567	0. 2076	0. 1869	0. 1685	0. 1372	0. 1122	0. 0757	0. 0517	0. 0357	0. 0250
13	0. 2292	0. 1821	0. 1625	0. 1452	0. 1163	0. 0935	0. 0610	0. 0404	0. 0271	0. 0184
14	0. 2046	0. 1597	0. 1413	0. 1252	0. 0985	0. 0779	0. 0492	0. 0316	0. 0205	0. 0135
15	0. 1827	0. 1401	0. 1229	0. 1079	0. 0835	0. 0649	0. 0397	0. 0247	0. 0155	0. 0099
16	0. 1631	0. 1229	0. 1069	0. 0930	0. 0708	0. 0541	0. 0320	0. 0193	0. 0118	0. 0073
17	0. 1456	0. 1078	0. 0929	0. 0802	0. 0600	0. 0451	0. 0258	0. 0150	0. 0089	0. 0054
18	0. 1300	0. 0946	0. 0808	0. 0691	0. 0508	0. 0376	0. 0208	0. 0118	0. 0068	0. 0039
19	0. 1161	0. 0829	0. 0703	0. 0596	0. 0431	0. 0313	0. 0168	0. 0092	0. 0051	0. 0029
20	0. 1037	0. 0728	0. 0611	0. 0514	0. 0365	0. 0261	0. 0135	0. 0072	0. 0039	0. 0021
21	0. 0926	0. 0638	0. 0531	0. 0443	0. 0309	0. 0217	0. 0109	0. 0056	0. 0029	0. 0016
22	0. 0826	0. 0560	0. 0462	0. 0382	0. 0262	0. 0181	0. 0088	0. 0044	0. 0022	0. 0012
23	0. 0738	0. 0491	0. 0402	0. 0329	0. 0222	0. 0151	0. 0071	0. 0034	0. 0017	0. 0008
24	0. 0659	0. 0431	0. 0349	0. 0284	0. 0188	0. 0126	0. 0057	0. 0027	0. 0013	0. 0006
25	0. 0588	0. 0378	0. 0304	0. 0245	0. 0160	0. 0105	0. 0046	0. 0021	0. 0010	0. 0005
26	0. 0525	0. 0331	0. 0264	0. 0211	0. 0135	0. 0087	0. 0037	0. 0016	0. 0007	0. 0003
27	0. 0469	0. 0291	0. 0230	0. 0182	0. 0115	0. 0073	0. 0030	0. 0013	0. 0006	0. 0002
28	0. 0419	0. 0255	0. 0200	0. 0157	0. 0097	0. 0061	0. 0024	0. 0010	0. 0004	0. 0002
29	0. 0374	0. 0224	0. 0174	0. 0135	0. 0082	0. 0051	0. 0020	0. 0008	0. 0003	0. 0001
30	0. 0334	0. 0196	0. 0151	0. 0116	0. 0070	0. 0042	0. 0016	0. 0006	0. 0002	0. 0001
35	0. 0189	0. 0102	0. 0075	0. 0055	0. 0030	0. 0017	0. 0005	0. 0002	0. 0001	*
40	0. 0107	0. 0053	0. 0037	0. 0026	0. 0013	0. 0007	0. 0002	0. 0001	*	*
45	0. 0061	0. 0027	0. 0019	0. 0013	0. 0006	0. 0003	0. 0001	*	*	*
50	0. 0035	0. 0014	0. 0009	0. 0006	0. 0003	0. 0001	*	*	*	*
55	0. 0020	0. 0007	0. 0005	0. 0003	0. 0001	*	*	*	*	*

注：* <0. 000 1

计算公式：复利现值系数 $= (1+i)^{-n}$，$P = \frac{F}{(1+i)^n} = F(1+i)^{-n}$

P 代表现值或初始值；i 代表报酬率或利率；n 代表计息期数；F 代表终值或本利和。

附表三　　年金终值系数表

期数	1%	2%	3%	4%	5%	6%	7%	8%	9%	10%
1	1.0000	1.0000	1.0000	1.0000	1.0000	1.0000	1.0000	1.0000	1.0000	1.0000
2	2.0100	2.0200	2.0300	2.0400	2.0500	2.0600	2.0700	2.0800	2.0900	2.1000
3	3.0301	3.0604	3.0909	3.1216	3.1525	3.1836	3.2149	3.2464	3.2781	3.3100
4	4.0604	4.1216	4.1836	4.2465	4.3101	4.3746	4.4399	4.5061	4.5731	4.6410
5	5.1010	5.2040	5.3091	5.4163	5.5256	5.6371	5.7507	5.8666	5.9847	6.1051
6	6.1520	6.3081	6.4684	6.6330	6.8019	6.9753	7.1533	7.3359	7.5233	7.7156
7	7.2135	7.4343	7.6625	7.8983	8.1420	8.3938	8.6540	8.9228	9.2004	9.4872
8	8.2857	8.5830	8.8923	9.2142	9.5491	9.8975	10.260	10.637	11.029	11.436
9	9.3685	9.7546	10.159	10.583	11.027	11.491	11.978	12.488	13.021	13.580
10	10.462	10.950	11.464	12.006	12.578	13.181	13.816	14.487	15.193	15.937
11	11.567	12.169	12.808	13.486	14.207	14.972	15.784	16.646	17.560	18.531
12	12.683	13.412	14.192	15.026	15.917	16.870	17.889	18.977	20.141	21.384
13	13.809	14.680	15.618	16.627	17.713	18.882	20.141	21.495	22.953	24.523
14	14.947	15.974	17.086	18.292	19.599	21.015	22.551	24.215	26.019	27.975
15	16.097	17.293	18.599	20.024	21.579	23.276	25.129	27.152	29.361	31.773
16	17.258	18.639	20.157	21.825	23.658	25.673	27.888	30.324	33.003	35.950
17	18.430	20.012	21.762	23.698	25.840	28.213	30.840	33.750	36.974	40.545
18	19.615	21.412	23.414	25.645	28.132	30.906	33.999	37.450	41.301	45.599
19	20.811	22.841	25.117	27.671	30.539	33.760	37.379	41.446	46.019	51.159
20	22.019	24.297	26.870	29.778	33.066	36.786	40.996	45.762	51.160	57.275
21	23.239	25.783	28.677	31.969	35.719	39.993	44.865	50.423	56.765	64.003
22	24.472	27.299	30.537	34.248	38.505	43.392	49.006	55.457	62.873	71.403
23	25.716	28.845	32.453	36.618	41.431	46.996	53.436	60.893	69.532	79.543
24	26.974	30.422	34.427	39.083	44.502	50.816	58.177	66.765	76.790	88.497
25	28.243	32.030	36.459	41.646	47.727	54.865	63.249	73.106	84.701	98.347
26	29.526	33.671	38.553	44.312	51.114	59.156	68.677	79.954	93.324	109.18
27	30.821	35.344	40.710	47.084	54.669	63.706	74.484	87.351	102.72	121.10
28	32.129	37.051	42.931	49.968	58.403	68.528	80.698	95.339	112.97	134.21
29	33.450	38.792	45.219	52.966	62.323	73.640	87.347	103.97	124.14	148.63
30	34.785	40.568	47.575	56.085	66.439	79.058	94.461	113.28	136.31	164.49
40	48.886	60.402	75.401	95.026	120.80	154.76	199.64	259.06	337.88	442.59
50	64.463	84.579	112.80	152.67	209.35	290.34	406.53	573.77	815.08	1163.9
60	81.670	114.05	163.05	237.99	353.58	533.13	813.52	1253.2	1944.8	3034.8

续表

期数	12%	14%	15%	16%	18%	20%	24%	28%	32%	36%
1	1.0000	1.0000	1.0000	1.0000	1.0000	1.0000	1.0000	1.0000	1.0000	1.0000
2	2.1200	2.1400	2.1500	2.1600	2.1800	2.2000	2.2400	2.2800	2.3200	2.3600
3	3.3744	3.4396	3.4725	3.5056	3.5724	3.6400	3.7776	3.9184	4.0624	4.2096
4	4.7793	4.9211	4.9934	5.0665	5.2154	5.3680	5.6842	6.0156	6.3624	6.7251
5	6.3528	6.6101	6.7424	6.8771	7.1542	7.4416	8.0484	8.6999	9.3983	10.146
6	8.1152	8.5355	8.7537	8.9775	9.4420	9.9299	10.980	12.136	13.406	14.799
7	10.089	10.731	11.067	11.414	12.142	12.916	14.615	16.534	18.696	21.126
8	12.300	13.233	13.727	14.240	15.327	16.499	19.123	22.163	25.678	29.732
9	14.776	16.085	16.786	17.519	19.086	20.799	24.713	29.369	34.895	41.435
10	17.549	19.337	20.304	21.322	23.521	25.959	31.643	38.593	47.062	57.352
11	20.655	23.045	24.349	25.733	28.755	32.150	40.238	50.399	63.122	78.998
12	24.133	27.271	29.002	30.850	34.931	39.581	50.895	65.510	84.320	108.44
13	28.029	32.089	34.352	36.786	42.219	48.497	64.110	84.853	112.30	148.48
14	32.393	37.581	40.505	43.672	50.818	59.196	80.496	109.61	149.24	202.93
15	37.280	43.842	47.580	51.660	60.965	72.035	100.82	141.30	198.00	276.98
16	42.753	50.980	55.718	60.925	72.939	87.442	126.01	181.87	262.36	377.69
17	48.884	59.118	65.075	71.673	87.068	105.93	157.25	233.79	347.31	514.66
18	55.750	68.394	75.836	84.141	103.74	128.12	195.99	300.25	459.45	700.94
19	63.440	78.969	88.212	98.603	123.41	154.74	244.03	385.32	607.47	954.28
20	72.052	91.025	102.44	115.38	146.63	186.69	303.60	494.21	802.86	1298.8
21	81.699	104.77	118.81	134.84	174.02	225.03	377.46	633.59	1060.8	1767.4
22	92.503	120.44	137.63	157.42	206.34	271.03	469.06	812.00	1401.2	2404.7
23	104.60	138.30	159.28	183.60	244.49	326.24	582.63	1040.4	1850.6	3271.3
24	118.16	158.66	184.17	213.98	289.49	392.48	723.46	1332.7	2443.8	4450.0
25	133.33	181.87	212.79	249.21	342.60	471.98	898.09	1706.8	3226.8	6053.0
26	150.33	208.33	245.71	290.09	405.27	567.38	1114.6	2185.7	4260.4	8233.1
27	169.37	238.50	283.57	337.50	479.22	681.85	1383.1	2798.7	5624.8	11198
28	190.70	272.89	327.10	392.50	566.48	819.22	1716.1	3583.3	7425.7	15230
29	214.58	312.09	377.17	456.30	669.45	984.07	2129.0	4587.7	9802.9	20714
30	241.33	356.79	434.75	530.31	790.95	1181.9	2640.9	5873.2	12941	28172
40	767.09	1342.0	1779.1	2360.8	4163.2	7343.9	22729	69377	207874	609890
50	2400.0	4994.5	7217.7	10436	21813	45497	195373	819103	*	*
60	7471.6	18535	29220	46058	114190	281733	*	*	*	*

注：* >999 999.99

计算公式：年金终值系数 $=\frac{(1+i)^n-1}{i}$，$F=A\frac{(1+i)^n-1}{i}$

A 代表每期等额支付（或收入）的金额；i 代表报酬率或利率；n 代表计息期数；F 代表年金终值或本利和。

附表四

年金现值系数表

期数	1%	2%	3%	4%	5%	6%	7%	8%	9%	10%
1	0.9901	0.9804	0.9709	0.9615	0.9524	0.9434	0.9346	0.9259	0.9174	0.9091
2	1.9704	1.9416	1.9135	1.8861	1.8594	1.8334	1.8080	1.7833	1.7591	1.7355
3	2.9410	2.8839	2.8286	2.7751	2.7232	2.6730	2.6243	2.5771	2.5313	2.4869
4	3.9020	3.8077	3.7171	3.6299	3.5460	3.4651	3.3872	3.3121	3.2397	3.1699
5	4.8534	4.7135	4.5797	4.4518	4.3295	4.2124	4.1002	3.9927	3.8897	3.7908
6	5.7955	5.6014	5.4172	5.2421	5.0757	4.9173	4.7665	4.6229	4.4859	4.3553
7	6.7282	6.4720	6.2303	6.0021	5.7864	5.5824	5.3893	5.2064	5.0330	4.8684
8	7.6517	7.3255	7.0197	6.7327	6.4632	6.2098	5.9713	5.7466	5.5348	5.3349
9	8.5660	8.1622	7.7861	7.4353	7.1078	6.8017	6.5152	6.2469	5.9952	5.7590
10	9.4713	8.9826	8.5302	8.1109	7.7217	7.3601	7.0236	6.7101	6.4177	6.1446
11	10.3676	9.7868	9.2526	8.7605	8.3064	7.8869	7.4987	7.1390	6.8052	6.4951
12	11.2551	10.5753	9.9540	9.3851	8.8633	8.3838	7.9427	7.5361	7.1607	6.8137
13	12.1337	11.3484	10.6350	9.9856	9.3936	8.8527	8.3577	7.9038	7.4869	7.1034
14	13.0037	12.1062	11.2961	10.5631	9.8986	9.2950	8.7455	8.2442	7.7862	7.3667
15	13.8651	12.8493	11.9379	11.1184	10.3797	9.7122	9.1079	8.5595	8.0607	7.6061
16	14.7179	13.5777	12.5611	11.6523	10.8378	10.1059	9.4466	8.8514	8.3126	7.8237
17	15.5623	14.2919	13.1661	12.1657	11.2741	10.4773	9.7632	9.1216	8.5436	8.0216
18	16.3983	14.9920	13.7535	12.6593	11.6896	10.8276	10.0591	9.3719	8.7556	8.2014
19	17.2260	15.6785	14.3238	13.1339	12.0853	11.1581	10.3356	9.6036	8.9501	8.3649
20	18.0456	16.3514	14.8775	13.5903	12.4622	11.4699	10.5940	9.8181	9.1285	8.5136
21	18.8570	17.0112	15.4150	14.0292	12.8212	11.7641	10.8355	10.0168	9.2922	8.6487
22	19.6604	17.6580	15.9369	14.4511	13.1630	12.0416	11.0612	10.2007	9.4424	8.7715
23	20.4558	18.2922	16.4436	14.8568	13.4886	12.3034	11.2722	10.3711	9.5802	8.8832
24	21.2434	18.9139	16.9355	15.2470	13.7986	12.5504	11.4693	10.5288	9.7066	8.9847
25	22.0232	19.5235	17.4131	15.6221	14.0939	12.7834	11.6536	10.6748	9.8226	9.0770
26	22.7952	20.1210	17.8768	15.9828	14.3752	13.0032	11.8258	10.8100	9.9290	9.1609
27	23.5596	20.7069	18.3270	16.3296	14.6430	13.2105	11.9867	10.9352	10.0266	9.2372
28	24.3164	21.2813	18.7641	16.6631	14.8981	13.4062	12.1371	11.0511	10.1161	9.3066
29	25.0658	21.8444	19.1885	16.9837	15.1411	13.5907	12.2777	11.1584	10.1983	9.3696
30	25.8077	22.3965	19.6004	17.2920	15.3725	13.7648	12.4090	11.2578	10.2737	9.4269
35	29.4086	24.9986	21.4872	18.6646	16.3742	14.4982	12.9477	11.6546	10.5668	9.6442
40	32.8347	27.3555	23.1148	19.7928	17.1591	15.0463	13.3317	11.9246	10.7574	9.7791
45	36.0945	29.4902	24.5187	20.7200	17.7741	15.4558	13.6055	12.1084	10.8812	9.8628
50	39.1961	31.4236	25.7298	21.4822	18.2559	15.7619	13.8007	12.2335	10.9617	9.9148
55	42.1472	33.1748	26.7744	22.1086	18.6335	15.9905	13.9399	12.3186	11.0140	9.9471

续表

期数	12%	14%	15%	16%	18%	20%	24%	28%	32%	36%
1	0.8929	0.8772	0.8696	0.8621	0.8475	0.8333	0.8065	0.7813	0.7576	0.7353
2	1.6901	1.6467	1.6257	1.6052	1.5656	1.5278	1.4568	1.3916	1.3315	1.2760
3	2.4018	2.3216	2.2832	2.2459	2.1743	2.1065	1.9813	1.8684	1.7663	1.6735
4	3.0373	2.9137	2.8550	2.7982	2.6901	2.5887	2.4043	2.2410	2.0957	1.9658
5	3.6048	3.4331	3.3522	3.2743	3.1272	2.9906	2.7454	2.5320	2.3452	2.1807
6	4.1114	3.8887	3.7845	3.6847	3.4976	3.3255	3.0205	2.7594	2.5342	2.3388
7	4.5638	4.2883	4.1604	4.0386	3.8115	3.6046	3.2423	2.9370	2.6775	2.4550
8	4.9676	4.6389	4.4873	4.3436	4.0776	3.8372	3.4212	3.0758	2.7860	2.5404
9	5.3282	4.9464	4.7716	4.6065	4.3030	4.0310	3.5655	3.1842	2.8681	2.6033
10	5.6502	5.2161	5.0188	4.8332	4.4941	4.1925	3.6819	3.2689	2.9304	2.6495
11	5.9377	5.4527	5.2337	5.0286	4.6560	4.3271	3.7757	3.3351	2.9776	2.6834
12	6.1944	5.6603	5.4206	5.1971	4.7932	4.4392	3.8514	3.3868	3.0133	2.7084
13	6.4235	5.8424	5.5831	5.3423	4.9095	4.5327	3.9124	3.4272	3.0404	2.7268
14	6.6282	6.0021	5.7245	5.4675	5.0081	4.6106	3.9616	3.4587	3.0609	2.7403
15	6.8109	6.1422	5.8474	5.5755	5.0916	4.6755	4.0013	3.4834	3.0764	2.7502
16	6.9740	6.2651	5.9542	5.6685	5.1624	4.7296	4.0333	3.5026	3.0882	2.7575
17	7.1196	6.3729	6.0472	5.7487	5.2223	4.7746	4.0591	3.5177	3.0971	2.7629
18	7.2497	6.4674	6.1280	5.8178	5.2732	4.8122	4.0799	3.5294	3.1039	2.7668
19	7.3658	6.5504	6.1982	5.8775	5.3162	4.8435	4.0967	3.5386	3.1090	2.7697
20	7.4694	6.6231	6.2593	5.9288	5.3527	4.8696	4.1103	3.5458	3.1129	2.7718
21	7.5620	6.6870	6.3125	5.9731	5.3837	4.8913	4.1212	3.5514	3.1158	2.7734
22	7.6446	6.7429	6.3587	6.0113	5.4099	4.9094	4.1300	3.5558	3.1180	2.7746
23	7.7184	6.7921	6.3988	6.0442	5.4321	4.9245	4.1371	3.5592	3.1197	2.7754
24	7.7843	6.8351	6.4338	6.0726	5.4509	4.9371	4.1428	3.5619	3.1210	2.7760
25	7.8431	6.8729	6.4641	6.0971	5.4669	4.9476	4.1474	3.5640	3.1220	2.7765
26	7.8957	6.9061	6.4906	6.1182	5.4804	4.9563	4.1511	3.5656	3.1227	2.7768
27	7.9426	6.9352	6.5135	6.1364	5.4919	4.9636	4.1542	3.5669	3.1233	2.7771
28	7.9844	6.9607	6.5335	6.1520	5.5016	4.9697	4.1566	3.5679	3.1237	2.7773
29	8.0218	6.9830	6.5509	6.1656	5.5098	4.9747	4.1585	3.5687	3.1240	2.7774
30	8.0552	7.0027	6.5660	6.1772	5.5168	4.9789	4.1601	3.5693	3.1242	2.7775
35	8.1755	7.0700	6.6166	6.2153	5.5386	4.9915	4.1644	3.5708	3.1248	2.7777
40	8.2438	7.1050	6.6418	6.2335	5.5482	4.9966	4.1659	3.5712	3.1250	2.7778
45	8.2825	7.1232	6.6543	6.2421	5.5523	4.9986	4.1664	3.5714	3.1250	2.7778
50	8.3045	7.1327	6.6605	6.2463	5.5541	4.9995	4.1666	3.5714	3.1250	2.7778
55	8.3170	7.1376	6.6636	6.2482	5.5549	4.9998	4.1666	3.5714	3.1250	2.7778

注：计算公式：年金现值系数 $=\frac{1-(1+i)^{-n}}{i}$，$P=A\frac{1-(1+i)^{-n}}{i}$

A 代表每期等额支付（或收入）的金额；i 代表报酬率或利率；n 代表计息期数；P 代表年金现值或本利和。

附表五 e^{rt}**的值：1 元的连续复利终值**

r										
0	1%	2%	3%	4%	5%	6%	7%	8%	9%	10%
1	1. 0101	1. 0202	1. 0305	1. 0408	1. 0513	1. 0618	1. 0725	1. 0833	1. 0942	1. 1052
2	1. 0202	1. 0408	1. 0618	1. 0833	1. 1052	1. 1275	1. 1503	1. 1735	1. 1972	1. 2214
3	1. 0305	1. 0618	1. 0942	1. 1275	1. 1618	1. 1972	1. 2337	1. 2712	1. 3100	1. 3499
4	1. 0408	1. 0833	1. 1275	1. 1735	1. 2214	1. 2712	1. 3231	1. 3771	1. 4333	1. 4918
5	1. 0513	1. 1052	1. 1618	1. 2214	1. 2840	1. 3499	1. 4191	1. 4918	1. 5683	1. 6487
6	1. 0618	1. 1275	1. 1972	1. 2712	1. 3499	1. 4333	1. 5220	1. 6161	1. 7160	1. 8221
7	1. 0725	1. 1503	1. 2337	1. 3231	1. 4191	1. 5220	1. 6323	1. 7507	1. 8776	2. 0138
8	1. 0833	1. 1735	1. 2712	1. 3771	1. 4918	1. 6161	1. 7507	1. 8965	2. 0544	2. 2255
9	1. 0942	1. 1972	1. 3100	1. 4333	1. 5683	1. 7160	1. 8776	2. 0544	2. 2479	2. 4596
10	1. 1052	1. 2214	1. 3499	1. 4918	1. 6487	1. 8221	2. 0138	2. 2255	2. 4596	2. 7183
11	1. 1163	1. 2461	1. 3910	1. 5527	1. 7333	1. 9348	2. 1598	2. 4109	2. 6912	3. 0042
12	1. 1275	1. 2712	1. 4333	1. 6161	1. 8221	2. 0544	2. 3164	2. 6117	2. 9447	3. 3201
13	1. 1388	1. 2969	1. 4770	1. 6820	1. 9155	2. 1815	2. 4843	2. 8292	3. 2220	3. 6693
14	1. 1503	1. 3231	1. 5220	1. 7507	2. 0138	2. 3164	2. 6645	3. 0649	3. 5254	4. 0552
15	1. 1618	1. 3499	1. 5683	1. 8221	2. 1170	2. 4596	2. 8577	3. 3201	3. 8574	4. 4817
16	1. 1735	1. 3771	1. 6161	1. 8965	2. 2255	2. 6117	3. 0649	3. 5966	4. 2207	4. 9530
17	1. 1853	1. 4049	1. 6653	1. 9739	2. 3396	2. 7732	3. 2871	3. 8962	4. 6182	5. 4739
18	1. 1972	1. 4333	1. 7160	2. 0544	2. 4596	2. 9447	3. 5254	4. 2207	5. 0531	6. 0496
19	1. 2092	1. 4623	1. 7683	2. 1383	2. 5857	3. 1268	3. 7810	4. 5722	5. 5290	6. 6859
20	1. 2214	1. 4918	1. 8221	2. 2255	2. 7183	3. 3201	4. 0552	4. 9530	6. 0496	7. 3891
21	1. 2337	1. 5220	1. 8776	2. 3164	2. 8577	3. 5254	4. 3492	5. 3656	6. 6194	8. 1662
22	1. 2461	1. 5527	1. 9348	2. 4109	3. 0042	3. 7434	4. 6646	5. 8124	7. 2427	9. 0250
23	1. 2586	1. 5841	1. 9937	2. 5093	3. 1582	3. 9749	5. 0028	6. 2965	7. 9248	9. 9742
24	1. 2712	1. 6161	2. 0544	2. 6117	3. 3201	4. 2207	5. 3656	6. 8210	8. 6711	11. 0232
25	1. 2840	1. 6487	2. 1170	2. 7183	3. 4903	4. 4817	5. 7546	7. 3891	9. 4877	12. 1825
26	1. 2969	1. 6820	2. 1815	2. 8292	3. 6693	4. 7588	6. 1719	8. 0045	10. 3812	13. 4637
27	1. 3100	1. 7160	2. 2479	2. 9447	3. 8574	5. 0531	6. 6194	8. 6711	11. 3589	14. 8797
28	1. 3231	1. 7507	2. 3164	3. 0649	4. 0552	5. 3656	7. 0993	9. 3933	12. 4286	16. 4446
29	1. 3364	1. 7860	2. 3869	3. 1899	4. 2631	5. 6973	7. 6141	10. 1757	13. 5991	18. 1741
30	1. 3499	1. 8221	2. 4596	3. 3201	4. 4817	6. 0496	8. 1662	11. 0232	14. 8797	20. 0855
35	1. 4191	2. 0138	2. 8577	4. 0552	5. 7546	8. 1662	11. 5883	16. 4446	23. 3361	33. 1155
40	1. 4918	2. 2255	3. 3201	4. 9530	7. 3891	11. 0232	16. 4446	24. 5325	36. 5982	54. 5982
45	1. 5683	2. 4596	3. 8574	6. 0496	9. 4877	14. 8797	23. 3361	36. 5982	57. 3975	90. 0171
50	1. 6487	2. 7183	4. 4817	7. 3891	12. 1825	20. 0855	33. 1155	54. 5982	90. 0171	148. 4132
55	1. 7333	3. 0042	5. 2070	9. 0250	15. 6426	27. 1126	46. 9931	81. 4509	141. 1750	244. 6919
60	1. 8221	3. 3201	6. 0496	11. 0232	20. 0855	36. 5982	66. 6863	121. 5104	221. 4064	403. 4288

注：计算公式：连续复利终值 = e^{rt}。例如，以 10% 的年利率连续复利，则今天投资 1 元，1 年末的价值为 1. 105 2 元，2 年末的价值为 1. 221 4 元。

参考文献

1. 张先治．高级财务管理．大连：东北财经大学出版社，2007.

2. 杨淑娥．财务管理．北京：高等教育出版社，2010.

3. 荆新，王化成，刘俊彦．财务管理学．北京：中国人民大学出版社，2010.

4. 汤谷良．企业财务管理．杭州：浙江人民出版社，2002.

5. 陈文浩．公司财务．上海：上海财经大学出版社，2003.

6. 中国注册会计师协会．财务成本管理．北京：经济科学出版社，2010.

7. 全国会计专业技术资格考试领导小组办公室．中级财务管理．北京：中国财政经济出版社，2011.

8. （美）威廉·L. 麦金森．公司财务理论．刘明辉主译．大连：东北财经大学出版社，2002.

9. （美）斯蒂芬 A. 罗斯等．公司理财．吴世农等译．北京：机械工业出版社，2007.

10. 张志宏．财务管理．北京：中国财政经济出版社，2009.

11. 傅元略．财务管理．厦门：厦门大学出版社，2005.

12. 王玉春．财务管理．南京：南京大学出版社，2008.

13. 彭韶兵．财务管理．北京：高等教育出版社，2003.

14. 刘淑莲．财务管理．大连：东北财经大学出版社，2010.

15. 杨春甫，李光富．财务管理．武汉：华中科技大学出版社，2010.

16. 黄良杰．财务管理．北京：清华大学出版社，2008.

17. 卢家仪．财务管理．北京：清华大学出版社，2011.

18. 乔世震，王满．财务管理基础．大连：东北财经大学出版社，2010.

19. 于君，齐德江．财务成本管理．长春：吉林人民出版社，2006.

20. 于君，高艳．财务管理案例研究．长春：吉林人民出版社，2006.